热血忠诚

甘肃公安先进典型风采录

集体卷

甘肃省公安厅　编

读者出版社

图书在版编目（CIP）数据

热血忠诚：甘肃公安先进典型风采录. 集体卷 / 甘肃省公安厅编. -- 兰州：读者出版社，2024.9.
ISBN 978-7-5527-0838-7

Ⅰ. D631.19

中国国家版本馆CIP数据核字第2024K2C774号

热血忠诚：甘肃公安先进典型风采录（集体卷）

甘肃省公安厅　编

责任编辑　漆晓勤
封面题字　陈新长
封面设计　路永仁

出版发行　读者出版社
地　　址　兰州市城关区读者大道568号（730030）
邮　　箱　readerpress@163.com
电　　话　0931-2131529（编辑部）　0931-2131507（发行部）

印　　刷　陕西龙山海天艺术印务有限公司
规　　格　开本 720 毫米×1000 毫米　1/16
　　　　　印张 25　插页 2　字数 322 千
版　　次　2024 年 9 月第 1 版
　　　　　2024 年 9 月第 1 次印刷
书　　号　ISBN 978-7-5527-0838-7
定　　价　120.00元（全两册）

序　言

　　习近平总书记强调："一个有希望的民族不能没有英雄，一个有前途的国家不能没有先锋。"新中国成立至今，甘肃公安队伍始终对党忠诚、恪尽职守，传承发扬光荣传统和优良作风，用牺牲和奉献铸就了国家安全和社会稳定的铜墙铁壁，用生命和热血谱写了人民公安为人民的华彩篇章，涌现出了一批又一批感人至深、可歌可泣的典型人物和模范集体。为大力弘扬公安英模精神，充分发挥榜样引领作用，在警营内外形成向公安英模致敬学习的良好氛围，激励广大公安民警辅警奋进新征程、建功新时代，甘肃省公安厅组织专人编写了这本《热血忠诚》，作为甘肃公安迎接新中国成立75周年的献礼图书和弘扬社会主义核心价值观的主题读物。

　　《热血忠诚》系统收录了新中国成立以来特别是新时代以来全省公安机关涌现出的39名典型人物和36个模范集体。他们中，有的扎根基层一线、克服困难，守卫一方平安；有的奋战打击前沿、不怕牺牲，屡破大案要案；有的穿梭社区街巷、辛勤耕耘，用心用情解决群众"急难愁盼"；有的不畏艰难险阻、逆行出征，救群众于水火危难；还有的刻苦钻研警务技能本领，在改革强警、科技兴警领域勇攀高峰，取得丰硕成果。他们虽然来自不同警种、不同岗位，但都以对党忠诚、心系百姓的高尚情怀，不畏艰险、不怕牺牲的英雄气概，坚韧不拔、百折不挠的顽强斗志，甘于奉献、勇于担当的敬业精神，生动诠释了"对党忠诚、服务人民、执法公正、纪律严明"总要求，充分展现了党领导的社会主义国家人民警察克己奉公、无私奉献的良好形象。本书通过集合优秀新闻通讯和报告文学作品的形式，图文并茂，全面、真实讲述典型人物和模范集体的感人事迹，塑造呈现生动立体、有血有肉的公安民警形象，深入挖掘弘扬陇原公安铁军的精神内核和时代风采。

本书在编写过程中得到了公安部新闻宣传局、省委宣传部、省文联以及公安部新闻传媒中心、中国警察网、群众出版社等单位，各市州、兰州新区公安局和省公安厅情指中心、科信处、二处、五处、森林公安局、机场公安局、十一处、警保部等单位、部门的大力支持和帮助。编写组对书稿、插图反复进行了修改完善，突出集体和个人的先进性、典型性、代表性，力求体现甘肃公安工作特色和公安队伍的时代风采，注重图书的观赏性、可读性和教育引导作用。

本书编写过程中，参考了中共中央宣传部宣传教育局编写的《2022最美基层民警》和公安部新闻宣传局编写的《时代楷模 公安楷模风采录》的有关内容，在此特致谢意！

由于我们水平有限，书中难免有不妥之处，敬请读者批评指正。

编　者

二〇二四年九月

热血忠诚

甘肃公安先进典型风采录

目 录
Contents

热血忠诚

甘肃公安先进典型风采录

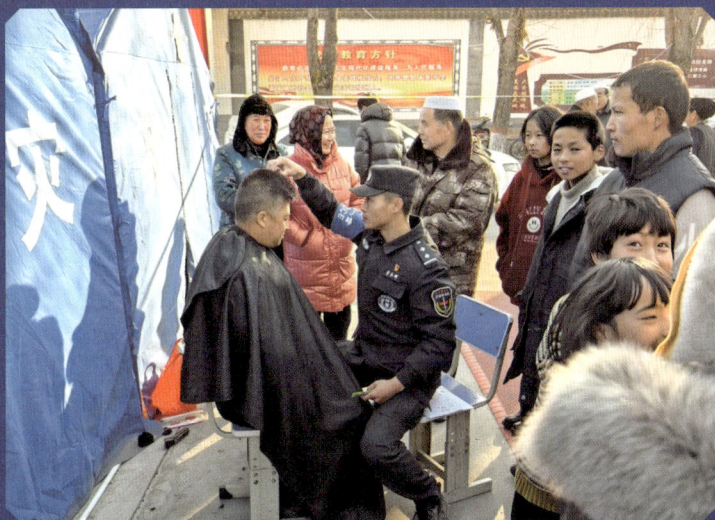

兰州市公安局特警支队

英雄警队　平安脊梁

　　兰州市公安局特警支队成立于 2005 年 12 月，是公安部首批 36 个重点城市组建的特警队之一，先后被党中央、国务院、中央军委评为"全国抗震救灾英雄集体"，被中组部评为"抗震救灾优秀基层党组织"，被中央政法委评为"全国政法系统先进基层党组织"，被公安部评为"灾区群众满意的公安特警队"，被中共甘肃省委评为"全省先进基层党组织"，被省委、省政府评为"文博会"安保先进集体，荣立集体一等功、三等功各 1 次。2020 年 7 月，被公安部选树为全警实战大练兵第一批部级"标兵集体"。

　　天下至德，莫大于忠。走进兰州市公安局特警支队大院，矗立在喷泉边的一块石头显得异常耀眼。石头虽不大，质地亦平常，上面镌刻的"忠诚"二字苍劲有力，重如千钧。

　　疾风知劲草，烈火炼真金。从建队伊始，到四川抗震救灾、玉树抗震救灾、舟曲抗洪抢险、积石山抗震救灾，巡逻防控，应急处突，筚路蓝缕、昂首阔步，走过近 20 年艰苦卓绝岁月，一代代兰州特警风雨无悔，挺膺担当，用实际行动昭示，"忠诚"二字不仅刻在石上，更熔铸在他们的血脉中。

风雪战玉树

2010年4月14日7时49分，一场突如其来的灾难，打破了雪域高原的宁静祥和，青海玉树发生7.1级地震，强烈的地震造成了重大人员伤亡，财产损失。

兵贵神速。公安部决定从就近省区调集成建制特警队伍奔赴灾区，执行任务。

闻令而动。4月14日13时35分，兰州市公安局接到公安部指令，兰州公安需迅速抽调150名特警，150名消防警，于当日14时摩托化开进，以最快速度，紧急驰援玉树灾区！

令出行疾，大军迅速集结，一字长蛇，浩浩荡荡，迤逦向西，向昆仑山下进发……

暴风雪，高原反应，车辆故障，各种"拦路虎""绊脚石"层出不穷，始出所料……

15日上午9时40分，克服种种困难，经过19个小时长途跋涉，特警支队救援车辆终于安全顺利抵达玉树地震灾区的核心地带——结古镇。兰州特警成为第一支抵达灾区的外省特警队伍，因此受到公安部抗震救灾前线指挥部的高度赞扬。

地震灾难后，废墟上的沙石尘土和大量车辆、机械、人员的涌入，对草地损伤破坏，导致泥沙土石大面积裸露。大风一起，沙尘便立时漫天飞舞，成为震后玉树恶劣天气的又一大罪魁祸首。

由于高原反应，再加上几十个小时连续作战，特警队员的身体便开始出现问题。

杨文海是一大队的教导员，在赶赴玉树行进的征程中，既当指挥员又当战斗员。在快速开进途中，杨文海和一名队员作为大队捷达指挥车的驾驶员，一直坚持自己驾驶，即使在高海拔地区，面对强烈高原反应的侵袭，他仍咬牙坚持硬挺。坐在旁边的队员心疼地说，队长让我替你驾驶一会儿吧！

杨文海说，没关系，我还能行。我难受，你也好受不到哪里去。你抓紧时间休息会儿，在海拔相对低一点的地方再换我。

再难也要向前冲。在近 20 个小时的行车途中，杨文海一人驾车行驶达 14 个小时。

抵达玉树灾区后，杨文海和战友们没顾上片刻休整，便立即投入到一线工作。

当圆满完成了当天的安保任务，拖着十分疲惫的身体回到驻地，吃了两口饼子，随便对付了一下，来不及休息，杨文海就又投入到

工作中。

一大队在完成搭建 8 顶帐篷的任务时，已是凌晨 2 点多，此时的杨文海和队员们已经连续工作了 15 个小时，每个人也都已经筋疲力尽。

凌晨 6 时许，杨文海又召集队员，奔赴执勤现场开展工作。

站在他旁边的战友，都知道此时的教导已经有强烈的高原反应，他得承受着多么巨大的痛苦，需要多么坚强的毅力啊！

下午从岗位上撤回驻地，实在坚持不住的杨文海猛地一头扎在床上，便再也动弹不了。

头疼、胸闷、呼吸急促、四肢发凉等高原缺氧引发的并发症状凶猛地暴发了出来……

随队医生李永勤接到特警队员的紧急呼救，立即赶到帐篷实施抢救。

当时的玉树停水断电，医疗系统整个处于瘫痪之中。

指望着实施药物救治之后杨文海的病情能有所缓解，没想到却朝着相反的方向发展……

熬到当晚 23 时，医生发现杨文海已陷入重度昏迷、瞳孔放大、四肢冰冷，生命体征正逐渐消失，生命表象垂危，情况已是万分的危急！

得知这一紧急情况，上级立即决定调集当时玉树灾区最好、最权威的成都华西医院、青海人民医院等前线救灾医院最好的医生护士，火速赶往营地实施紧急救治，同时联系军用运输机。

经过 7 个多小时的紧急抢救，杨文海的病情终于稳定了下来。

经过协调，17 日一早将病情严重的杨文海用空军运送物资的专机运出高原，送往西宁市人民医院进行抢救。

因抢救及时，措施得力，才使得患有脑水肿、肺水肿的杨文海脱离了生命危险。

在西宁脱离生命危险的杨文海，后返回兰州继续接受治疗。

病情好些之后，杨文海心里依然牵挂着玉树灾情和还在奋战的战友。他说："这是我的使命，因为我是一名共产党员。"

在和藏族同胞挖掘粮食时，二大队副大队长段忠磊被一根横扫过来的椽子砸中了头部，当时就痛得跌倒在地，被战友们扶回营地医务室救治。经医生检查，所幸伤得不重，但与高原反应综合征合并之后，头就不是一般的疼痛了，坚强的小伙子不得不输液治疗。

看似病症最重的段忠磊，以他过硬的身体素质抵抗着病魔，使病情并没有继续恶化，但身边的仲英杰却被高原病击倒在了高原苍茫寒冷的天地之间。

4月23日上午10时许，仲英杰在参加支队重要会议之后回到大队部，召集队员准备布置任务时一头栽倒在地。

急拥而上的队员，赶紧用身体护住他们的队长，焦急地呼唤："仲大队，仲大队——"

其实在临上高原之前，45岁的仲英杰就患有腰椎病、颈椎病、尿结石等疾病，正准备住院治疗。接到队伍集结的通知后，把住院单往怀里一塞，立即赶往支队，带着队伍就上了高原，结果这位被称为"支队铁汉"的大队长硬生生地倒在了高原的沙尘中。

队员们说，其实仲队已经头疼好几天了，怕影响工作，硬是压住不让说。

对驻地周围比较熟悉的领导，马上前往就近的北京军区第二五五医院的医疗队求援。会诊之后的结论是，高原综合征严重，需立即转往低海拔地区的医院治疗！

公安部前指得知这一情况，立刻命令：迅速将仲英杰送离灾区，前往西宁救治！

兰州警方前指研究后当即决定，同时将不愿离开、病情不见好转的段忠磊等人强制送往机场。

27日，从西宁返回的段忠磊没有休息，立即投入到工作之中。他是被送出去治病后，第一个返回营地工作的特警队员。

段忠磊不畏艰苦、奉献灾区的精神，得到了兰州市公安局前指领导和同志们的一致赞扬。

后来，仲英杰也康复出院。兰州特警圆满完成任务，全员归建。

巍巍昆仑，横亘南北，以雪山滋养大地，是自然脊梁。

兰州特警，忠诚无畏，以生命守护人民，是警队脊梁。

情满汉旺镇

有些事记忆犹新，有些人不能忘却。十年后，已到退休之际的老特警常新华意味深长地回忆道："在汉旺镇最让我感动的是当地老百姓对警察的信任和支持，当我们在村镇执勤巡逻的时候，老百姓会很热情地用四川话招呼你'进来坐会儿''进来躲会儿雨''来，吃点饭'，孩子们会跑上前来给你送上写着感恩话语的明信片，让人感到心里热乎乎的。"

2008年5月12日，汶川发生8.0级地震，兰州市公安局特警支队88名成员，历时50多个小时，行程近1300公里，抵达四川绵竹汉旺镇，开展为期 50 天的抗震救灾工作。

在救灾中，除了开展人员搜救、秩序维护、交通指挥等一些日常工作外，兰州特警还悉心开展心理疏导，帮助受灾群众解开心结。

家住汉旺镇白果村的王姓村民地震后患上了孤独症，特警队员在巡逻中碰到他，主动与其攀谈，问他有什么需要帮助。

"不需要！"语气有些冷漠。

特警队员看出来，他明显有心事。为了解开他的心结，特警队员从村民那里侧面打听，进一步了解了他的情况，得知其近期要搭建帐篷，便主动组织队员上门帮忙。

看到民警不怕脏、不怕累，满头大汗地帮他干活，该村民渐渐放松了，由刚开始的对立变为主动与民警聊天、拉起了家常。

"地震发生时，解放军来救我们，现在你们兰州特警又来了，帮我们灾民干活，把我们当亲人。我想好了，虽然家没了，但人还在，我要凭借自己的双手，自救自立！"

小女孩何思雨，是一名学前班学生，是地震中班少数幸存者之一，地震灾害对她造成严重的恐惧心理。得知这些情况，三大队教导员胡天鹏和队员们运用前几天所学的心理学知识，耐心对小思雨进行心理疏导，陪她做游戏、唱儿歌，端午节给她送粽子，让她尽量开心起来，忘掉地震造成的心理阴影。

他还按照当地的风俗习惯，把小思雨认作干女儿，给她起了一个名字叫何顾怡，并主动承担起小思雨的学杂费、生活费，不久，在小思雨的脸上又见到了久违的笑容。

一大队大队长陈卫带领特警队员在灾区巡逻至一所帐篷学校时，听老师讲，有一个小姑娘夏某在地震发生时被倒塌的楼房掩埋，后被抢险人员成功解救。经过医院诊断，13 岁的小女孩骨盆右侧严重挫伤，导致右腿无力。虽然身受重伤，行走不便，但她依然坚持上学，而她家离学校有 3 公里，每天需要往返 4 趟。

小姑娘坚强勤奋好学的事迹，深深地打动了陈卫。后来，无论是刮风下雨，还是酷暑难耐，陈卫都驾车接送夏某上学回家，并 3 次带着夏某前往当地医疗条件最好的医院进行伤情复查。

兰州特警归建之际，陈卫号召一大队全体队员主动向夏某家捐款、捐物。为了使夏某能在震后健康成长，陈卫还把夏某认作自己的干女儿，并向其家人承诺，要像对待自己的女儿一样对待夏某，一直将她抚养成人。在接下来的一年中，一封封温暖的书信穿过巴山陇水，延续着他们珍贵的"父女情"。

陈卫不断鼓励着夏某，"要好好学习，好好做人，做一个有用的人"，表示"兰州特警就是她的第二个家，随时欢迎她回家探亲"，而且还给她和家人定期邮寄生活费用和衣物。

滴水之恩，永生铭记。2009年6月29日，夏某带着家人的嘱托，怀着感恩的情怀，不远千里来到兰州，看望曾在"5·12"汶川特大地震后每天接送她上学、带她看病、送她礼物、帮助她一家渡过难关的特警叔叔。在兰州期间，夏某一直吃住在陈卫家中，陈卫及家人对待夏某像自己的亲人。工作之余，他和妻子、女儿带着夏某游览名胜古迹，并为她购置学习用品和生活用品，带她参观兰州大学等高等学府，激励她用知识改变命运、报效国家。

温暖积石山

你把人民放在心上，人民就会把你高高举起。

"鞋垫是我们手工缝的，不值钱，你们这些娃娃垫上脚就不冷了。"2023年12月15日，正在积石山县柳沟乡阳山村附近执勤的特警队员收到了一份"特殊礼物"，来自灾区安大娘和她的"姐妹"们送来的鞋垫。

温暖的鞋垫在特警队员手中传来传去，谁也舍不得将它垫在脚下。一针一线皆有情，一言一语满是爱。一双双鞋垫，是灾民的心意，更代表着群众对参与抗震救灾民辅警亲情般的关心。

2023年12月18日23时59分，临夏积石山发生6.2级地震。灾情发生后，按照兰州市公安局指示，兰州特警分两批160名警力、30台车辆，星夜驰援积石山。

指令一到，特警支队值班备勤警力迅速集结，旋即出发。19日5时20分顺利抵达积石山，报到领受任务，立马投入工作。在长达70公里的省道上布置30个点位，进行社会面管控和交通疏导、接处警、治安调解。

一个支部就是一个堡垒，一名党员就是一面旗帜。兰州特警迅速成立 10 支"党员先锋队""青年突击队"，设置 33 处执勤点，采取"车巡、步巡、无人机空巡"形式，立体化开展灾区巡逻。

抢险救灾，秩序维护，险情排查，交通疏导，化解矛盾，服务群众，特警队员迅速化作"六边形战士"。

"你们快休息会儿，喝口水。"

"老乡，不用麻烦，我们得抓紧时间去下一家。"兰州市公安局特警支队五大队大队长赵平惠握着老乡的手道别。

特警五大队又叫"兰盾突击队"，是兰州市公安局特警支队的尖刀队伍。在灾区，特警五大队共为受灾群众搭建了 50 多顶帐篷。

大队青年民警张真铨本来要休假结婚，但在灾情发生后，他果断推迟了婚期，主动向大队申请参加救灾。他说，我们大队本来民警就少，很多辅警同志都参加了，作为民警我更要参加，结婚的事可以往后放。我想家人一定会理解我，因为我是警察，这是我的职责。

除了为受灾群众搭建帐篷，搬运转移生活用品外，兰州特警还专门花心思，为受灾群众开展更多温暖帮助。

地震发生后，孩子们无法上学。得知这一情况，兰州特警迅速组织文化课优秀青年民警为学生开展文化课辅导，为孩子们过生日，开展道路安全和防震减灾知识讲座、防震救灾模拟演练、逃生技能训练，与学生们一起做游戏，畅谈梦想，唱歌跳舞，和心理老师一起给孩子们做心理疏导。

"叔叔，我们没有礼物送给你们。"临别时，孩子们颇为沮丧地说。

"没关系，你们的笑容就是最好的礼物！一定要好好学习，努力实现梦想。"特警三大队队员赵文虎摸着一个孩子的小脑袋温柔地说道。

"特警叔叔，你们比电视里的特警厉害多了，他们可不会理发哦！"12月27日，在积石山柳沟乡阳山村特警执勤点上，特警支队二大队队员李永辉和队员们一起办起了公益理发室。针对近期受灾群众理发不便，他们从县城购买理发设备，上门为村民理发，李永辉精湛的手艺得到阳山村村民的一致好评。

在积石山的那段时间，兰州特警践行"人民至上，生命至上"的理念，进灾区、进村居、进帐篷，问民意、问困难、问需求，查隐患、查违法、查安全，清道路、清地形、清民情。"三进三问，三查三清"累计出动警力3000余人次，车辆800余台次，无人机飞行203架次，全面提高灾区见警率，管事率，震慑力。

积土成山，积水成海。兰州特警累计帮扶群众2000余人次，协助送医20人，化解矛盾纠纷41起，帮助搭建帐篷161顶，搬卸物资1.5万余件，开展灾后心理疏导1000余人次，受到灾区群众的肯定和好评，最大限度保障了人民群众生命财产安全和社会治安稳定。和灾区群众守望相助，亲如一家，用真情、真爱赢得了人民群众的信赖，让积石山这个寒冷的冬天温暖如春。

铁血卫金城

像黄河一样奉献，像白塔一样坚守，像路灯一样守护。

一阵急促的警报铃声打破了夜晚的宁静。

2016年11月8日21时许，兰剑突击队接到指挥中心指令，七里河区武威路某小区内5楼一男子携炸弹扬言要引爆，需立即出警。

快速赶赴现场后，兰剑突击队队员了解到，嫌疑男子30岁出头，因家庭矛盾，持有自制炸弹扬言引爆。事发地为居民小区，炸弹一旦引爆将危及该小区居民的生命安全。现场不具备狙击的条件，看不到屋内的详细情况，大队长段忠磊决定采取其他方案。

大队长段忠磊和二中队中队长赵维鹏立即找来小区物业，并对目标单位楼下住户家房屋结构进行了详细了解。同时，通过对嫌疑人姐姐的询问，了解到了嫌疑人的性格、习惯和房屋内家具的摆设。

与此同时，队员从嫌疑人妻子处了解到，嫌疑人就坐在客厅的沙发上，而自制炸弹就放在沙发前方的茶几上，引爆器在一侧。详细了解了所有情况后，段忠磊决定由5人突击小组担任首攻，赵维鹏担任第一抓捕手，负责将嫌疑人绝对控制住。

快速地模拟抓捕完成后，突击小组带着嫌疑人妻子的钥匙来到目标住房。抓捕手全部到位后，段忠磊手势指令发出，打开房门后，赵维鹏如离弦之箭进入客厅，准确地将嫌疑人扑倒在地，死死地按住其双手，夹住双腿。与此同时，其余突击队员将炸弹与引爆器分离，整个过程不到十秒钟。此时，民警们才放心，引爆器与嫌疑人之间仅有不到50厘米的距离，嫌疑人触手可得。

是战士，更是父亲

2018年4月19日傍晚，一场暴雨伴随大风雷电冰雹突袭兰州，市区内多路段出现积水，青白石镇更是出现灾情。

接到命令，特警支队三人队中队长马占海带着他的特警队员进入灾情最严重的青白石街道，展开救援。

暴雨中的路面，满地泥泞，步履维艰，他们蹚着齐腰深的水，一步步艰难地走向需要帮助的住户。

就在挨家挨户寻找被困群众的时候，突然听到有呼救的声音。黑漆漆的雨夜，马占海和特警队员只能相互搀扶，一步步朝着声音走过去。到现场简单了解情况后，发现是一家五口人被困，父亲背着一个五岁大的女孩，母亲搀扶着的老人，怀里抱着一个八个月大的婴儿，婴儿由于寒冷饥饿大哭不止，小女孩也在暴雨中瑟瑟发抖。

马占海说，面对当时的情况，脑子里第一反应，就是要把他们一家人平平安安地救出去，这是作为一名特警的职责。

时间就是生命。马占海第一时间背起暴雨中冻得浑身发抖的小女孩，向临时安置救护点转移。为防止小女孩被雨水淋湿，马占海将自己的战训帽戴在小女孩的头上。

当背起小女孩的时候，马占海感觉到她冻得发抖，周围也没有干的衣服给她穿，能做的就是给她把战训帽戴上，避免这个小女孩的头发被雨水淋湿，眼睛鼻子里进去泥沙。当时，这个小女孩应该被暴雨天气吓坏了，眼神里充满了恐惧，给她戴上帽子，一定程度上也能安抚一下她当时害怕的心情。

十五分钟后，马占海和另外几名特警队员将一家五口成功转移到临时安置救护点，便再次投入到灾情现场，继续巡查搜救。当晚，马占海和队员们一直奋战到凌晨两点多。

回到宿舍，清洗完身上的泥土，马占海却怎么也睡不着……

作为一名孩子的父亲，他想到，此时自己的孩子一定在家中温暖的被窝里熟睡着。然而，在这个寒冷的雨夜，那个在他后背冻得浑身发抖的、一言不发的小女孩又是怎样一番处境？

后来，马占海怀着对小女孩始终放心不下的牵挂，在网上一直关注着青白石地区灾后生活情况。由于当时灾情紧急未能留下通信方式，只能多方打听小女孩的下落。4 月 26 日，暴雨发生后的第七天，他再次赶往青白石。通过推测小女孩的年龄，马占海在青白石附近的幼儿园寻找后得知，小女孩就在青白石某幼儿园上学。

马占海立即与幼儿园取得联系，见到了小女孩，送去生活用品。短暂陪伴，在得知小女孩学习生活一切正常后，马占海牵挂的心终于放下了。

时间在流逝，英雄故事还在续写。

故事里，流着老一代的血，淌着新一代的汗，说平凡也伟大，说铁血亦柔情。

故事里，有神秘的狙击手、勇敢的排爆手、飒爽的女警、可爱的警犬……

一年三百六十日，多是横戈马上行。屹立大山深处，守护平安兰州，特别讲政治、特别能战斗、特别能吃苦、特别能奉献、特别守纪律，兰州特警用"五特精神"书写着对党和人民永远的忠诚。

于国，可谓人民英雄；于警，可谓警队脊梁。

致敬，英雄的兰州特警！

供稿：王　红

热血忠诚

甘肃公安先进典型风采录

兰州新区公安局中川
东区派出所党支部

擦亮"一抹蓝·七彩安"党建品牌

兰州新区公安局中川东区派出所党支部先后被中共中央评为"全国先进基层党组织"，被中共甘肃省委组织部评为"全省标准化先进党支部"，被甘肃省公安厅评为"全省公安机关社区警务和'一标三实'工作成绩突出集体"，被新区组织部评为"2020年度党支部建设标准化示范点"，荣立集体三等功1次，被兰州市公安局评为"十佳派出所""2023年度综合工作成绩突出集体"。

俯视秦川一气中，万里关河何莽苍。

2012年8月，位于兰州市北部60余公里的秦王川盆地迎来了高光时刻，兰州新区作为我国第五个、西北地区第一个国家级新区获批设立。

兰州新区公安局党委高度重视党建工作，牢固树立"抓好党建就是最大政绩"理念，狠抓基层党建基础、党建品牌创建和党建业务融合，提出"一揽子"行之有效的举措，坚持围绕中心、服务大局，始终将党建提升作为基础性、引领性工程，在守正创新实践中推动党建与公安业务双融合、双提升。兰州新区公安局党委将"党建红"融入"公安蓝",打造了"红蓝相映·平安新区"党建品牌,并推动落实"一支部一品牌·一警种一特色"党建品牌矩阵,以品牌建设为驱动,以实战工作为检验,逐步形成了具有新区公安特色的党建工作新格局。中川东区派出所结合辖区实际,创建了"一抹蓝·七彩安"的党建品牌,按照局党委提出的"三然机制"(防患未然、妥处已然、快处既然),坚持预警、预判、预防,确保了新区社会治安大局稳定,唱响了"人民公安为人民"的时代主旋律。

解忧:把事情做进百姓的"心坎里"

"邓警官请放心,鸿鸿(化名)现在学习各方面都挺好的。"2023年5月初,社区民警邓秀儒收到辖区老师发来的信息。

邓秀儒在一次走访中了解到的一户困难家庭,因母亲改嫁,父亲又长期酗酒无工作,鸿鸿跟着年迈的奶奶一起生活,家里生活十分困苦,鸿鸿便成了她念念不忘的牵挂。2021年的冬天,邓秀儒第一次去鸿鸿家,踏进门的一刹那,她震惊了,外面已经寒风凛冽,家里也冷得像冰窖。看着衣着单薄的鸿鸿,一股心酸涌上心头,已经上一年级的鸿鸿还没有交城乡居民基本医疗保险,邓秀儒主动自掏腰包为孩子交上了保险,同时她到学校、社区进行实地走访了解,和老师、社区干部、家长逐一见面谈话,全面了解了鸿鸿的思想动态,及时做好法治帮教工作。此后,每年冬天,邓秀儒都会为鸿鸿提前购买保暖衣物,六一儿童节给鸿鸿精选礼物陪他过节,用点滴的行动温暖着幼小的心灵,传递着来自警营的温暖。

"跟老百姓打交道,就要在与群众拉家常的过程中,融入他们的生活，帮他们解决难题，更加深入地了解群众的诉求和各方面的情况，做有爱的邻里贴心人，拉近警民关系，传递爱和关心。"邓秀儒说。

2024年4月，辖区居民石女士在QQ上被一陌生网友加为好友，对方发送了一份"逮捕令"，同时石女士接到自称是某市公安局刑警大队办案民警的电话，称石女士涉嫌诈骗，要求她前往本地公安局取案件材料，并缴纳10万元保证金。

害怕惊恐的石女士在同事的劝说下来到了中川东区派出所寻求帮助。当石女士把来龙去脉告诉民警张云峰时，张云峰当即判定这是一起典型的"冒充公检法"诈骗，迅速核查了石女士手机中的可疑线索，并现场对石女士详细解释了冒充公检法诈骗套路和对方提供的虚假"刑事逮捕令"的可疑之处。民警提醒石女士在日常生活中要提高警惕，不轻信、不透露、不转账，守好自己的"钱袋子"，谨防上当受骗。

听完张警官的讲解后，石女士终于松了一口气，一扫阴霾神色做出胜利手势和民警合影，对民警的及时劝阻表示了衷心的感谢。

派出所根据辖区发案实际规律，因地制宜、多措并举，按照"夯实基础、情报导侦、服务实战"工作要求，牢固树立"派出所主防"理念，聚焦群众关切的突出治安问题和违法犯罪行为，坚持零容忍、快挽损，重拳出击、精准打防，全力提升服务质效和能力水平。

"快、快！小彭，出警！中川园区一居民楼楼顶有人要跳楼。"

2020年4月19日下午，中川园区一居民楼11层楼顶，一男子因家庭矛盾纠纷欲轻生。鲁晓炯和彭籽清接警后迅速抵达现场，飞速上到 11 层楼顶。彭籽清与鲁晓炯手语眼神交流后，彭籽清用语言转移轻生男子的注意力。"大哥，你要跳下去可啥都没了，你别激动，能说说你为了啥事，连自己命都不要了……"彭籽清见轻生男子侧身回头，有倾诉的想法，便轻步向前移动，引导其诉说苦衷，分散其注意力。就在这一刻，鲁晓炯借机救援，迅速翻至楼顶外侧平台，飞身控制住轻生男子，成功化险为夷。

谈起这次有些"惊险"的救援行动，年轻的"90 后"彭籽清坚定地说："每次遇到这样的出警，我们只想一个事儿，那就是一定要把人救下来，千万别有意外。其实，救援结束回想一下，没有一个民辅警不觉得自己是个冒险王。我们作为党员，始终把党和人民利益放在首位，冲在第一线是我们的初心使命。穿这身警服，保护人民群众就是我们的神圣职责。"

中川东区派出所想群众之所想，急群众之所急，把群众得失冷暖放在心间，用心、用情、用力解决群众的操心事、烦心事、揪心事，一次次解民忧、一件件暖心事，拉近警民距离、融洽警民关系，不断提升群众安全感和满意度，绘就辖区和谐画卷。

锦旗：警群关系和谐的见证

"大家一定要注意做好防火、防盗和防骗措施，保护自身安全。"这是中川东区派出所民辅警在巡逻防控、入户登记、排查纠纷、接处警等工作中时经常挂在嘴边的话。

2022 年 1 月，中川东区派出所举行涉案财物发还仪式，为兰州新区某公司一次性发还涉案财物 7.5 万元。公司负责人将一面印有

"办案迅速 智擒盗贼"的锦旗送到民警手中，以表达对该所快速破案、追赃挽损的感激之情。

2021年12月，中川东区派出所接到群众报警，称在珠江大道、渭河街、终南山路等路段，路灯检修井内电缆线连续被盗，涉案价值较高。接警后，派出所民警第一时间出警，并联合刑事科学技术大队发挥专业优势，组织警力开展现场勘查。办案民警通过对现场遗留的"蛛丝马迹"进行科学分析，调取周边监控视频，深入摸排、实地走访、信息研判，快速锁定了犯罪团伙的作案车辆。最终，经办案民警架网守候，成功将犯罪嫌疑人梁氏兄弟2人及吴某某在兰州市榆中县某小区内成功抓获。

"身为一名共产党员，要把为人民服务作为自身第一要求；作为一名人民警察，身负维护社会稳定、保护人民安宁的神圣使命。看到群众的笑容是我最开心的事。"中川东区派出所分管案件侦办的副所长李环刚说。

"谢谢警察同志，幸亏你们找到我家人，解决了我的燃眉之急，不然不知道要受多少苦，也不知道我们要找多久。"家属握着民警的手连连道谢。

2023年2月，接到辖区群众张某的求助电话，称其舅舅郭某当晚去亲戚家聚会，其间有饮酒，但聚会结束后一直未返回家中。因舅舅年事已高，且有饮酒情况，所以比较担心安危，希望民警帮助寻找。接到求助后，值班民警李红山详细询问了走失老人体貌特征后，迅速制订寻找计划，兵分两路：一路由专人查看各个时区和区域的监控视频，一路组织警力围绕走失老人家中和亲戚家周边的主要街道展开找寻。同时，社区民警贾东生通过微信群发布走失老人信息和照片，动员群众力量帮助寻找。经历 6 个小时的不懈努力，在凌晨 6 时许找到老人，并将他安全送回家中。

返回上海的张某给中川东区派出所邮寄了一面锦旗，并在微信上对民警表示感谢和赞扬："新区有你们是我们老百姓的骄傲。"千里寄锦旗，不仅仅是群众对公安工作的认可，更是和谐警民关系的真实体现。

内涵：拓展新时代"枫桥经验"

"感谢民警和社区对我们夫妻俩矛盾的调解，我给妻子真诚道歉，一定珍惜家庭，好好生活。"

2024 年 2 月，辖区一男子酒后与妻子发生矛盾，出警民警张宗鼎对男子批评教育劝解后，该男子情绪仍然激动，并有过激言论，妻子离婚态度坚决。随后，按照"警调对接"机制要求，民警将该警情推送至中心社区综治中心，并联合园区妇联、社区书记和网格员等工作人员进行多次回访调解，经深入细致工作，夫妻双方和好如初。

近年来，兰州新区公安不断着力于新时代"枫桥经验"内涵的拓展与提升，深入推进"警调对接"工作机制，努力推动非警务类警情中的各类矛盾纠纷在各级综治中心化解，切实将矛盾纠纷解决在基层，化解在源头。

中川东区派出所针对辖区小区多、人员密集，各类邻里、家庭矛盾纠纷多的特点，按照"综治中心吹哨，部门报到"工作机制，依托"警网融合"，联动形成"社区民辅警＋社区（村）干部＋网格员＋N"的矛盾纠纷化解机制，突出重点矛盾纠纷特别是家庭、邻里矛盾纠纷的排查化解，及时梳理推送，联动化解跟进，真正做到矛盾纠纷就地化解。

小事：用爱成了百姓的"主心骨"

2022年12月，接到群众石女士求助：家中有两个小孩被反锁，一个孩子3岁，另一个才1岁，天然气还开着。值班民警接到警情后立即赶赴现场，并通知消防支队。因情况紧急，民警为了争取时间，顾不得等待电梯便迅速从安全通道到达。到达现场后发现石女士瘫坐在地上哭泣，孩子在屋内大哭，同时传出来的还有烧焦的烟味。民警一边安抚石女士和孩子，一边反复利用警棍破坏门锁试图打开房门。在消防队员的协作配合下，门锁打开的那一瞬间，看到两个孩子哭得这么伤心，作为人父的他们，手忙脚乱地安抚，紧紧地抱着孩子们说道："有警察叔叔在，不要害怕。"

"哪里有需要，我们就到哪里去。"这是全体民辅警的心里话，更是这支队伍的无悔宣言。

2023年7月下旬的一个傍晚，一位男孩哭着来到派出所，值班的民警小张立即上前询问："孩子，你这是怎么了？""警察叔叔，我给妈妈准备的礼物和暑假作业放在路边不见了……""是这样啊，别急来先看一下附近监控。"男孩看着警察叔叔调取监控，不一会儿便找到了拿走他礼物的路人。随后，小张带着男孩取回。

在送小男孩回家的路上，男孩问小张："叔叔，你能不能只说找到礼物，假装我的暑假作业'丢失'了？"

"呵呵，你这孩子，不想做作业吗，这可不行啊！可不能做不诚实的人……"

这事以后，男孩和民警小张时不时会联系，男孩总会找他倾诉一些烦恼，询问一些生活中遇到的困惑，小张也成了男孩的"知心好大哥"。

派出所秉承"群众无小事"的工作理念，将物品遗失、证件急用等群众报警求助事项和案件办理视为同等重要，想方设法为群众提供帮助。公安户籍窗口虽小，却服务着万千大众，让政务服务有"速度"，让便民服务更有"温度"是中川东区派出所一直以来的追求。"跨省通办"户口迁移更便捷，针对"特殊情况"服务更有温度，延时办、预约办，打造"订制"服务。

"为了孩子上学真是费了不少工夫，因为有你们，我心里才真正踏实，现在办户口业务真的太方便了，再次感谢你们！"3月14日，

辖区居民刘先生对中川东区派出所户籍民警杨秀英说。

原来，刘先生和孩子的户口在河南省，为方便孩子上学，想将户口迁至兰州新区，由于办理转学手续时需提交户籍资料，忧心忡忡的刘先生向户籍民警诉说着内心的焦虑。民警在了解情况后，对资料进行核实，立即与其原户口所在地派出所取得联系，2日内为其成功办理了"跨省通办"户口迁移业务，解决了刘先生一家的燃眉之急。

民有所需，警有所为。无论大事小事，只要是服务群众的事，派出所民辅警时刻看在眼里、放在心里，把"人民公安为人民"的工作理念落到实处。

护航：护企爱企促发展

"从企业项目落地到开工建设、生产经营，兰州新区公安全流程的贴心服务和保障，让企业放心生产，让员工安心工作。"兰石集团办公室主任齐鹏岳说。

"太感谢了！谢谢你们及时调解，为我们挽回损失16万余元，要不是你们，我们真不知道啥时候才能解决。"

"我是你们的护航警官，这都是我们应该做的，以后有公安服务事项和涉警诉求，就找我一人。"

2024年4月，辖区某企业负责人将一面印有"为企业保驾护航正气浩然 给企业排忧解难克己奉公"的锦旗送到中川东区派出所，对派出所担当履责、主动作为，为企业纾困解难的举措表示衷心感谢。

派出所积极协调兰石集团安环部,立足厂区,在企业出入口设置"平安兰石警务室",实行"护航警官""警企合作"工作制,由社区民警岳建功担任护航警官,为企业提供各类业务咨询、送证上门等服务,引导企业在重点部位加强人防、物防、技防、宣防建设,细化保安巡逻、视频监控、宣传教育等工作措施,在优化营商环境中发挥一警多能作用。

兰州新区公安局中川东区派出所坚持将公安工作融入经济社会发展大局中谋划,着力打造高效便捷、公平有序的营商环境。2023年2月,出台了优化营商环境6条措施,做优"护航警官"机制,为辖区企业实行"点对点""一对一"服务,统一受理、分级办理、及时反馈,高效贴心的服务为企业和员工节省不少时间和精力。

结语:党建引领铸就金色盾牌

平凡铸就伟大,坚持成就事业。

中川东区派出所党支部切实担负起经济建设保卫者、参与者、服务者的职责使命,靠前一步、主动作为,聚焦企业发展需求,积极探索、创新警企联防联治的社会治理新模式,架起警企"连心桥",用公安服务的一笔一画勾勒出辖区发展的新蓝图。

一个支部就是一个堡垒,一名党员就是一面旗帜。

中川东区派出所党支部只是兰州新区公安践行为民初心的缩影。兰州新区公安全体党员以每个人的先锋模范力量发挥了支部的坚强战斗堡垒,守护了辖区的平安稳定,以"团结、笃行、领跑、阳光"的姿态,在对党忠诚的信仰里、在为民服务的道路上、在执法公正的征程上、在纪律严明的磨砺中，履行好党和人民赋予的使命任务，用实际行动诠释人民警察为人民的铮铮誓言，锻造"四个铁一般"的新区公安铁军。

供稿：张瀚文

热血忠诚

甘肃公安先进典型风采录

华亭市公安局

薪火相传维护"煤城瓷都"长治久安

锦绣关山逶迤千古传奇，悠悠汭水礼赞盛世腾飞。从煤城小镇到工业强市，从一煤独大，到煤电化运一体化全面发展，一路走来，华亭市公安局的民辅警守望初心、忠诚使命，全力以赴保安全、护稳定、促发展，为"煤城瓷都"经济社会高质量发展和广大人民群众幸福安宁保驾护航。2022年5月，被公安部评为"全国优秀公安局"。

"老局长，'1988·02·11'命案的凶手抓到了。35年了，您老可以放心了……"退休21年，已经81岁的杨怀孝接到电话时无比激动。他向打来电话的现任华亭市公安局局长、同时也是自己当年的办公室主任田福说："好！好！好！我要去华亭，给你们庆功。"

以杨怀孝、田福两任局长为代表的华亭市公安局民警，薪火相传，用矢志不渝的铁血柔情践行从警誓言，守护着关山脚下一方热土的长治久安。也正是这一份坚守与传承，华亭市公安局自1994年至2022年，先后五次斩获"全国优秀公安局"荣誉称号，集体与个人获得的国家级、省级、市级各类荣誉更是不胜枚举。

人命关天　命案必破

时间回到 1988 年 2 月 11 日，农历腊月二十四，当时华亭县马峡镇燕麦河村一户农家发生一起一死一伤的恶性案件。

踏着没过脚脖子的积雪步行了几十里山路，民警赶到案发地时，已是次日下午。拖着疲惫、冻僵的身体，一进入这户遭受无妄之灾的农家院落就即刻开展工作。

死者是一名农村妇女，52 岁，头部遭受重击致命，伤者是其儿子，16 岁，脸部被土枪近距离射伤。死者受伤的儿子向警方讲述了噩梦般的一幕。案发前一天，一名药材贩子来到关山深处的这个小村，由于这里盛产大黄、独活、川芎等道地药材，一年四季都有药材贩子往来收购，村民们对此习以为常，谈价、交易、管饭、留宿司空见惯。

天黑后，这名药材贩子自然留宿在了死者家，说好次日天亮再

往别家收购药材。然而，第二天一场雪从早下到晚，走不了的药材贩子在死者家吃了饭，晚上还喝了酒。死者和自己的儿子同住一屋，药材贩子被安排在了另一间屋子住下。

凌晨三四点时，死者的儿子只觉眼前红光一闪，"砰"的一声，便失去了知觉。不知过了多久，钻心的疼痛又让他醒了过来，扭头一看，眼缝血肉模糊间只见药材贩子正在点火，母亲躺在炕的另一头一动不动。这名孩子也不知哪儿来的勇气和力量，跳起来扑了过去。正在为非作歹的药材贩子被吓得夺门而逃，这名孩子趁势厉声大喝并追了出去，直到追不上，又想起母亲还在屋里，急忙返回。然而，此时，他的母亲已经气绝身亡。惊魂未定的他跌跌撞撞地跑到山下一处牧场呼救。

警方一面通知各路口卡点缉拿可疑人员，一面调查走访，迅速锁定了凶手陈某，并还原了案情。原来，陈某常年走村串户收购药材，熟悉各家情况。他发现死者家中存粮多，便判断其家境相对殷实，加之死者的丈夫和小儿子外出走亲戚。生意不顺手头拮据的陈

某财迷心窍，选择在女主人及其孩子熟睡后，先是用斧头猛击杀害了母亲，接着又用土枪对准孩子的脸部开了一枪，随后一通翻找，却并没有得到想要的财物。之后便计划一把火掩盖罪恶，不想死者的儿子醒来暴怒反击，陈某只能仓皇出逃。

万家团圆的春节前，出了这样的恶性案件，时任公安局局长杨怀孝带领民警从山村到卡口，从夜晚到白天，调查、追凶、善后……然而，除了一枚指纹，没有照片、没有身份信息的陈某宛如人间蒸发，消失得无影无踪。在那个受限于技术的年代，案件推进遇到了难以突破的瓶颈。

时间一晃到了2023年，命案积案攻坚重启了这起案件的侦破追凶。仅凭一枚指纹，重新梳理线索，警方赴山西、陕西走访调查，在陈某的祖籍所在地——陕西乾县发现了一个注册人是陈某族兄的微信账号。锁定这名做小区保安的微信使用者后，警方巧妙获取指纹进行比对，终于将逃亡了35年的陈某一举抓获。

"人命关天、命案必破，不仅是为了伸张公平正义、维护法律尊严，也是告慰死者及其亲属。"华亭市副市长，公安局党委书记、局长田福言语铿锵地说。

正是这种信念，2022年初，华亭公安闪电破获一起故意杀人案。

2022年1月7日上午，110指挥中心接到一名高中生报警："我爸妈失踪好几天了，家里门锁着没人答应，打电话也不接……"

报案高中生全家都是南方人，其父母在华亭从事矿用器材生意近30年，这名高中生及其两个姐姐都是在华亭出生长大的，两个姐姐都已上大学。

警方调查发现，失踪夫妇经营的门店喷有"还钱"二字，门锁完好、屋内物品整齐，而且用微信给儿子转生活费，还用微信告诉在外省上大学的二女儿自己"前往兰州处理事情，过几天返回，不用管了"。与儿女之间有转账、信息联系，朋友圈正常更新，看似天衣无缝，但不论警方怎么联络，失踪夫妇都不接电话。几十年的工作经验和实战阅历让田福心中有了不祥预感。

细致调查走访、缜密勘查现场，确定失踪人员十有八九已遇害。田福连夜开会部署，确定"举全局之力、攻一案之垒"，成立专案组，限期 3 日破案。

1 月 12 日，具有重大作案嫌疑的米某被抓获，并交代了故意杀人的全部犯罪事实。原来，身为某银行员工的米某在金融业务往来中掌握了失踪夫妻的家底，于是在自己做生意赔了 100 余万元后，动起歪心铤而走险。凭着熟识进入失踪夫妻门店后，将二人杀害后抛尸。在此期间，米某用网上学到的邪门歪道，自作聪明地转移财产、伪造现场、炮制假象、混淆视线。

"1·07"重大杀人案创造了嫌疑人抓获快、审讯攻坚快、证据固定快、批准逮捕快的新纪录，从发案到逮捕不到 15 天，被甘肃省公安厅评为优质案件。

然而，田福看到的却不是成绩。"年过花甲、满头白发的父母痛失儿子儿媳，三个孩子再也见不到爸爸妈妈，对于一个家庭来说，这无疑是最大的打击，也是无法弥补的伤痛。作为一名警察，破案的同时，一定要换位思考，尽力做好家属安抚工作。"田福说。破案后，田福全程跟进部署善后工作，想尽各种办法追缴赃款，尽最大努力减少受害人家庭的经济损失。受害人家属对华亭公安所做的一切表达了深深的感激。

而嫌疑人米某在与警方对话时，痛哭流涕地说，如果能早两个月认识一位警察朋友，也不会犯下这弥天大错。一时邪念不仅毁了别人的家庭，也毁了自己，现在唯一能做的就是捐出遗体赎罪……

主动创稳　守护平安

2022 年 4 月的一天，江西南昌，一栋破旧七层楼的顶楼，5 名来自华亭的民警破门而入，两室一厅 60 多平方米的房间内，除了已经打包好的行李，还密密麻麻地挤着 25 个嫌疑人。

"5 比 25，而且是千里跨省抓捕，进门之前我们也没想到。看着收拾好的行李，如果再迟一步，这个传销式电诈团伙极有可能会分散消失。"华亭市公安局反诈中心负责人王宏刚回忆起当时的场景依然热血沸腾。当接到协助请求的南昌警方赶到现场时，无不惊叹甘肃民警的神勇。

由于当时正处于特殊时期，这些嫌疑人只能就地看管，5 名民警硬守了 24 小时。"别说吃饭、上厕所，眼睛都不敢眨一下。"王宏刚说。华亭市发生婚恋交友电信网络诈骗案后，群众反响强烈、社会影响恶劣，民警先后赴湖南、江西，没日没夜地跟了两个月，才锁定团伙一网捞尽。谁心里都憋着劲，画上句号前绝不泄气，直到后援警力赶到，完成突审、押解返程，案件才宣告成功侦破。

近年来，华亭公安先后破获涉案价值 5 亿元、涉及 1500 余人的非法集资案 2 起，破获其他涉经济案件 50 起，协助银行清收不良资产近 1 亿元。仅 2023 年一年，全市刑事、治安案件发案率同比分别下降 27.6%、61.9%，为群众和企业挽回经济损失 300 余万元。

除了防范打击新型电诈等犯罪，对于破坏社会治安及营商环境、危害群众利益和身心健康的各类犯罪行为，华亭公安同样施以雷霆手段。

"海外代购韩国处方减肥药，明星都在吃，月瘦三十斤不是梦，维生素对身体没有任何伤害……"宣传得天花乱坠，却是含冰毒、K粉的"三无"产品。华亭市公安局禁毒大队顺线追踪，先后赴辽宁、北京、天津等地，捣毁仓库2间、缴获含毒"减肥药"60余万粒、抓获犯罪嫌疑人12名，案件还在进一步深挖扩线。

而"98堂"网站传播淫秽物品牟利案，华亭警方在浙江、福建、广东、河北、四川等地同时收网，抓获网站运营、上传淫秽视频人员20余名，扣押涉案电脑硬盘55块，冻结网盘电子数据300余TB。其中，犯罪嫌疑人徐某大学辍学后一门心思经营"黄"图霸业，从会员熬成超级版主，被抓时已经处于不人不鬼的状态。"总是想着明天就脱离虚拟世界，但明日复明日难以自拔。抓我是救我，这次一定洗心革面换个活法。"徐某声泪俱下地对民警说。

"护局维稳、以打促稳、以防保稳、夯实固稳、以管治稳、数字强稳、法治护稳、队伍铸稳、典型引稳、宣传守稳，500 多警力守护1200 平方公里、20 万人的安宁，'十稳'是具体举措也是必达目标。"田福胸有成竹地说。在一个以矿为主、城乡接合、人口多元的地方，公安工作主动融入"全省工业高质量发展样板市"的打造之中，将经济发展、社会治理、生态环保有机结合，做出了特色，取得了显著成效。

人民警察　服务人民

"最开始不敢睡，后来就变成了睡不着，出警的人什么时候平安地回来，我才能安心地睡一会儿。"华亭市公安局东华派出所所长董建华笑着说。董建华介绍，东华派出所管辖着多民族杂居的老城区

和外来流动人口多的矿区，警情复杂而琐碎，不分昼夜、无论寒暑，千奇百怪的事说来就来、不容喘息，所里民警集体练就了风驰电掣吃饭、见缝插针睡觉的"快闪"绝技。

与之对应的是西华派出所，特点是所辖城乡接合部婚恋纠纷、家庭矛盾多发，轻则互骂撕扯、重则家暴动刀，甚至亲朋群战。西华派出所创出矛盾纠纷评估化解红黄蓝机制，根据对应风险等级逐一化解。民警张东海也记不清自己处理了多少次家务事，每一次无不是在即将失控的边缘将各方拉了回来。其中，高某与前后两任入赘的丈夫同处一院，水火不容，前夫一怒之下甚至备好刀斧铁棍誓要争个鱼死网破。张东海约上村委会，一面平息事态，一面找出症结，将前夫的注意力转移到未成年的孩子身上，终于稳住了局面。而今，张东海又操心这个在冲突环境中成长的孩子的学业和前途，正是这份年复一年日复一日的真心，换来了本事件中前夫的信任，让原本不断升级的无解走向降级可控。

　　"人常说'清官难断家务事'，可我们时时处处面对的就是家务事。"张东海说，处理家务事，只有了解双方，找到矛盾根源，引导当事人换位思考，共同梳理家庭的愿景，再借助亲朋邻里、村委会和社区的力量，不厌其烦地疏导，才能从根本上解决。走出西华派出所，门口悬挂的"全国一级公安派出所""全国公安机关爱民模范集体""甘肃省首批'枫桥式'派出所"等荣誉牌匾在阳光下更显熠熠生辉。

　　2019 年夏，山东省社会救助服务指导中心送回一名老年妇女，虽然精神状态不佳，却能说出老家是华亭，而且乡音未改。因为没有任何能证明身份的信息，警方通过村社排摸将范围缩小到西华镇龚杨村，然后又靠着该妇女提供的父母姓名找到其侄子，再通过DNA 比对，确认了身份。原来，该妇女已 65 岁，十多岁时因父母离世受到刺激离家出走后杳无音讯，家人找不见后注销了其户口。不想兜兜转转 50 年后又回到了家乡，警方为其办理户口后，帮助其申请到了社会救助，并说服其侄子赡养，让归根落叶老有所依。

　　说起民警的工作，家住青林村的李某激动不已："由于我的大意，给从小收养的儿子没报户口，到了上学年纪无法入学。西华派出所上门了解情况，很快就为娃娃报了户口，现在都上二年级了。"

　　东华派出所同样紧盯群众需求，不断提升服务效率。仅 2023 年以来，先后为群众提供咨询服务 8000 余次，办理网上业务 1 万余人次，上门服务 1600 余人次，"绿色通道"为高考学子等急需用证人员受理证件 230 余次。

　　"微警务"实现"互联网＋公安政务服务"上线率100%，服务超1000 人次，24 小时自动受理设备累计服务群众 6500 余人次。

华亭位于陕甘宁三省区交会处、关山腹地、六盘山褶皱带，平天、彭大、泾华、灵华4条高速公路，宝中、天平2条铁路横穿境内，煤炭、油气、甲醇生产销售运输企业点多、面广。境内沟壑纵横、山系交错，农村道路1969公里，里程长、路形险、防范难，国省道日均有3000余辆运煤车辆和货运车辆过境，运输量大、运行率高，如何管好道路交通安全，是十分迫切而艰巨的任务。

华亭市公安局以事故预防"减量控大"为目标，创新推出"交所合一"机制，建成智能交通管理系统和城乡一体化交通指挥平台，10个乡镇、1个工业园区实现了交警中队全覆盖，36处标准化劝导站实时运行，打好特巡警、交警、派出所交警中队"组合拳"，落实国省、城市、农村、林区"四位一体"道路交通管控，确保道路交通较大以上事故"零"发生的良好态势。华亭市被国务院六部委评定为"平安畅通县区"，华亭市公安局交警大队车管所被公安部评定为"全国优秀车管所"。

此外，华亭"智慧交管"累计接入道路监控设施375路，达到了各类道路智能"全覆盖"。"外地小车首违不罚""违停先告知后处罚"等一系列措施，进一步优化了营商环境；推行33种业务网上办理，"不见面"服务与"指尖车管所"为群众提供了快捷服务；将"护校安园"纳入常态化工作，受到学校和家长的好评。同时，充分发挥新媒体的传播作用，针对重点群体，制作海报、短视频和推文，引导安全文明出行。

盛世谱华章，征程风正劲。华亭公安的故事还在继续，锦绣关山、悠悠汭水自会铭记铮铮誓言、无悔付出。

供稿：肖　刚

热血忠诚

甘肃公安先进典型风采录

金昌市公安局金川分局
广州路派出所

竭诚为民的"陇原先锋"

　　金昌市公安局金川分局广州路派出所坐落于龙首山下，金水湖之畔。该所坚持把人民群众放在心中最高位置，唱响人民公安为人民时代主旋律，竭力为人民办实事、解难题，赢得人民群众广泛赞誉和真诚拥护。先后被共青团中央和公安部授予"全国青年文明号"，被公安部授予"全国公安机关爱民模范集体""一级公安派出所""全国优秀公安基层单位"，被省委命名为"陇原先锋号"，获评"全省优秀公安基层单位""全省执法示范公安基层单位""全省枫桥式公安派出所"，荣立集体二等功2次、集体三等功4次。

　　当旭日东升、晨曦氤氲，离派出所不远的菜市场内已人头攒动、热闹非凡；当正午的钟声敲响，附近的中小学门前已车水马龙、摩肩接踵；当夕阳西下，霞光万丈，辖区群众尽情享受着安定祥和恬淡舒适……在这里，一切的岁月静好，都缺少不了金昌市公安局金川分局广州路派出所民辅警执勤巡逻保安全的身影。他们用经年累月的坚守和辛劳，守护着辖区"人间烟火气"，以实际行动诠释着爱民为民护民的赤子情怀。

"全国公安机关爱民模范集体"这块金字招牌，见证了广州路派出所一代代民辅警 34 载的接续奋斗和时光洗礼，共同演绎出一个个爱民、为民的精彩故事，齐声唱响听党话、跟党走的时代赞歌。金字招牌越擦越亮，历久弥新！

破案挽损　追回群众损失最"紧要"

在老百姓心目中，挽回损失比侦破案件的意义重大。通过公安机关缜密侦查破获案件，切实为群众挽回损失，能大大提升群众对公安机关的满意度。长期以来，广州路派出所强力推进破案率、结案率双提升，刑事、行政案件破结案率始终保持在 80% 和 90% 以上，始终把挽回群众损失作为更高的目标与追求。

小刘警官，一次性抓获盗车嫌疑人 4 人，追回被盗电动自行车 19 辆。当辖区连续发生电动自行车被盗案件，小刘领到案件侦破任务后就暗下决心，说啥也要揪出这些偷车贼！他先把近期市区电动车被盗案件梳理了一遍，再查看案发周边视频监控摄录情况。"这个摄像头只能拍到人行道""这个摄像头离中心现场太远了""这个摄像头位置正好"。之后，小刘警官便蹲在监控室里盯着电脑屏幕一帧帧、一条条地查找偷车贼的蛛丝马迹，快进、后退、停！快进、后退、停……几个小时过去了，小刘累得头昏脑涨，但还是没能捕捉到偷车贼的一点点线索。"偷车贼的反侦查能力如此强悍，看来我也要换个侦查方向了！"小刘徘徊在派出所的院子里，心里憋了一股子劲。

第二天中午，小刘在牛肉面馆吃饭的时候，无意间听到有人说

"在城乡接合部有人低价售卖电动车"，听到这句话小刘警官意识到这或许是一条重要线索。接下来的几天里，小刘有事没事就跑到城乡接合部转悠，既是守株待兔又在继续追寻蛛丝马迹。几天下来却依然没有结果，小刘决定改变侦查方向，开始在附近的居民家中、临街商铺内进行摸排走访。功夫不负有心人，当小刘获悉附近出租屋里经常有几个小青年，隔三岔五推着不同的电动车出出进进时，他便知道自己的侦查策略和方向终于搞对了。小刘和所里的民辅警在出租屋附近持续蹲守，最终把握抓捕机会将"几个小青年"一网打尽。经过审讯，4名犯罪嫌疑人结伙作案，先后在市区内盗窃电动自行车19辆。破案后，小刘带着嫌疑人，一辆接一辆地追查被盗车辆，全部追缴并退还给失主。看到群众领取电动自行车时脸上泛溢出的笑容，听着群众发自内心的称赞和感谢，小刘心里别提有多高兴了。

反诈防诈　做到见面劝阻才"放心"

反诈的关键是防诈，防诈的关键是预警劝阻。

在电信网络诈骗十分猖獗的形势下，派出所民辅警把反诈宣传、国家反诈中心 App 推广、预警劝阻作为防诈反诈的三把"利剑"，预警劝阻更是重中之重。每一条预警的见面处置，每一名受害人的成功唤醒，都意味着人民群众背负的损失就会减少一些，家庭与社会受到的负面影响也会降低一些。自上级公安机关下发预警劝阻以来，广州路派出所认真对待、积极作为，成功劝阻受骗群众 300 余人，有效防止群众财物损失百万余元。

　　2023 年 11 月，广州路派出所接到一条需要劝阻的电信网络诈骗预警，民警老赵立即联系当事群众。在当事人工作的餐馆见面后，老赵详细询问情况，并提醒当事人可能正在遭遇电信网络诈骗。而当事人却信誓旦旦地说自己没有遭遇诈骗，转账打款是打给女朋友的茶叶款，看着当时群众笃定的眼神，老赵便离开了餐馆。可是，"茶叶"这个敏感的词语一直在老赵的脑海中盘旋萦绕，凭着多年以来反诈骗防诈骗的经验，确定一定是诈骗无疑。当晚他再次来到餐馆，将正在准备二次转账的当事人阻拦下，经再三询问，并反复确认"女朋友"身份信息，最终查明当事人已被深度洗脑，所谓的网恋女友根本就是一场精心编织的骗局。老赵的举措成功阻止了当事人进一步被电信网络诈骗。

在广州路派出所民辅警眼中，从严从实从细抓好落实好"三询问、四查看、五必须"，保证不出现辖区群众预后被骗的案例，努力用辛勤付出和无私奉献，守护好国家安全、社会安宁和百姓幸福，就是最大的放心。

调解前置　防患于未然促"和谐"

"家家有本难念的经"，已然翻开社区居民家长里短这本厚重的书，广州路派出所民辅警就决心要把它读懂弄透，管好用好，经营好。

靳大爷和张老太是辖区一对70多岁的老龄夫妻，共同生活快五十年了，两人却常因为生活琐事闹到报警。派出所多次调解，并联合社区召开专门会议商量调解之策，但收效欠佳，在一来二去的接处警过程中，民警也详细了解了这老两口的故事。

张老太脾气暴躁，十分强势，掌控家中的经济大权，早年曾受邪教毒害，思想和行为怪异，在与老伴的争执中经常大打出手。靳大爷性格内向，不爱与人争论，为了家庭孩子，选择忍气吞声，即便如此，两人的生活也常常鸡犬不宁。在张老太和靳大爷家庭矛盾纠纷的化解过程中，所领导和社区民警动足了脑筋，也费了九牛二虎之力。经过民警与老人两个儿子长期、反复沟通，两个孩子均明确表示母亲的暴躁易怒给自己的童年留下了不可弥补的阴影，因此成年后选择离家工作，并不愿意将老人接到身边抚养。这条路走不通，再想其他办法。民警在走访调解中了解到靳大爷想从家里搬出去，一个人清静地过日子。就着这个思路，并与老人的儿子商量，决定给靳大爷安排一家养老院。在靳大爷住进养老院之前，就养老费用、入住的各种细节，所领导与社区民警真是跑断了腿，操碎了心。2023年年初，靳大爷的大儿子回到金昌，与派出所民警、社区工作人员一起帮靳大爷搬到了养老院。对于独居的张老太，社区民警联系社区心理服务中心的工作人员多次开展心理疏导，并嘱咐她的两个儿子要时常给老人打电话，陪老人聊聊天，排遣老年生活的寂寞。同时借助党员民警下社区的机会，经常到张老太家里走一走坐一坐，并送去米、面、油，解决她的实际生活困难。

一年之后，靳大爷离世。大爷的儿子告诉社区民警，大爷非常感谢派出所民警所做的一切，走的时候很安详。

问题少年　坚持特殊关爱助"成长"

本该在校园里好好读书的年龄，却过早地步入社会，沾染了不良习气。

2024年年初，广州路派出所连续破获4起电动自行车被盗案，抓获的嫌疑人中涉及7名未成年人，年龄均在14至16岁之间。民警没有再把这些未成年人推向社会，而是逐个了解他们的家庭背景和辍学原因。

15岁的小文来自单亲家庭，瘦小文弱的他因患病休学在家，迷恋上了网络游戏，小文的父亲百般劝说却无济于事，便简单粗暴地切断了家里的互联网。终日无所事事的小文开始在外游荡，结识了不少问题少年，萌生了偷窃电动自行车卖钱交网费的念头。面对这些已经触犯法律的孩子，派出所领导和办案民警都在思考一个问题：

该怎样尽可能挽救他们，不要让他们之后的人生路越走越偏？

掌握一门手艺，一项赖以生存的一技之长，似乎更适合小文的成长道路。经征求小文父亲及小文本人的意见，派出所为小文联系了一所专门教育学校，目前小文已经在学校入住就读。或许当小文身处异地他乡面对严格管理的时候，他会抱怨、会抵触，但多年之后，待他长大成人走向社会，通过自己的努力和劳动，得以有尊严地活着，回头想想自己的经历，他应该会明白，办案民警的良苦用心。

窗口服务　拿出真情实意解"民忧"

户籍业务工作是派出所业务"千条线"中的一根，从出生登记到户口迁移，从人像采集到身份证核发，看似简单，却是人口管理中最基础、最根本的一个环节，同时也关系到人民群众日常生活的方方面面。

年轻的父亲为刚刚出生的孩子办好了出生登记，从此孩子便有了伴随一生的身份证号，接下来，便可以为他办理医保，每一个父母最关心的子女健康问题就有了一份保障。身份证丢失的高三学生走进户籍室，一脸焦急与懊恼。没关系，特事特办，最快速度为他办好身份证，保证考生顺利参加高考。房产过户、银行取款，需要提供亲属关系证明，群众调侃"证明我妈是我妈，我太难了"。户籍员从一页页发黄的户籍档案中查找，通过户籍档案记载为群众出具了亲属关系证明，后面要办的事情就简单多了。行动不便无法到派出所办理身份证的群众，这让家属很犯难。可到派出所一问，户籍员可以上门去拍照后为他们办理身份证，家属的愁眉顿时舒展开来……

年复一年、日复一日，户籍窗口的民辅警们便在这样一项项户籍业务中与群众唠着家常，倾听他们的喜怒哀乐，了解他们的急难愁盼，尽心尽力地解决他们的后顾之忧。把群众的事情办好了，群众心情舒畅了，人与人之间就会多一些善意与温暖，群众与政府之间就会多一些理解与信任，社会才能更加和谐、更加稳定。

山不让尘，川不辞盈。与山川一样，一个人在生活的过程中用心体会一件事，慢慢感悟一本书，累积的是阅历与智慧，一个派出所在长期为民爱民的生动实践中，累积的是人民群众的信任与支持。正如习近平总书记所讲的那样"道阻且长，行则将至。前进道路上，无论是风高浪急还是惊涛骇浪，人民永远是我们最坚实的依托、最强大的底气"。志之所趋，无远弗届，穷山距海，不能限也。为人民而生，因人民而兴，始终同人民在一起，为人民利益而奋斗，诠释爱民之情，守护一方平安。在这条道路上，始终有金昌市公安局金川分局广州路派出所全体民辅警们砥砺前行的脚步和持之以恒的身影闪现其中，成为爱民、为民实践路上最美丽的风景线！

供稿：李鸿燕

热血忠诚

甘肃公安先进典型风采录

兰州市公安局刑警支队
电信网络案件侦查大队

忠诚守护老百姓的"钱袋子"

　　兰州市公安局刑警支队电信网络案件侦查大队作为兰州市公安局反诈中心的组成单位之一，自2016年11月实体化运行以来，主要承担兰州市电信网络诈骗犯罪打防及综合治理工作。通过96110实行统一接警、统一止付、统一研判，开展事前预警、事中阻断、事后打击。近年来，先后荣获全国维护妇女儿童权益先进集体、全国公安机关爱民模范集体、全省打击治理电信网络新型违法犯罪工作先进集体、党建带队建先进集体等称号，1人荣获全国"人民满意的公务员"荣誉称号。

　　隐于省会闹市，置于机关顶楼，兰州市公安局刑警支队电信网络案件侦查大队这个英雄的模范集体，组建在现实生活中，冲锋在虚拟世界里，一度在没有硝烟的战场与看不见的敌人智勇较量，守护着黄河两岸老百姓的"钱袋子"。

——题记

阳春三月，清晨的太阳慢慢升起，阳光穿过错落有致的高楼大厦，温和地洒在市局二十二楼的走廊。作为刑警，我跟随电信网络案件侦查大队大队长李谦的脚步，开始了一场记忆深刻的采访之旅。

和时间赛跑

急促的语气，凝重的神情，此起彼伏的铃声……

市局二十二楼东侧接警室，桓宇已经全身心投入工作。这里是全市 96110 反诈热线的"基地"。面对 12 大类、100 多种诈骗手段在线"换装"，桓宇和同事们全天候对全市电诈警情进行专业处置，不遗余力和时间赛跑，与诈骗分子博弈，第一时间止付挽损，解答群众警情咨询。

"大队人少，但兵贵神速。我们的速度与激情就是与诈骗分子抢人、抢钱、抢时间。"李谦易岗任职数月，对电信网络案件侦查大队的"底细"已然摸得清楚。

天下武功，唯快不破。古龙笔下的功夫要诀，也同样适用于反诈工作。这从李谦讲述的一起止付案件中得到印证。

2022 年腊月深夜，一场大雪与年关不期而遇。六瓣的花儿赶趟似的漫天飘洒，落在了金城关下，一切都安静了下来，向着春节的狂欢无声蓄力。

突然，一声急促的铃声，打破了接警席的安静。

"喂？是警察吗？我被冒充我们领导的骗子骗了 970 万元，求求你们快帮帮我！"

诈骗伎俩千奇百怪，五花八门，冒充领导是其中之一。诈骗分子往往通过盗用领导照片、姓名等信息"包装"社交账号，精准添加受害人为好友，借"领导"的口吻关心下属骗取信任后，利用受害人不愿得罪领导的心理，以花式借口要求受害人转账汇款。

骗子岁末收割，又一起百万案件发生。企业面临破产危机，节前员工工资也无法发放。报警人痛心疾首，六神无主。

紧急止付。电信网络案件侦查大队民辅警闻警而动，快速反应，连夜奋战，踏网追踪，争分夺秒分析资金流向，梳理涉诈账户，启动止付程序，及时按下"止损键"。

历时 76 个小时，查询止付 300 余张涉案卡，成功止付冻结涉案资金 700 余万元……直至止付冻结成功，民警的眼睛一刻也没有离开过电脑显示屏，只为尽最大可能挽回报警人被骗的一分一厘。

"你们就是我的英雄。你们救了我，救了我们单位。"反诈中心大厅，报警人手里握着锦旗，激动不已。

据统计，2023 年以来，电信网络案件侦查大队接警席累计接处电诈警情及各类咨询电话 8800 余个，止付涉诈银行卡近 22 万张，返还资金同比上升 51.7%，涉案一级卡冻结率，超额完成目标任务。

除了"快"以外，电信网络案件侦查大队的民辅警还有"准"的一面。

"您不要惊慌，如果您的银行卡无法进行支付操作，可能是您向涉诈账户转账汇款了。为了保护您的财产安全，我们对你的账户进行保护性止付。"接警员正在耐心地向群众解释。

抽丝剥茧，审慎处置。为了降低老百姓被骗风险，电信网络案件侦查大队的民辅警根据平台预警提示，对涉诈风险账户进行保护性止付，同步开通了 6 部 24 小时专线申诉电话，对有就医、还款、保障生产经营等特殊需求的账户，第一时间联系解除。

大数据时代利弊共存，便利人们的同时，也为诈骗分子寻找"猎物"提供了利器，与诈骗分子"抢人"也变得更加艰难。但电信网络案件侦查大队的民辅警坚信，假如一直和时间赛跑，就可以成功。

就像一束光

见到赵姐已经是下午了。

赵姐何许人也？

按李谦师兄的说法，如果要写电信网络案件侦查大队，就不能不写赵瑛。这位获评兰州市公安局"反诈之星"荣誉称号、荣立个人三等功的辅警，被同事们称为兰州反诈的名片，预警劝阻员中的"顶流"。于是，我便和赵姐单约采访。

赵姐个头不高，体态雍容，一张不重粉饰的脸庞透露着西北人特有的敦厚和真诚，高颅顶半马尾的发型更显成熟女性的干练，初次见面便觉善解人意，能言利辞。

"当今的骗子就是早些年生活中的贼！骗人钱，偷人心！"说起电信网络诈骗，赵姐义愤填膺。经历了无数骗与被骗的戏码，赵姐早已将诈骗这份恶业与反诈这份善业密切关联，而并非像佛陀所说的那样，各不相干。

"我就是单纯喜欢这个工作，喜欢和老百姓拉关系，唠家常。如果能守住老百姓的钱包，我们打多少个预警电话、发送多少条预警信息、跑多远的路都是值得的！"赵姐反诈工作干得上劲上瘾。

数据是最好的解说词。近些年，赵姐成功劝阻并"唤醒"潜在受害人 1100 余人，避免经济损失 1000 万余元，单日最高成功劝阻金额 114 万元，收到锦旗 3 面，群众感谢信近百份。归纳总结出数套预警劝阻术语，做法经验被今日说法、天网等栏目相继报道。

赵姐一边给我展示微信上预警劝阻受害人的通讯录，一边讲述着这些通讯录背后劝钱又劝命的故事。其中不乏奔波上门后的坦诚相待，也有真假警察的隔空较量。这些名场面，就像发生在昨天一样，在赵姐的脑海中清晰可见。

讲到这儿，赵姐声音忽地一提高，脸上露出难以掩盖的欣慰和激动。她顺了顺呼吸，才用轻快清脆的嗓音给我讲起了一件事。那是 2022 年 8 月的一天，预警平台推送了一条高危预警指令，一位市民向涉诈账号转账 22 万元，可能存在诈骗风险。

预警电话呼入。对方是一位六十来岁的大姐。

"我这是正常的投资理财，我有专业的老师指导，低投资高收益，稳赚不赔！"大姐对赵姐爱搭不理，一边哼着小曲一边敷衍答话。

"天上不会掉馅饼！你可能遭遇了电信网络诈骗，能和我讲一下投资的详细情况吗？"

赵姐苦口婆心。

大姐油盐不进。

意识到大姐可能会二次追投，赵姐随即开始了长达两个小时的电话劝阻，实打实列举案例，百分百还原骗术，希望大姐停止转账投资，避免扩大损失。

一顿劝导下来，大姐开始动摇。当晚，大姐试探性地从平台提现了 3 万元，但当第二天登录平台时却显示账号错误，需要缴纳 9 万元的解冻费。此时此景，大姐想起赵瑛在电话中提到的一模一样的骗术，这才意识到自己真的被骗了。

大姐痛哭流涕。"这些钱都是我借的啊！这叫我怎么活！"大姐意志消沉，对生活充满绝望，一度产生轻生的念头。

当时情况特殊，赵姐无法上门安慰疏导大姐。赵姐急在心里。

为了防止大姐想不开干傻事，在征得大姐同意后，赵姐添加了大姐的微信。于是，赵姐每天通过微信和大姐嘘寒问暖，一句早安，一个玫瑰表情，一个温馨提示……

留得青山在，不怕没柴烧。只要人在，靠自己的努力一定能从阴影中走出来。在赵姐的宽慰和鼓励下，大姐找了一份家政工作，生活逐渐步入正轨，思想也发生了很大的变化。

"谢谢你赵瑛！你就像一束光，在黑暗中照亮我前行，给予我一次重生的机会。"大姐发自内心地感谢赵姐。

偶尔治愈，常常帮助，总是安慰。正是有像赵姐一样的预警劝阻员一次次预警、劝阻，才挽救了无数被骗的家庭，甚至一个人的生命。

去年，兰州公安预警经验被公安部向全国推广。

朴素的愿望

省下的就是赚到的。生活中，很多人把这八字箴言奉为朴素的理财原理。殊不知，在电信网络案件侦查大队反诈宣传员们眼中，守住的才是真正赚到的。

数年斗争，电信网络诈骗就像斩不断的野草，不但没有枝枯根萎，反而依然野蛮生长。人们开始意识到，对付电信网络诈骗，防范胜于打击。正所谓，快破案不如不发案，多追赃不如不受骗。然而，如何抓住老百姓的"心弦"，让他们对预防电诈入脑入心，成了王翔和同事们头疼的问题。

"所有的刷单都是诈骗。"

"快骗子一步也是慢，高骗子一筹也会骗。"

"世上没有平白无故的爱，也没有平白无故的恨。"

……

电信网络案件侦查大队的每一个反诈宣传员就像行走的自媒体，深入背街小巷、居民院落散发着花花绿绿的反诈宣传单和海报。然而，这种单方面的"暴力输出"并不被老百姓"买单"，老百姓非但没有对电信网络诈骗提高防范，反而对反诈宣传员产生了"免疫力"。

怎么办？

那就用骗子的思路来做反诈宣传。电影《孤注一掷》中的一句台词给了王翔和同事们启示。

"人有两颗心：一颗是贪心，一颗是不甘心。"人性的弱点不就是反诈宣传的重点吗？

事想会有办法，凡做总有效果。为了吸引群众广泛参与反诈宣传，反诈宣传员们迎合群众心理，专属定制"反诈蛋"、反诈公仔、反诈小电扇、反诈餐具等福利宣传品，现场派发给参与互动的群众，有效提高了老百姓主动参与的积极性。

同时，为了让反诈宣讲更具有针对性，王翔和同事们对反诈中心接报的电信网络诈骗案件进行了深入的研究和分析，组织反诈宣讲团有针对性地举办反诈专题讲座，开展反诈宣讲"五进"活动，释放严打整治强烈信号。

"我微信、支付宝里都没钱，银行卡余额不到三位数，他能骗我什么？"在西北师范大学礼堂，台下参加反诈宣传的同学幽默地提问。

"每一个被骗的人都认为自己不会被骗，骗子能骗到什么也是由骗子决定的。大学生征信好，诱导你借贷不香嘛！"打趣的话引得台下哄堂大笑。

一场原定一个小时的宣讲，反诈宣传员们足足超时半个小时。其间，又穿插了年轻人喜欢的短视频，现场开展有奖竞猜，想方设法吸引同学们的注意力，取得了良好效果。

正所谓："其兴也勃焉，其亡也忽焉。"流量有了，但如何让流量留住人心，又成了棘手难题。反诈宣传员们开始反复探索这条通向反诈宣传长虹的秘径。

为了让反诈流量"变现"，反诈宣传员们尝试"蹭热点""搭便车"，在反诈宣传作品中融入科技与狠活。于是，一幅幅制作精美的反诈"二十四节气图"，一部部自编自导的反诈宣防视频、沙画火爆"出圈"，一度占据各大网络短视频榜首，甚至在全国反诈十大精品短视频评比中荣获佳绩。

"我们的愿望很简单，就想让老百姓多看一眼、多听一句我们的反诈宣传，哪怕就几秒钟！"反诈宣传员胡悦吐露真言。

"凡战者，以正合，以奇胜。故善出奇者，无穷如天地，不竭如江河。"于反诈宣传而言，官方宣传"正"，社会组织宣传为"奇"，"战势不过奇正……正则奇之，奇则正之……方可胜也……"反诈宣传员们深谙此理。

"我们对外召集全市 25 家联席会议成员单位、18 家商业银行召开专门会议，与在兰 18 所高校分别建立反诈宣传微信群，分四期评选出 400 名'反诈能手'……"胡悦扳着手指向我罗列种种。

在电信网络案件侦查大队反诈宣传员的共同努力下，去年全市有 11 个乡镇（街道）、605 个村（社区）实现电诈案件零发案，反诈宣传如疾风暴雨般凌厉。

采访结束已至夜深。站在市局二十二楼放眼城市，大街小巷灯火辉煌，灿若星辰。回看电信网络案件侦查大队办公室，依旧灯火通明。白天采访途中，李谦电话里答应了一高职院校的讲座邀请，反诈宣传员们正为准备宣讲内容而忙碌。我想，如能在采访宣传先进的同时宣传反诈，岂不一举两得？便引《解佩令·电信诈骗》一首，以博得大家注意，增强意识，谨防诈骗。抄全文如下：

铃声急促，高频呼叫。猜是谁？何堪其扰！饼自天来，中大奖、现金多少。扯官腔、冒充领导。谈银行卡，安全账号，假公安、法院传票。异样红包，乱链接、当删于秒。众亲朋、望留心了。

供稿：李小鹏

热血忠诚

甘肃公安先进典型风采录

张掖市公安局特警支队

盾影无声　守护无言

张掖市公安局特警支队成立于2015年11月。该支队坚持和发展好新时代"枫桥经验"，把服务群众作为日常工作的重要举措，对标"急难险重的突击队、巡逻处警的先锋队、执法为民的服务队、公安队伍的仪仗队"建设目标，做到在巡逻防控中服务群众，在实践活动中温暖民心，在护校安园中守护平安。荣立集体一等功1次，先后被公安部授予"全国公安机关爱民模范集体"，省委组织部授予"全省标准化先进党支部"，被市委授予"张掖市基层先进党组织"称号，1人获评2023年度"陇原最美退役军人"。

"你的名字包含惊险，你的职责救人于危难。你对人民满怀深情，你让凶犯闻名丧胆。你每天训练冲击极限，你随时应对艰险挑战。你坦然面对生死考验，你的信念从未改变。当一名特警，无怨无悔！"在激昂的旋律中，一首《特警之歌》在耳边回荡，激荡着每一颗炽热的心。在张掖市公安局特警支队，有一群英勇无畏的战士，他们正是这首歌的真实写照。他们，是守护城市的无名英雄，是冲锋在前的铁血战士，他们用汗水和热血，铸就了这支荣膺"全国公安机关爱民模范集体"队伍的辉煌与荣耀。

火线救援：与时间赛跑

对于普通老百姓来说，有时候快一两分钟或者慢三四十秒，没什么区别。但对警察来说，时间不仅仅是秒表的跳动，它代表着责任，代表着生命，更代表着人民群众的安危。

对于经历过无数次救援的特警支队政委张玉伟而言，别说差一两分钟，哪怕是差一两秒，就是生与死的区别。

2021 年 5 月，一个普通的中午，毒辣的阳光斜洒在马路上，投下斑驳的光影。街边的小餐馆已经忙碌起来，炊烟袅袅，香味四溢。路上的行人和放学回家的学生们的步履匆匆，仿佛每一个人都被饥饿驱使着，急于寻找一处能填饱肚子的地方。

"姐，你放心，钱放在我们这里，不仅有可观的收入，而且比放在自己口袋里还安全……"张掖市甘州区一家财富投资理财公司大厅里，工作人员如往常一样给新拉进店里的"客户"描绘着报酬丰厚的蓝图。

中年男人推门而入，怀里抱着一桶汽油，不停地向着店内张望。

"刘哥，你咋又来了！和你说了，老板最近不在，他回来了我给你打电话。"员工小李看着进来的中年男人，给身旁的女同事递了个眼神后，就急匆匆往门边走，边说着话边把中年男人往门外带。"好不容易进来个客户，可不能让他搅黄了。"小李嘴里小声念叨着。

"不在！又不在！骗我投钱的时候怎么天天都在！还我钱，快还我的钱！"小李的话瞬间刺激到了沉默的中年男人，他高高举起汽油桶并拧开盖子，刺鼻的汽油味瞬间涌出！

刚刚结束了一轮巡逻，张玉伟和队友们坐在警局的食堂里，准备享受热腾腾的午餐，突如其来的出警指令打破了午间的宁静。

"一名男子拿着汽油桶，叫嚷着要自焚。"

接到这样的警情，张玉伟心头一震，迅速做出反应，让队友们立刻从装备库中取出两个干粉灭火器。

匆匆赶到现场，张玉伟就看见一个中年男人蹲坐在墙角，一手提着个2.5升的塑料汽油桶，一手紧握着打火机。那个已经被打开的汽油桶盖，静静地躺在地上，像是一个不祥的预兆。

"我求遍亲朋好友借了钱投到这里，一分回报没见到。再要不回本钱，我就得妻离子散了！我只想要回我的钱啊！"男人的情绪异常激动。

"拔掉灭火器的保险栓。"张玉伟边快步往中年男人身边走，边小声嘱咐身边的队员。

"别激动，有啥事我们……"就在张玉伟试图稳定他的情绪进行调解劝阻时，中年男人突然站起身环顾四周，带着不舍与绝望，闭上双眼，将汽油倒在自己身上，随后狠狠地按下了打火机。

"呼——"的一声，火苗迅速蹿起，男子的身体被火焰包围。

"快！灭火！"张玉伟和队友们没有丝毫犹豫，立刻冲上前去，用灭火器对准男人猛烈喷射。短短的四五秒钟，火焰就被扑灭了。

中年男人虽然被火焰包围，但由于张玉伟和队员们的迅速反应，他并未受伤，只是显得有些惊愕。他原本黯淡的眼神中，流露出了一丝感激。

"如果我慢他一秒或者两秒，就有可能造成一个或者几个家庭的破裂！"返回支队的路上，张玉伟车开得很慢，脑海中不断闪现刚刚惊心动魄的画面，心中是满满的后怕。

生死营救：拯救脆弱生命

2022年6月，一个晴朗的午后，张掖市的一个小区里，气氛却异常紧张。少年小李坐在楼顶的边缘，他的眼神空洞而迷茫，显然正处在一个非常脆弱和敏感的状态。

楼下已经聚集了一些好奇的群众，他们窃窃私语，指指点点。而在不远处，一辆警车悄然停下，几名身穿特警服的警察下了车。特警荆云龙是这次出警的负责人，他抬头看着楼顶的少年，心中五味杂陈。对于他来说，这只是他工作中的一次出警，可能只是他职业生涯中的百分之一，但他深知，对于这个少年和他的家人来说，

这是他们的百分之百。

荆云龙和战友们迅速分析了现场情况，楼顶的斜坡下面是一个 15 厘米宽的平台，整个现场非常不利于营救。

"我先试着和孩子搭搭话，你们随时策应。"荆云龙向队友嘱咐着。他的话音还没落下，原本坐在台阶上的少年突然情绪失控，扔下手机，紧握美工刀对着自己的脖子。

荆云龙心中一紧，急忙跨步前去，试图安抚少年。然而，少年却猛地转身准备跳下去。危急关头，马吉昌毫不犹豫，一个箭步翻过护栏，就在少年即将跳下的一瞬间，紧紧抓住了他的胳膊。

少年的身体悬在半空中，只有一只手被马吉昌紧紧握着，阻止了他从楼顶边缘坠落。时间仿佛在这一刻停滞了，空气中弥漫着紧张与期待。马吉昌用尽全身的力气，稳稳地抓着少年的手，两人的生命在这一刻紧密相连。他们就像两片在风中摇摆的树叶，随时都有可能被风吹落。

楼下的消防员紧急铺设了救援气垫,为这惊心动魄的营救提供了安全保障。一分多钟过去了,对于在场的每一个人来说,这都像是度过了一个世纪般漫长。

终于,在马吉昌的坚持和少年的配合下,两人稳稳地落在了救援气垫上。现场所有人都松了一口气,紧张的气氛瞬间被打破,取而代之的是一片欢呼和掌声,为救下的少年庆幸,为特警们的英勇喝彩。

少年的母亲看着孩子安然无恙地被救下,激动的泪水滑过脸颊。她冲向前,紧紧抱住少年,仿佛要将他融入自己的身体里。然后,她转身向马吉昌和其他的特警们深深地鞠了一躬,甚至要磕头致谢,被马吉昌和战友们拦了下来。

周围的群众也被这场惊心动魄的营救所感动,他们纷纷鼓掌,为特警们的英勇喝彩。马吉昌和他的战友们相视一笑,收拾着东西

准备归队。

他们知道，这次成功的营救不仅仅是因为他们的专业技能和勇敢，更是因为他们始终把每一次出警都当作唯一的警情来处置，全心全意为人民服务。这种信念和期盼，也是他们一直以来坚持下去的动力。

平安守护：护航学子成长

2024 年 2 月 26 日，春日的阳光照耀在张掖市甘州区马神庙街小学的校门上。清晨的街道上，孩子们的嬉笑声和家长的嘱咐声交织在一起，新学期的第一天总是充满了期待与活力。

红领巾飘扬的孩子们，背着沉甸甸的书包，迈着轻快的步伐走向学校。当他们经过学校门口时，三名站岗执勤的特警引起了大家的注意。特警们站得笔直，目光坚定，仿佛是一棵守护学校的青松。

"警察叔叔好！"一名小学生突然停下了脚步，他抬头凝视着特警叔叔，眼中流露出敬佩之情。然后，他举起右手，向特警们行了一个标准的少先队礼。正在执勤的胡云先是一愣，随即露出深邃的微笑，"敬礼！"和队友们也向小学生回了一个礼。

这一刻，周围的喧嚣仿佛都静止了，只剩下温暖的阳光洒在孩子和特警们身上，温馨而庄重，给人无尽的安心与力量。

这一天，是张掖市中小学 2024 年度春季学期正式开学的第一天。张掖特警们以站好"护学岗"为己任，为孩子们撑起了一把"平安伞"。他们的身影，成为这座城市最温暖的风景。

"我每天都是晚上 11 点多放学，出来看到特警叔叔们的身影，心里就感觉非常安全！"高三学生小张感慨道。特警们的存在，让孩子们在成长的道路上更加坚定和自信。

不仅如此，特警们的影响还深入到了市民的日常生活中。

"以前逢年过节出门走亲戚，总担心家里进贼，现在每天晚上都能看见特警在巡逻，大家都放心了。"

在这些特警们身上，居民们看到了他们的责任心与担当。他们不仅守护着学校的孩子们，也守护着这个城市的每一个角落。藏蓝色的制服和胸前的党徽，在灯光下熠熠生辉，仿佛在告诉人们，有他们在，就有安全在。

在这个温暖而安全的城市里，人们记住了这些特警们的面孔，记住了他们无私的奉献。

铁血战士：荣耀与使命

2023年盛夏，张掖的天空如烈火般炙热，阳光毫不留情地洒向大地，将温度推向了39℃的极限。然而，在这片炽热的土地上，张掖市公安局特警支队的队员们正挥洒着汗水，对他们来说，这只是又一个平常的训练日。

支队长黄文军站在训练场上，目光如炬，注视着每一个正在经历严酷训练的队员，心中充满自豪。他们如同砥砺前行的勇士，在技战术、体能、攀登等一系列训练中，不断挑战自我，突破极限。汗水浸透了他们的训练服，却洗不去他们眼中坚定的光芒。

"单兵如尖刀，组合成拳头。"这句口号如同特警支队的灵魂，也是他们行动的准则。他们在日复一日的锤炼中，强健了体魄，强化了技能，更强化了心理素质。

女特警苏婷，在烈日的炙烤下，背负着沉重的装备奔跑在训练场上。她气喘吁吁，但眼中却闪烁着不屈的光芒。她曾抗拒跑步，但经历了现场任务的洗礼后，她深知奔跑的意义——为了能在关键时刻快一秒、再快一秒，与危险抢时间。如今，十公里的负重跑对她而言，早已不再是挑战，而是对自我极限的超越。

"每天的训练很累，但我们不能有丝毫松懈。"黄文军，这位有着16年军龄和23年警龄的资深"教头"，用铿锵有力的声音告诫队员们："我们是城市安全最坚实的屏障。"

在特警支队的训练中，每一次训练都是对自我极限的突破，但每当他们想到自己肩负的责任和使命，他们就会跟自己较劲、死磕到底。他们深知，当国家和人民需要他们的时候，他们必须挺身而出，用实际行动践行那句口号："首战用我，用我必胜！"他们深知，每一次挥汗如雨，每一次咬牙坚持，都是为了一个更伟大的目标——成为守护城市的坚实力量。

张掖市公安局特警支队率先在全省推行"市区一体化运行"机制，成立了水面搜救大队、应急处突大队、巡逻防控大队，构建了一个立体巡逻防控体系。特警支队仿佛被赋予了新的生命。他们穿梭在城市的每一个角落，守护着这片土地和人民的安全。每一次救助，都是对生命的敬畏；每一次巡逻，都是对平安的承诺；每一次处突，都是对正义的坚守。他们用实际行动，诠释着特警的使命与担当，让群众在安宁中感受到了他们的存在与力量。在岁月的长河中，他们如同一颗颗璀璨的星辰，照亮了城市的夜空，也温暖了人们的心房。

供稿：张　琴

热血忠诚

甘肃公安先进典型风采录

庆阳市公安局西峰分局
出入境管理大队

巾帼风采耀陇原

庆阳市公安局西峰分局出入境管理大队是由 10 名女警组成的精干队伍，自 2013 年成立以来，该大队紧跟公安"放管服"改革步伐，深情诠释以人民为中心的服务理念。先后被评为全国公安机关"我为群众办实事"成绩突出集体、"全国公安机关爱民模范集体"、全省"三八红旗集体"、全省公安机关党建带队建"示范单位"、全省优秀公安基层单位、全省公安机关警务服务评价"零差评"窗口服务单位，是庆阳市乃至全省公安战线服务群众的一面鲜艳的旗帜。

"出入有境通四海，服务无境大情怀。张张笑脸暖天下，朵朵警花向民开。"这是群众赞美西峰分局出入境管理大队女警的小诗。

在革命老区庆阳这片红色热土上，有一群"不爱红装爱武装"的女警，她们在平凡的岗位上用灿烂的笑脸、热情的服务、骄人的成绩，以"出入有境，服务无境"的工作理念，诠释着"人民警察为人民"的服务宗旨。如同一朵朵娇艳的向阳花，在平凡的岗位上用责任和担当，为了祖国和人民的利益，用靓丽的青春绽放着藏青蓝夺目的光彩，她们就是庆阳市公安局西峰分局出入境管理大队的女警队伍。

春风化雨润民心

"服务热心、行为暖心、群众舒心。"这是很多前来办理业务的群众对西峰分局出入境管理大队民警们的评价。人们发自内心的夸赞，是女警们用长期不懈的努力、真诚的服务、温暖的爱心换来的。

2020年1月4日中午，一名女士突然冲入出入境管理大厅，还未开口就已泪流满面、泣不成声。经过民警耐心地询问，得知她远在国外的亲人突发重病，生命已危在旦夕，她要办理护照去见亲人最后一面。如果按正常程序申请办理，这位女士的心愿将无法实现，而这也将会是她此生无法弥补的遗憾。得知情况后，大队长张樱凡一边轻声安抚她的情绪，一边协调人员马上为她完成所有手续申请，开通加急办证"绿色通道"。经过与省厅、市局出入境管理部门的汇报协调，仅用了一天时间，这位女士顺利拿到了护照，为人间亲情画上了圆满的句号。

2023年5月的一天，一位步履蹒跚的老人来到出入境接待大厅门口不知所措，女民警见状赶紧将老人搀扶进来了解情况。原来李大爷的儿女都在国外工作，70多岁的他常年在国内独居，生活艰难，好不容易商量好去国外与孩子们团聚，且行程已定，在将要出发前却发现自己的护照即将到期，不知道能否如期与孩子们见面。民警耐心解答了李大爷的问题，并将他带到老年人窗口优先办理护照，从采集证件照片到填写申请表，再到办证、缴费，大队安排引导员全程协助，只用了短短的几分钟就完成了所有的手续。窗口民警考虑到老人年事已高，为避免取证来回奔波，证件办下来之后，还特意为老人开通了送证上门服务。李大爷接过护照时既意外又感动，拉着民警的手激动地说："没想到你们能把服务送到家，这些警察女娃娃这么善解人意，为民着想，让我心里好暖和啊！"

2023年6月29日，大队党支部组织全体民警以志愿者的身份走进西峰区什社乡敬老院，开展走进敬老院夏日送清凉活动，为老人们送去了水果、冰糖、茶叶、洗手液、洗衣粉、拖把等生活用品和清洁用品，给平常冷清的敬老院带来了欢声笑语。在小院里他们热情地帮助老人打扫院落，整理房间，后厨帮灶，陪老人拉家常，为老人梳头，询问老人家庭和身体状况，认真聆听老人们讲述他们年轻岁月的故事。女警们还结合近期老年人电信诈骗案例，用通俗易懂的语言，采取以案说法的形式向老人们传授了防骗常识，提醒他们提高警惕，不轻易点开陌生链接，遇到诈骗事件及时报警。

女警们亲切的笑脸、热情的话语、亲切的关怀滋润着老人们的心，温暖了整个小院。

优化服务理民事

"民有所呼，我有所应，民有所需，我有所为"，这是西峰分局出入境管理大队女警们发自内心的庄严承诺。作为服务对外开放、服务民生的重要窗口，西峰分局出入境管理大队扎实开展"我为群众办实事"实践活动。大队 10 名女民警像一个温暖的港湾，每年为群众办理各类证照 2 万余份，接受群众咨询 1.1 万余人、为群众做好事 210 余件。连续五年，大队创造了服务"零投诉"、工作"零差错"、队伍"零违纪"的优异成绩。

一天下午 6 点，大队前台民警左春雪整理完当天受理的资料正准备下班回家，一位女士急匆匆地推开了出入境接待大厅的门，气喘吁吁地询问是否还能办理证件。原来，这位女士已经在网上购买了飞往珠海的机票，但在收拾行李时却发现自己的港澳通行证过期了，便抱着试试看的态度，来到了出入境接待大厅寻求帮助。左春雪听完郭女士的诉求，立即将这一情况向主管领导汇报后，为其加急办理了证件。郭女士激动地说："你们这些可爱的女警不但长得漂亮，还这么敬业善良，这是当地老百姓的福气啊！"

近年来，大队相继开通了"绿色通道"，让老弱病残孕等特殊群体享受到优先办理服务；降低了证件收费标准使群众尽享政策红利；推行了"引导员"制度，以"大堂经理"式走动服务，刷新了窗口测评满意度；开通了 24 小时咨询服务电话、扩大紧急办证范围、引进自助设备，推出微信电子缴费方式，得到众人点赞；落实了"全国通办"政策，实现了指尖点一点、业务马上办程序，最大限度方便了人民群众的业务办理；推出了"十项措施"助力防控、服务民生经济；设置了"敬老专窗"，提供"一对一"贴身引导服务，助推老年人跨越数字鸿沟；创立了"党员示范岗""巾帼文明岗""服务之星"岗位，让服务更靠前一步；设置了"便民服务角"，让服务精准化程度进一步提升，这些都是她们为民情怀的真实写照。

大队根据企业所求和民生所需，在便民服务改革上持续发力，进一步优化出入境办证业务，以"互联网+"为引领，在全市范围内率先建成 24 小时智能签注服务区，推出线上服务"预约办"、线下服务"一窗办"、引才引智"上门办"、紧急情况"专窗办"、便民查询"网上办"五项便民惠企政策，全面建立起"公安配菜＋群众点菜"的服务新模式。

热情服务树形象

"亮身份、作承诺、当先锋、树形象"，这是大队女警们的工作常态。她们处处亮身份，时时有激情，事事在状态，做到平常时看得出，关键时冲得上，危急时刻豁得出，时刻发挥先锋模范作用，将本职工作当作崇高的事业不断追求提升进步，在国内外树立起中国女警完美的高大形象。

2019 年 6 月某一天晚 7 点，正在家里吃饭的大队长张樱凡，突然接到美籍师生文化交流团一行 23 人，将要到北师大庆阳附属学校学习交流的通知。她立即放下饭碗，十分钟内迅速到达单位，连夜组织人员赶到美籍留学生在西峰的寄宿家庭查验证件信息。她全程关注学习交流路线，并提供力所能及的帮助，为庆阳史上首次中美学生文化交流提供了良好的涉外环境。美国友人对她们周到细致，

有礼有节的服务竖起了大拇指。

2021 年 2 月的一天，申请人杨某来到出入境接待大厅咨询加急办证有关事项，称自己在新加坡安德逊初院读书，校方要求其在 2 月 23 日前赶到学校领取考试成绩并报考大学继续学业，但其护照有效期已不足 6 个月，需要加急换发一本护照。

得知情况后，民警认真审核了申请人杨某提供的相关证明材料，认定其符合加急办理护照的条件，立即开通绿色通道受理，并第一时间将受理材料上报市局出入境管理科进行审批。最终，在省、市两级公安机关出入境管理部门的大力支持下，杨某于 2 月 15 日如愿领到了护照。当拿到证件的那一刻，杨某感到非常惊喜，一再对出入境管理部门提供的帮助表示感谢。

一身正气铸警魂

出入境大厅不仅是服务群众的温馨窗口，还是打击犯罪的重要阵地。

2023年8月的一天，一名男子来大厅办理港澳通行证，经核实，出现上网逃犯预警信息。面对人高马大、凶神恶煞的嫌疑人，女警们毫无畏惧，她们借机寻求支援后，便沉着冷静地与嫌疑人巧妙周旋。在嫌疑人毫无防备的情况下，配合赶来的民警迅速将其控制，让这名潜逃三年的罪犯落入法网。

如此迅速的处置得益于前台民警敏锐的洞察力和严密规范的工作制度。教导员王峰说："平时工作时，我们不断强化证件签发源头，持续加大实质性审核调查力度，常态化组织前台民警进行证件鉴别等业务专项训练，深入研究学习如何快速辨别违假证件及涉嫌违法犯罪人员，有效消除妨害出入境管理犯罪潜在隐患。"

2020年5月的一天，一位聋哑姑娘前来办理护照，大队民警通过文字交流，得知该女子是受境外朋友的邀请想去缅甸打工，但她对自己前往的城市、从事的行业一无所知。高度的职业警觉让民警心生疑虑，经过仔细询问，最后终于弄清这是不法分子利用聋哑人就业困难及语言障碍，以高薪诱骗女性出国从事非法活动的犯罪案件。大队民警配合刑警大队在一个多月的时间里，先后在江苏、深圳等地架网布控，成功抓获梁某等11名偷渡境外从事电信网络诈骗犯罪嫌疑人，此案也成为西峰分局破获的首起偷越国（边）境外实施电信诈骗的案件。

新时代赋予公安机关新的历史使命，出入境管理大队的职能也在顺应时代的需求中发生变化，出入境的战场从三尺窗口延伸至国门一线。大队主动担当作为，重拳出击，勇当打击整治非法出入境违法犯罪排头兵，取得了"打击一个、震慑一片"的良好的社会和法律效应，有力维护了西峰区正常的出入境秩序。

万家灯火，总有人负重前行；伟大梦想，总有人保驾护航。多年来，大队始终坚持党建引领，顾全大局，一心为民。女警们舍小家、顾大家，长期奋战在为民服务第一线，在一系列急难险重的考验面前，她们用嘹亮的声音喊出了"党员先上""向我看齐"的口号，以"国门有我"的担当履职尽责，以不负时代的党心、警心和爱心，不断擦亮新时代公安出入境工作的靓丽窗口，用坚定的信念和踏实的脚步奏响时代的强音。

供稿：姜　楠

热血忠诚

甘肃公安先进典型风采录

康县公安局周家坝派出所

青春热血筑就"四最辖区"

  康县公安局周家坝派出所成立于1983年。近年来，该派出所锚定"基础牢、出事少、治安好、党和人民满意"工作目标，践行"主动警务"，开展"预防警务"，推行"智慧警务"，丰富"背包警务"，辖区各类警情、案件大幅下降，社区治理成效凸显，群众安全感满意度不断提升。先后获评"全国公安机关爱民模范集体""全省公安机关党建带队建示范单位""全省公安机关优秀基层单位""全市公安机关践行'枫桥经验'标杆派出所"。近三年来，全所共28人次受到立功嘉奖，收到锦旗26面，网上留言表示感谢22条。

  《庄子》云："平则福。"追古溯今，幸福平安，是一个家庭乃至整个社会的基本追求。无论是风霜雨雪，还是严寒酷暑，周家坝派出所的民辅警始终用青春热血守护着群众平安与幸福，全心全意解决群众的"急难愁盼"，创下了全县四个"最"即：唯一没有到县以上上访的"最和美乡镇"；连续3年未发生电信诈骗案件的"最幸福乡镇"；连续8年矛盾纠纷引发的案件大幅下降的"最和谐乡镇"；连续15年未发生重特大案事件的"最平安乡镇"。

惊心动魄，直击抓捕现场

"3、2、1，行动！"随着指挥员一声令下，办案能手苟康乐一脚踹开房门，由他带领的第一、第二抓捕组3名队员果断出击，一举抓获3名犯罪嫌疑人；随后，第三抓捕组也顺利完成任务；经过两天一夜的蹲守，在30分钟内将6名犯罪嫌疑人全部抓捕归案。为了不打草惊蛇，他们又设下埋伏，在一天一夜之间，抓捕了前来交易的8名毒贩。由于是家族式犯罪，又在异地执法，大家丝毫不敢松懈，全都严阵以待，最终将犯罪嫌疑人全部安全带回。

已经熬了几天几夜的苟康乐疲惫至极，回到家，想给老婆打电话报平安时，发现手机没在。他先大口大口地喝了些水，又抓起茶几上的面包咬了几口，就倒在沙发上睡着了。老婆下班回来，看到灰头土脸的老公懒散地躺在沙发上，气不打一处来，她大声质问老公："微信不回，电话不接，还以为你失踪了呢？"苟康乐说："临时抽去办案了，手机统一上交，这都好几天没睡觉了，刚才急着回来，手机忘了，饭都没吃呢。"妻子原本还在生气，一听他没吃饭，赶紧去做饭。胡子拉碴几天没洗漱的苟康乐，被妻子一顿数落后，赶忙去洗澡换衣服。吃完饭，老婆陪苟康乐去单位领回手机，两人边走边聊，对于案情，他一个字都不透露，老婆也默契地不多问。当听说，老公面对穷凶极恶的犯罪嫌疑人，极有可能命丧当场时，原本聚精会神的妻子，给吓得不轻，脸唰地就白了。她一时间惊慌失措、泪流满面，一头扎进老公的怀里大哭起来，任苟康乐如何安抚，也无法抚慰她内心的紧张。

原本想着第二天是周末，好好陪陪老婆、儿子。22时许，苟康乐接到局里通知，有外省兄弟单位到周家坝派出所观摩学习，必须当晚回所。接完电话，苟康乐无奈地看了看妻子。因与警察丈夫多年的风雨同舟，妻子虽不愿意，却也理解公安工作的特殊性。只见苟康乐轻手轻脚走到熟睡的儿子床前低头亲吻了一下，又转回来抱了抱妻子，就一阵风似的走了。

"你以为的安全账户，真的安全吗？"

"快，快，马上到李家庵村去。"正在走村入户的陈文鹏收到金钟罩预警信息，他一边给同行民警说，一边给涉嫌电信诈骗的梁某霞打电话。一直无法接通，他的心一紧，立马联系村干部、双协员先到梁某霞家中核实情况，阻止其转账。随后，岸门口、平洛派出所民警也相继收到预警信息。当陈文鹏赶到时，发现梁某霞还在通话，并按照骗子的指示操作个人银行账户。他三步并作两步，一把夺下她的手机，着急地说道："你怎么听不进去话呢？都说了，那是诈骗，怎么着，你钱多着烧哩？想给骗子做贡献？"梁某霞说："人家和你一样都是警察，我都看见他的警服了，还有警号，怎么会是骗子。"陈文鹏："你不相信是吧？现在打给他，我教你。"于是，梁某霞又打通了视频，果然骗子继续诱导她转账，陈文鹏在一旁教梁某霞按照他说的提问对方。很快，骗子就没了招架能力，耐心逐渐消失。最后，陈文鹏拿起手机，与骗子面对面对峙，当假警察看到真警察时，立即挂断了视频。

经询问得知，梁某霞早上9时许接到"00"开头的电话，对方称是陇南市公安局民警，告知她涉嫌洗钱，同伙已被抓获，公安机关将冻结她的银行账户。梁某霞信以为真，添加了骗子的微信，并按照对方指示将打入电话全部拦截，让梁某霞将钱转到所谓的"安全账户"。事后，梁某霞仍心有余悸："今天，真是多亏了你们，保住了我的6万元，骗子真是太可恶了。"

陈文鹏像往常一样，每发现一起涉电诈案件，都会编成小段子，在各村社群广泛转发宣传，请大家注意防范；并就"领导微信借钱、警察电话办案、帅多金真诚求婚、白富美教理财"这些涉嫌诈骗案例进行多次宣传提醒，"境外电话要提防、网络链接要谨慎、验证码不要随意给"，遇到问题，第一时间找警察，24小时都在线；要求村干部通过村广播进行广而告之，双协员、义警队员、"警格＋网格"队伍在进村入户时要加强涉电诈宣传，防止群众受骗。

不一样的"十八般武艺"

"警察同志，这儿有人打架，我们都劝不住，快来看看。"李长治赶紧给村党支部书记和双协员打电话，让他们先过去。

李长治到现场时，发现，这是一户正在办丧事的人家，只见几人围在一起打一个。李长治立即叫停："你们干什么？都撒开手。"看到民警来了，几人都住了手，那个被打得趴在地上、满身泥土的人也站了起来，边拍身上的灰、边说："警察同志，你也看到了，是他们几个人打我？"其中一个小伙站出来："警察同志，可别听他的，他把我的手机摔坏了，不但不赔，还骂人，不信，你问问在座的各位？"

经了解，被打的小伙子名叫贾三儿，快40岁的人了，整天游手好闲。哪儿有酒席，哪儿就有他，说是给人帮忙，不是把锅烧漏了，就是把馒头蒸坏了。喝点儿酒就撒酒疯，是村里有名的"二杆子"，没人喜欢。这次，在他撒酒疯的时候，被小伙录了视频，贾三儿一把夺过手机愤怒地说："你个坏厌，信不信，我把你手机给砸了？"小伙也不怕，只见贾三儿手起机落，手机重重地摔在了地上，只听"嘭，嘭"两声沉闷的响声，碎裂的渣子四散飞溅。围观的人也是一惊，小伙气得上手就打，大家赶紧把两人拉开。挨了打的贾三儿骂道："你打我，老子上面有人，弄死你。"有人看笑话，有人拉架，贾三儿乱叫乱骂，惹得一些人看不惯，也凑手揍了几下。

听大家说完，李长治心里有数了，把摔坏的手机拿来仔细看了看，确实没法使用了，问了小伙手机具体值多少钱？又问贾三儿为什么摔人家手机？贾三儿一副爱搭不理的样子，李长治说："故意损坏他人物品，必须赔偿，这是法律规定。"

贾三儿说："我没钱，赔不了。"对于撒泼耍赖的小混混，李长治有的是办法。

李长治说："没钱不可怕，可怕的是，你没认识到自己的错误。今天这事儿我既然接手了，就会给大家一个满意答复，都散了吧，该干啥干啥去。"

随后，李长治就将贾三儿带回了派出所，找出法律条款，对他说："你今天的行为，适用于《中华人民共和国治安管理处罚法》第四十九条，将会受到拘留五日以上十日以下的行政拘留和罚款，还必须进行经济赔偿。"还没娶媳妇的贾三儿一听要拘留，就有些蔫了，小心地问道："啊，这么严重呀？"

李长治说："你俩都没啥伤，原本就是一件小事儿，你摔坏人家的手机这是事实，还骂人、打人，作为受损方来说，肯定希望拘留你。"

贾三儿说："要是被拘留，蹲了班房，以后还怎么找老婆呀？"

李长治笑着说道："你要好好配合，好好挣钱，才能娶上媳妇；我看你也不像十恶不赦的坏人，你要是把我当朋友，我帮你想个办法，如何？"

看到李警官坚定的眼神，贾三儿用力地点了点头。随后，李警官就对贾三儿进行了一番细说长谈。离别时，已经凌晨4点多了。

看着贾三儿离开，李长治又分别给村支部书记和受损的小伙儿打电话安排"秘事"。一个多月后，接到了贾三儿的电话，"李警官，他原谅我了，收了赔偿款，这下，不用拘留了吧？"

李长治说："功夫不负有心人，你做得好！以后，少喝酒，有啥解决不了的，来找我，我帮你。要是再发现你喝酒闹事儿，可就新账旧账一起算了。"贾三儿一再保证以后绝对不会喝酒闹事了。

送走贾三儿后，忙活了半晚上的李长治着实有些累了。谁知，凌晨5时许，接到周家坝镇居委会村民周某某电话报警："我家院子围墙被一辆路过的车撞坏了，麻烦过来看看。"接警后，疲惫不堪的李长治又立即赶到现场去处置。因事发时天色未明，且周边没有监控视频，经多方走访调查，最终确定肇事车辆为宁B号牌。与当事人联系后，双方同意调解。由于肇事者早已离开事发地，双方不在一起，无法现场调解。

经双方同意，建立了"周家坝派出所微信网上调解室"微信群，将双方加入调解室，首先让受损方提出诉求，由于提出的赔偿要求过高，肇事方坚决不同意。李长治在群内通过讲法律法规、摆事实、讲道理，双方各退一步，成功调解了此起经济纠纷。

调解完纠纷，已快到中午，当看到周某某收到了赔偿款后，李长治说："你的赔偿款已经到位，我就放心了，忙了整整一晚，要回去休息了。"周某某感激地说道："多亏了你呀，帮我追回了赔偿，先别忙，酸菜面就好了，吃了走？"李长治说："谢谢，真有些累了，我回去随便应付一口，瞌睡要紧。"

走出屋外，初秋的阳光，热辣滚烫，抬眼望去，林地边饱满的猕猴桃都快熟了，地里的茄子、豆角、西红柿各种蔬菜长势良好。李长治看到此情此景，心想：这周末要是能回家就好了，真想好好做一顿拿手的豆角焖面，娃和老婆都爱吃。一想到两个可心的女儿，心里不由得畅快了些，脚步也更加快了些。

"来不了所里，就把户籍室搬过去"

刚刚打开电脑的户籍民警周文接到群众电话求助："周警官，我妈妈不方便出门，可她的身份证到期了，没法用了，能帮忙解决吗？""阿婆来不了，我将户籍室搬到你家，你家在哪儿，我这就过来。"周文拿出熟悉的背包，查看了一下背包里的照相设备以及相关物品后，立即驱车前往。当听到停车的声音，李阿婆的儿子媳妇都迎了出来，高兴地说道："周警官的速度可真快，才挂完电话，你就来了，真是麻烦你了！"刚进屋，李阿婆的儿子、儿媳妇又是端茶又是倒水，忙个不停，一贯好脾气的周文顺手取下背包，笑着说："都先别忙了，等我给阿婆照了相再说。"周文从背包里取出相机放在一边，和他们一起把阿婆从床上扶了起来，让其儿媳妇帮着把阿婆的衣服和头发整理好。细心的周文发现阿婆有些紧张，就说："阿婆，不要紧张哦，很快就好了。"阿婆虽然嘴上答应着，但抓拍了几张，仍不理想，周文说："阿婆，你就把我当成很甜的西瓜，照完相就可以吃了。"这么一说，竟把阿婆逗笑了，之后，就不再紧张了。周文乘机多拍了几张，又将阿婆的信息进行了登记，考虑到她身体不便，又申请了临时身份证。当周文要离开时，阿婆说："周警官真是太麻烦你了，大老远专门来帮我办证。哪怕是酸菜面，都要吃一碗哩。"周文说："阿婆呀，这您就见外了，这是我们的工作，再说，所里忙，我还要赶回去。"阿婆忙说："小慧，去把苹果拿来，给周警官装上。"周文一听，赶忙说："你们村，我常来，都自己人，不要忙了。"边说边收拾东西。儿子赶紧上前拉住周文的衣袖："周警官，别嫌弃，几个苹果，客气啥。"只见阿婆的儿媳妇小慧提了一兜红红的大苹果，周文赶紧上前拿了两个，说："这苹果太大了，两个就够我吃一天的了。等证件办下来，我送来，或者委托驻村民警。如果还有啥需要，随时打我电话。"说完，周文乐呵呵地背着"警务背包"离开了。

"和合偕习，自信自强"

在基层工作的九年里，秦毅学始终会想起在周家坝中学当老师的日子，"和合偕习，自信自强"的优良作风也被他运用到生活和工作中。"作为周家坝人，能够为这里熟悉的一草一木以及三步一亲的家乡父老服务是一件浪漫的事；而身为党员，'为人民服务'是一件很幸福的事，这件浪漫又幸福的事，我会一直做下去。""全科警察"秦毅学笑着说。

2024年1月31日14时46分，周家坝派出所接到110指令：

周家坝镇西沟村村民代某东电话报警称，其爷爷的4万多元现金和相关证件被盗，请求调查处理。接到警情后，值班民警秦毅学、周文及辅警杨东东第一时间赶赴现场。经了解，1月31日8时许，84岁老人代某某到毛坝市场赶完年集回家后，发现木柜底下的钥匙、户口簿、社保卡以及装有1000多元现金的木匣不见了。老人吓得不轻，木匣丢失事小，让他心急如焚的是木柜中还放着4万多元现金。现在两个木柜的两把钥匙都不见了，难道被偷了，这可咋办？这些钱，是老人几十年养蜂、采挖野生药材、农作物售卖、低保、养老金……一分一分攒下的，是老人一生的积蓄，也是他后半生的希望。看到老人难过的神情，秦毅学的心情也很沉重。耐心安抚老人后，遂细致询问老人的日常支出、平常来往人员等。因老人年事已高且听力欠佳，加之数万元现金一时下落不明，已是六神无主、语无伦次，无法提供有价值的线索。经初步勘查，门窗及锁具都完好无损，放钱的木柜没有明显撬痕，房间内并没有入室盗窃的痕迹。但老人再三强调说，放钥匙的木匣丢了，会不会是小偷用木匣里的钥匙将木柜里的现金及木匣一并都偷走了？如果贸然打开，又破坏了"作案现场"，这让秦毅学及在场民警很为难，随即联系局刑警大队请求技术支持。技术人员郭勇到达后，对现场再次进行了认真细致地勘查，经初步判断：现场没有作案痕迹，老人将钱放错地方的可能性极大。

征得老人及家属同意后，在民警及村社干部见证下，老人家属自行将存放现金的木柜通过工具打开，发现整齐排列4把用纸及塑料袋包裹的百元面额现金；又打开另一个木柜，看到存放钥匙、户口簿、身份证、社保卡的木匣正安静地待在木柜里。老人这才恍然记起，是自己在取东西时误将木匣锁到木柜里了。经现场进行清点，一分没少！

一场虚惊终于化解，老人看着"失而复得"的财物又激动又不好意思，向秦毅学几人一个劲儿地表示谢意："太谢谢你们了！这是我几十年省吃俭用攒下的辛苦钱，多亏你们帮忙找到！"秦毅学非常理解老人"丢钱"后的慌乱心情，对老人说："大爷，您攒这么些钱真不容易，只要钱没丢，比什么都好啊！"

离开现场时，民警嘱咐老人、家属及在场群众：家中不要存放大量现金，不安全也容易忘记，现金最好存入银行。若是发现钱财丢失，要第一时间报警！

此事处理完后，秦毅学有感而发，酷爱写作的他，还即兴作诗一首：

七律·警心

常思热血映晴空，渲染江山四季红。

勤勉并非贪寸禄，善行志在济贫穷。

帮扶老弱警心悯，救助伤残谁论功？

假使春秋由我定，寒天梅蕊醉东风。

"去不了诗和远方，看不了高山大海，那就守护好身边的平凡，在春天播撒爱和希望，在秋天收获温暖和幸福，让简单重复的每一天都过得熠熠生辉！"教导员贾永兴说。

自1983年周家坝派出所成立以来，每一位民警辅警从最关切的民生事做起，从自我做起，从一件件平凡的小事折射出"忠诚履职，一心为民"的力量，让辖区更安全，让人民更幸福。

供稿：饶　剑

热血忠诚

甘肃公安先进典型风采录

通渭县公安局城关派出所

以为民初心守护墨香四溢的小城

通渭县公安局城关派出所先后获得"全省优秀公安派出所""全省模范公安派出所""全省维护社会稳定模范集体""全省优秀公安基层单位""全省公安机关社区警务和'一标三实'工作成绩突出集体"等称号，荣立集体二等功1次，32名民辅警被县级以上单位表彰奖励。

通渭是一片文化丰厚的沃土，也是一片红色革命的热土。历经两千余年的文化洗礼，有着"人间繁华看长安，世间书香数通渭"的美誉。1935年9月毛泽东同志在这里首次朗诵了气势磅礴的《七律·长征》，留下了革命的血魂，更留下了通渭人民百折不挠、奋发图强的历史印记。

在这片红色热土上，有这样一群人，他们迎晨曦、披星月，用脚步丈量每一份平安，用责任守护着墨香四溢的小城，总是在人民最需要时挺身而出，在群众急难险重时义无反顾，在岁月静好时默默奉献，用坚守和担当诠释着人民警察的光荣使命，他们就是通渭县公安局城关派出所的民辅警们。

巧解一众难，铺就创稳"枫桥路"

派出所作为公安机关最基础的战斗单元，是社会治安管理的"主力军"。城关派出所以强化基层基础建设为重点，多措并举全面"深耕"社区警务，切实维护辖区治安和谐稳定。

坚持和发展新时代"枫桥经验"，立足辖区实际，紧抓教育引导、建章立制、日常排摸、分类调处、定期回访"五个环节"，将矛盾纠纷特别是"隐性矛盾纠纷"的防范处置作为重点任务，主动探索建立精准排查、多元化解、源头预防、综合治理工作机制，推动排查化解工作提质增效。仅 2023 年，排查各类矛盾纠纷 216 起，成功化解 212 起，化解率达 98.2%。

"你们要是不把我这问题解决，我就去上访！"2023 年 6 月中旬，社区民警焦海亚值班时正准备梳理一下辖区外来人员情况，却被卢大爷这句怒气冲冲的话给砸得一愣。焦海亚随即赶紧上前，带着笑容搀着卢大爷坐下。"卢大爷，今天下雨了路这么滑，你咋过来了，给我打个电话我就过去了……咱先喝杯热水缓一缓再慢慢说。"焦海亚一边安抚，一边接了杯温度适宜的热水给卢大爷，随后才开始耐心地询问事情原委。手里温热的纸杯和面前民警亲切的笑容，让卢大爷刚刚路上攒的一肚子气一下子就消失了大半。原来，家住梓炜家园的卢大爷家里经常断电，开始以为是自家的电路问题，找了好多电工检修都说没问题，热水器等家电因时不时停电，已经烧坏了好几次，另外家中还有读初中的孙子。询问楼上楼下邻居，也一致说电路不稳，给大家造成了困扰。卢大爷找到物业理论，被推脱是工程承包商的问题，便起了争执，正在气头上的他便情绪激动地来了派出所。

焦海亚安抚着卢大爷的情绪，立即又给物业公司通了电话了解情况，发现情况确实如此，但物业也没有别的解决方式。眼瞅着一提到物业卢大爷又开始发火，焦海亚赶紧让卢大爷带他到物业。到了物业后，焦海亚了解到该小区的D区，正是卢大爷居住的区域，配电箱多次出现故障存在质量问题，已经修理几次，但问题没有解决。焦海亚把了解到的情况记录下来，打了包票一定把这事儿给解决好。焦海亚通过物业公司找到开发商，通过协调开发商承诺三天内新配装配电箱，保证不再出现电路短路的问题。一周后，卢大爷突然来到派出所，对焦海亚说："小焦，你给我们帮了个大忙，真的谢谢你，换成新的后，我们一直没有停过电。"

碰到问题找方法、寻路径，而不是拐着弯、绕着走。真正走进群众的"心里"，才能把矛盾纠纷解决好。为了切实提高民警化解矛盾纠纷的本领和效果，城关派出所要求社区民警"走一家、知百家"，通过走访入户真正达到"群众民警双熟悉"的效果。

民警陈强玲是城关的"老人"了，自2015年参加公安工作以来，一直担任辖区南城第二警务区社区民警，是名副其实"调处"的行家里手。"陈强玲警务室"也是通渭第一个以民警名字命名的警务室。9年来，陈强玲负责的辖区人口变化很大，但她能够清楚地记得每一户居民的名字与样貌，辖区群众也都亲切地称呼她"小陈"。谁家有个矛盾纠纷，特别是家庭婚姻，第一个肯定想到的就是她，而她也不负众望，总能够耐心、细心找到解开家庭矛盾的"突破点"。2023年，庞先生与妻子李女士因孩子教育问题时常争吵，李女士认为儿子和女儿现在快要上学，需要父亲好好教育，如果庞先生继续外出打工，将耽误孩子的教育，而庞先生则认为不外出打工就无经济来源、无法生活。深入了解情况后，陈强玲耐心细致地分析利弊，多次上门调解并安抚夫妻情绪，最后双方一致同意将孩子带到庞先生工作的城市上学。

小洞不补，大洞吃苦。辖区有矛盾和隐患并不可怕，可怕的是有而不自知，抱鸵鸟心态。为此，把感知的"触角"伸到社会的每一个角落，调动社会各界群众的积极性、能动性，建立群众性信息网络，更加全面地收集排查各类矛盾纠纷信息，采取开门接访、主动约访、带案下访、上门回访等方式，切实把矛盾纠纷发现在萌芽、解决在基层、化解在起始。

守护一城安，共谱创安"奏鸣曲"

群众看公安，关键看破案。打击犯罪是公安机关的主业，打击的效能与执法公正与否直接影响着辖区群众安全感和满意度。2019年4月1日，辖区黄先生报警称，其黄金店内摆放的2400余件黄金首饰被盗走，涉案总价值620余万元。城关派出所接到报警后，认识到这是一起非同寻常的特大盗窃案件，立即上报县局。当时正好是周末，所长张永伟紧急召回全体民辅警投入破案工作，分三组对涉案现场保护并调取监控视频、走访群众。当时负责调取视频监控的副所长贾晓东和民警姚振鹏，对周边每个监控视频回看不下百遍，眼圈都熬黑了，同事们看到后都开玩笑说："我们所也有'大熊猫'了，真的是太辛苦了。"通过全警争分夺秒、不懈努力，最终确定了犯罪嫌疑人特征和去向，为县局破获案件提供了有力的证据支撑，最终"3·31"特大金店黄金盗窃案在 24 小时内告破，成功抓获犯罪嫌疑人，涉案赃物当场扣押，损失悉数挽回。

破大案保平安、护发展，破小案暖民心、惠民生。在狠抓大案攻坚的同时，围绕解决人民群众"急难愁盼"问题，不断加大对影响群众生产生活小案的打击力度。

"虽然小案的案值不大、损失不多、情节不重，但是关系到老百姓的日常生活。如果算民生账，每一个小案和大要案一样，都关系到人民群众的切身利益。"这是教导员杨满祥对所民警经常强调的话。2024 年 3 月 5 日，城关派出所接到辖区群众陈先生报警，称自家货车上的玉米被盗。接警后，值班民警第一时间赶往现场，经过查询现场视频监控发现，确有一男子将陈先生货车上的玉米盗走。报了警，看了监控，陈先生的气头也过了，想自认倒霉，便向民警表示："就几袋玉米，不值几个钱，玉米我也不要了，就是想报警告诉咱们民警一声，这个人在盗窃，要是办理其他案件发现了就抓他。"当事人想要"算了"，公安机关不能"算了"。民警当即肯定地回答陈先生："您放心，玉米虽然不是贵重物品，但是群众的事对我们而言，再小也是大事，我们一定尽全力破案，尽快为您找回被盗玉米，为您主持公道。"教导员杨满祥当即指派副所长魏茂原及民警韩江涛、李亚军、牛成义继续侦查此案。办案民警不辞辛苦，沿线追踪，经过三天的视频筛查和排摸走访，成功锁定嫌疑人李某并在陇山乡家中将其抓获。"我还以为找不见了，真没想到，民警如此用心，这么快就把案子破了。生活在这样的环境里，让我很安心。"陈先生由衷地赞叹道。

赢得一心赞，齐绣亲民"幸福锦"

公安工作好不好，群众的口碑是唯一评判标准。城关派出所始终站在群众角度想事干事，大力实施精细化服务，制定出台各种便民利民举措，社区微信警务工作群实现警民"零距离"。

精准感知听民意，公安工作更"亲民"。城关派出所以社区、行业类别、人员群体等为单位建立多元共治微警务群20余个，入群人数2300余人。以民警、辅警为分类微警务群管理员，每天在微信群中向群众报告工作，推送禁毒、反诈等宣传提示，及时解答群众咨询。微警务群打破了时空的限制，更快地推动群众急难愁盼需求落实，切实做到了服务群众"零距离"。仅2023年，网上接受群众咨询450余人次，推送宣传信息4万余条，在线提供法律咨询、证件办理等服务600余次，推动构建"面对面""键对键"相结合的新型群众工作模式。2023年12月中旬，民警邢亚斌值班期间，先后接到3起求助警情，均报警称三名学生因厌学分别离家（校）出走，希望民警能够帮忙救助。接报后，值班副所长吴建明立即组织民警开展救助工作。寒冬腊月，天寒地冻，孩子们出走面临的危险也将更多。为尽快寻回出走学生，民警利用微信工作群发动群众帮忙寻找，根据工作群提供信息，所内民警兵分两路，一组在县内开展搜寻，一组远赴兰州寻找。在大家的极力配合下，经过民警不懈努力，一名出走学生在兰州市一面馆被找到，其他两名均在县内找回，并送回家中交给其家长看管。

"跨省通办"及"一次告知、一窗受理、一站办结"等服务举措、户籍业务"4+4+4"服务模式在城关派出所的落实落地，办证大厅增设便民充电器、便民伞、凉茶水、糖果等，规范标识标牌，更新民辅警公开信息，实行办证流程、收费项目、举报投诉电话、工作时间等公示上墙，一点一滴地转变，也让办证群众感受到派出所服务水平的提升。而在 2022 年全面启动的"预约、延时服务"最受群众欢迎，最大限度地节约群众办事时间和成本，打破时间的固有限制，有效解决了群众上班"没空办"、下班"没处办"的问题。2023 年 6 月 3 日，城关派出所民警马灏走访辖区时了解到，辖区居民孟先生的身份证过期因工作原因一直未能到派出所进行补办，两个孩子也因为上学一直没有时间办理身份证，马灏立即联系户籍民警约定周六为孟先生换证，同时为孟先生的两个孩子办理身份证。"真没想到，现在周末放假也能办证了，给你们点赞！"孟先生在办理业务后连声致谢。

群众利益无小事，为民服务无止境！一件不起眼的小事，正是群众心头的民生大事，解决群众的急难愁盼问题，真正打通了服务的"最后一公里"，用心用情答好民生答卷，切实增强了辖区群众的获得感、幸福感和安全感。

供稿：牛雨珠

热血忠诚

甘肃公安先进典型风采录

永靖县公安局
刘家峡派出所

把平安刻进老百姓心田

　　刘家峡派出所成立于 1970 年，辖区总面积 58.6 平方公里，下辖 5 个社区、5 个行政村，年流动人口达 10 万人次。辖区公共复杂场所、行业、国有大中型企业和重点要害单位集中，著名的刘家峡水电站、黄河三峡 4A 级旅游景区和炳灵寺世界文化遗产 5A 级景区延伸段都坐落在这里。近年来，该派出所牢固树立"派出所主防"理念，认真践行"矛盾不上交、平安不出事、服务不缺位"新时代"枫桥经验"，全力推进新时代"枫桥式公安派出所"创建工作。辖区刑事案件逐年下降，矛盾化解率和群众满意度持续上升。先后荣立集体三等功 5 次，被省公安厅命名为"省级枫桥式公安派出所"，13 名民警受到记功表彰。

　　这里，黄河流经 107 公里，呈现出"高峡平湖荡清波"和"黄河之水向西流"的别样景色，峡谷纵横相连，河水清澈碧澄，著名的炳灵寺 5A 级世界文化遗产旅游景区——炳灵寺石窟、恐龙国家地质公园、刘家峡水电站、彩陶之乡、傩文化等驰名中外、底蕴深厚。永靖县公安局刘家峡派出所就坐落在这段气势恢宏的黄河之滨。

"一标三实" 密织辖区安全"防护网"

进社区、进乡村、进住户。不管是炎炎烈日，还是寒风凛冽，派出所民警逐房、逐户、逐人开展入户核查，全面采集录入"一标三实"基础信息。

"您好，我们是刘家峡派出所民警，麻烦您出示一下身份证或者户口簿……"在古城社区，民警辅警敲门入户，逐户逐人采集并核对居住人员相关信息。按照"重点人、重点事、重点部位、重点单位（组织）"为主的治安要素管控要求，民警对出租房集中、治安问题集中、可防性案件高发小区、学校周边、车站周边等流动人口集中的地区逐幢逐户进行清查，全面掌握房屋内实际居住人员、从业人员的基本情况，确保应核尽核、应录尽录。

以管住人、防住事为目的，实行动态化管理，通过电话核实、入户核查为主的方式实现信息数据精准维护，采取自检、互检等方式全面开展基础数据信息采集维护及纠错，形成"一标三实"信息采集维护新常态。以"一标三实"工作为依托，全面优化警务运行机制，强力推进"两队一室"警务运行模式，实现社区民警专职化，加强各警种的团结协作，户籍民警定期与社区民警进行数据对接，再由社区民警辅警及时进行核实维护，确保数据鲜活真实。

"感谢您的配合！请您注意陌生电话不要接、陌生链接不要点，谨防诈骗！手机里下载安装'国家反诈中心'App，更放心！"在"一标三实"基础信息采集工作中，民警辅警同步开展反诈宣传、矛盾纠纷排查化解等工作，进一步织密安全"防护网"，全力守护辖区治安秩序平安稳定。

2022 年 6 月 21 日，派出所值班民警在刘家峡镇川南路移动营业厅附近巡逻时，发现两名走失儿童，两个孩子因年龄太小，无法准确说清家庭住址及家属联系方式。民警一边安抚孩子，一边查询"一标三实"基础信息，很快找到孩子家长，将孩子安全送到家中。

"枫桥式"创建　推动多元化解"一体化"

2020 年 5 月 18 日，刘家峡镇刘家峡村村民刘某林带着家人走进刘家峡派出所，将一面印有"人民好警察，为民办实事"的锦旗送到民警手中，感谢民警去掉了他多年的一块心病。

原来，民警在开展矛盾纠纷摸排时了解到，同村的刘某某侵占了刘某林家的承包地，两家结怨已深、互不来往，时常为此事发生口角、愈演愈烈。得知这一情况后，派出所多方沟通，反复调解，将双方召集到一起，现场调解，讲清法理、说明乡俗，两家人多年的积怨逐渐化解，终于握手言和。

刘家峡派出所坚持源头治理，将矛盾纠纷化解作为风险防范的第一道关口，全力践行新时代"枫桥经验"。以警务变革提升管控水平，以"百万警进千万家"活动为契机，坚持改革创新，推动警务前移，积极构建"风险联排、矛盾联调、问题联治"的基层治理体系，积极主动排查各类矛盾纠纷，做到早发现、早介入、早化解，切实把各类矛盾解决在基层、化解在萌芽状态。社区驻村民警对各类矛盾纠纷细心分析摸排、精心沟通联系、耐心调解安抚、公心化解处置、用心宣传教育，定期跟踪回访，切实把各类矛盾纠纷解决在基层、化解在萌芽状态。

依托基层综治中心和"庭所对接"等强力推进矛盾纠纷多元化解机制，充分发挥社区民警的主观能动性、积极性，综合协调村社、物业、治安户长积极主动融入党委政府社会治理大局，深化多元化解机制，切实提高矛盾纠纷化解质量和成功率，做到"小事不出村、大事不出镇"。同时，全力健全责任倒查和依法履职免责制度，加强法治宣传和跟踪回访，切实提高社区民警与群众"双向"熟悉率及辖区群众的法治意识，提升群众对矛盾纠纷的自我控制能力，从根源上减少矛盾纠纷的激化，防止"民转刑""刑转案"案件的发生。刘家峡派出所年均化解各类矛盾纠纷 400 余起，矛盾无一激化升级，化解率达 99.8%。

强化治理　提升主防阵地战斗力

在川南社区的警务公布栏上，赫然张贴着一张该区出租屋发案公示，上面以一个表格的形式，详细列明了辖区内哪一个街道哪栋楼的几号房，曾于何年何月，发生了案情，并对出租屋主在防范方面的疏忽进行了说明。

这是刘家峡派出所实行的涉案房屋"张榜公布"制度，针对黄赌毒案件，在严格执法的同时，强化责任倒查和源头治理，对涉案人员跟踪管控，对涉案房屋一律"张榜公布"，在涉案房屋小区发布涉案房屋预警提示，极大震慑了该类违法犯罪的发生。过去出租屋主经常疏于对租住户的管理，有了这张榜，房主加强了对租户的身份查证、对进出人员的登记、与警方的治安防范合作，起到了很好的效果。

多想办法、多见行动、多办实事，这是刘家峡派出所在辖区治安综合治理中的一贯思路。

组织动员社会力量，积极建立社会治安防控网。在农村，建立"治安户长＋村委会＋驻村民警"治安防护网；在城区，建立"社区网格员＋物业管家或楼栋长＋社区民警"治安防护网，实现群防群治、共建共享。

紧贴实际，全方位开展预防违法犯罪及法治宣传。建立了近80个2万余人的小区业主、村民微信服务群，针对警情特点、发案规律，适时推送防火、防盗、反电信网络诈骗及交通安全等预警提示，开展立体化宣防活动。针对辖区内殴打他人及伤害案件多发实际，公布打架成本，在所有视频媒体上安装防范提示宣传片，强化重点时段重点区域巡逻盘查，场所和街面发案得到有效遏制。积极开展"警校共建""警医共建"等平安建设活动，全力打造共建共治共享社会治安治理新格局，力争"平安不出事"。

围绕辖区平安建设，织密防护网，强化防控机制，持续强化人口和房屋的管理，不断加大对辖区重点单位、行业、场所的安全监管和重点区域、治安乱点乱象的整治力度。对辖区的旅馆业、网吧、废旧回收、机动车修理等行业、场所全部建档进行列管，并每月定期或不定期地进行安全检查，及时发现和消除各类安全隐患，严防各类案事件的发生，切实将安全责任落到实处。同时，坚持公开和秘密相结合，不断强化情报信息搜集，鼓励广大群众积极揭发举报各类违法犯罪线索。

近年来，辖区多发性案件和黄赌毒问题得到有效遏制，接警量年均 1500 余起，治安案件查办年均 140 余起，电诈发案率同比下降 40%。

护校安园　撑起守护平安"安全伞"

2024 年 4 月初，刘家峡派出所民警走进刘家峡中心，民警以案讲法，用通俗易懂的语言，重点向同学们讲解了电信网络诈骗的特点、危害及作案手法。通过发生在身边的案例告诫同学们不要为营利骗局所诱惑而上当受骗。同时，还动员号召同学们积极向家长以及身边的亲友宣传防范电信诈骗相关知识，让人人知晓"反诈"知识、人人参与"防范"行动，全力保护好个人财产安全。

在刘家峡派出所，法治讲堂进校园已经是派出所民警的一项重要日常工作，从反电信网络诈骗、防止校园欺凌、防止女童性侵等方面，民警不断对师生进行了宣讲教育，进一步加强校园安全。为有效维护辖区校园及周边良好的治安秩序，派出所还结合当前社会面突出治安问题整治以及反电诈宣传、预防未成年人犯罪、道路交通安全整治等工作，积极开展护校安园专项工作。组织民警辅警对辖区 23 所学校和幼儿园进行全面的安全检查，督促各校园全面落实 4 个 100% 要求，完善"护学岗"制度及治安巡逻机制等，持续加强校园周边的巡逻防控和治安乱点、乱象的整治，确保校外秩序稳定，及时消除校园内外存在的安全隐患。同时，不断加强安全宣传教育，切实提高在校师生的法律意识、自我保护意识和安全防范意识。

服务百姓　提升辖区群众幸福感

2023 年 5 月，一则《辅警张隆勇救落水少年》的新闻冲上了各地热搜。2023 年 5 月 22 日早上，刘家峡派出所辅警张隆在驾车参加特警训练途中，经过县城彩虹桥附近时，突然接到彩虹桥有人落水的警情。张隆急忙调转车头往事发地赶去。

来到桥下，看到河水中有人正在不停挣扎，张隆来不及脱去身上的衣服和鞋子，迅速跳进水中救人。凭着救人的信念支撑，他一步步向落水者靠近。看清落水者是一男孩，为防止二次呛水发生意外，他扎入水中用头奋力将男孩举到胸前，快速往岸边游去。此时，后续支援出警民警及消防救援人员赶到现场，合力将孩子救了出来。当把孩子交给家长时，他一颗悬着的心终于放下了。

2023 年 10 月 9 日，中央政法委发布 2023 年第三季度见义勇为勇士榜，49 位勇士中，辅警张隆位列其中。

这只是刘家峡派出所民警、辅警救助群众的一个缩影。在刘家峡派出所，"群众事无小事"，尽全力救助群众已经成为民警、辅警不变的信念。

结合"我为群众办实事"实践活动，派出所深入开展"百万警进千万家"活动，社区民警通过走街串巷、进村入户的方式与广大群众近距离接触，开展听民声、访民意、察民情、排民忧、解民难活动，及时为群众"解小忧、排小难、办小事"，定期开展走访慰问、警民恳谈、警营开放等活动，着力构建和谐警民关系。同时，结合辖区实际多措并举深入开展拒赌、禁毒、反电诈宣传活动，要求社区民警密切联系群众，积极拓宽宣传渠道，广泛利用微信朋友圈、微博、抖音等自媒体，不断发布网络、电信诈骗等各类警示宣传案例，全力推进法治宣传进村、进社、进校园、进企业，进一步增强广大群众的防范意识，全力提升群众幸福感、安全感。

供稿：姚文全　王正瑞

热血忠诚

甘肃公安先进典型风采录

玛曲县公安局草原骑警大队

用萤火之光点亮雪域高原的平安与吉祥

甘南州玛曲县公安局草原骑警大队成立于 2003 年 11 月 23 日。成立二十多年来，骑警队员忍受着极其艰苦的工作环境，在海拔 3600 米以上的牧区守护着甘、青、川三省交界 50 余万平方公里草原上牧民群众的平安与稳定。像雄鹰一样守护蓝天，像战狼一样化身草原上的"平安图腾"，草原上的"流动警察"用脚步缩小警民距离、拉近警民关系，用马背践行使命与担当，在打击偷牛盗马捍卫群众利益，常态化巡逻维护辖区稳定，克服困难扶危济困救助群众工作中做出了巨大贡献……他们成了群众心中"最亲近的人"。荣立集体三等功 1 次，被公安部授予"全国优秀公安基层单位"荣誉称号。

当古老悠扬的藏鹰笛奏响平安祥和的乐章，清脆委婉的声音唤醒的是河曲马雕鞍上格萨尔王续写的经典传唱。是的，马背上的精神在永续……不信您看，草原上驻扎的营房里亮起的那些灯光，是牧民们平安回家的希望，是暗夜里照亮首曲草原的温暖之光。16 个人、16 匹马，他们背靠背、执马坠镫，让草原骑警大队这个集体挺起了守护雪域高原平安稳定的脊梁。

荣誉，是百姓的口碑，也是前行的动力。在大家眼里，草原骑警大队是把群众安危和利益放在心里的警察。

车到不了的地方，骑马可以

甘肃省玛曲县，地处青藏高原东部，与四川省的阿坝、红原、若尔盖以及青海省玉树、果洛两个藏族自治州的玛多、久治等草原县相依相邻。

在这片黄河环绕了433公里的首曲草原上，共同生活着藏、汉、回、东乡等民族。牧民们随牧场迁移、逐水草而居，闲适又淡然。

21世纪初，生活在这片净土上的牧民遇到了困扰他们的"大难题"——偷牛盗马，且日渐严重。

由于辖区大部分牧场地处三省交界接合部，牧民群众常年流动迁徙放牧，居住地分散不定、牛羊数不易清点，这给不法分子以可乘之机。

牧场及边界地区偷盗牲畜的案件一度成为当时玛曲公安民警打击整治的重要案件。同时，牧区山高路远、交通落后，通信不畅，治安管理难度大，案件取证困难，也给下决心捍卫群众利益的执勤办案民警带来了不小的困难。

当群众的利益遭受损失时，警察必须全力以赴打击迫害群众利益的违法行为，为群众挽损、止损。但是很少有人知道，办案民警付出了怎样的艰辛和努力？

为了守住牧民群众牧场上的"收成"，民警们常常爬冰卧雪，以草地为床、以星空为被，蹲守走访、摸排核实，民警走完路，把鞋

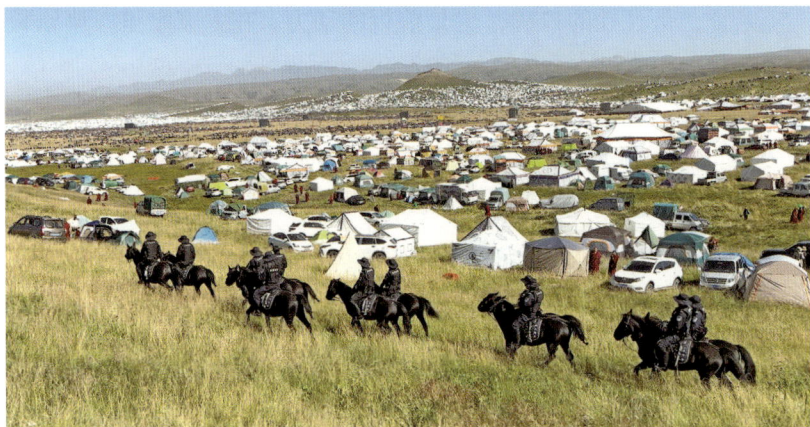

底子都磨掉过，但他们仍然义无反顾地坚持穿梭于牧场间，帮助群众寻找着被盗的牛马羊。

但如果只靠步行来防控偷盗、打击破案，不仅效率低下，而且高原缺氧环境下民警的体力也会严重透支。后来，经过考虑，在牧场日常巡控时，民警尝试使用摩托车。

但牧区不同于别处，摩托车在深入草原腹地时，机动效果受限。有时一次巡逻下来，不但摩托车要大修，队员们也要"大修"，这些特殊的治安环境给草原牧场的治安管理增加了新的难度。如何以最快速度出现在需要帮助的牧民身边，成为民警面临的最大考验。

无独有偶，在一次出警任务中，民警王国成为快速赶到事发点，从牧民家借了一匹马。当骑马驰骋于自己守护的草原时，飞奔的河曲马给了民警启发，在民警的脑海里，河曲马给了他们"新思路"，成为他们决定在草原上选用的最便捷的交通工具。马背上的警察，已然有了"雏形"。

捍卫群众利益、借马出警的偶然，促成了草原骑警的诞生。"车到不了的地方，骑马可以"。2003 年 11 月 23 日，甘南州玛曲县公安局草原骑警大队就这样在享有格萨尔精神传承美誉的玛曲草原上成立了。

驻扎帐篷的艰难时光

玛曲草原的夏季美丽而短暂，冬季寒冷又漫长。对于我这个外地人来说，最大的感受就是玛曲没有四季，只有两季。一个是"冬季"，另外一个是"大约在冬季"。

建队初期，牧民群众不知道也不相信这支以马为友的公安队伍，觉得他们就是草原上的一阵风，刮一阵儿就过了。

为了让这支队伍走近牧区群众，草原骑警大队的新队员们可谓是吃尽了苦头。

"刚开始，我们就是'穿着警服的牧民'。"现任玛曲县公安局政委的宋伟述说着玛曲县公安局草原骑警大队的"成长记"……"当时，队员们在牧区巡逻时，饿了就舀一瓢黄河水浇在糌粑上充饥；困了，就拿马鞍当枕头，大衣当被子临时歇息。"

作为草原骑警大队的第一任大队长，宋伟回忆道：大队成立之初，人和马就是队里最好的"配置"了。由于当时没有固定的办公场所，所以队员们就只好骑着马，带着帐篷、睡袋，背着干粮在10190 平方公里的草原上开展巡逻防控，以便及时解决盗窃、发生的安全与纠纷等问题。到了晚上，无论严寒还是酷暑，大家就在离牧民最近的地方扎帐篷休息，也正是因为这样，队员与牧民之间很快便熟络了起来。

所带的干粮吃完后，遇上轮休的民警就会到县城带一些糌粑和馒头，以提供必要的给养保障。

每年的9月过后，玛曲就会变得天寒地冻。晚上驻扎在草原上，由于住的是野外搭建的帐篷，所以队员们每两个小时就会轮流在帐篷外站岗。风吹、紫外线极强的日晒，队员的皮肤全部变得褶皱黝黑，嘴角的冰碴子撕裂了嘴唇，深夜里劳困休息的骑警队员经常听到狼群吼叫声，还会给他们提提神儿。通信不畅，手机没有信号，队员们常常处于与世隔绝的状态，只能十天半个月才给家里报个平安……心理和生理的耐受性达到极限，使队员们普遍患上了胃病、关节炎等高原性疾病。

缺氧不缺精神、艰苦不怕吃苦，虽然远离繁华喧嚣，虽然工作和生活单调乏味，但每个队员都没有打"退堂鼓"，仍然日复一日地巡逻在这片土地上。

习惯了在路上，队员们就不会停下脚步。很难想象，在如此艰苦之地，他们是靠着什么坚持下来？于心怀崇高理想的骑警而言，信念总能给他们勇往直前的力量。

骑警大队教导员杨华成说：草原上刮起的风最可怕，刮风的时候天气瞬息万变，遇到极端恶劣天气时，队员们在工作途中时常会碰到一会儿冰雹一会儿雪的天气，为大家伙儿如何御寒带来了极大的挑战。

岁月磨平的是队员们的个性，一会儿冰雹一会儿雪的天气却锻炼得每位队员神采飞扬。2008年，草原骑警大队搬到了位于玛曲县采日玛镇的阿孜实验站草场新驻地，队员和自己最亲密的战友"河曲马"终于有了自己固定的单位与住所，结束了长达5年的"游牧"勤务。

从驻扎到驻守，虽然营地居住环境的极大改善给队员们的工作和生活带来了很多便利，但民警在外执勤时依然要忍受高寒反应和凛冽寒风。"我们没有什么害怕的，只要群众有需要，我们就会毫不犹豫地前往，这是我们守护牧区平安的责任，也是使命。"骑警队的老队员旦考微笑着说道。

听到这些话的我抬头远眺，雪山和溪流一派丰饶与美好。旦考房子里用芨芨草编制的蚂蚱笼，似乎让"家"有了重新的定义。

为民服务的赤胆忠心

在玛曲草原上，牧民们只要有困难就会找骑警。"好多知识都是骑警队员教给我的。"41岁的牧民斗格滔滔不绝地讲述着草原骑警大队的暖心故事。

斗格说："前些天，家里的30头牦牛失踪，我立即找到骑警求助，接到警情的骑警队员在附近的草场和山里调查走访，队员们三天没合眼才帮我找回被盗的牦牛。为群众推拉陷入泥潭的摩托车、帮群众调试新买的手机……他们在牧场上离牧民最近，用真心帮助着我们，所以找他们帮忙也放心，草原上的骑警就是我们牧民心中的亲人。"

2004年的一个深夜，一名牧民来到警队驻扎的帐篷报案，称家中的50多头牦牛被盗。草原骑警大队的队员接到报警求助后，连夜奔赴甘肃与青海边界追捕嫌疑人。嫌疑人负隅顽抗躲在草丛中，埋伏射击前来追赃的骑警队员，经过惊心动魄地抓捕，最终价值25万元的牦牛被追回。

2019年10月下旬，高原的天气已经进入了寒冬。草原骑警大队接到采日玛镇麦科行政村牧民求助，称他家的18头牦牛在放牧时不慎走进了沼泽地，无法走出来，请求民警救助。接到电话后，大队民警迅速赶赴出事地点组织救援。

在不足20多平方米的沼泽地内陷入了18头牦牛，见此情形，民警顾不上天寒水冷以及自身安危，将随身携带的绳索绑于腰部后，"扑通扑通"接二连三地跳进沼泽地开展解救工作。

跳入沼泽地的民警给牛拴绳，一头、两头……连推带拉，经过警民联手3个多小时的紧急救援，成功将18头牦牛救出沼泽地，为牧民群众挽回经济损失14万余元。

现任玛曲县公安局草原骑警大队大队长才让当知布说："自从有了骑警守护牧区的安全，牛羊盗窃率与前期相比下降了95%，牧民群众放牧的意外损失控制在了2.5%。"

现如今，随着社会治安形势的进一步好转，玛曲县公安局草原骑警大队的职能也在悄然转变。

每月，骑警队员都会入户走访，到牧民家中了解情况。做一些反诈宣传、政策讲解、矛盾纠纷排查化解的工作，及时将一些突出问题解决在基层、化解在萌芽状态。

当走到路比较远的地方，晚上骑警偶尔也会住在牧民家里。第二天早上，牧民便会准备好酥油茶和糌粑，来招待留宿自家的骑警队员，骑警队员离开时，还会出门相送。这种淳朴的爱戴和深深的信任感，如果没有积年累月的来往，是不可能产生的。

"爱出者爱返，福往者福来"说的应该就是骑警大队辛苦付出的每一位队员吧。

精彩亮相

2019 年 7 月 30 日，第四届丝绸之路（敦煌）国际文化博览会和第九届敦煌行·丝绸之路国际旅游节在甘南州合作市开幕。

在这场盛会上，甘南州玛曲县公安局草原骑警大队身兼重责，既是重要的安保力量，也是马队表演的"排头兵"。

开幕式当天，草原骑警大队的队员们身着警服、挺拔威武。当他们所带领的 600 余名马队表演者策马奔腾、浩浩荡荡进入文艺活动表演现场时，草原骑警大队成为"一会一节"开幕式上最靓丽的一道景色。这道景色，不仅帅气还满满的都是安全感。

玛曲县公安局草原骑警大队已经不是第一次"担当重任"了。

玛曲素有格萨尔王骑乘河曲马征服雪域高原的英雄史诗。为了传承和延续格萨尔王的马背精神，传唱好这部英雄史诗，玛曲县每年都会举办"格萨尔赛马节"，吸引了全国各地的朋友前来赛马、观看比赛。

为了契合比赛氛围，更好维护赛场秩序，保障赛场周围安全，玛曲县公安局草原骑警大队便会承担这些盛会活动的重要安保任务。

寻找走失小孩、巡逻防控时化解矛盾纠纷、制止不文明行为、帮助游客满足其所求所需……"骑着马的警察确实不错，他们真的是群众流动的保护站，给他们点赞。"2023 年，第十四届格萨尔赛马节上，受助于草原骑警大队帮助、来自湖北的马先生激动地说道。

近年来，为全面落实全警实战大练兵工作部署，向全国举办的各类大庆活动献礼，玛曲县公安局草原骑警大队扎实开展实战大练兵训练工作，以"技能练兵、提升安保服务"为导向，苦练硬功、争当骑警标兵，发扬"海拔高境界更高"的精神，进行骑马追逐、追击奔袭、马背射击、马队行进等实战技能训练，为执行急难险重任务打下了坚实基础。

但对于草原骑警大队的队员来讲，每一次光鲜靓丽的"亮相"，背后都有太多不为人知的艰辛和努力。

"驰骋在马背上，草原骑警大队的队员们确实个顶个的英姿飒爽，但长时间的骑马需要付出血的代价。在草原牧区，很多地方只能骑马去，有时赶到案发现场需要好几个小时，骑马颠簸一个来回，屁股就被磨出血，疼得连裤子都脱不下来，直到屁股上的皮蜕了一层又一层，最后磨成厚茧子，才能适应马背上的各类骑行，才能执行好每一个任务。"听到骑警队员才让道吉这样的解释后，这份特殊的"隐情"让人心生敬佩。

做警察很累，骑警队员尤其累。"骑警"这两个字眼本身就肩负着与众不同的责任，但是他们喜欢身上的那身警服，喜欢马背上扛枪挥刀的自己。也许对骑警们而言，所有身体遭受的不适，所有对父母的思念对孩子的愧疚，以及每天的忙碌与训练，都会在"亮相"游客们中间被竖起大拇指的那一刻烟消云散。

现如今，队员们每天固定两个小时的马术训练，不仅在培养民警和马之间的默契，也在磨炼队员们的意志。就拿每一次大庆活动安保来说，为了展示甘肃公安草原骑警的良好形象，队员们都会反复演练、扎实准备好几个月的时间，其间的压力和辛苦可想而知。

骑警精神

今年 43 岁的骑警队员才昂，是骑警大队成立时第一批入职的骑警队员，在这片草原上已经坚守了二十多年。

2005 年，骑警大队队员在辖区牧场发现了一名在逃案犯，才昂在缉捕这名持枪逃犯时，不幸被击中脚踝，留下了贯穿伤。

他上马巡逻时，卷起的裤腿下，那片伤疤依然清晰可见。当问到他后不后悔当骑警时，不善言谈的才昂腼腆地讲了一句："既然选择骑警就要耐得住寂寞，就要把生死看淡，我从来没后悔过自己成为一名骑警……"

一个有希望的民族不能没有先锋，一个有作为的警队不能没有传承和引领。玛曲县公安局草原骑警大队作为甘肃唯一的一支高原特殊警种，二十多年来，他们的足迹早已遍布玛曲各大牧场的角角落落。

时至今日，玛曲县公安局草原骑警大队的马匹已经换了三次，新老队员也在不断更替，但赴省界巡逻、维护牧场治安秩序的任务和次数仍然没有变。才昂依旧乐此不疲、夜以继日地履行着自己的职责，在训练场上细心指导着新队员，为草原骑警大队培养着新鲜血液。

草原骑警队的拉毛东知从小就是听着前辈们的英勇事迹长大的。

拉毛东知的家就在草原骑警大队附近的牧场里，打小对骑警尊崇有加的拉毛东知在长大学成后，选择回到家乡，成为一名新的骑警队员。

平日里严格要求自己的拉毛东知对他的马十分喜爱。在别人看来，马可能只是骑警队员的一个坐骑，但在拉毛东知眼里，马是自己最亲密的"战友"。巡逻和训练之余，拉毛东知最喜欢和"战友"待在一起，给它喂草料、梳鬃毛、清理马厩，悉心照顾，用他的话说就是"以真诚换真诚，把速度交给马匹"。

当然了，闲暇之余，拉毛东知也会拿起镜头，记录他和马的故事、记录骑警队的故事。"因为草原骑警队的感人瞬间，值得被记录。"拉毛东知自豪地说道。

今年35岁的草原骑警大队队员玛加布一直把自己视为骑警队的一名"新人"。他直言："我从小在草原长大，骑警们扎根高原、为民服务、吃苦耐劳的精神从小耳濡目染。如今，我也成了其中一员，守护草原就像是守护我自己的家一样，要学先辈们的治安防控本领，去解决问题、化解矛盾，这可能是我一辈子的事情。"入队三年来，前辈们吃苦和真诚待人的精神激励着玛加布成长为现在有技能、有担当、能善任的"新队员"。

近年来，当地新入职的民警都会被安排到草原骑警大队锻炼几年，近距离接触牧民，培养民警解决基层群众问题的能力，提升其与群众打交道的能力、增长其业务本领和毅力。而这样的举措，也是希望骑警队的坚毅精神能一代一代地传承，以此汲取草原晨露的"养分"，淬炼民警思想、增长见识和本领。

带着好奇心探索了玛曲县公安局草原骑警大队的过往，了解了民警的艰辛与不易，内心总会被他们的信念和精神所感染。在如此艰难困苦的阻隔中，骑警队员的毅力坚韧如初、又极度统一，用自己大草原一样开阔的胸襟和气魄，抒写了平安草原骑警守护人民的壮丽凯歌，他们用萤火之光，点亮了雪域高原的平安与吉祥。

供稿：李卫和

热血忠诚

甘肃公安先进典型风采录

镇原县看守所

这个看守所何以75年安全无事故

　　镇原县看守所始建于1949年，与共和国同龄。自建所以来，自觉传承陕甘边革命根据地"照金精神""南梁精神"以及"老区精神"，坚持"管理立所、科技强所、责任兴所"理念，以忠诚的红色信仰筑基、以温暖的人性化管理为本、以无私的奉献精神铸魂，保持了连续75年安全无事故的优异成绩，先后22次被公安部评为全国一级看守所，61次受到省部级以上表彰奖励，荣立集体一等功2次、集体二等功5次、集体三等功11次。先后被评为全国公安机关"成绩突出集体""全国优秀公安基层单位""全国标兵看守所"。

　　在钟灵毓秀的潜夫山脚下，与共和国同龄的看守所，75年来安全无事故、民警零违规违纪，22次被公安部评为"全国一级看守所"，先后61次受到省部级以上奖励，并被公安部评为"全国标兵看守所"……这是镇原县看守所交出的一份"成绩单"。

　　如此"骄人业绩"是如何取得的？笔者慕名来到镇原县，探寻这个看守所的"平安密码"。

"基因"密码：
"以所为家、无私奉献"的镇原看守精神代代传承

致力非凡之事，定有非凡之精神。

走进镇原县看守所监区大门，一块"监所无小事，时时系安全"的警示牌映入眼帘，它像一根紧绷的弦，时刻提醒着看守所民警要"责"字当头警钟长鸣，把安全意识深植脑中。而这根弦一绷就是75年，一代代看守民警把"安全"二字融入血脉，创造了75年安全无事故的监所奇迹。每一名民警都是这个奇迹的亲历者、开创者、见证者。

时光飞逝，前10任所长已然长眠于这片有着革命传统的红色热土。听闻有记者来访，年已78岁的第13任所长、"全国优秀人民警察"秦得玺迈着坚实步伐走进2009年新建的看守所。穿越时空，循着他的记忆，我们对历史中的这座看守所才有了些许拼凑与感知。"在我的记忆中，镇原县看守所是1949年建立的，当时监舍是地坑窑洞，被关押人员都住在窑洞内的草铺上，脚镣手铐都是自制的，比较笨重。平时关押人员约90人，管教民警仅有2人，武警在外围警戒。"秦得玺介绍，"1972年的时候，看守所搬入柏山脚下公安局后院，当时监舍是一排10间砖混结构平房，管教民警增加到了三四人。由于条件所限，当时的管理模式是'一看、二守'，管教民警长期吃住在单位，加班加点，确保了监所安全，没有发生过脱逃和其他安全责任事故。"

已经92岁的第12任所长秦奉皋证实了秦得玺的说法："最初所里窑洞四五间，管教民警只有两三人，大家在监区一待就是一

周，连轴转没有休息。大概20世纪70年代，看守所选址新建，条件虽有所改善，依然很艰苦，但看守民警都很团结，都想把'安全不出事'这个荣誉延续好，很多看守民警在轮岗交流时，舍不得这个岗位，是哭着离开看守所的。"

1986年，秦得玺调任县公安局预审股，分管看守所，之后任所长。用老所长的话说：说是分管，但自从住进去，很长时间就再没出来过。

秦得玺是军人出身，来到看守所，第一件事便是对在押人员实行军事化管理，规范内务、卫生、训练等，甚至，还给他们"消灭"虱子……

立德树人者必先立己。

作为看守所所长，秦得玺手中掌握有一定的权力。经常有人登门拜访，少则一只鸡、一条烟，多则有大把的现金，可这在秦得玺身上却是一万个行不通。在利益诱惑面前毫不动容，是秦得玺一贯奉行的原则和坚守的底线。

有个姓刘的抢劫犯，关进所里的当天，就偷偷对秦得玺说："秦所长，你也是个明白人，我知道你家里穷，你就想办法把我放了，我立马给你送两万元。"秦得玺坚决地说："别说两万，就是20万、200万，我也不会收，你还是死了这条心吧！"刘某瞪大眼睛对秦得玺说："现在都啥年代了，你还这么不开窍！"

是的，他是有点不开窍，但也不是冷面无情。一次，他了解到一在押人员因邻里纠纷将人捅伤致死，在前往派出所投案的途中被警方抓获，将被判为死刑。在省法院前往看守所核实案情时，秦得玺立即将这一情况汇报。经查证，该嫌疑人确有自首情节，因途中被抓，导致被警方忽略，遂改判为死缓。

当时，看守所规定每名职工每月可休假 8 天，而秦得玺 17 年来没有休过一天假，就是儿子结婚、女儿出嫁这样的大事，也没有回家操办。17 个春节，都是和在押人员一起"守岁"。

生生不息，薪火相传。

秦得玺用言传身教，让"以所为家、无私奉献"的镇原看守精神被之后的历任所长及民警们传承、发扬，留下了恒久的清晰投影。"看守工作几乎成了我生活的全部，也成了我的第二生命。"第 14 任所长申存瑞上任的第一天，就将家里的责任田无偿地承包给了他人耕种，从此成了两耳不闻闲杂事，一心扑在工作上的"看守人"。

2012 年 5 月，现任内勤秦永虎调到看守所工作。初来看守所，秦永虎认为这是一个只有犯了错的人才来的地方，也是一个"养老"的地方，排斥的情绪让他非常痛苦。彼时，时任所长申存瑞经常陪他聊天，与他一道巡查，给他讲之前的事，特别是停电时，监控失效，申存瑞会陪着他点着蜡烛"守"着在押人员。日复一日，秦永虎的内心慢慢也发生了变化：历任所长和同志们尚且如此，我怎能不用心。此后，秦永虎听着前辈的事迹、学着前辈的技巧、摸索着属于自己的管教方式，全身心投入到管教工作中。副所长范等权，忙于看守工作，对妻子肩膀疼的事没有在意，直到妻子骨癌恶化，撒手人寰。带着一双儿女的他既当爹又当娘，却依旧以所为家，坚守至今。

……

有多忠诚，就有多勇敢，有多热爱，就有多坚忍。

就是这样的忠诚坚守，守护了监所的安全，维护了法律的尊严，保障了当事人的权益。能够创造 75 年安全无事故的辉煌成绩，正是得益于像秦得玺这样一心为公的 18 任所长前赴后继、接续奋斗，更得益于一代代忠于职守的监所民警无私奉献和默默付出。

"管理"密码：
刚性制度与人文关怀并举确保监所安全文明

凡树有根，方能生发，凡水有源，方能奔涌。

叠得有棱有角的"豆腐块"被子，摆放成一条线的脸盆、牙刷、毛巾等洗漱用具，折得整整齐齐的衣服，直到现在，在押人员刘某还记得刚到所时的景象。

2015 年，刘某因家庭纠纷持刀伤人被收入所。入所前，他情绪极其低落，每每想到自己破裂的家庭和未知的监所环境，刘某一度产生轻生的念头。"进所那天，看到干净整洁的监所、文明和气的管教，我突然觉得在这里也可以活得像个人。"

之后的时间里，刘某在管教民警的带领下遵守监规、服从管理、认真改造，再也没有起过轻生的念头。不仅如此，他还和监室的其他人共同努力，所在监室多次获得"文明监室"称号。

镇原县看守所坚持刚性管理与人文管理相结合，从严管理，文明教化，走出了在押人员行为规范、文明提升的新路子。

每天从起床、整理内务、背诵监规到看新闻联播、睡觉等，严格按照一日生活制度执行。制定《监内物品摆放要求和卫生标准》，专门请武警战士做衣被叠放示范。创建模范监室，树立为样板，组织其他监室学习看齐。

扫黑除恶行动中，李某被送至看守所。经秦永虎了解，来镇原看守所之前，李某已经在其他几个看守所待过了，每到一处，打架闹事、称王称霸，管理困难重重。

对此，秦永虎摸其脾气，顺其兴趣，慢慢聊天交流，最终了解了他的情况。

"他兄弟两人，都涉案，家里父母都在，但年纪大了。"秦永虎说。了解到相关情况后，他悉心安慰，为其从家里带来衣物，尤其是李某哭诉这辈子可能再也见不到父母后，秦永虎向其保证，等到判决下来，一定安排他与父母见面。如是种种，李某开始把秦永虎当作倾诉对象，服从管教，诚心接受教育感化。

三年后，李某的判决已定，在将其送到服刑监狱门口离别时，李某转过身来，两行泪不停地流，并向秦永虎深深鞠了一躬。

2013年，因家庭矛盾杀害了妻子和两个孩子的何某，初到看守所时，自知罪孽深重，遂破罐子破摔，不服管教，不是与同监室的人打架斗殴就是自残自杀。长此下去，难免惹出事端或者出现死亡事故。

教导员常雪白和秦永虎包抓何某管教，监控室对何某定屏监控。每隔15分钟，秦永虎都要巡查监室，记录何某的一举一动以及情绪情况，想方设法与其沟通。每天，医护人员还对其进行定时体检，确保其生命健康。

在等待宣判的两年时间里，何某终于被看守所的管教们感化，送往刑场的路上，何某热泪滚滚："我这一辈子，从没人把我当人看，最后在看守所，你们却把我当个人，这份恩情，只有来生再报了。"

"75年了，我们看守所秉承的就是，每一个人都要平等对待。"

现任副所长范等权说。

本着"尊重人、关怀人、帮教人、转化人"的执法理念，管教民警熟知每一位在押人员家庭基本情况、案件性质、诉讼阶段、思想情况和现实表现。他们在充分保障在押人员合法权益的同时，从思想入手做工作，通过亲情感化、心理矫正、生活关怀、健康保障、思想激励等方式，帮助在押人员再塑灵魂、重获新生。

多年来，镇原县看守所将人文关怀渗透到每一次管教行动之中。看守所年均成功帮教转化在押人员 300 余名，在押人员重新犯罪率不到 2%，许多刑满释放人员和出所在押人员心怀感激，为看守民警发来感谢信、送来锦旗。

"科技"密码：
传统守护和智能化建设相结合有力提升管理效能

新故相推，满目芳菲。

"看守所、看守所，就是守嘛，我们守着在押人员，在押人员守着我们。守住了，服务好了，在押人员自然会听你的话。"这是秦得玺坚守看守所 17 年得出的心得。如何守，老所长并没有告诉记者，但记者从秦永虎口中得知了这个秘诀——"蹲墙根"。"秦所长是我们的前辈和标杆，从我的第一任所长申存瑞那里，听到过很多关于秦所长的事。"巡查结束后，秦得玺总会回过头蹲在监舍的墙角，听里面的人都聊啥。

就这样，17 年漫漫岁月，秦得玺听到了每个人的真实情况，听到了很多没有侦破的案件，听到了可能存在的安全隐患，也听到了可能会造成误判的证据……

与时俱进，有变有恒。

以前，一代代监所民警靠着"蹲墙根"，防止他们打架斗殴、自残自杀，如今，看守所通过"人力＋科技"手段，实现了更安全可靠的安全护航。走信息化道路，打造信息化监所，是现代监所的发展方向。

党的十八大以来，镇原公安机关把科技兴警战略置于公安工作发展的全局中谋划推进，科技赋能的智慧因子为看守所的发展进步注入强心针。2009年，看守所选址新建，监所更加牢固，设备更加齐全。特别是近年来，县公安局积极汇报争取，先后筹措资金1000余万元，为看守所开发建设监所实战平台，并依托这一平台，实现了监所全方位监控及紧急情况瞬时发现的强大功能。

如今，看守所全面完成了监控系统智能化升级改造，高标准完成了"悬挂点安全隐患整改""铁桶工程""智慧磐石""智慧监管""AB门生物识别查验"等系统建设，形成了"四防"健全、智慧融入的现代监所管理模式，实现了人防与技防完美结合。现任所长马耀荣告诉记者，监所里如果有人高声喧哗、攀爬、剧烈运动、晕倒等，智慧管理系统都会主动报警，值班民警可在第一时间通过监控大屏看到详细情况。同时，一旦在押人员感到身体不适，可通过室内一键报警迅速将情况传递给值班民警。而所有这些情况，即便所长坐在办公室也能第一时间同步获取信息。

2019年6月的一天，晚饭刚过，一监室在押人员按下了一键报警按钮，值班民警第一时间通过可视化系统与报警人取得了联系。原来，有人自称胸闷。与值班民警一同获取到这一信息的还有医务室和所领导。回忆起当时的情形，医务室护士安梦伟仍然心有余悸：
"我记得那个人姓白，说他胸闷，随后脸色变得苍白，精神萎靡，失去了意识，我一摸颈动脉，没有。徐大夫便立即实施心肺复苏抢救，并给我下医嘱，我赶忙输液用药。几分钟后，白某的脸色红润了起来，颈动脉恢复，将其从死亡线上拉了回来。之后，送往医院悉心救治，使他恢复了健康。"

"如今的科技化手段给监所安全又加了一层保障。"安梦伟告诉记者，"近几年，我们所里经常开展突发疾病救助演练，就是为了保证不出事故。"

"'技'字领路，强力打造，将创新理念贯穿于每一个发展阶段之中，监管工作更公开、更透明、更公正。"时任副所长郭铸龙说。

"文化"密码：
以文化人和"灵魂"关怀在潜移默化中推动在押人员教育转化

水到渠成的结果，源自水乳交融的理念。

"敲竹板，放开言，现身说法做宣传。你我都是青少年，同在一个年龄段。在家当作宝贝蛋，父母娇生把咱惯。望子成龙想长远，起早贪黑挑重担。如今你们把书念，我混社会犯了案……"就是这一首由时任所长申存瑞创作的《法治宣传顺口溜》让因抢劫在押的未成年人张某感动大哭："我对不起我爸妈，我要好好改造、重新做人。"

"我前后经历过三任所长，每任所长都有一个认识：看守所也是一所学校。"秦永虎说，"我们通过因人施教，让在押的每一个人出去后都能成为对社会有用的人。"镇原是一个文化大县，文化是镇原的根和魂。即便在看守所文化也能浸润心田、春风化雨，焕发出生机。

"我们充分发挥文化大县的人文优势，采取文化宣传、文艺互动等方式，帮助在押人员再塑灵魂、重获新生，让在押人员找回'在所如家'的感觉。"现任所长马耀荣介绍。走进镇原县看守所，迎面扑来浓郁的文化气息，镇原书法名家书写的"以法管人、以理服人、以情感人""文明办所、文化育人""失足未必千古恨、洗心革面重做人""任何改正都是进步"等书画作品苍劲有力，随处可见。置身其中，中国传统文化的浩然正气能洗涤掉一切污泥浊水。在监区建立文化长廊，张贴悬挂当地名人书画作品，把富有教化意义的名言警句、法纪礼仪寓于笔墨颜料之中，让在押人员在潜移默化中接受熏陶、净化心灵。

未成年在押人员任某自幼丧父，因母亲长期娇生惯养，致其好吃懒做，在所羁押期间多次违反监规，时任所长申存瑞动之以情，晓之以理，穷尽办法，终使其幡然醒悟，从此洗心革面。出所时其母亲特意给管教民警送来一篮家里自产的鸡蛋表示感谢。你推我让中，眼看鸡蛋就要打烂了，民警只好收下，交给炊事员让他给每个在押人员分一个："这些鸡蛋是一个在押人员母亲为报答管教对她儿子的教育之恩送来的，我今天把它分给你们吃了，你们要记住，吃的是一个在押人员母亲的希望；吃的是一个母亲的真情。"在押人员听后都感动得热泪盈眶。

通过文化熏陶建立起来的价值体系具有一定的稳定性和持久性，可以重塑一个人的价值观。镇原看守所因势利导，开办在押人员书法班，聘请有书法特长的管教上课，在一笔一画中、一点一顿间学审美、学做人。

未成年在押人员王某，因聚众斗殴入所，认识到自己的错误后后悔不迭，希望通过学习改变自己。管教得知后，非常高兴，为他找来了适合他知识层次的课本，自己掏钱给他买了笔和本子，与同监在押人员一起帮助他学习。"再有2个月我就出去了，我会继续学习，做不了文化人，但一定要做一个文明人。"王某动情地说。

镇原县看守所还积极开展象棋、歌咏比赛等文娱活动，发现在押人员的特长，在互动中增进友谊，提升改造的积极性。

历史会记住每一簇耀眼的星火，会记住每一座巍峨的丰碑。

监所民警有的从青丝到华发，将一生奉献在了这一隅；有的刚从前辈手里接过接力棒，沿着脚下的足迹踏上新征程。他们都怀抱一颗赤子之心，对于这份职业怀揣着同样的热爱。若非发自肺腑的热爱，如何抵得住黄土高原上艰苦的漫长岁月。

走出监所，门口是看守所的荣誉室："全国优秀公安基层单位""人民满意的政法单位""优秀公务员集体""集体二等功"……满满一屋子，挂满了荣誉。

走过千山万水，仍需跋山涉水。

"上任时，局领导不止一次跟我说，看守所是我们镇原公安的品牌，也是一面旗帜，绝不能让品牌蒙羞，不能让旗帜倒下。"马耀荣说，"我们定会秉承前辈们的优良传统和一身正气，让这块招牌成色更足、底色更亮！"

供稿：闫振宙

热血忠诚

甘肃公安先进典型风采录

平凉市公安局崆峒分局
合成作战指挥中心

以科技之"键"为警务实战插上"数据"翅膀

平凉市公安局崆峒分局合成作战指挥中心立足"龙头警务"职责定位，主动适应现代警务运行机制改革发展方向，坚持科技赋能、强化数据驱动，忠诚担当、精诚团结、履职创新、攻坚克难、竭诚奉献，为警务实战提供了全方位支撑，得到了各级领导的认可和肯定。荣立集体三等功 2 次，2022 年被公安部授予"全国优秀公安基层单位"。

"不拒众流，方为江海。""大数据"已然成为时代发展的必然趋势，数据资源是公安现代化建设的"核心要素"，以数据要素为核心的公安数字化转型是推动公安工作高质量、高水平发展的最活跃因子。

走进平凉市公安局崆峒分局合成作战指挥中心，键盘敲打声此起彼伏，每个人紧盯电脑屏幕，不停地移动鼠标，时而快进，时而回放，努力寻找蛛丝马迹……这是他们工作的日常。在科技信息化发展时代，任何"蛛丝马迹"，都有可能"开口说话"，他们就是这样一支能让图像、信息、数据"开口说话"的队伍。在这里，每天都在上演着一场场"暗战"，他们感知风险，未雨绸缪，将现实危害降至最低；他们精准指令，运筹帷幄，决胜千里之外，他们虽然与犯罪分子没有正面交锋，却在每一个细微之处进行着较量；虽然彼此素未谋面，却总会在某个未知的交点不期而遇。他们以键盘为"触手"，在数据的海洋中揭开一层又一层伪装面纱下的真相……

聚势谋变鼎新破局，淬火转型升级

"智治"有方，数据显能，是构建现代警务模式的应有之义。2019 年，崆峒分局主动对标上级公安机关的部署要求，把深化推进以合成作战为核心的"龙头警务"，作为贯彻落实"情指行"一体化运行机制部署要求、提升公安工作现代化水平的重要举措，组建了合成作战指挥中心，整合各类资源手段，选拔懂实战、会分析、善研判的业务骨干和信息化应用能手到岗工作，履行"两部三机构"工作职能，承担辅助领导决策、统筹协调指挥、情报研判预警、支撑犯罪打击、应急调度处置等工作职责。

善思善作善成，机制催生战力

小智治事，中智治人，大智治制。良好的制度机制自带动力，是顾大局、管根本、利长远的驱动利器，不仅能够在预判、抵御风险时图之于未萌，虑之于未有，还能在处置、化解风险中对症下药、综合施策。合成作战指挥中心成立以来，以"尽精微"提升整合效能，以"变则通"激活创新动能，在实践中进一步总结固化好的创新方法，以"机制先行、体制跟进"为原则，制定了"一套规范促运行、一份清单明权责、一条通道走指令、一个平台统业务的"一体化运行格局，明确专班运行规范，实现了公安赋能与业务工作的同频共振，累计支撑破获各类刑事案件 4127 起，抓获各类犯罪嫌疑人 3811 名，查处各类行政案件 4563 起，一流的工作业绩得到了上级领导和基层单位以及人民群众的肯定认可。总结提炼的"四盯四捆绑"工作法、弈剑合等技战法，在全省进行了推广，多次在全省公安机关"龙头警务"推进会、治安防控体系建设等会议上作交流发言。

群燕高飞头雁领，船载万斤靠舵人

甘肃省"五一劳动奖""三八红旗手"获得者吕文茹是合成作战指挥中心主任，她是全市公安机关唯一负责情报研判、合成作战实体化运行、大数据智能化应用的女警，先后荣获个人二等功 1 次，三等功 3 次，被省公安厅评为全省公安机关情报指挥专业人才。凭借着女性独特的睿智、细腻与坚忍，她在公安信息化岗位一干就是 15 年，历任信息中心、情报中心、合成作战指挥中心主任职务，亲历见证了一个新型警种部门的从无到有、从弱到强的壮大蜕变，成为推进崆峒公安机构改革和智慧警务发展的"破冰者"。

2020 年公安部部署开展了"云剑"命案积案攻坚行动，这对于成立只有一年时间的合成作战指挥中心来说，是一次"磨炼"，也是一次"挑战"。越是难啃的骨头越要啃，她率先垂范，既当指挥员，又当战斗员，与战友们加班加点、超负荷工作。对命案逃犯胡某某、马某某的信息再梳理，对两人的特定关系进行深度拓展研判，综合运用各种新资源、新手段，应用、比对、分析、研判。经过坚持不懈的努力，逐渐打破僵局，为侦破"1994.03.29""2001.12.10"两起命案积案发挥了决定性的技术支撑作用，在这次"大考"中大显身手。

在她的带领下，合成作战指挥中心精准、高效、快捷的研判服务得到了各级领导和基层单位的认可，也打开了崆峒分局"龙头警务"牵引实战、合成作战一体化实战化运行的全新局面。现在，无论是在案件前期的分析研判，还是后期的精准落地抓捕，基层一线办案单位都离不开合成作战指挥中心，特别是在侦破特大电信团伙诈骗案、网上开设赌博案、打击文物犯罪、跨省团伙贩毒案、信息网络犯罪案和跨区域侵财案件等案件中，为一线所队、业务警种点对点推送可靠信息指引，为嫌疑人员身份确定和位置精准锁定上提供强有力的技术支撑。目前，合成作战支撑破获案件占到了全案的90%以上。

以人才凝聚团队，以团队培养人才

事在人为，业以才兴，人才是推动公安工作高质量发展和现代化建设的根本保障和不竭源泉。在合成作战指挥中心这支队伍中，有统筹谋划创新引领奋发有为的"排头兵"、有破解难题情报维稳预警防范的"攻坚者"，有心系群众深度研判赢得口碑的"贴心人"，更有让犯罪分子无处遁形的"活地图"，让数据开口说话善研善判的"智多星"。

民警叶宏锋就是其中的一员，受学习电子信息工程专业的影响，他喜欢和电子信息方面相关的一切事务，闲暇时就会研究相关专业的书籍内容，喜欢钻研相关领域的新知识，也正因为这股钻劲，他将兴趣爱好变成了自己擅长的领域。自调入合成作战指挥中心以来，他研判支撑破获案件 643 起，抓获犯罪嫌疑人 840 余人。

2023 年 8 月，崆峒区某路段一夜之间 15 辆轿车被人用喷漆罐喷涂，一时周围群众议论纷纷，社会影响恶劣。他认真分析案情，经过 14 个小时的连续奋战，在团团黑影中发现可疑人员，最终将犯罪嫌疑人宋某抓获，及时消除了社会影响。"我就喜欢沉浸在一帧帧的视频画面里和作案嫌疑人斗智斗勇，在海量的大数据中开展分析研判，为服务一线、打击犯罪不断提供有力支撑。"这个"85 后"小伙憨憨地说。2022 年以来，他先后荣立个人三等功 2 次。

"理工直男"秦剑也是这个集体中的一员。"眼睛跟不上他敲打键盘行云流水的速度……"这是很多同事对秦剑的印象。在合成作战指挥中心工作以来，这位"90 后"小伙凭借专业技能，成为全局民警熟知的"多面手"和"建模达人"。2024 年 2 月 12 日大年初三，一位 80 岁患有老年痴呆症的老人，在老伴做晚饭间隙独自一人"溜"出门外，寒冬季节发生意外的概率很大，时间就是生命，只见他有条不紊、游刃有余地畅游在大数据的海洋里。在他的"精准指导"下，40 分钟便找到了"离家出走"迷路的老人，在他身上，"合成速度"体现得淋漓尽致。

"沉稳少言"是"95 后"民警石林给人的第一印象，"有干劲、爱学习、勤钻研，他身上有着年轻民警难能可贵的品质"这是部门领导对石林的评价。作为青年民警，他和秦剑在大数据建模应用方面有着自己独特的想法，引领着全市数据建模工作纵深开展，搭建了 11 个可复用推广符合实战需求的预警大数据模型为各项公安工作全面开展提供了有力支撑，两人均在全省公安合成作战指挥部门"红蓝对抗"实战比武竞赛中荣获个人奖项。

　　未曾露面，即可拨开层层迷雾，未达现场，即可决胜千里之外。转战政工、派出所等部门，会写作、能办案、懂技术的复合型民警宋亮，通过健全完善警情实时调度支援等机制，将各警种力量攥指成拳，做到技术支撑一步到位、工作指令一键下达、现场图像一键调阅，高效处置了各类案事件。在这个"大家庭"中，还有善学习、能创新、有韧劲，通过开发 App，推行指尖"微党建"，成功打造"忠诚卫士·弈剑先锋"党建品牌的优秀党务工作者周晶。还有对各项工作"门清"，不厌其烦进行工作提醒的内勤马列强，沉稳细致、敢于挑重担、工作无差错的民警余志磊，独当一面专攻战略情报的包长福，眼勤手快的警务辅助人员闫九龙，他们无论身处哪个工作岗位，承担什么样的高难度任务，都能出色地完成。在这里，凝聚了各个年代的民警风采，柔中带刚的"70后""排头兵"，沉稳果断的"80后""智囊团"，锐意创新的"90后""特种兵"，尽管出自不同年代，他们都情系"公安蓝"，是让智慧警务在服务实战中闪闪发光的"神兵利器"。一点点成长蜕变的纪录、一步步勇毅前行的步伐，奏响了智慧警务助推崆峒公安高质量发展的最强音。

　　身经百战袍未解，征途万里再启程。平凉市公安局崆峒分局合成作战指挥中心将持续把大数据应用新生态建设作为牵动公安工作现代化的"一号工程"，以建立完善"专业＋机制＋大数据"的新型警务运行模式为抓手，打造大数据实战体系、创新大数据应用机制，推动大数据赋能增效，助推加快形成和提升新质公安战斗力，在新征程上再立新功，再创佳绩。

供稿：吕文茹　宋　亮　周　晶

热血忠诚

甘肃公安先进典型风采录

天水市公安局麦积分局
户政管理大队

守护者之歌

天水市公安局麦积分局户政管理大队先后被省妇联、省公安厅、市公安局、区政府授予"巾帼文明示范岗""共产党员示范岗""文明户籍室"和"集体三等功"等称号。2017 年 5 月，被公安部评为"全国优秀公安基层单位"。

——

甘肃省天水市麦积区，这里山峦叠翠、人文荟萃。在这片土地上，有一支队伍，他们守护着百姓户籍管理的神圣职责，为民众的生活编织着和谐的音符。

户政管理大队的工位上坐着八位工作人员，他们时而埋头查找资料，抬头点击鼠标登记信息，时而接待陆续而来的群众。墙上挂着的新新旧旧的锦旗，鲜亮的红色日日高悬在小而温馨的办公室里。大队长张军是一位让人敬佩的"老兵"。他从事户籍管理工作已有二十余年，从最初的纸质档案到如今的数字化管理，他见证了户籍制度的变迁和发展。他不仅精通业务，更有着一颗为民服务的热心。

每当有群众前来咨询，他总是耐心解答，不厌其烦。

2018 年的 9 月，桂花飘香，一阵香气熏人醉，户籍窗口迎来了一位脚步匆匆的户籍办理者，是家住麦积区五龙镇的孟女士。她一路小跑到窗口，头上汗珠粒粒分明。队长并没有着急办理业务，而是为孟女士倒了一杯水，"您先喝杯水歇一歇"。等孟女士猛喝了两大口水之后才轻声说："女士您好，请问您办理什么业务？"孟女士说她想把自己的户口从陕西省凤县迁入麦积区五龙镇的父母家中。在交流中，队长了解到，孟女士平时经营一门店，工作繁忙，为了尽快帮她将户口迁移业务办完。队长立即启用户政业务"跨省通办"模块，经过线上审核联办、信息流转等流程，次日一大早，便为孟女士"一站式"办结了跨省户口迁移业务。孟女士十分激动地握住队长的手说："您真的省了我很多的麻烦，谢谢。"

2022 年 7 月中旬，夏季的暑热还未进入尾声，户政管理大队的大队长又办理了一项琐碎的户籍工作——自幼在麦积区生活的小王身份核查及落户问题。蝉鸣阵阵，警车里的温度在烈日的暴晒下，空调似乎也"休息"了，坐在车里的大队队长和队员以及甘泉派出所的警察在讨论着工作分配，汗水打湿了他们后背的衣服，也打湿了笔尖下的笔记本。就这样经过众人周密的调查：大量走访、多方取证、信息比对，队长带领队员们查清事实，形成完备的调查材料，并积极协调上级部门开通"绿色通道"，压缩办理时限。终于，因为家庭原因，跟随养母先后在天水市秦州区和陕西省洛川县等地生活，经历坎坷，一直没有进行户口登记的小王拿到了户口本并一同办理了身份证。那一刻，她难以抑制内心的喜悦，露出了灿烂的笑容。

大队长张军常说："户籍虽小，却关乎每个人的切身利益。我们守护的不仅仅是户籍，更是群众对公安工作的信任。"他的事迹，让我们看到了老一辈公安人的责任与担当。

二

有积极为民的热心，还要有方便群众的平台。大队长张军是一位积极的探路者。他在与群众交流的过程中细心地发现，一方面群众对改革工作的知晓度明显偏低，导致改革的红利不能普及到每一个公民，另一方面公安机关向外宣传的渠道又特别少，随着手机普及原来靠网站发布的资讯受众面太小。当时正值腾讯公司推出的"微信公众平台"上线运行，他敏锐地发现，可以利用人人都用的微信，把改革的信息推向辖区居民的手机上，提高群众的参与度和互动性。2015 年春节刚过，他就马不停蹄地投入到平台的建设当中。面对新事物，他首先主动学习平台运行方面的知识，在没有具体案例参考的情况下，他通过微信视频的方式积极与平台工程师联系，说明自己的设计方案，提出自己的工作需求。经过不懈努力，"麦积户政"微信公众平台最终在2015年3月成功上线运行。平台提供了户口、身份证、居住证等相关业务办理须知和各派出所窗口联系方式、收费项目和标准、服务质量评议等专栏，及时向关注群众发布户籍政策及麦积公安新鲜资讯。麦积户政也成为天水地区公安系统第一个使用微信公众平台宣传公安业务的单位。

有一次，一位外地群众急需办理户口迁移手续，但又无法亲自到场。张军同志了解情况后，主动与对方沟通，通过远程视频认证的方式，成功帮助群众完成了手续办理。这一创新举措，不仅解决了群众的燃眉之急，也为户籍管理带来了新的发展思路。现在"互联网＋公安政务"和具体业务进行深度融合，建设了麦积分局"掌上户籍室"，将实体户籍室搬到每个注册用户的手机上，极大地方便

了辖区群众。"天水麻辣烫"火爆出圈后，麦积户籍室推出预约、延时和开通"办证'绿色通道'网＋服务"模式，全链条整流程守护游客放心出游，用实际行动全力护航麦积经济高质量发展。2024年4月1日，游客董先生来到马跑泉派出所户籍服务窗口，自称来天水游玩，不慎将身份证丢失。户籍民警了解情况后立即着手办理，不到5分钟就为其办理完身份证丢失补领业务，并告诉他到证后第一时间送达，董先生满意而归。

三

都说有妈的孩子像块宝，流浪的孩子也应该有自己的"家"。有4名长期滞留在麦积区的流浪人员，被麦积区慈康医院收治，他们均患有不同程度精神和智力障碍，不能清楚表述自己的户籍信息。为寻找家属，户政管理大队的警员们带领队员先是为他们进行比对，在比对未果的情况下，大队根据解决无户口人员户口问题的相关规定，收集材料、完善手续并和马跑泉派出所联合民政部门对他们进行了身份界定并赋予了新的身份信息——麦爱党、麦爱国、麦永健、麦永康。爱党爱国，永远健康，多么令人感动的寓意，"无名氏"终于有了自己的"身份"信息，并且被民政部门进行救治，从此流浪人员不再流浪。

2016年，在网络看到这样的评价，"最丑的照片是我们的证件照片"，身份证照片也不幸"躺枪"。每个人都向往优雅美丽，爱美之心不被照片束缚，为了群众能够拍一张满意的证件照，努力提升实际拍摄效果，户政大队在全省首推身份证照"满意拍"。身份证照相"满意拍"系统提供了自主拍摄功能，拍照人可以从显示器看到自己的人像，主动调整坐姿和表情，自主进行多张拍照，选择最满意的照片。每一位警员都深知户籍管理工作的重要性，因此对待每一项任务都认真负责、一丝不苟。他们常常为了核实一个复杂的户籍问题，连续几天加班到深夜，查阅大量资料，最终找到问题的症结所在。他们这种敬业精神和对工作的热爱，赢得了群众的敬佩赞誉。

办公桌旁，队员们脸上洋溢着温馨的笑容。这些只是他们日常工作的冰山一角。他们用自己的行动诠释着责任与担当，用平凡书写着不凡。

户政大队的队员说："我喜欢这份工作，因为它让我感受到了为民服务的意义。我愿意用我的青春和热血，为户籍管理事业贡献自己的力量。"他们的事迹，让我们看到了年轻一代公安人的责任与担当。

他们的事迹不仅激励着我们每一个人，也让我们更加珍惜和尊重那些默默守护在我们身边的守护者。认真对待群众的每一件小事情，真正地把群众的事情做实做好。他们这样说，也是这样做的，现在，悬挂在大队办公室的一副由群众亲自书写的"亲民者，民恒亲之；爱民者，民恒爱之"的书法作品，正是人民群众对全队民警的认可。在未来的日子里，让我们期待这支队伍能够创造更多的不凡事迹，为人民群众提供更加优质、高效的服务。同时，也让我们向这些守护者致敬，感谢他们为我们的生活保驾护航。麦积之韵，户籍守护者之歌，将永远在我们的心中回荡。

供稿：张　蕤

热血忠诚

甘肃公安先进典型风采录

武威市公安局交警支队
阳畦高速公路大队

风雪无阻的"守路人"

　　武威市公安局交警支队阳畦高速公路大队管辖 G30 连霍高速公路 1917.7 千米—1996.4 千米共 78.7 千米高速公路，成立至今辖区未发生过重大交通事故，没有一名民警辅警受到党纪政纪处分。作为 G30 连霍高速公路的"守路人"，大队民辅警在风雨兼程中坚守着万家平安的初心，在夜以继日里肩负着路畅人安的使命，用辛勤的汗水和为民服务的真情让平安走进了千家万户。先后被评为"全国优秀公安基层单位""全省三八红旗集体"。

　　G30 连霍高速公路东起江苏省连云港，西至新疆维吾尔自治区霍尔果斯口岸，是中国最长的高速公路。武威市公安局交通警察支队阳畦高速公路大队是这条高速公路上的"守路人"之一，肩负着保障其中 78.7 千米高速公路路畅人安的光荣使命。多年来，阳畦高速公路大队以"金盾护航 路畅人安"党建品牌为引领，推动党建工作与交通管理中心工作深度融合、同频共振，在事故预防、百日攻坚等重大任务中贡献了公安力量，充分发挥了公安交警在防风险、保安全、护畅通、促发展工作中的重要作用。

他们以荧光绿为甲，躬耕在路面一线，奋斗在服务前沿；他们在风雨兼程中坚守着万家平安的初心，在夜以继日里肩负着路畅人安的使命，他们用辛勤的汗水和为民服务的真情让平安走进千家万户。

协同作战　心系群众保平安

从朝霞晕染到万家灯火，从烈日骄阳到数九寒冬，阳畦高速公路大队民辅警用汗水筑牢安全防线，用坚守捍卫路畅民安。从年头到年尾，哪里有困难，哪里就有他们的身影，他们用付出与坚守，用闪烁的警灯，照亮黑夜，守护平安。

高速交警的压力不仅仅来自工作强度，还在于工作过程中的危险性，尤其是遇到突发事故，当所有人都在迅速逃离现场时，他们却以最快的速度抵达事故地点，在现场指挥疏导尽全力恢复高速公路畅通。

每逢遇到下雪天，阳畦高速公路大队很多民辅警都会回想起这样的场景：那是 2022 年大年初五，当大家还沉浸在过年的喜悦中时，暴雪骤降。全体民辅警"以雪为令"第一时间集结，全员上路分组从东西双向开展不间断巡逻，及时处置交通事故消除安全隐患。当日 18 时 17 分许，驾驶人田某驾驶小型轿车由东向西行驶至辖区 1949 公里处时，在冰雪路面刹车发生车辆侧滑，与一辆重型半挂车追尾相撞。值班一中队民辅警快速出警处置，正在进行现场勘查时，后方负责安全警戒的辅警陈学智突然发现一辆小型客车似脱缰野马横向撞掉防护锥筒冲向事故现场，他大吼一声："闪开！"正在现场拍照的民警张文军听到喊声扫了一眼后方，立即一个大跨步向护栏外翻去，由于重心不稳沿着护坡滚下。几乎同时，失控的小型客车撞向护栏后又撞在停驶的事故车后部才停下来。惊魂未定时大家发现，失控小型客车滑过的轨迹几乎是和张文军的行动轨迹一样，如果他刚才反应慢一点，后果将不堪设想。但张文军顾不得后怕，忍着擦伤带领出警人员快速勘察现场、清理事故车辆、恢复交通。

每一次小小的救助行为，对于一个家庭都有可能是一辈子难忘的救赎。

2024 年 4 月 11 日 16 时许，大队值班室接到热心司机报警，称在武威收费站以东往兰州方向的高速公路上有位老人在应急车道里躺着。接到出警指令后，巡逻民警快速在沿线寻找，最终在连霍高速由西向东 1926 千米 800 米处发现了在应急车道睡着的老人。通过警务终端查询老人姓谢，家住附近村庄。经耐心询问，谢奶奶已 84 岁，因家庭琐事与家人发生矛盾离家出走，行至此处又累又困不想回家，就躺在应急车道内睡着了。民警告诉谢奶奶行人进入高速公路很危险，并不断开导劝解老人，驾驶警车将老人送到了辖区派出所，将实际情况告知值班人员，希望派出所多多关注并出面化解谢奶奶的家庭矛盾，让老人安心回家。

烈日下，寒风里，迎朝阳，送晨曦……头顶国徽，身穿警服，预防事故，查纠违法，阳畦高速公路交警无畏无私为人民，维护稳定保平安。

2024年1月18日18时许，大队值班室警铃大作，古浪籍驾驶人王某打来求助电话，称其运送一位手指严重受伤的群众，需立即前往武威市人民医院接受救治，希望高速交警帮助争取时间。路面巡逻民警接到指令后，立即将情况上报支队指挥中心，请求开启"绿色通道"，同时做好应急报备和交通干预准备。接到求助车辆后，民警选择最快路线并用喊话器疏导车辆，分秒必争，以最快的速度、最短的时间将伤者安全送至武威市人民医院急诊中心，为断指赢得生机，为伤者保驾护航。

群众事无小事，细微之处见真情。阳畦高速公路大队始终牢记为群众做好事、办实事、解难题，全心全意为人民服务，积极为人民群众排忧解难。

2023年10月7日，一组执勤民警巡逻至由东向西1995千米附近时，发现一辆黄色旅游大客车开着警示灯停在应急车道。民警了解到该车属一家旅游公司，车上载有10余名游客，准备前往张掖旅游，行至此处，车辆发生故障无法行驶。正值国庆返程高峰，路上车流如织，民警迅速将车内所有人员引导至护栏外侧，开启警报后将警车停放在大客车后方，摆放锥筒做好安全防护，并与本地客运公司取得联系，要求快速出动接驳车救援，同时联系救援大队出警拖移故障车辆。半小时后，接驳车辆到达现场，10余名旅客被安全转移，故障车也被救援大队成功拖离高速公路。

这条路上，他们救助过负气离家出走的少女、特教学校的学生、误上高速的孩童、需要急救的病人、迷路的老人；他们抓过猪、赶过牛、放过羊，扫过马路拾过废品；为被困驾驶员送过油、送过药、换过轮胎推过车……因为他们，这条路变得那么亲切、温暖。

2023年6月13日，尚先生驾车专程从甘肃东乡县赶来给大队送锦旗。原来尚先生曾于2022年9月在大队辖区发生交通事故并受伤，事故发生后，办案民警主动协调武威市人民医院对尚先生进行救治，多次进入医院进行调查取证。为尽快处理事故，连续多日加班加点从海量车流中调取有关事故的视频资料，最终找到关键的视频证据，在最短的时间内公平公正地对事故做出了责任认定，使双方当事人心服口服，也使事故损失降到了最低。事后，尚先生对民警的仗义帮助念念不忘，于是便专门制作了一面印有"清正廉洁，秉公执法"字样的锦旗送到大队，既是对民警秉公执法、快速高效的工作作风的赞许，也是对大队工作的认可和鼓励。

一面锦旗，一个感人故事；一句感谢，一份对高速公路"守路人"工作的认可。

近年来，大队全体民辅警在做好交通秩序管控、疏堵保畅的同时，坚守初心，把人民群众的安危冷暖放在心上，在连霍高速公路上演绎着一个个动人的故事，一面面锦旗也纷沓而来。来自群众的那一声声道谢，生动诠释了阳畦高速交警"人在路上、心在路上、形象在路上、服务在路上"的铮铮誓言，让青春在奋斗中熠熠生辉。

坚守初心　创新工作提质效

阳畦高速公路大队始终坚持全心全意为人民服务的理念，严格落实警务公开制度和便民服务各项措施，窗口单位服务规范文明，群众办事方便快捷。内设机构设置合理，岗位职责明确清晰，执法办案场所设计科学，管理使用严格规范，各类执法基础台账、法律文书及案卷制作规范，执法质量考评结果优秀，多年来无信访案件和行政诉讼案件撤销案件。2022年6月，大队事故处理窗口被武威市委组织部评为武威市"党员先锋引领示范岗"，8月，违法处理窗口被武威市委直属机关工委评为市直机关"党员先锋引领示范岗"。

阳畦高速公路大队立足工作实际，根据现有道路监控设施，整合、优化道路信息资源，扎实推进"智慧交管"工作，着力提高现有平台应用能力，提升指挥指导水平。安排专人对民辅警进行集成指挥平台、智能交通综合管控平台等业务培训，利用系统现场查处机动车逾期未检等违法行为，利用电子监控设备查处非现场超速行驶、未按规定使用安全带、拨打手持电话等交通违法行为，有效整治了此类交通违法行为，消除了安全隐患，提高了交通管理的智能化、精准化水平。

阳畦高速公路大队扎实推进事故预防"减量控大"工作，在"春运"、五一、国庆、中秋等节日交通安保工作中，全体民辅警发扬不怕疲劳、连续作战的精神，严格落实日常不少于24小时勤务和节假日高等级勤务，把路面作为主战场，最大限度把警力投入到一线，特别加强夜间22时至次日凌晨6时巡逻管控，不断增加巡逻频次，提高见警率和管事率。严查严处超速、无证驾驶、疲劳驾驶、违法占用应急车道行驶、不按规定车道行驶、违法停车、违法倒车、客运车辆超员、面包车超员、行人进入高速公路等重点交通违法行为，增强驾乘人员安全文明出行意识，创造安全、畅通、有序的出行环境。

春运往往是一年中交通管理工作的首战，为了守护春节回家安全，阳畦高速交警用"舍"与"守"成全了万家团圆，无怨无悔地坚守在自己的岗位上。7个昼夜、168个小时，他们以"平安"为名，驻扎在路面一线的执勤点、服务区，行走在滞留的车流间，用情用心用爱忠诚坚守路面一线，让春节回家及团圆的路更平安、更畅顺、更温暖。

2024年春节，武威迎来三次大范围降雪降温天气，导致路面积雪结冰严重，存在极大交通安全隐患。为保障人民群众生命财产安全，杜绝发生较大以上道路交通事故，大队联合"一路多方"各部门迅速启动恶劣天气应急预案，全面进入战时状态。在重要点位储备融雪物资、除雪装备、救援设施；在服务区、收费站设立便民服务点，提供方便面、火腿肠、鸡蛋等方便食品，为被困驾乘人员提供开水、药品、充电等服务；全员上岗，分段包片，定点、定岗、定人对团雾、易结冰路段巡逻管控，在远端分流车辆，在隐患路面分批清冰融雪，在事故现场疏导交通清理事故车辆；警媒联动在各大平台及时发布实时路况和管制信息。大队应对迅速、保障有力、措施得当，赢得了司机朋友们的称赞。那些指挥车辆、摆放锥筒、抗冰排险的"小黄人"帮助群众、热心送暖，总会第一时间出现在最需要的地方，成为驾乘人员最欢迎的人。

一次次暖心救助，一次次贴心服务，在群众最需要的时候，阳畦高速交警义无反顾，用速度与温情守护着平安，践行着人民公安为人民的铮铮誓言。

笃行不怠守初心，奋楫扬帆谱新篇。阳畦高速公路大队交警把每一分热情、每一滴汗水，全部倾注在为人民服务和守护道路交通安全的坚定信念中。无论狂风暴雨、酷暑严寒，全体民辅警将踔厉奋发、勇毅前行，以一往无前的斗争勇气和毫不懈怠的精神状态，日夜奋战在路上，用心用情用力守护这块有温度的"阵地"，为甘肃高质量发展贡献新的力量。

供稿：郭　昕

热血忠诚

甘肃公安先进典型风采录

兰州市公安局城关分局
广武门派出所

立足小岗位　践行大使命

　　兰州市公安局城关分局广武门派出所先后荣获"集体二等功""全市党建带队建基层示范单位""全市公安教育训练工作成绩突出集体"等多项荣誉。2023 年 11 月，被公安部评为全国第三批"枫桥式公安派出所"。2019 年至今，全所立功受奖 38 人次，其中 1 名民警被评为"全国特级优秀人民警察"，1 名民警被评为"全省优秀人民警察"。

　　有这样一群人，他们奋战在一线，用执着和坚守，守护着万家灯火。他们的苦和累，换来更多人的乐与欢。多年来，广武门派出所一直坚持把"群众答不答应、满不满意"作为公安工作的试金石，努力提升为民服务能力和化解矛盾纠纷能力，打牢基层社会治理的基础，做到"矛盾不上交、平安不出事、服务不缺位"，受到了辖区群众的一致好评和点赞。

"一天下来整个人都累散架了"

"矛盾在一线化解、工作在一线推进、作风在一线磨砺、能力在一线培养、感情在一线联络、政策在一线宣传",这"六个一"的"枫桥经验"工作法,是兰州市公安局城关分局广武门派出所全体民警在工作中的总结和凝练。

广武门派出所是一支有着优良传承、忠诚为民、纪律过硬的队伍。他们坚守为民初心、把好为民航向,自觉把学习好、推广好、发展好新时代"枫桥经验"融入各项工作中去;他们把群众当亲人、视百姓如父母,有着丰富的服务群众和执法办案经验;他们自觉践行"人民公安为人民"的初心使命,把群众满意作为工作的最高标准……

30多岁的彭裔涵,柔弱文静,少言寡语,和人聊天的时候经常会露出羞涩,但工作中的她却是个冲锋在前的战士,不怕苦、不服输、不信邪,凭着身上那股执着拼劲儿和韧劲儿,在社区民警岗位上化解了一个又一个矛盾纠纷，为百姓解决了一个又一个困难。她忙起来的时候常常是一个问题还没有处理完，后面的事情已经排上了队。

初秋的一个傍晚，她正在小区楼下调解孙女士遛狗不拴绳的警情，忽然楼道内传来一阵"咚咚咚"的脚步声，家住二楼的刘大姐飞一般地从楼上跑下来。彭裔涵以为她有急事，急忙示意孙女士稍等一下，刘大姐是聋哑人，让她先来。在刘大姐双手的比画中，彭裔涵弄明白了，原来是刘大姐家的天花板被楼上的住户泡湿了，她自己去沟通，对方答应帮忙解决问题，但是半个月过去了，还是没有见到实际行动，希望警察能帮忙协调一下。彭裔涵微笑着安慰道："姐，看你这风风火火的架势，我还以为有什么大事呢？放心吧，你的事情我管定了，先回家等等，我一会儿就来。"刘大姐看着彭裔涵的口型，明白了她的意思，抬起手背抹去额头上的汗水，笑着点点头。彭裔涵回到孙女士跟前，还没开口，远处跑来了义警马军，他气喘吁吁地说："小彭，不好了，快、快去看看吧，6 号楼的朱家和胡家因为噪声的事情吵了起来。双方情绪异常激动，我根本劝不住，眼看他们就要打起来了。""什么？"彭裔涵惊呼起来，她想都没想拔腿就跑，跑出了几步后忽然记起孙女士，又跑回来，这一次还没等她张口，孙女士先说话了："彭警官，你快忙去吧，我以后再也不会为这种小事儿让你操心了，遛狗拴绳，我一定做到。"彭裔涵"啪"地一下双脚并拢，"唰"一下举起右手，向孙女士敬了个礼，说："谢谢，谢谢您的理解和配合。"说完，飞奔而去。孙女士愣在原地，随后微微一笑，脸上挂满了惭愧的表情，自言自语地说："明明是我错了，她怎么还给我敬礼？"

处理完朱家和胡家的矛盾后，已是晚上十点多，小区内乘凉的人们已经散去，空荡荡的院子里明亮的月光把彭裔涵和马军的身影拉得很长很长。马军揉着酸疼的颈椎说："小彭，早点儿回去休息，这一天跑个不停，感觉整个人都累散架了。"彭裔涵说："你先回去吧，我还要去刘大姐家，前面我说好去的。"马军说："这么晚了，说不上刘大姐早就睡了，明天再去吧。"彭裔涵说："答应人家的事情，怎么能失约呢？"马军不好意思地说："哦，也是啊，那我陪你去吧。"

这是一个老旧的小区，流动人口多，居住人员复杂，大家对公共设施不怎么爱护，因此这里的下水道堵塞、垃圾乱扔、家中养犬等警情时有发生。彭裔涵跑得多了，对每一个住户的情况都了如指掌。她走进刘大姐家，看见天花板上和墙上布满了水渍，毫无疑问是楼上住户家中跑水所致。她拿出手机，拍下了所有被水浸泡过地方的图片，对刘大姐说："姐，你的问题包在我身上了，耐心等几天。"刘大姐笑眯眯地点点头，她心里非常清楚，彭裔涵是个说到做到的人。

"我们尽最大努力想办法"

"警察同志，你们能帮帮我吗？"2023年10月2日，行进在巡逻途中的卜令军忽然听到身后传来一声怯生生的问话，他停住了脚步，回头一看，只见路边站着一个20多岁的姑娘。他笑着说："我们警察巡逻，就是为了随时给老百姓解决问题的，你有什么困难尽管说。"姑娘犹豫不决地问："可是，我听人家说，只有东西被偷了才能报警，但我的东西是自己弄丢的，能报警吗？"卜令军和蔼地说："别顾虑太多，说说吧，我们尽最大努力想办法。"姑娘稍稍整理了一下自己的思绪，说："9月30日下午，我在东方红广场的路上丢了一条项链，50多克的，价值要三万多块。那可是我的订婚纪念物！为此，连续两个晚上我都没睡好觉。"卜令军想了一下，说："走，跟我回派出所，把你自己当天行走的路线说一下，我们通过视频帮你找找看。"姑娘似乎不相信自己的耳朵，瞪大了眼睛问："真的可以找？"当她看见卜令军肯定地点点头时，脸上露出了开心的笑容。

在广武门派出所，姑娘详细叙述了当天自己所到过的地方、进入的店铺以及路上遇到的人，卜令军根据姑娘提供的信息，把她活动轨迹的视频看了两遍，没有发现什么可疑的情况。他忍不住问："你确定是那个时候丢失的？"姑娘坚定地点点头。卜令军又把她行走的路线重新看了一遍，画面一帧一帧地过，查看到东方红广场西口的时候，卜令军忽然发现那边还有一个高空视频探头，前面看的时候把这个点忽略了。他立刻导出这一段探头的视频，很普通的一段录像，从姑娘进入画面到离开，没有什么异常。此时，姑娘也对自己的记忆产生了怀疑，脸上挂满了失落的表情，喃喃地说："应该是在路上丢的啊，别的地方都没去。"卜令军安慰道："姑娘，别急，我再看看。"姑娘满怀歉意地说："卜警官，从早上到现在，耽误了你们将近一天的时间了，真是不好意思。"卜令军边转动着手中的鼠标，边说："不用客气，为群众服务就是我们的本职工作。"说完，卜令军把这一段视频又放了一遍，只见姑娘出现在画面，周边还有四个人，五个人同步前行一段路，大家都是急匆匆地赶路。行进间，姑娘身后的那个人弯了一下腰，事情发生在一瞬间，非常不易察觉，但这还是没有逃过卜令军的眼睛。他把画面定格在那里，仔细查看，受视频探头角度的影响，加之距离太远，无法判断那个人就是弯腰捡项链。抱着试试看的态度，卜令军立即向所长邓小兵汇报了事情的经过，请求继续查找这个人的信息，最终帮失主找回丢失的物品。

"一天没吃东西，有点儿饿了"

冬日的午后，暖暖的阳光洒满了金城大地，宁静的广后街上走着三三两两的行人。一个十五六岁的少年走走停停，他边走边观察着来往的行人。

李萍萍午饭还没有吃完，就接到经理的电话，让她回公司。她急匆匆地往单位走着，行进间手机铃声又响起来，她拿出手机。"苹果14!"那少年心中一动，整个人顿时来了精神。李萍萍接完电话后，将手机放进包里，忽然，面前走来了一个中学生模样的少年，说："姐姐，我有个急事，想给我妈打个电话，能不能借一下你的手机？"李萍萍想都没想，拿出手机，快速解开手机密码。少年接过李萍萍的手机，按下电话号码，几秒钟后电话接通了，他拿着电话往旁边走了几步。李萍萍微笑着说："小屁孩，有什么话，还要避人？"她低头弹了一下羽绒服的一丝灰尘，再抬头时，那少年拿着她的手机已经跑出去十几米了。她愣怔了一下，旋即反应过来发生了什么事情，边追边大喊："抓小偷，抓小偷啊！"

副所长侯思文和同事马成赶到现场的时候，李萍萍激动地说："这个世界好人真的不能做啊，我好心借给他手机，谁知道，他竟然拿着手机跑了。"侯思文说："也不能一概而论，咱们这里也没有那么多坏人，说不上偶尔路过的贼呢。你也不要太着急，我们会想办法帮你追回的。"李萍萍叹了口气，说："但愿能找回来，手机才买了一个月。"

案件研判室内，侯思文对马成、杨志幸说："这里是城市中心区域，发生这样的案件势必会造成不良影响，一定尽快破案，给人民群众一个说法。"说干就干，三个人一头扎进了视频侦查的海洋里，从案发地点一路往下追踪，一个路口一个路口地跟进，慢慢地嫌疑人的踪迹出了城关区，出了兰州市，一路往临夏而去。

"决不能给嫌疑人任何喘息的机会，否则，赃物一旦出手，破案的难度就更大了。"马成若有所思地说。侯思文点点头说："嗯，是这个道理。"杨志幸拿起车钥匙，走过去推开窗户，看了一下黑夜中阴沉的天空，说："但愿老天今晚别下雪，要不然，到了山里面，那就寸步难行。"侯思文看了一下手机上的天气预报，说："临夏那地方还真的在下雪，嗨，为了破案，哪还顾得了这么多啊。下雪也好，嫌疑人的警惕性会放松，更加便于咱们的行动，出发吧。哦，小杨，走到烧烤店的时候停一下车，我去给咱们夹个饼子吃，一天没吃东西，有点儿饿了。"

车子刚开出兰州，窗外就飘起了雪花，越走雪越大。漆黑的公路上，漫天飞舞的雪花迎面扑来，杨志幸小心地驾驶着车辆。副驾驶上的侯思文提示道："小杨，慢慢开，不要急，他跑不了的。"杨志幸轻踩油门，专心致志地驾驶着车辆，说："侯所，放心吧，我连续开车十小时都没问题。"马成看着飘飘洒洒的雪花，轻声说道："'天山雪后海风寒，横笛偏吹行路难'，哼！再难我们也要抓住他。"侯思文点点头说："大雪满弓刀，奇寒追逃犯。为了守护老百姓的财产安全，再难也不怕。"

上午，根据已经掌握的信息，侯思文和同事们来到了既定的目的地，走访后才发现，嫌疑人的村子是搬迁户，已经搬离了这个地方，到镇上集中居住。几十里的乡间小道，可谓是山高路远坑深，路面落满了厚厚的积雪，白茫茫一片，有的地方甚至看不清路的边界线，要是稍有不慎，开进沟里那可不是闹着玩的。杨志幸凭着自己丰富的驾驶经验，小心翼翼地驾驶着车辆，不一会儿，他的额头上渗出了密密麻麻的汗珠。

经过一番艰苦的跋涉，终于找到了嫌疑人的家，但是周边的邻居说，这个孩子早已辍学，他的家人因为忙于生计，无暇顾及他，只能任由他到处游荡。农村的孩子嘛，只要饿不着，其他爱干什么，就干什么，根本不管。侯思文和马成、杨志幸合计了一下，嫌疑人昨天中午偷的手机，从时间上推断，回来应该是晚上了，还来不及销赃，这个时候他不在家里，那就应该在镇上活动。

镇子这么大，到哪里找呢？侯思文决定在镇子入口的主干道路边停车碰碰运气，因为本地人大多都是相互熟悉的，陌生人问得多、看得多势必引起他们的怀疑，万一恰好问到嫌疑人的亲属那里，让嫌疑人躲起来，那可就得不偿失了。为了防止引起他人不必要的怀疑，杨志幸将车停放在一个大货车的后面。三个人坐在车上，目不转睛地盯着每一个来往的行人，一个小时过去了，两个小时过去了，三个小时过去了，天色渐渐地黑了下来，还是不见嫌疑人的踪影。马成不由得有些急躁了起来，忽然迎面走来了一个熟悉的身影，他激动得差一点儿惊呼起来，小声说："是他，是他，就是他！"与此同时侯思文和杨志幸也发现了嫌疑人，三个人借着夜色的掩护，悄无声息地走了过去。此时，嫌疑人也意识到了自己危险的处境，他刚跑出几步，就被飞身而起的杨志幸摁倒在地。

经过简单讯问，嫌疑人承认了自己昨天中午作案的犯罪事实，并说自己还有3个同伙，就在这个镇上住着，分别是22岁马某、21岁马某某和14岁李某。考虑到警力单薄，加之人生地不熟，抓捕困难大，侯思文当即决定请求当地警方配合。在大家共同努力之下，成功地将所有嫌疑人抓获，找到了被盗的手机和其他涉案赃物，一并进行了扣押。

当李萍萍接到马成的电话，通知她到派出所领取自己的手机之时，她不由得惊叫起来："天哪，你们也太厉害了吧！"

小岗位大使命，勇担当有作为。广武门派出所全体民辅警正是凭着"咬定青山不放松"的执着，"行百里者半九十"的清醒，勇往直前，拼搏向上，积极为辖区群众排忧解难，全力守护百姓的平安，实现孜孜以求的美好梦想。

供稿：宋瑞让

热血忠诚

甘肃公安先进典型风采录

平凉市公安局崆峒分局
西大街派出所

打造"枫桥经验"平凉版　谱写基层善治新篇章

平凉市公安局崆峒分局西大街派出所建于 1980 年，地处平凉中心城区，辖区总面积 4.5 平方公里，实有人口 5 万余人。该派出所肩负着维护平凉政治、经济、文化、安全的职责使命。荣立集体三等功 3 次，2010 年被公安部评定为"一级公安派出所"，2023 年被评为全国第三批"枫桥式公安派出所"，2024 年被评为全省新时代"枫桥式"基层单位，打造出了新时代"枫桥经验"的平凉公安样板。

基层治理如何优化？群众参与社会治理活力如何激发？基层社会治安综合治理体系和治理能力现代化水平如何提升？一连串的问题是基层公安派出所面临的共同难题。

在道源圣地崆峒山下，景色秀美的平凉中心城区，有这样一个基层公安派出所，全所民辅警在一系列的实践探索中，蹚出了一条把"枫桥经验"坚持好、发展好，把党的群众路线坚持好、贯彻好，让"枫桥经验"在传承中发展、在发展中创新的管用方法，那就是"四调＋五心＋六联"的"枫桥经验"工作法。这个工作法到底管用不管用？我们用统计数据说话：辖区警情下降 38.2%，发案率下降

26.9%，破案率上升 31.7%，连续六年未发生"民转刑""刑转命"和个人极端暴力案事件。2023 年被评为全国第三批"枫桥式公安派出所"，2024 年被评为全省新时代"枫桥式"基层单位。他们用这个工作法，打造出了新时代"枫桥经验"的平凉公安样板。

这个派出所的辖区属平凉市（区）中心区域，是平凉市（区）政治、经济、文化、信息的核心区域。在这里，回、汉、蒙等多民族杂居，陕、青、宁、新等周边省份往来流动人员络绎不绝，如何让"陇东旱码头""西出长安第一城"的平凉中心城区保持和谐稳定平安？今天，就让我们走进成立于 1980 年的西大街派出所，来看看他们谱写基层善治新篇章的生动实践。

"四调"联动　构建矛盾化解新格局

"我们所管辖的区域总面积 4.5 平方公里，实有人口 5 万余人，党政企事业单位、行业场所 260 余家，学校幼儿园 12 所，在校师生 1.6 万余人，住宅小区 114 处，人口密度大，人员流动大，风险隐患交织点、冲突点多，治安管理责任重大。"西大街派出所所长李鹏飞虽然上任时间不长，但对辖区情况如数家珍，"只有底数清、情况明，才能找准方向、对症靶向施策。"这也是这位年轻所长时常说的一句话。

面对辖区邻里、家庭纠纷易发、多发，人防、物防、技防措施薄弱的实际。近年来，西大街派出所因地制宜、因势利导，在继承发扬"枫桥经验"中创新推出了"红黄蓝"三色矛盾纠纷调处机制，对各类纠纷实行分级预警、分类推送、分层化解，逐步形成并打造了"马大姐说事"矛盾纠纷调解品牌，矛盾纠纷化解率达98%以上。

据西大街派出所所长李鹏飞介绍："去年9月，一个在咖啡店打工的女孩因讨要工资，与店主发生争执，女孩的朋友还对店主发信息威胁。社区民警任亚丽在了解相关案情后，本着"矛盾不上交"的工作目标，开启"四调"联动工作法，立即联合司法所、劳动监察、律师进行多方联合调解，当事双方矛盾第一时间成功化解。"

这就是"四调"联动，虽然只有简简单单的四个字，但体现的是西大街派出所民警处理矛盾纠纷的工作态度，坚持的是就地解决问题，快速阻断风险隐患的基层治理方式。

说到这里，让所长李鹏飞又想起了辖区另一件矛盾纠纷。"辖区有一居民多次投诉楼下水果店制冷设备噪声扰民，影响休息。社区民警李雪燕多次和市场监管、执法、物业、业主进行多方沟通，这起矛盾纠纷也成功化解。"不同的矛盾纠纷就有不同的管理主体，这就需要把"四调"联动中的"四"变换成不同的对象，不变的永远是西大街派出所，在它的牵线搭桥、穿针引线下，"枫桥经验"成了这个派出所最鲜亮的名片。

用李鹏飞的话说，派出所工作就是与老百姓打交道的事，把老百姓急难愁盼的琐事办好了，基层派出所的工作也就干好了！

现在，西大街派出所依托"马大姐说事"调解平台，不断完善"人民调解＋行政＋司法＋律师"的"四调"联动机制，以爱心听取纠纷当事人倾诉，做到不急不躁；公心对待纠纷当事人，做到不偏不倚；细心捋顺情绪找"症结"，做到不厌其烦；恒心化解积怨打开"心结"，做到持之以恒；耐心开展法治宣传，做到依法服人的"五心"工作法开展调解，始终做到"柔风细雨、温情执法"，以春风化雨般执法温度妥善化解了一起起纠纷、消除了无数个风险隐患，有效解决群众的"操心事""烦心事""揪心事"，赢得了辖区群众的点赞认可和支持。

"六联"融合　夯实社会治理基层根基

"派出所工作琐碎繁杂，解决好了一件件关乎群众切身利益的'小事'，群众一声诚挚的感谢既是对民警工作的肯定，更是对民警服务群众的最大鼓励。"在不久前举行的一次联席座谈会上，辖区一位退休老同志对派出所工作给出了这样的总结。

在西大街派出所辖区就发生过这样的一件"小事"，李老先生有一把使用多年的铁锹不慎丢失。由于用着顺手，丢失后很着急，抱着试一试的想法，李老先生向西大街派出所报了警。入警不到半年的刘博接到报警后，充分发挥西大街派出所坚持的"小事不出村"工作作风，在安抚好老先生的情绪后，立即查监控、访群众，同时联系社区网格员，多方努力、几经周折终于寻找到了铁锹的下落。李老先生手握失而复得的铁锹，在惊喜和惊讶的情绪中给民警刘博竖起了大拇指。

"你我眼中可能是不起眼的'小事'，往往在老百姓那里都是'大事'。入警半年，能得到群众的点赞，职业荣誉感爆棚。"刘博乐呵呵地说。

近年来，西大街派出所按照"一警+两辅"科学设置四个警务区，推动"警格+网格""民警+多方力量"联勤联动深度融合，在信息采集、巡逻防控、要素管控、服务群众、宣传预防等方面推

行"五融合一共享"捆绑作业机制，工作联动、矛盾联调、治安联防、问题联治、治理联抓、平安联建"六联"警务网格化新格局全面铺开，取得了实实在在的工作成效。同时，西大街派出所还积极建设民辅警与孤寡老人儿童、残疾人员、特困家庭"结对帮扶·爱心甘肃"和"破小案、办小事、解小忧、惠小利、帮小忙"的"五小"工程，年内开展走访群众1.1万余人次，帮扶420余次，最大限度纾困解难、传递温暖、奉献关爱，基层根基不断夯实，"小事不出村"在这个派出所体现得淋漓尽致。

科技赋能 跑出为民服务加速度

2023年9月16日，西大街派出所接到报警，一男子称其外出时不慎将手包遗落在出租车上，包内票据十分重要，自己寻找多时未果，万分焦急。接警后，付永鑫熟练运用智慧公安平台，在数以千计的视频图像中抽丝剥茧，数小时内就找回了该男子遗失物品。"真是感谢你们，没想到你们的办事效率这么高！"失主的一声赞叹，不仅是对民警工作褒奖，更是对科技赋能警务新模式的高度认可。

西大街派出所充分发挥综合指挥室指挥调度职能，延伸拓展治理触角，以辖区南山早市和民馨家园小区治安点为中心辐射，联动社区、综治、物业、商家等推动"警格＋网格"深度融合，警民联动、警企联勤、部门联控，加大对案件高发部位巡逻频次和密度，有效劝阻受骗群众60余人次，整治安全隐患40余处，全面构建立体化智能化治安防控体系、全时空守护平安格局，辖区有效警情全面下降，发案少、秩序好的良好局面初步形成。

科技赋能、民警作为，一面面锦旗饱含着沉甸甸的感激之情，是派出所全体民辅警最引以为傲的所在，这也是西大街派出所践行"人民公安为人民"的初心使命中最值得珍藏的荣誉。

措施便民　打通服务群众最后一公里

"来这儿办理业务，窗口工作的这个小姑娘特热情，办理业务麻利干练，最多跑一次，事全办妥了。"一位在户籍窗口办理业务的刘女士对户籍民警赞不绝口。

办理一张居住证，对大多数人来说并非难事，可对于一些"特殊"人群，一件看似简单的事情有时却没有那么容易。社区民警王文文在辖区走访时就了解到租住居民姚某家庭十分困难，大儿子遭遇严重车祸，长年卧床，妻子精神受到刺激，需要照顾，姚某正为办理儿子身份证和一家人的居住证犯难。王文文了解情况后，立即联系协调，为其家人办理居住证和身份证。当姚某接过民警送上门的证件时，欣喜不已，激动地说："你们前前后后来了3次，你们的服务真贴心！太感谢你们了……"这样的感动瞬间不胜枚举。

公安户籍窗口是公安机关服务群众的"前沿阵地"，是连接警民关系的"桥梁纽带"，更是城市文明的一张"亮丽名片"，"把老百姓的事当自己的事，把老百姓的事办在他们的心坎上"，这就是西大街派出所窗口民警孜孜以求的工作目标。

近年来，西大街派出所坚持"人民至上"理念，紧盯群众"急难愁盼"问题，以争创服务窗口"零差评"为抓手，依托公安"互联网＋政务服务"平台，推动服务管理"网上办、自主办、随时办""异地办、就近办、一次办"；把户政、交管、居住证办理和无犯罪记录证明开具等服务事项统筹到户籍大厅集中办理，确保群众一次办结；针对行动不便、时间不便等特殊困难群众，推出上门服务、特事特办服务、预约服务、微信服务、延时服务等"五服务"举措，赢得了民心。

在一句句的感谢声中，在一张张满意笑脸中，窗口民警诠释了践行"人民公安为人民"的初心，彰显了新时代崆峒公安队伍的良好形象。

目前，西大街派出所29名民辅警中，既有所长李鹏飞这样从刑警转任扎根派出所努力学习的"新警"，也有刘博这样初出茅庐刚入警的"新兵"，还有李雪燕、王文文这样常年下沉社区服务的铿锵"女警"，更有闫涛、宋海彦这样十年如一日，用步履丈量辖区埋头耕耘的"老警"。

　　服务人民、守护平安，只有起点没有终点。西大街派出所将与时俱进，不断丰富"矛盾不上交、平安不出事、服务不缺位"的新时代"枫桥经验"内涵，发挥"法安天下，德润人心"的综合治理机制，用实际行动诠释为民初心，在新的赶考之路上不断书写为民服务崭新篇章！

供稿：闫　涛

热血忠诚

甘肃公安先进典型风采录

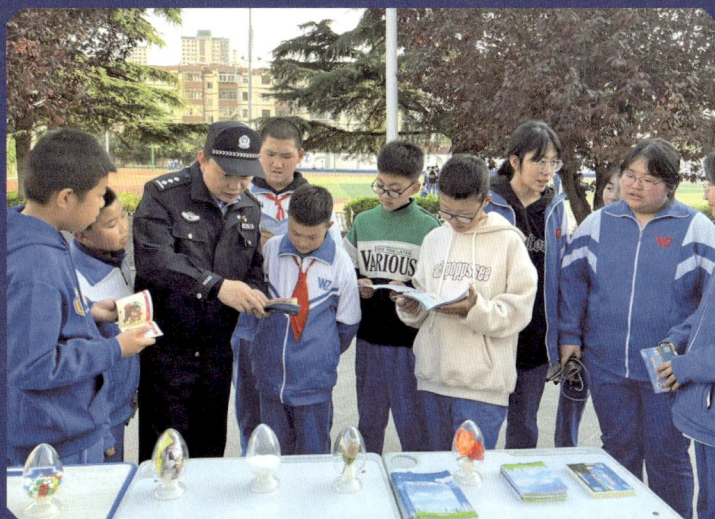

天水市公安局秦州分局
东关派出所

用心用情守护古城"烟火气"

天水市公安局秦州分局东关派出所是公安部命名的全国首批"枫桥式公安派出所"，曾被评为全省优秀公安基层单位、全省公安机关执法示范单位、全省公安机关"零差评"窗口单位。荣立集体三等功5次，所内共有22名民警荣立个人二等功、个人三等功、获嘉奖。

阳春三月，一碗热辣滚烫的麻辣烫，带火一座文明古城，天水这座拥有八千年文化历史的城市一夜间爆火。纷至沓来的游客在品尝麻辣烫时，同时也将注意力转向去探索这座千年古城丰厚的历史文化底蕴。天水这座号称小江南的文明古城，它的平安、它的繁华、它的崛起与日日夜夜守护着它的人民公安息息相关。全力守烟火，忠诚保平安，天水市公安局秦州分局东关派出所就是其中的杰出代表。

素有"羲皇故里""五城连珠"的秦州东关，是秦州的中心城区。这里教育、卫生、金融行业集中，人口密集，主动创安任务艰巨繁重。近年来，东关派出所坚持把实现、维护和发展人民群众的根本利益作为学习推广"枫桥经验"的出发点和归宿点，牢固树立以人民为中心的发展理念，主动顺应新时代人民群众新期盼、新要求，在学习借鉴"枫桥经验"精髓的基础上，坚持巩固了"1345"党建工作法和"2248"群众工作法，打造形成了"1+2+X"社区警务团队运行模式，创新完善了"11333"矛盾纠纷联调联解机制和"12345"平安建设工作模式，走出了一条"矛盾不上交、平安不出事、服务不缺位"的新时代群防群治特色之路。

披星戴月守烟火

天水麻辣烫走红以来，全国各地的游客不断涌向天水，为深入贯彻全市"天水麻辣烫"服务保障工作会议精神，着力营造安全稳定的社会治安环境，东关派出所全体民辅警，不分昼夜、风雨无阻，坚守岗位。面对络绎不绝的游客，东关派出所牢固树立"安全第一、人民至上、热心服务"的大局理念，充分发挥主观能动作用，全力以赴开展安保工作。在执勤期间，东关派出所全体执勤民辅警严格按照安保工作安排，严明警容风纪，文明规范执勤，提前到岗到位，认真开展巡逻防控、交通管制、人流疏导、服务群众、安全宣传等工作，为当地群众和外地游客提供暖心、舒心、温馨的文旅体验，受到各地游客的一致赞赏。

绿色通道一次办

近年来，东关派出所开启了"互联网＋社区警务"新模式，规范综合室、值班室、户籍室、警务室窗口单元运行，全面落实就近办、一次办、马上办、上门办、简化办、容缺办、预约办、彻底办的

"八办"制度，严格落实首问负责、一次性告知、限时办结规定和告知承诺制以及容缺受理服务措施，对老年人、残疾人、学生等特殊群体优先办、上门办，急事急办、特事特办，拓展了服务范围，延伸了服务触角，提升了服务效能，做到服务群众不缺位。

2024年中考报名前，秦州分局东关派出所秉承为民服务的理念，利用节假日开展延时、错时服务，为中考学子开通"绿色通道"办理身份证。考虑到目前学生学业重、空闲时间少，为了防止考生报名前扎堆办证，经过与辖区学校沟通，户籍室民警利用周末休息时间，加班加点为辖区内1000余名学生办理二代身份证。在办理现场，派出所民辅警耐心细致地为同学们整理服装、拍照、采集信息，学生们有序排队，整个流程高效运行，得到学生家长的一致赞扬。

深入一线听民意

社会治理的重心在基层，难点在基层，活力在基层。为更好地服务基层群众，东关派出所构建了"1+2+X"社区警务团队运行模式，"1"是指社区任职民警，"2"是指社区综治网格员和社区民辅警，"X"是指若干名的楼院长、单元长、保安员达到了"微事不出网格、小事不出社区、大事不出街道"。与此同时为进一步构建和谐警民关系，提高辖区群众的安全感和幸福感，解决群众之间矛盾纠纷，民辅警通过走街串巷，走访入户详细了解基层群众诉求，听取群众意见和建议，并现场对群众比较关心的问题进行一一解答，同时对群众矛盾纠纷积极妥善处理，得到辖区群众一致好评。

2023年5月的一天，社区民警张旭兵和网格员刘丽霞、综治员

何芳芳像往常一样在十方堂社区开展入户走访和政策宣传。当他们一行人来到藉河北路时，热心居民李大妈向民警反映，他们小区最近来了一个陌生男子，有点古怪，感觉有问题，说罢还给民警看了拍摄的照片。看着照片，张旭兵突然想起最近所里收到了一份协查通报，有个叫南某彬的在逃人员和此人有点相似。于是，张旭兵一边向所里报告，一边在李大妈的带领下，与巡防队员来到了该男子的住处。经过核查身份信息，果然是南某彬。张旭兵与巡防队员对南某彬进行了劝导。半个小时后，南某彬跟着巡防队员来到了东关派出所投案自首。

东关街道金桥小区原是一个矛盾纠纷较多的小区，3号楼和4号楼住户之间经常发生一些纠纷。2021年5月，燃气公司设计经过小区3号楼的外墙给4号楼安装天然气管道，但3号楼的个别住户极力反对，不得已燃气公司更换了管道路线，导致4号楼住户燃气压力不足。同年，该小区实施老旧小区改造项目时，3号楼更换地下暖气管道要在 4 号楼院内施工，遭到该楼住户极力反对。社区民警王启康得知这一情况后立即启动矛盾纠纷红色级别调处化解模式，有针对性地采取差异化调解措施，先后邀请街道综治中心、司法所、社区干部，楼院长、物业经理、律师等多员联动与两栋楼住户代表协商，给他们摆事实讲道理、释法理解疑惑，动之以情、晓之以理、明之以法，经过不懈努力最终双方一致同意维修暖气管道，天然气管道改回最初路线，问题最终得到圆满解决。

群防群控破奇案

东关派出所坚持群防群控，从严厉打击各类犯罪活动、加大违法打击力度、强化社会治安巡控等三方面出发，维护辖区治安稳定。东关派出所立足辖区治安状况，改变传统的勤务巡控模式，坚持以警情为向导，每周深入分析、研判辖区治安特点和发案态势，科学制订调整巡控工作方案，合理安排治安巡控警力，采用步巡 + 车巡相结合的方式，不断强化对重点时段、重点部位的管理、防范和打击工作。同时依托村干部、户长、志愿服务队等群防群治力量，利用人熟地熟的优势，共同形成警民齐抓共管的巡查氛围，全面提升社会面治安持续稳定。

2023 年 5 月 28 日晚，辖区某工地发生一起盗窃财物案，价值约 2 万元的电梯电缆铜线被盗。案发后东关派出所民警及时赶往案发现场，发现场内一片杂乱，犯罪现场早已被破坏，附近的摄像头拍摄到的画面也一片模糊，根本看不清人像，所以未能够勘查到有价值的线索。然后民警扩大侦查范围，对出租房屋、宾馆、网吧、

KTV 等重点场所进行全面撒网布控。对出租屋的租住人员进行摸排时，一位名叫王某兵的租客引起了民警的注意。据了解，王某兵没有固定的经济收入，因盗窃曾被公安机关处理过。根据此情况，结合走访排摸的相关信息，民警将他列为重点嫌疑对象进行侦查，并于 6 月 1 日下午在秦州区一小区将涉案嫌疑人王某兵成功抓获。

热血铸警魂、丹心写忠诚、忠诚保平安，东关派出所将再接再厉，不负使命、砥砺前行，一如既往将党中央重大决策部署转化为维护社会稳定、推动社区治理的生动实践，以公安心向党的高度自觉、护航新征程的实际行动和建功新时代的使命担当，坚持和发展新时代"枫桥经验"，全心全意保民安、护民利、惠民生，不断推进社区治理社会化、法治化、智能化、专业化水平，持续推进平安东关、法治东关建设进程，让辖区群众的获得感、幸福感、安全感更加充实、更有保障、更可持续。

供稿：王　晨

热血忠诚

甘肃公安先进典型风采录

临泽县公安局平川派出所

在田间地头践行"枫桥经验"

  张掖市临泽县公安局平川派出所辖区面积 698 平方公里，辖 10 个行政村 2 万余人。近年来，以新时代公安派出所"基础牢、出事少、治安好、党和人民满意"为目标，深入践行新时代"枫桥经验"，平川派出所取得了"命案零发生""执法零过错""服务零投诉""民警零违纪""矛盾零上交"的"五零"工作成效。先后荣立集体三等功 4 次，获集体嘉奖 6 次，2021 年 11 月被公安部命名为"一级公安派出所"，2022 年被公安部命名为第二批全国"枫桥式公安派出所""全国公安机关执法示范单位"。

  步入临泽县平川镇，仿佛走进了一幅生动的田园画卷。绿色环绕，生机盎然，每一处都散发着自然与和谐的气息。张掖黑河如一条银带，静静地流淌在这片土地上，两岸阡陌纵横、田垄交错，是大地的脉络，诉说着岁月的流转与丰饶。在这片宁静而富饶的土地上，平川派出所静静地矗立着。它不仅是维护社会治安的堡垒，更是守护这片土地安宁的坚固屏障。派出所的建筑风格简洁而庄重，与周围的环境融为一体，既体现了法律的威严，又不失亲民与和谐。

平川派出所的民警们，是这片土地上最可爱的人。他们巡逻在田间地头，穿梭在乡村小巷，他们的身影，是这片土地上最亮丽的风景线。

奏响警民联动"交响曲"

"苏警官，我是没辙了，我们村的桑某和李某还是因为耕地问题闹得不可开交呀！你们赶快来吧。"正在群众家中走访的所长苏振涛听说后，立即就上了门。桑、李两家因为土地分配纠纷、合同纠纷等多种因素引发了纠纷，这个纠纷都快一个月了。苏振涛一次调解不成，就去两次、三次、四次；桑家工作做不通，就去李家聊聊，并协调相关单位介入。派出所以案释法向参会人员讲述了故意损毁财物案件的处罚标准、司法所指出了村调委会在调解方面的不足，法官、律师通过合同法和土地法具体宣讲，积极回应了桑某和李某土地种植方面的利益纠葛和个人疑问，社员代表极大还原了纠纷的触发点，人大代表对当事人双方进行了评议。在一言一语中，当事双方都认识到了自己的错误，村委会干部也认识到了自己工作的不足……火候到了肉自烂，最终在派出所、司法所、法官、律师的一番动之以情，"晓之以理，喻之以法"的调解下，双方握手言和。至此，一起长达一个多月的土地纠纷得到有效化解，防止了矛盾升级恶化。

把矛盾化解在基层，是"枫桥经验"的精神内核。面对面向当事人释法解疑，耐心交流，讲清法理、讲明事理、讲透情理，让当事人心平气和解决矛盾纠纷，正是靠着这些扎根在"第一道防线"的他们，矛盾纠纷化解在基层、消灭在萌芽才成为可能。

谱写执法为民"平安曲"

清晨，当第一缕阳光洒向大地，临泽县公安局平川派出所驻村辅警开始了他们新一天的巡逻，骑着警用摩托车行驶在乡村道路，进村入户开展工作。"小杨警官，今天又下村来了啊！"临泽县平川镇三一村村民王建民热情地向平川派出所辅警杨警官打招呼。

就在此时，平川镇一工城村移民点群众张某某气喘吁吁向杨警官跑来，杨警官急忙下车稳定群众情绪后，详细了解了情况。原来张某某向不认识的人卖牛后，因自己不细心，发现1.8万元的卖牛款自己微信上只收到了1800元钱。现收牛人已离去，请求帮忙找回损失。经询问得知，收牛人驾驶一辆白色货车，说本地话，其他信息不能有效提供。经民警分析，本地收牛人应为平川或蓼泉的可能性较大。

民警迅速沿路调取监控，锁定目标车牌号，并最终确定与张某某交易的是蓼泉湾子人崔某某。

民警及时联系崔某某到平川派出所核对有关信息，经双方手机微信账单核对，确定崔某某因操作不当，误将1800元钱当18000元钱支付，双方现场在平川派出所结清剩余款项。

近年来，平川派出所以镇村社三级管理网格为依托，积极吸纳联防队员、义警、网格员等力量，组建义务巡逻队13个，推动建立"人在网中走，事在格中办"的联动机制；依托"雪亮工程"，下大力整合资源，辖区11所学校全部安装一键报警装置，实现24小时

防控，极大提升了打防效能。

　　同时平川派出所以"执法行为细致培训；接处警流程规范化、案件办理程序规范化；互相监督促提醒、群众监督促提升、审核监督促提高，接待好每一位群众、处理好每一起警情、公平对待每一位当事人、办好每一起案件"的一训、二规、三督、四个一的执法工作机制为纽带，抓实执法培训，规范办案程序，强化执法监督，全力维护严格、规范、公正、文明的执法形象。依托"水乡平川""大兵讲法"视频号、平川镇法律宣传群、村社微信群等平台，实时发布辖区发案预警提示、防范措施、案情通报、政策法规等信息，不断构建和谐警民关系，真正做到以真心换民心。"老哥，如遇电信诈骗要第一时间与我们联系，这是警民联系卡，请拿好。"辖区村民刘德兴说："每天都能看到民警的身影，给足了我们安全感。"2020年以来，所办案件无行政诉讼案件，无涉法涉诉信访及投诉问题发生，执法质量连续3年被评定为优秀等级。

平川派出所始终将严格公正规范文明执法贯穿于公安工作全过程，树立"警务跟着民意走，民警围着百姓转"理念，启动田间警务护耕作模式，解决群众急难愁盼。努力构建和谐警民关系，最大限度地为群众办实事、办好事，让群众获得感、幸福感、安全感更加充实、更有保障、更可持续，为法治平川、平安平川注入公安力量。

创新矛盾化解"和谐曲"

"都是乡里乡亲的，这事我们两家都有错，今后我们再也不闹矛盾了，之前的事情翻篇。"在所长苏振涛、司法、律师、综治中心工作人员的调解下，一起因农田灌溉引起的矛盾纠纷至此化解开来。

临泽县公安局平川派出所根据辖区矛盾纠纷的性质将矛盾纠纷分为五种类型，并根据调解员的性格特点、群众关系等组建了五支调解团队，建立了"排查、介入、联调、评晒、回访"五项机制，确保事事有人抓，件件有落实。三年来，刑事、行政案件实现了连续下降的良好势头，辖区社会大局持续稳定，取得了"命案零发生、执法零过错、民警零违纪、服务零投诉、矛盾零上交"的工作成效。

矛盾调解工作做得怎么样？百姓最有发言权。调解矛盾纠纷的意义是什么？靠什么将矛盾纠纷化解工作做到百姓心坎里？

平川派出所把调解好矛盾纠纷作为降低发案率、维护社会和谐稳定的重要举措。"矛盾化解关键在于一个'解'字，我们不仅仅要平息矛盾，更在于解开心锁。我们利用辖区矛盾化解优势，推动建立了'金舌头'调解室，成立调解团，邀请法官、律师等协助调解矛盾纠纷。"苏振涛说。

　　平川派出所充分发挥"警调对接""诉调对接""访调对接"作用，根据不同矛盾纠纷，指派不同调解员进行矛盾调解，推动实现"基础牢、出事少、治安好、党和人民满意"目标，切实做到矛盾不上交。

　　2023 年 10 月，正值平川镇制种玉米秋收时节，村民李某与宋某因一袋制种玉米的归属权问题发生纠纷，值班民警辅警到田间地头无论怎么调解，双方均不让步，民警见矛盾越演越烈，便让双方当事人晚上农闲后到派出所调解。晚饭后，双方根据约定好的时间先后来到派出所，刚进门，李某与宋某都带有情绪。李某说是自己在运输时不小心将一袋玉米掉在了宋某地里，宋某说是自己刚掰的一袋放到了地埂。包装袋一样，玉米品种一样，旁边也没有人看见，究竟是谁家的，谁也不能判定。因此，民警动之以情，晓之以理，给当事人双方讲法规、讲情理，最后在民警的调解下，一袋玉米李某和宋某各拿一半，至此，一起矛盾纠纷化解开来。用双方当事人的话说："不知道为啥，来到派出所听警察讲一番土道理，气也消了，理也顺了，反而还觉得为了一袋一米发生争吵不值得，以后见面多尴尬。"

与此同时，在遇到当事人不听劝说、肆意妄为、寻衅滋事等重大矛盾纠纷时，民警邀请村里群众基础好、威望高、有说服力的群众到现场，一起学习村规民约，引导当事人双方认识自身错误，达到"以理服人以法治人"的调解目的。

除此之外，平川派出所采取"庭所衔接""民调入所""律师进所"、义警调解等举措，形成多部门协同、法理情融合的矛盾纠纷多元化解机制。打造了"建立一个中心、建强一支队伍、完善一套机制"的"三个一"矛盾纠纷排查化解模式，做实做细事前防范、事中处置、事后跟踪，建立起了多元化、多层次、多渠道纠纷化解新格局。近年来，平川派出所已调解各类治安纠纷320余起，化解疑难、复杂纠纷80余起。

打造警民一家"连心曲"

傍晚时分，派出所的民辅警与村民们围坐一起聊丰收、拉家常，孩童嬉闹，其乐融融。上到耄耋老人，下到蹒跚稚童，哪家发生了点鸡毛蒜皮的小事，百姓第一个想到的便是派出所民警。"有事就找警察"已然成为辖区群众的共识。这一切，凝聚了平川派出所全体民辅警多年来的全部心血和汗水。

多年来，平川派出所牢固树立"人民公安为人民"理念，贴心服务"零距离"，彻底解决服务群众"最后一公里"的问题，他们以"百万警进千万家""三抓三促"行动为契机，实行省心、放心、齐心、安心的服务措施，积极打造"阳光服务"窗口，提供预约服务、代办服务、上门服务、错时延时服务，架起了警民直通连心桥。依托"临泽公安"微信公众号、微博、便民微信群等平台，实时发布辖区发案预警提示、防范措施、案情通报、政策法规及便民惠民举措等，实现情况在群众中掌握、形象在百姓中树立，警民之间交流互动更加亲密和谐。积极入户走访听取社情民意、排查化解矛盾纠纷、采集基础信息，积极为民破小案、办小事、解小忧、帮小忙、惠小利，确保公安系统"放管服"便民利民措施落实到位。

"苏所长，我银行卡上的2万多块钱不见了，你帮我看看是咋回事，是不是大家说的电信网络诈骗？"2020年7月，居民贾大爷找到苏振涛，苏振涛通过分析资金流，发现贾大爷的2万余元被用于游戏充值。原来，大爷在县城上初中的孙子痴迷游戏，私自将爷爷的银行卡绑定打游戏。苏振涛带着社区民警对贾大爷的孙子进行了说服教育，并及时与游戏公司客服联系，通过三天的交涉，老人28400元钱被全部退回。

类似这样的事情不胜枚举，李家的老人冬天没柴烧，苏振涛趁着周末带着值班民警到河坝里拾柴；赵家的移民老人因年代问题没有落户，平川派出所户籍民警追根溯源想办法给解决；张家的孩子上辅导班被多收了80元钱，值班民警也是到场了解情况后给退回去。"我们的工作就是以老百姓为中心，如果老百姓心里有疙瘩没解开，那就说明我们的工作没做到位。"平川派出所教导员李海春说。

在这片绿意盎然的土地上，临泽县公安局平川派出所将持续坚持和发展新时代"枫桥经验"，时刻关注着群众的需求，积极为群众排忧解难。无论是调解纠纷、处理案件，还是提供咨询、帮助求助，民警们都以高度的责任感和使命感，认真对待每一项工作，不断增强人民群众的获得感、幸福感、安全感，以忠诚担当续写新时代"枫桥经验"亮丽篇章。

供稿：安学海

热血忠诚

甘肃公安先进典型风采录

白银市公安局白银分局
西区派出所

新垦地上，一个基层派出所的探索与前行

白银市公安局白银分局西区派出所始建于 1992 年，辖区总面积 42 平方公里，有实有人口 8 万余人，系白银市政治、文化中心。近年来，该所加快推进小合成指挥牵引现代警务模式在基层落地生根，多元化解社会矛盾，努力实现基础牢、出事少、治安好、党和人民满意的工作目标。2021 年 3 月被评为全省"枫桥式公安派出所"。2022 年 3 月被评为全国"枫桥式公安派出所"。

一个在戈壁滩上创建的派出所，因城市拓展而生。

一群常年奔走在社区的民警，因群众需要风雨兼程。

这是一个怎样的团队？他们又是一群什么样的人？

在白银市白银区西区天津路，他们从 32 年前 9 月的秋天开始，在这里扎根、砥砺，成为一支出色的公安队伍。

……

用民警姓名命名的"张智斌警务室"就设置在纺织路街道黄茂井村村委会二楼，这里是他的工作基地，他每天从这里出门，至少有半天的时间奔走在社区。

1999 年张智斌从甘肃省警察学校毕业后，入职白银公安分局强湾派出所，成为一名正式民警。此后他干过刑警，社区和拘留所民警，亲手办过多起重要案件。

2015 年 1 月，已从警 16 年的张智斌，被时任西区派出所所长张克勤劝说，调来派出所充当骨干警力。

呼啸的寒风中，他来到西区派出所上班。所长张克勤、教导员房宗军和副所长，3 位所领导带着他和同事杜银华、郝学平 3 名民警，一晃就是 10 个年头。

如今 49 岁的张智斌仍有股利飒劲，一米八三的大个头，说话当地口音，语速快，刚劲有力。

2024 年 4 月 28 日，白银浮尘蔽日，乍暖还寒。

16 时许，冷风一阵紧似一阵，张智斌带着纺织路街道黄茂井村的几名网格员，匆匆赶往一处农家乐大院进行消防安全检查。"节前的消防安全检查马虎不得！"张智斌说着，几个人的身影消失在漫天风尘里……

这一天，社区老民警张智斌还有一件最牵挂的事，曾调解过的姐弟财产继承分割纠纷，他一直琢磨着如何再回访一下对方。消防安全检查后，他拨通了对方的电话。

"喂！张姐吗？我一直很担心啊，这件事你再不能生气了，心态要平和一点……"

"我好着呢，张警官。你还为我的事操心着呢。谢谢，谢谢！"电话那头语气平和，张智斌感觉轻松了不少。

这起 2023 年发生在黄茂井村一家姐弟之间的财产纠纷，涉及利益纠葛、权利主张、传统习俗羁绊等多种复杂因素，调解、化解困难重重。到了下半年姐弟之间已到了水火不容的地步，当事人报警请求处理。张智斌会同其他民警联合村委会，司法所、纺织路街道综治中心上门多次调解后，姐弟俩情绪逐渐平息，最终听取了张智斌他们的建议，理智选择了法律诉讼解决的途径。

"化解复杂的矛盾纠纷，目的就一个，不能让事态走向极端！"张智斌感慨，社区民警就像"吹哨人"，紧急关头，及时启动化解机制，给可能发生的冲突、伤害，甚至更暴烈的风险减速、降温。

"现在好多了！"张智斌说，无论多么困难，社区民警化解矛盾纠纷不再单打独斗了，他们身边，有稳定的联动人员和机制保障。

……

1992年9月，西区派出所在白银区西区拓展建设的夯基声中创建诞生。当年周围一片荒漠戈壁，全所民警伴随着飞沙走石，在陌生的环境，简陋的办公场所，开启了前行的脚步。他们步履坚实，激扬奋进，展示了一支公安小分队与时代共进的精神风貌。

2015年，是西区派出所创建发展的一个分水岭。

白银西区开发建设基本成型，政府单位，学校陆续入驻，商贸、社区建设迅速推进。但征地拆迁问题、财产纠纷等随之而来，西区派出所工作推进强度与日俱增。

张智斌印象最深的是，2015年上半年，所里给他和杜银华、郝学平三个民警大概划分了三个大片区。他管北京路以北那一大片，治安案件、邻里纠纷、征地拆迁等等，大大小小的事，碰到啥管啥。

2015年6月，宋斌、蒲彬等13名经全省招考录用的新民警，被分配到西区派出所。当时，宋斌已当了10年中学老师，35岁的他怀揣警察梦加入公安队伍。

穿上警服，宋斌觉得精神抖擞。

随着新鲜血液的加入，昔日安静的西区派出所突显生机。

派出所领导加紧筹划，由张智斌、杜银华、郝学平 3 名老民警各自带领新民警访街区，走村巷，采集各类信息，对这批"新兵"进行强化实践训练。

宋斌、蒲彬他们记得，"新课堂"是从这个夏天的滚滚热浪里开始的，当初的新鲜感很快被满脑子的数据、信息所代替。

一年多后，这支阵容崭新的"新兵"队伍正式入驻社区，成为社区民警，他们把根扎进了老百姓的生活里。

对张智斌来说，过去他和几位老民警是笼统地进社区工作，后来是专职化，目标、方向，工作理念和方法，都在发生转变。他发现，随着社区矛盾纠纷线索的与日俱增，尤其是遇到复杂的矛盾纠纷，社区民警光凭从警经验已然力不从心。他利用各种机会，不放弃任何能和专业人士接触学习的机会，包括心理咨询师、精神病专家、律师、法官等，咨询学习，提升自己。

宋斌和其他同事是直接进入社区，遇到了同样的困惑。宋斌不时在留心、思考着改进工作方式的相关信息。

一次他在翻阅有关资料时受到启发：民警化解矛盾纠纷中可通过有威信的老人、村长、专业人士，多方寻求解决……宋斌带着这种思路，在 2017 年调解周家台子村一起邻里土地纠纷时，尝试请了老社长周福财共同调解，但还是没有成功。他觉得调解力量单薄，后来协同街道办、村委会、律师等，才最终圆满解决。宋斌把这些有切身感触的尝试及建议及时反映汇报给所领导。

与此同时，张克勤、房宗军等人，在直接参与处置一些重大治安案件和矛盾纠纷中，获取了更多的思考。

一起某酒店打架斗殴案件，反复多次报警，调解长达半年，后来房宗军在大脑中前后复盘，思索了好长时间。进一步思考，即便联合各方化解成功了，但"事情完了，人也就散了，解决机制和人员保障才是关键"。

在西区派出所，化解矛盾纠纷如何形成机制保障逐渐形成共识。他们开展一些专项活动中，积极和街道、社区及相关部门加大联动力度，最大限度寻求理解和支持。

这一年，他们跨步迈进率先推出多个新机制。

一个团队，不断总结梳理，把社区治理实践中遇到的各种困难和问题，逐步推向理性思考、机制建设的轨道。

时光飞逝，转眼间到了2018年。

有着办案丰富经验的张智斌，一直在思考一个问题：如何将辖区单位、商业区、娱乐场所自有的摄像头，串联形成资源共享网络，打破遇到案件时各处奔走被动调取录像的局面，避免因为调取录像过程中浪费时间而导致嫌疑人逃脱。

2018年初，张智斌与一家辖区的洗浴城老板后，试着下载了对方监控软件，结果，手机一点，这里人员出入情况一目了然。省厅领导调研时，对这一尝试和想法给予了充分肯定，并促成后来民警手机"一机两用"联网推广。

也是这一年的一天，一次由西区派出牵头组织，会商建立化解矛盾纠纷机制的联席会议紧锣密鼓召开。会议召集了法院、检察院、司法局，街道、社区等单位，邀请了法官、律师、心理咨询师等专业人士参加。大家齐聚西区派出所，针对重大纠纷矛盾，家暴、重伤、轻伤等反复多次报警的情况，进行多方讨论、研判，最终形成了"黄、橙、红"三级风险评估排查化解机制。不同层次的矛盾纠纷，严格按照评估级别推进化解落实，这一创新性举措，率先在白银公安系统推广。

也是这一年，西区派出所初步提出了"两队"建设的雏形，治安民警和社区民警职能明确分工。在辖区建立 13 个社区警务室，社区民警入驻社区，同时在纺织路街道办的支持下，社区民警进入社区班子，互通信息，加强对接联动。

也是这一年，张智斌所在的黄茂井村警务室被命名为"张智斌警务室"，这是甘肃省公安机关首批以民警姓名命名的社区警务室。后来，民警宋斌、蒲彬所负责的社区警务室也相继被命名为"宋斌警务室""蒲彬警务室"，示范、引领作用不断深入推广。

诸多机制的探索创新，推进了全所整体建设的步伐。

多年过去了，西区派出所所领导数次调整更换，但历任所领导秉承初心，接力团队精神，践行"枫桥经验"，坚实迈进，勇毅前行。

现任教导员李金亭说，西区派出所把"黄、橙、红"三级风险评估排查化解机制融入社会基层治理，不断丰富，不断完善，"不乱打仗、不笼统对待、精准深入"，社区矛盾纠纷化解率达到 97% 以上。

在西区派出所里，存放着所有社区民警调解各类矛盾纠纷的台账，每人"黄、橙、红"三本，有严格、清晰地记录，他们风里来，雨里去的足迹就在上面。

2019 年 9 月，宋斌与同事查证辖区一女士报警"盗窃"案时，发现是一起因感情矛盾，男友赌气拿走了家里财物引发的纠纷。宋

斌劝解、引导女方通过诉讼程序解决，但随后回访发现情况生变，女方找男友和其家人要求赔偿，扬言不赔钱就要报复杀人。宋斌立即将调解机制从"橙色"级别转换到"红色"级别，深度推进调解，历时5个月，经过无数次面对面沟通，最终双方同意和解，成功避免了矛盾的激化升级。

2020年5月的一天，辖区云锦苑小区楼下一名陌生小伙晃悠两天，小区保安网格员询问无果后报警，宋斌立即赶到现场，发现小伙表情愤怒，情绪躁动。他一边仔细询问，一边耐心劝解，结果，真实情况让他吃惊不小，因工地老板拖欠工钱，加上小伙母亲生病，家中拮据导致小伙一直想寻机报复。他背包装着绳索、胶带和刀具，但不知老板具体住处而报复未果。宋斌将小伙带到派出所，立刻找来工地老板，在所长、综治人员、律师多方劝解下，小伙的仇恨情绪有了缓解。调解工作从当天下午 4 点一直持续到深夜 11 点，最后双方达成和解，当晚老板给小伙转款 2 万元，其后余款也全部结清。

宋斌说："有些矛盾纠纷，民转刑、刑转命可能就差一步，不敢有任何差池。"如果不是他和小区保安建立长期联系，保安及时告知，或者他拖延一下，拖欠工钱的小伙就可能会铤而走险，酿成严重后果。

现在，宋斌和辖区居民、企业场所联系十分紧密，不断创新推出"1 警 +5 员"工作模式，探索完善"1 警 +3 调 +N 员"工作方法，已磨炼成一名出色的社区民警。

同样，社区民警张智斌、蒲彬、高维旭也在实践化解矛盾纠纷"三级"风险评估机制的过程中，不断探索拓展自己的工作路径，建立了广泛的群众联系网络。今年 54 岁的社区民警高维旭，虽然年龄大了，但谁家燃气欠费了不会弄、谁家的门锁打不开了，他都会急匆匆赶去帮助解决。冬天，老高举着喇叭提醒居民，留心关掉电热毯、加热器，以免引发火灾。老高被社区居民称为"亲民高警官""群众的贴心人'老高'"。

2021 年、2022 年，西区派出所先后被甘肃省公安厅评为全省"枫桥式派出所"，被公安部评为全国"枫桥式派出所"。

如今，西区派出所更加注重落实"一警情三推送"机制，让专业的人做专业的事，充分发挥社区、单位、职能部门作用，将社区平安治理融入整个社会基层治理体系。在社区平安治理的大网格里，他们抒写着新时代民警的风采。

……

2024 年 5 月 1 日，五一长假第一天。

西区派出所综合指挥室 LED 大屏幕滚动切换辖区车站、学校、医院、商超等地实时监控画面。

教导员李金亭指着大屏说:"节假日,广场、车站等公共场所来往人员较多,现在正在巡控这些重点部位。"

西区派出所依托现代网络科技创建的"两队一室",已全面推进警务效能提升。"一室"是中枢神经,时刻掌控辖区治安动态信息,指挥调控"两队",部署出警任务。

早上 8 时 55 分,张智斌结束西区派出所综合指挥室例会后,迅速带领队伍开始街面巡逻。

23 时 28 分,他和队友潘海文、房乃成等同事,依然奔赴在执勤巡逻的路上……

供稿:朱静渊

热血忠诚

甘肃公安先进典型风采录

兰州市公安局交通警察支队
七里河大队交通事故处理中队

三度摘得全国"青年文明号"的集体

兰州市公安局交通警察支队七里河大队交通事故处理中队积极探索道路交通事故预防长效机制，深抓事故逃逸案件侦破工作，近三年来办理交通事故案件1.4万余起，办理刑事案件600余起，交通肇事逃逸案件侦破案率100%。连续三届被授予全国"青年文明号"。

一

四月芳菲醉，人间仲春时。在这个曼妙季节里，万物复苏，生机盎然。

一大早，地处兰州市七里河区繁华地段西站西路的七里河交警大队门前，前来办理业务的群众络绎不绝。

大队办公楼一楼事故处理中队走廊里，人头攒动，人声喧哗。各种事故处理当事人或在讲述事故发生经过、或在接受事故处理调解、或双方各自阐述需求、或在等待民警出具责任认定书……事故处理中队民辅警们拿出了职业赋予的精气神，各守其位，各司其职，以专业娴熟的业务能力为当事人解决各种问题。

这是普通的一天，这是忙碌的一天。这是事故处理中队的民辅警们心系群众、为民服务的真实缩影，也是他们打造"法治交管、智慧交管、精致交管、温馨交管"工作品牌的生动实践。

"事故处理中队处于执法工作第一线，能不能做到严格规范公正文明执法，事关人民群众切身利益、事关公安交警执法形象，事关党和政府法治形象。因此，与群众直接沟通的事故处理过程尤为重要。"七里河交警大队副大队长边军琛说，"事故处理中队执法工作为大队乃至支队树立了标杆。2023年，七里河大队获评全市公安机关执法示范基层单位，这与中队的先进典型示范作用是分不开的。"

大道如砥，行稳致远。自2013年开展"青年文明号"创建活动以来，10年时间里，事故处理中队以"提供一流服务，建设优秀警队"为目标，以岗位实战为途径，以法治建设为抓手，积极探索出道路交通事故预防工作方法，深抓事故逃逸案件侦破工作，各项业绩名列前茅，青年民辅警以实际行动真正实现了"青春在岗位上闪光、梦想在服务中绽放"。

二

事故处理无小事，件件都关系着当事人的切身利益。

在事故处理中队会议室里，一面墙上挂满锦旗。"忠于职守 为民解忧""办案神速 执法为民""扶危济困 情暖人心"……

看了看落款日期，2024年1月、2月、3月、4月，都是今年新送的。"挂不下，会议室根本挂不下，我们只能来了新的，换下旧的。"辅警李涛自豪地说，"我们有一个大箱子里装满了锦旗，没有数过有多少面，层层叠叠多得很。"

说话的辅警李涛，长得眉目清秀，戴着一副眼镜，声音温和，笑容灿烂，一开口眼睛里闪着光，让人感觉到一股春风拂面而来。小伙子2017年大学毕业，加入七里河大队事故处理中队，这一干就是七年。

2019年4月，队上接到一家属报案：三天前傍晚，家里老人被车撞了，回来后说身体感到不舒服，没想到三天后去世。家属来队上，请求寻找肇事车辆。

队上民警手上案子太多，就把调取监控的任务交给了李涛、胡新国和李阳三位辅警。

"我们对这个案子充满干劲，有一股子把案件侦破的决心，就想给家属给一个交代。"连续三天三夜，三个小伙子守着监控视频轮流看，先是确定了老人被撞地点，但受夜晚光线角度影响，未能看清肇事车辆车牌信息，只确定了车型，接下来就是从夜色车流中寻找肇事车辆。

一个人的努力是加法，一个团队的努力就是乘法。成千上万辆车的影像从三个小伙子眼睛中一一筛过。"我们恨不得每人有三头六眼，这样十八只眼来看，兴许看得过来。"李涛笑着说。

经过一一细致排查，符合车型上百辆，最终锁定三辆车。

第一辆车，小伙子们通过视频追到了城关区九州大道，镜头拉近看，否定了。第二辆车，他们追到西固区二手车交易市场，近看后，再次否定。升起希望又一次破灭，他们把希望寄托于第三辆车。第三辆车从城关区开到了七里河区一小区家属楼，比对后符合肇事车辆特征。

以车找人，民警找见了当事人刘某，刘某眼泪吧嗒吧嗒落下来："人是我撞的，但没有想到会是这样，那时候老人家可以正常活动，我还说不好意思撞了你，请你吃个牛肉面再走，结果老人家执意说没关系，一个人走了。谁知，老人家就这么走了，现在我心里悔恨万分……"

办案民警做了笔录之后通知了死者家属温某，李涛将事情经过告知温某。双方见面，商定先一起把老人后事办好，办完后事，双方来到事故处理中队，民警依法出具责任认定书，刘某承担相应责任。

温某对参与案件办理的民辅警十分感激，送来了一面锦旗。"这件事如果没有你们的负责和敬业，就不会有这样一个结果，我的父亲就不能瞑目。"

李涛说，个人价值在工作中得到体现是最幸福的，被老百姓肯定、被老百姓感谢是最幸福的。"在事故处理中队有很多这样的时刻，这就是我在这里干了 7 年还想继续干下去的缘由。"

2020 年 7 月，一名群众将一面锦旗送到民警许敏手中。锦旗上印有长长两行金字："公正严明化纠纷，热情高效解民忧；靠前执法暖人心，忠诚担当好卫士。"

"这面锦旗字有些多，代表了受害人家属沉甸甸的谢意。"许敏这样诠释二十八字锦旗。

原来，在办理一起死亡案件中，得知死者爱人双目失明，家中两个年幼孩子无人照料，许敏心里很是难受。屋漏偏逢连夜雨，这个家庭以后怎么过？

作为办案民警能做的，就是在法律允许范围内，尽可能为死者家人争取保障，让他们以后过得好一些。

许敏主动加压，加速推进案件进度，同时联系肇事者、律师事务所、法院等部门，尽最大努力为受害者家属提供帮助。他一心扑在这个案子上，历时半月，跑遍该跑的部门，找遍该找的人，最终争取到一个圆满结果。

办完案子后，许敏投入新工作，又一个多月过去，他把这事早忘在脑后，谁知，7月的一天，受害人家属把锦旗送到了队上。

许敏看到锦旗，第一句话是："做这个旗也要一百多块呢，花这个钱干啥，给孩子买些好吃的不香吗？"此话一出，望着清瘦的许警官，受害人家属顿时湿了眼眶。

2021年2月11日23时，除夕夜。

正值举国上下阖家团聚之时，事故处理中队接到报警：国道212线16公里处，一辆出租车与三名行人相撞，一人当场死亡，两人受伤，事故发生后，驾驶员弃车逃逸。接警后，值班民警王亚毅、

许敏立即赶往现场勘查,同时向指挥中心、大队领导汇报情况。

两人到达现场后迅速投入工作:保护现场、救助伤者、勘查、走访、调查、寻找目击证人、提取痕迹物证、记录数据、围绕车辆信息确定驾驶员……处置有条不紊地进行,最终对出租车行及嫌疑人家属数十次电话联系,确定肇事嫌疑人去向。经过一夜紧锣密鼓工作,大年初一凌晨4点,肇事嫌疑人被成功抓获。

对于民警王亚毅、许敏来说,这是一个普通的不眠之夜,也是一个在岗位上度过的除夕夜。坚守和忙碌,让他们忘了过节忘了时间。冬夜寒冷,汗水却悄悄浸湿衣衫。当除夕夜钟声敲响,城市灯火璀璨,家家户户围坐一起欢声笑语吃着年夜饭时,两个年轻身影仍旧奔忙在破碎凌乱触目惊心的事故现场。

这就是事故处理民警的工作常态,这就是人民警察的使命担当。

"没有人生来就是英雄,不过是挺身而出的普通人。"青春奉献在岗位,你我都无怨无悔!没有节与假,不分昼和夜,只要职责所需,人民所需,事故处理民警一直都在。

三

交通事故发生必然导致矛盾产生,处理交通事故,化解事故双方矛盾是事故处理重要环节。近年来,中队深入学习践行新时代"枫桥经验",创新工作理念,总结实践经验,形成了多元化调解机制,不断提升矛盾化解、服务群众能力。

中队推出由负责人主管、以辅警为成员的人民调解小组,多元化解矛盾,即民警落实行政调解,辅警进行人民调解,依托快速处理中心法庭，向法庭推送疑难调解案件，使辅警作用得以充分发挥，有效解决民警警力不足问题，提高事故矛盾化解率、案件办结率。

辅警胡新国深有感触："中队长慧眼识人，把适合与群众打交道的人放在人民调解小组，适才适岗，事半功倍。还要感谢中队积极和西站司法所联系，为辅警核发人民调解证，这样我们调解起来腰板直了，底气足了，说话更有分量了，工作效率也高了。"

为进一步拓展"三抓三促""主动创稳"行动，做好"减量控大"，为辖区大队科学派勤、精准布控，预防道路交通事故发生，中队率先在事故认定中实现三级认定，即：一是简易事故民警定，二是疑难事故集体定，三是亡人事故提级定。此外，在事故认定中充分分析当事人违法行为、分析道路是否存在安全隐患，形成案件分析调查报告。中队于每月、每季度、半年和年末，及时向辖区大队上报道路隐患、事故多发频发路段和点位分析报告，大队以此为考量依据，科学部署警力，查处各类交通违法，预防交通事故，大

队辖区亡人事故连续三年下降。

在事故认定、调解时，难免出现群众与民警情绪激动情况，为减少和杜绝发生因服务态度投诉问题，中队实施"一二三"工作法：一劝解二换警三提级。即：一是案件办理民警与当事人产生矛盾，任何民警闻声而动，进行劝解；二是征得当事人同意后调换民警办理；三是如若又是态度问题，转交中队法制员或负责人亲自接待。

"一二三"工作法实行，提醒教育民辅警处理事故要做到理性、平和、热情，务必减少因态度而被投诉。反过来，受益的是前来解决问题的群众。

"事故发生后，涉事双方心情都不好，容易上火争吵，民警处理态度很重要，决定着问题解决顺利与否和快慢程度。人心都是肉长的，我们民警态度好，老百姓是能感觉到的。"老民警魏刚山说。

在宣传教育方面，中队在以往传统做法上开拓新做法，做到了"四个结合"：事故责任认定与法律宣传相结合，事故处理与"七进"宣传相结合，案例警示与交通安全教育相结合，事故中队与大队宣传部门相结合。

防患大于未然。中队打出宣传教育"组合牌"，力争抓住每一次可宣可教机会，推进预防交通事故"减量控大"，最大可能宣讲安全教育和法律法规，使广大交通参与者能够"看得见、听得见、说得出、记得住"，规范个人文明交通行为，大大提高事故预防。

四

在肯定中前行，在激励中奋进。来自人民群众一面面闪耀的锦旗，一封封诚挚的感谢信，一句句发自肺腑的感激之语，早已化成全体民辅警团结奋进的昂扬乐章。

内勤杨娟，是中队唯一一个女同志，别看她外表文静，可内心炽热，对待工作一丝不苟。两个孩子上学需要接送，年迈公婆需要照顾，但她以特有的智慧把家务事与同样上班的丈夫合理分工，每天一上班埋头扎进各类报表、材料和案卷之中，高效完成内勤职责。

辅警胡新国、王东热情奔放，性格豪爽，终日面带微笑，不论是调取视频、协助看管嫌疑人，还是蹲点守候、辅助执行拘留逮捕等任务，都忙前跑后，乐此不疲。

辅警郝良龙以前在社区工作，长时间与群众打交道，深知群众所需所想，每当当事人因为法律法规不了解而产生负面情绪时，他总能主动站出来承担调解工作，耐心倾听群众心声，和风细雨疏导，四两拨千斤解群众燃眉之急。

民警刘玉强，今年五十有余，称得上中队老民警，业务精通，严谨细致。每当中队干部考虑他身体状况而调整岗位时，他总是拒绝。他说："我跟朝气蓬勃、团结向上的年轻人在一起，我的心态也年轻了。我还要坚守岗位，多帮帮年轻人，把毕生所学传授给这些娃娃们。"

在一件件日常细微工作中，中队民辅警立足本职发光发热，为中队发展贡献力量，使中队工作屡创佳绩。在一场场大仗、硬仗考验中，中队民辅警用铁一般的理想信念、铁一般的责任担当、铁一般的过硬本领、铁一般的纪律作风向党和人民交出了合格答卷。

2022年8月23日，一场特大暴雨突袭金城。转瞬间，武威路双洞子附近因地势低洼，积水齐腰，出完警准备归队的王亚毅、郝良龙正好途经此处。看到车辆滞留，执勤警力明显不足，两人向指挥中心汇报情况之后，毫不犹豫跳入齐腰深积水当中，扶老携幼转移人员，帮助涉水车辆脱离危险区域。距离单位较近、本在家休息的刘玉强、李涛、胡新国等人看到暴雨倾盆，立刻起身前往单位，换上雨衣，赶往其他区域加入疏导交通工作中。

在瓢泼大雨下，在滚滚车流中，站在蹚过脚踝膝盖，甚至没过腰身的汪洋里，一个个民辅警宛如一座座闪耀灯塔，照亮了过往车辆路人回家的路……

行文至此，我的探访有了答案。这个集体何以优秀？何以三评"全国青年文明号"？答案就在事故处理中队走过的一串串坚实有力的足迹中，就在中队民辅警用心用情写就的一个个"人民公安为人民"的故事中。

为人民服务没有终点，而这样的故事还将继续，或许，新的故事正在此刻发生……

供稿：李存雄

热血忠诚

甘肃公安先进典型风采录

陇南市公安局刑事
警察支队

藏蓝守护　让爱回家

陇南市公安局刑警支队 2020 年荣获"侦破命案积案优秀单位"，2021 年在甘肃省扫黑除恶专项斗争行动中被评为先进单位，2021 年被评为"全省打击治理电信网络新型违法犯罪工作先进集体"，2023 年获得陇南市公安局集体嘉奖，2023 年被评为"全国维护妇女儿童权益先进集体"。

阳春三月，被誉为陇上小江南的甘肃省陇南市，草木在一片繁花之后，已是绿肥红瘦。青山绿水间，人与自然和谐相处，静谧中安享岁月静好。而锦绣陇南眼前的这份安宁祥和，的确与陇南市公安局刑事警察支队多年的坚守与呵护密不可分。

打防结合练真功

陇南市位于甘肃省东南部，为甘肃省辖地级市。现辖武都区和宕昌县、文县、康县、成县、徽县、礼县、西和县、两当县 1 区 8 县，总面积 2.78 万平方公里，总人口 238 万人。因其地处青藏高原、黄土高原和秦巴山区交会处，东接陕西，南通四川，境内山大沟深，地形地貌复杂，群众安全防范意识不强，妇女儿童失踪或被拐案事件时有发生。

拐卖妇女儿童是严重的违法犯罪行为，不仅给受害家庭带来无尽的痛苦，也严重破坏了社会的和谐稳定。陇南市公安局刑事警察支队高度重视维护妇女儿童权益工作，全力开展打击拐卖妇女儿童犯罪活动。

为推动"打拐"行动走深走实，该支队采用网格化管理，从排摸来历不明的流浪乞讨、智力障碍、精神疾病、聋哑残疾等疑似被拐妇女儿童入手"建档立卡"，确保底数清、情况明。借助"百万警进千万家""五进"爱民实践活动，会同街道、社区和村组深入群众家庭，走访辖区福利院、救助管理机构等单位，加强场所管理和巡逻防控，全面梳理排查辖区内侵害妇女儿童权益线索。

与此同时，结合工作实际，全面筛查辖区外籍妇女，有针对性开展核查，排查涉拐案件线索。对摸排中发现的疑似被拐人员和寻亲人员，按照"团圆"行动的要求，采集 DNA、指纹、人像等信息数据入库比对。自 2021 年团圆行动开展以来，共比中历年失踪被拐妇女儿童信息 42 条、父母信息 50 条。

该支队秉持保护妇女儿童权益的理念，始终坚守在"打拐"最前沿，始终把"打拐"工作作为重中之重，在严厉打击拐卖犯罪的同时，持续加强防拐卖、防侵害宣传工作。在每年的"三八""六一"等重要时间节点，以反拐联席会议办公室名义，会同法院、检察院、教育、民政、卫健、妇儿工委、妇联等部门，组织开展防拐卖、防侵害主题宣传活动。现场向广大群众详细宣讲《中华人民共和国妇女权益保障法》《中华人民共和国反家庭暴力法》《中华人民共和国未成年人保护法》等与妇女儿童密切相关的法律法规知识、防范常识、采血点采血寻亲等，常态化保护妇女儿童合法权益。引导广大群众掌握防拐卖、防性侵知识，提高识别拐卖、性侵犯罪的能力，增强群众的防拐卖、防性侵意识，倡议广大群众积极参与防拐反拐防性侵工作。鼓励妇女儿童面对权利侵害时要自尊、自信、自立、自强，寻求法律途径保护自身合法权益，织密织牢保护妇女儿童权益的"防护网"，以此预防犯罪、震慑犯罪。

通过防拐卖、防性侵宣传活动的开展，充分展示了公安机关打击拐卖、性侵等犯罪活动维护妇女儿童权益的决心，调动了人民群众参与防拐卖、防性侵工作的积极性，提升了人民群众的自我保护意识，营造了严厉打击拐卖、性侵犯罪的浓厚氛围。

雷霆出击捷报频传

只有经历和见证了痛苦的人，才知道痛苦的泪苦涩而冰冷，幸福的泪甜蜜且热烈。而陇南市公安局刑事警察支队的"打拐"战绩，起于泪水，也止于泪水……

2006年4月，正值陇南市宕昌县春暖花开，可美好的春景似乎与甘江头乡临江河村村民陈某某无关。她哭着向警察求助：我女儿杨某某于2006年4月1日从家中出走未归，孩子找不到，我不想活了……

宕昌县公安局办案民警多方查找无果后，采集了陈某某及近亲属的血样录入打拐信息系统，在做好受害人安抚工作的同时，持续调查追踪。

寻亲18载，亲人的泪哭干了，就在家人绝望之际，杨某某的相关信息与目前生活在河南南阳市的"王某"信息对比吻合。办案民警为之一振，反复核查"王某"的体貌特征、年龄等相关信息，确定就是陈某某18年前走失的女儿。在河南警方的协助下，成功找回杨某某。

杨某某及家属将一面印有"人民警察为人民 帮助寻亲情义深"字样的锦旗送到宕昌县公安局刑警大队，用老百姓最朴素的方式表达感激之情。

2002年腊月二十，陇南市西和县姜席镇杨湾村村民杨先生，被村里此起彼伏的炮仗声搅得心烦意乱。他坐在堂屋的门墩上，望了一眼铅沉得要下雪的天，心事重重地吸了一口旱烟，起身锁了门去报案。

经值班民警核实，杨先生的妻子王小某（1978年出生），儿子王彦某（1998年8月出生），二人于2001年3月同时失踪，疑似被他人拐卖。案发后，陇南市、西和县两级公安机关始终没有放弃侦查，多次前往新疆、陕西、安徽等地寻找被拐母子，并高频次进行DNA、人像比对，数次赶赴公安部、省公安厅寻求相关支持。

21年后的2022年3月，专案组在人像比对中发现安徽一女子张某某与被拐妇女王小某的相貌高度相似，立即派警员奔赴安徽进行复核。经DNA比对，确认张某某就是21年前被拐的王某某，同时也找到了与张某某一起生活的儿子王彦某。拐卖王某某及其儿子的嫌疑人悉数被抓，案件告破。

1997年冬天，24岁的礼县妇女张某某因家庭变故，带着7岁的

女儿高兰兰（化名）投奔山西打工的表妹，把6岁的儿子小刚留在了家里。后来，张某某托人给老家的母亲写信，从回信中得知儿子在她离家后不到一年就走失了。噩耗传来，张某某整天以泪洗面，活在对儿子的思念当中。

为找儿子，张某某拿着仅存的一张儿子的照片，边打工边找儿子。一路上她去过甘肃老家，去过陕西、河南、北京，始终没有儿子的音信。而张某某的母亲临终前，依旧叮嘱她千万不要放弃寻找刚刚（小刚）。

2023年3月23日，礼县公安局刑警大队民警王恒告知张某某，小刚找到了，并约定在安徽见面。3月27日9时，市县两级公安机关专班民警在安徽合肥为他们举行认亲活动，相隔26年的母子终于相见。看着眼前33的岁小伙子，张某某激动得放声大哭，"儿子，你都这么大了，我是妈妈啊，你还认识吗？"母子久久相拥，泪洒现场……

"卢先生，这位就是您的儿子小东（化名）。"2022年5月16日，文县公安局民警拉着卢先生的手，指向身旁的男子说道。见到小东的一瞬间，卢先生顿时泪奔，浑身颤抖着上前紧紧抱住儿子，37年的心结也终于被打开！

原来，1986年2月5日，常住陇南市文县石坊镇的四川籍卢先生，带着年仅3岁的儿子前往老家与亲友过年。在绵阳火车站售票大厅，卢先生不小心将提在手中的糖果撒落，在他放下怀中的儿子拾取地上的糖果时丢了儿子，焦急万分的他在火车站四处寻找无果后急忙报警。

此后的三十余年，陇南市县两级公安机关扩大范围开展寻找工作，卢先生一家人穷尽一切手段，走遍大江南北，只要听说有疑似自己孩子的消息，不论多远都要去看一看。为此，他们辗转四川、北京、上海、陕西、贵州，脚步一刻也未停过，一走就是37年。37年来，当年帮助夫妻俩的办案民警岗位早已变动或退休，但公安机关一直不离不弃，硬是从海量的信息中研判发现线索，最终将目标锁定在河北省保定市徐水区高林村，确定40岁的河北籍男子就是卢先生失散多年的儿子，终于实现亲人团聚。

不畏艰险保平安

以上故事里的18、21、26、37……数字背后的寒暑更迭，看似平凡无奇的数字，若配以年、月、日、时，足见陇南市公安局刑事警察支队为"团圆"行动做出的牺牲和努力。

自2021年以来，陇南市公安局刑事警察支队专班民警不畏艰难险阻，不惧严寒酷暑，远征万里，勇擒罪犯；他们运用科技手段，精准研判案情，成功破获了一系列重大拐卖妇女儿童案件，解救了被拐妇女儿童。统计显示，截至2023年，该支队先后共侦破拐卖妇女儿童案件12起，抓获犯罪嫌疑人16人，解救找回历年失踪被拐妇女儿童42名。

面对荣誉和赞誉，陇南市公安局刑警支队并没有止步。他们深知，受封建思想残余、性别比例失调等多重因素影响，滋生拐卖犯罪的土壤尚未完全铲除，打击治理工作仍然任重道远。特别是，20世纪八九十年代拐卖案件高发多发，由于种种原因，仍有一些隐案要发掘，还有一些积案要侦破，需要付出更多的努力和汗水。

据此，陇南市公安局刑事警察支队将矢志不渝，砥砺前行，充分运用新技术、新手段，按照"一信息、一档案、一专班"的工作原则，不遗余力抽丝剥茧、循线追踪，不断强化线索排摸，创新工作思路，跟进方法手段，对重大案件组织专案侦查、重点攻坚，寻找案件突破口，确保一方平安，为"打拐"事业再创新辉煌。

供稿：常春植

热血忠诚

甘肃公安先进典型风采录

兰州市公安局七里河分局

"内""外"兼修　构筑校园安全铜墙铁壁

　　兰州市公安局七里河分局积极构建"党委领导、警种牵头、部门协同、全警负责"的工作落实体系，高质量做好妇女儿童权益保障工作，扎实开展"护校安园"行动，创新打造"警心护苗、共筑成长"平安校园建设直播宣传品牌，健全完善社区、学校、家庭和派出所"四位一体"教育帮教体系，仅2022年以来调处化解各类家庭纠纷1900余起，预防制止家庭暴力行为2300余起，找回走失妇女儿童410余人，侦破侵害妇女儿童权益类案件159起。2023年，被评为"全国维护妇女儿童权益先进集体"。

　　近年来，校园安全成为人们关注的重点话题，而校园欺凌、霸凌事件更是网络热搜常客，防还是治？如何防又如何治，成为相关部门聚焦的重要工作。

　　对此，兰州市公安局七里河分局有着自己的理解与系统做法。

于病视"神" 推动校园安全的系统工程

3月初，七里河公安分局侦破了一起26年前的命案积案，省市县各级新闻媒体都在翘首以盼，等待侦破细节。

但局长贾波"稳如泰山"："命案的事不着急，先放一放，当务之急是把'警心护苗 共筑成长'的机制建立起来，将各个相关部门拉进来，尽快形成常态，抓紧根植安全理念。"

面对宣传专班负责人丁生晶的催促，贾波说："命案破了，我们应该认真反思为什么凶手能潜逃26年，而不是急着宣传案子。"

七里河区是兰州市的副中心，商业发达，流动人口聚集，治安形势异常复杂，校园安全工作也面临着巨大挑战。数据显示，该区户籍人口48万多，而常住人口达80余万，部分学校的外地生源占比超过90%。

如何让辖区内的百姓过上安生日子，专心参与生产助力社会发展，是七里河公安分局党委一直以来思考的问题。

"社会安全是个系统性工程，只有群众安心从事劳动生产，社会才能有活力，经济才能更好发展，从而形成良性循环。"七里河公安分局副局长关春明如是说。

家是最小国，国是千万家，只有每一个家庭和谐稳定了，社会才能自然和谐。而家庭的和谐稳定，最大因素来自孩子。

每一个家庭中，最容易受到伤害的是孩子。所以，着力保护孩子的安全，既是七里河区具体的警情需要，也是为群众营造良好社会氛围的必要之举。

经过多年的调研走访，贾波得出了一个结论：涉及孩子的主要有

"两个安全"：一个是孩子在上下学路上的安全，一个是孩子在学校里的安全。

校外的安全，警方可以尽全力保障，但校内的危险该如何防范？七里河公安分局将工作重心放在了这"两个安全"上：围绕这两个方面，制定具体措施，保障孩子们的平安。

其实，七里河公安分局党委主要领导早在三年前的区人民代表大会上，已经联络各界人大代表形成议案，推动以公安系统为"排头兵"，牵引社会各界力量加入校园安全的系统工程建设中来。

不仅如此，七里河公安分局还将校园安全的防护与治理，从社会面向校园内部转化。

首先，根植安全理念，反欺凌、霸凌理念。其次，缔造良好的师德师风，一旦教师有偏见，孩子很容易被欺负。此外，还着力构筑全社会齐抓共管的校园安全防范网，让全社会关注、关心校园安全，并参与进来。

孩子是祖国的未来，保护好孩子，维护好家庭和谐稳定，就是助力社会高质量发展。

抽丝剥茧，于病视神，追根溯源，打造学生安全的系统性工程，构筑铜墙铁壁式的校园安全网，是七里河公安分局"为国育才"，保护祖国未来花朵的坚定理念。

拉网铸"盾" 筑牢校外安全的铜墙铁壁

进入三月，天气回暖，"金城"兰州也从凛冬中苏醒，生机盎然。

　　在七里河小学门口，每个上下学时间段，总能看到小西湖派出所二级警长郭勇的身影。

　　排查学校周围的安全隐患，清理学校周围的危险品，询问学校保安是否有异常状况和可疑人员……在郭勇的内心深处，每个进出校门的学生，犹如自己的孩子一样，要保护他们的安全，就得从点滴做起，哪怕校门口的半块砖头、一颗石子，都要清理掉，防患于未然。

　　与此同时，由七里河公安分局各派出所综合指挥室操控的所有监控探头全部调转方向，聚焦校园周边。

　　而在小西湖辖区的各个学校周围，还有身着蓝色服装的"西湖义警队"来回巡逻，确保学生们上下的路上不被"堵墙角"、受欺凌。

　　这些，只是七里河公安分局"面上的"工作。

　　3月8日晚，七里河公安分局接到群众报警，称某小学门口有大量社会闲杂人员和学生聚集，手持棍棒，疑似有打群架嫌疑。

"我们有成熟的机制，所以响应特别快。"当时的值班民警、七里河公安分局指挥中心副主任丁生晶介绍，为了防止事件升级，她第一时间通过指挥中心指令警航大队起飞警用无人机赶赴现场，随后紧急指令辖区派出所快速出警。

"不到两分钟，无人机就飞到了学校上空，并通过空中喊话的方式，驱散了人群。"丁生晶告诉记者，从无人机传来的画面可以清晰地看到，确实有社会人员和学生手持棍棒，聚集在小学门口，阵势不小。

随后赶到的派出所民警连夜对周边进行了走访调查，基本掌握了相关情况，并向各有关单位进行了通报。

七里河公安分局指挥中心主任尤永胜介绍，近年来，七里河公安分局特别重视校园安全，对涉校警情反复演练，建立了紧急响应

机制，涉及校园和未成年的警情一律提级办理，牢牢守住了"校外"安全。

此外，七里河公安分局还打通了涉未成年案件的警情渠道，不论医院、社区、商城还是网吧、酒吧、酒店等场所，一旦有涉嫌侵害学生或未成年人的行为发生，分局都能在第一时间掌握情况，视情况作出及时应对处置。

前不久，甘肃省妇幼保健院传来警情：一未成年身受重伤，桡骨骨裂，且多处内脏器官受损，询问原因时该孩童眼神躲闪，不敢说话，疑似家暴。

接到警情后，七里河公安分局立即指派警力前往调查，并将施暴的该孩童继父拘留，转交管辖地处置。

"一旦有情况出现，我们都能在第一时间掌握到情况，并迅速展开调查工作。"尤永胜说。这些渠道的畅通、工作的顺利开展，有效防范了未成年受到更多侵害。

患于未然，是守好校园安全的第一关。

本着这一理念，七里河公安分局以源头治理为目标，坚持把清除隐患、控制发案与创新发展新时代"枫桥经验"相结合，将社会治理"三进"模式（即所长、民警"进班子"，社会力量"进组织"，联调队伍"进院落"）触角向学校延伸，打破了派出所唱独角戏、社区民警单打独斗的局面，调动起了辖区居民、社会志愿者、驻地单位参与基层治理的主动性，使他们由以往的单纯配合派出所工作向与公安机关齐抓共管转变，成为公安机关社会治理的合伙人、共同体，将治安管理、监管执法、公共服务有机地整合为了"一张网"。

2023 年，七里河公安分局荣获"全国维护妇女儿童权益先进集体"。

防患于"里" 根植自我防护的安全堡垒

新春佳节的欢乐还未褪去,"开学第一课"的重任已经压在了丁生晶的肩头。

交通安全、防火防灾、反诈技巧……多年来,七里河公安分局针对学生们开展的"开学第一课"形式多样,效果明显。但 2024 年,该怎么讲?

"根据分局主要领导安排,我们把课程的重点放在了反欺凌、霸凌方面,但如何讲,讲什么,讲到什么程度,涉及哪些面?对此,我们进行了反复琢磨。"

丁生晶告诉记者,反欺凌、霸凌工作,核心内容是让学生、老师要清晰地知道,什么是欺凌、霸凌,遇到欺凌、霸凌该怎么办。

随即,经过精心策划,以及和教育局协调对接后,一堂以反欺凌和霸凌为核心内容、面向全区 46 所学校共 5 万余名师生的直播课正式开课。

"当时,七里河公安分局领导找到我,表达了要同一时间给全区的师生上一堂课的想法。"兰州市七里河区教育局副局长钱玉奎告诉记者,听了公安局的想法,他当即拍板决定支持,并立即向局长汇报,取得了大力支持。

"亲爱的同学们,你们知道什么是校园欺凌,什么是校园霸凌吗?答对的有奖哦……"开学第一课,七里河区属所有学校的教室里,大屏幕上投射着同一堂直播课。孩子们在互动、游戏与问答、讲解中，深刻了解了校园欺凌、霸凌，明白了该如何应对，知道了该怎样保护自己。

"那堂课太精彩了，我们所有的教职工和学生全看了，深入人心，受益匪浅。"兰州市第八十八中学党支部书记、校长吴淑贤说，"很多欺凌和霸凌现象，是我们并不知道的，或者说大多数人会觉得只是一个普遍现象。可以说，那不只是一堂对学生们的普法课，也是对我们从教人员的普法课，这对我们往后如何做好这方面工作，对学生们如何保护自己，有很大的作用。"

课后不久，七里河公安分局联合区教育局举行了"警心护苗　共筑成长"启动仪式，消防、林草、水务等13个相关部门参加会议并就各自负责的工作进行了阐述和规划。

会议确定，面向全区师生的直播课要常态化，各相关部门要积极参加，精选课程，将校园安全的理念通过直播课贯穿到每一名师生心中。

不仅如此，每堂课的课程要经过七里河教育局和七里河公安分局认真审定，包括讲课内容、讲课形式等，认真筛选、仔细敲定，确保每一堂课生动有意义，每一个安全理念能深入人心。

"我们的目的，就是要从根子上解决包括欺凌、霸凌在内的各类校园安全问题，让广大师生明确知道，什么事可以做，什么事不可以做。"贾波如是说。

当邯郸市3名初中生杀害同学事件冲上热搜，兰州铁路技师学院紧急联系七里河公安分局，希望分局能给学校广大师生上一堂校园反欺凌、霸凌课。

该校党委书记聂建省说："邯郸的这个事件，让我们再一次深刻意识到，提高校园反欺凌、霸凌意识迫在眉睫，而七里河公安分局就做得特别好。"

"目前，我们将辖区内区属、市属、省属的中小学校，教育厅、人社厅主管的大中专院校都纳入直播课视线，做到了全覆盖。"丁生晶告诉记者，除了直播课，七里河公安分局早在一年前就开通了"微警务绿色通道"。

"很多孩子遇到事情时，不愿意或者不敢报警，但通过分局新媒体平台私信会告诉我们。"丁生晶说，分局所有网络新媒体平台由专人团队 24 小时值守，一旦接到涉及学生和未成年的咨询、报警等情况后，将第一时间开展工作。

由此，一张由"外"及"内"，从"面"到"里"的校园安全大网在七里河区逐渐形成，并成为一堵刀枪难入的铜墙铁壁，护航着校园安全。

记者手记：

采访中，七里河第二小学五年级四班班主任鲁嘉琪说："表面上，欺凌、霸凌事件与我们小学距离较远，但我们不止一次地进行过深入讨论，这些事件的发生，可能与我们小学教师也息息相关。"

鲁嘉琪认为，小孩子们相互打闹，大多教师都不以为意，或因为太忙，会忽视孩子们的"告状"。久而久之，孩子们从心底便形成了"告状"无用，甚至"告状"被责的心理认识。

"从不小心踩了同学的橡皮擦，到故意踩踏橡皮擦，再到'你去买橡皮擦'让我踩。从被不小心踩了橡皮擦，到被故意踩了橡皮擦，再到主动买橡皮擦让人踩。欺凌、霸凌现象便慢慢形成。"鲁嘉琪说，如果都能重视孩子们的"告状"，从小教育孩子们什么该做什么不该做，或许，这种现象会少很多。

走出校园，看着天真灿烂的学生们在操场上嬉戏打闹，我们不禁深思，观念的转变是漫长的过程，体系的建立也非朝夕之功。

两千年前，扁鹊兄长于病视神，防微杜渐。而今，七里河公安分局警务前置，多措并举化解风险。

当七里河公安分局树立长远意识，如箭矢前进时，学校主动加入、医生主动反馈、群众主动报警、新技术不断应用……整个社会便"动"起来了。

一个全社会关注、关心、参与、参管的良好氛围便逐渐形成。

供稿：程　健　丁生晶

热血忠诚

甘肃公安先进典型风采录

定西市公安局特警支队

铁肩担使命　忠诚保平安

近年来，定西市公安局特警支队在各项任务中一次次出色地出击，有力震慑了违法犯罪，保护了人民安全，赢得了社会赞誉。先后荣立集体一等功1次、集体二等功2次，获评全省"青年文明号"、全市"五一劳动奖状""青年五四奖章集体"等称号。

定西是古代"丝绸之路"上的重镇，又是新欧亚大陆桥的必经之地，也是兰州市的东大门，素有"甘肃咽喉、兰州门户"之称。在定西市，有这样一支警队，为了社会治安平稳有序，为了辖区百姓安居乐业，坚守岗位，默默付出，以奋进的姿态，守护着平安，诠释着人民警察的铮铮誓言，他们就是定西市公安局特警支队。

实战练精兵

四月芳菲醉，人间仲春时。四月的薯都定西，繁花似锦，姹紫嫣红，春意盎然，生机勃勃。

一大早，走进定西市公安局警务实战训练基地，就会看到正在训练的特警队员，他们个个精神抖擞，斗志昂扬。棍术训练整齐划一、喊声如雷，5公里你追我赶、不甘落后，枪械射击弹无虚发、百步穿杨，穿越障碍健步如飞、如履平地。

近年来，特警支队不断创新开展"轮值轮训、战训合一"的应急备勤模式，紧紧围绕应对处置规模性聚集事件、暴力恐怖袭击和个人极端暴力案事件、"红蓝对抗"、最小作战单元等内容，组织开展常态化练兵。并将教育训练、值班备勤、巡逻防控、应急处突等作为日常主体工作，将基础科目与专业科目相结合起来，以体能素质为基础，以专业训练为突破口，定期开展实战大练兵和跨区域应急处突拉动演练、野外驻训活动，联合中石油等单位进行系统反恐防暴应急处突综合演练，全面提升快速反应能力。

"我们是城市安全最坚实的屏障，也是人民生命财产安全最坚实的后盾。重任在肩，我们一刻不敢放松，要全力以赴不断提升自身素质，成为一支靠得住、拉得出、打得赢的尖刀队伍。"二大队副大队长张家慈说。他是全市二级教官，"战时为警，训时为师"，在队内他始终坚持实战实用实效，锚定"精中之精、尖上之尖"目标，砺精兵、强素质，每周细化训练计划，采取普训和特训相结合的大练兵模式，组织突击攻坚、重点开展综合体技能、反恐防暴、射击、搏击格斗、应急救援等技战术训练专业技能，不断把本领练精、练强、练硬。他还带队探索开展人装结合、技装联动、红蓝对抗等检验性训练，在备勤时间开展擒敌拳、搏击操、警棍盾牌操、防暴队形等实战技能及综合体能等训练，积极组织开展各类反恐综合演练，切实提高了队员处置群体性事件、突发事件和暴恐事件的实战处置能力。队员李磊说："2020年11月22日，这个时间我记忆十分深

刻，是我第一次参与出警任务。那次任务比较危险，我在去执行任务的途中，紧张得手和腿都发抖。最后我们顺利完成了任务，可我却深受震撼。我深刻地体会到'平时多流汗，战时少流血'真不是一句空话，也真正认识到日常技能训练的重要性。"

英勇显担当

对付犯罪分子，他们铮铮铁骨；对待人民群众，他们忠心耿耿。哪里有需要，哪里有困难，哪里有危险，他们就出现在哪里。

2023年8月，特警支队配合抓捕一起恶性案件的犯罪嫌疑人李某。经研判，李某藏匿于一超市中，超市内人员众多，且李某身材高大、身体壮实，假如反抗并劫持工作人员，现场情况如何有效控制？一时间场面陷入了僵局。经过无数次模拟演练的队员们冷静分析、认真研判，最终拿出预案。行动开始，队友们熟练配合、相互掩护，顺利制服李某后，在其身上发现藏有一把锋利匕首。当队员被问及"你有胆怯过吗"？他坚定地回答："没有，因为无数次实战演练给了我们顺利完成任务的勇气和底气。"

打击严重暴力违法犯罪使命特殊、任务重大，应对的危急状况多，要时刻做好直面生死考验的心理准备。为了将这支年轻队伍打造成具有钢铁般坚强意志力的"四个铁一般"特警铁军，特警支队党支部常态化开设"思政课堂"，一大队大队长尉晨海时常围绕主责主业、实战勤务授课，让队员在理论学习中涵养政治素质、强化纪律作风，让队员"铁心向党"的政治信念更加坚定，"五特五有"的特警警魂全面铸牢，"看齐追随"的先锋模范作用更好发挥，"英勇善战"的优良作风不断延续。

近年来，特警支队联合治安、刑侦、交警等开展各类集中行动80余场次，先后成功打掉100余个赌博团伙，抓获违法犯罪嫌疑人400余人。这一个个数字无不说明这支队伍敢战斗、善战斗、能战斗。

忠诚担使命

灾情就是命令，险情就是战场。每当重大灾难来临时，定西市公安局特警支队总是冲锋在前、勇于担当，火线驰援、挺身而出。2020年8月10日，岷县发生暴雨洪涝灾害，6个乡镇41个村受灾。灾情发生后，定西市公安局特警支队急驰救灾一线。

洪水肆虐，淹没了农田，冲毁了家园，村民家里的淤泥足有半尺深。特警队员们深入农户，转移财产，清理淤泥，他们个个不怕脏不怕累，用自己的双手，一铲一铲地清理淤泥。他们饿了吃方便面，渴了喝矿泉水，困了席地而躺。救灾间隙，副支队长曹永刚拿出手机匆忙与家人联络，通过视频看看年迈的父母，短暂地问候一下妻儿。他说："当警察，常年在外，家里的事指不上我，对家人，我常感亏欠。但是国家有难，人民有需要时，我必须在。"

特警队员们的辛苦付出得到了灾区老百姓的一致认可和高度赞扬。听说他们完成任务要返回工作岗位了，村民们饱含热泪，亲手煮了鸡蛋和洋芋，还买来饼干，依依不舍地为他们送行。真实再现出一幅警民一家亲的感人画面！当拉着特警队员的面包车早已驶离村庄时，村民们却站在村头久久不肯离去。

哪里有危险哪里就有特警队员。灾难中，他们是希望的帆，危困中，他们是迎风的旗，他们的根深深扎在群众中。

2023年12月18日，积石山县发生6.2级地震。2024年1月27日至2月19日春节期间，定西市公安局特警支队抽调81名警力，开展跨区域增援轮值轮战任务，在灾区设立党员服务中心，确保群众的事有人管，群众的"难"有人解。在积石山的24个日日夜夜里，全体参战队员面对春节假期、异地执勤等特殊条件，充分发扬"特别讲政治、特别守纪律、特别能吃苦、特别讲奉献、特别能战斗"的优良传统，放弃与家人团聚，在灾区日夜奋战、坚守岗位。围绕"驻点、巡线、控面、支援"的主要职责，扎实开展治安巡逻防范、灾区现场秩序维护、打击街面违法犯罪、处置重大突发事件、提供紧急救助服务、配合做好安全宣传等工作，全力维护灾区安全稳定，引导灾区群众积极发展生产、重建家园，尽快恢复正常生产生活秩序，向党和人民交出了一份满意答卷，展现了定西公安的优良作风和过硬形象。

"面对急难险重任务，支队的每一位队员总是迎难而上、冲锋在前，零差错、零失误完成各项任务。"定西市公安局特警支队支队长赵守文说。而每一次"零差错、零失误"的背后都是日复一日的艰苦训练和默默无声的坚守，他们用自己的辛苦指数换来了人民群众的安全指数、幸福指数。

热血保安全

"生命高于一切，安全重于泰山"。近年来，定西市公安局特警支队圆满完成了多项大型活动的安保任务，从新中国成立70周年大庆安保、中国（甘肃）中医药产业博览会、全国马铃薯产业现场推进会、中国·定西马铃薯大会、"灿烂马家窑、唱响新时代"马家窑音乐节、通渭书画文化艺术节到各类党代会、公务员考试等，圆满完成2000余次安保执勤任务；为检验公安特巡警队伍跨区域组织调动、快速反应、机动增援、应急处置和后勤保障能力，特警支队全员实兵实装，分批次赶赴郎木寺片区碌曲县城、甘南州夏河县开展拉动演练，并圆满完成任务。他们始终以高度的责任感和使命感，确保活动的安全顺利进行。

支队长赵守文始终坚持"忠诚担当"和"敢拼会赢"的信念，一心扑在工作上，先后带领队员完成了一系列重大安保任务，他牢固树立"人民至上、安全第一"理念，坚持"万无一失、一失万无"标准，持续改进工作形式，探索创新机制措施，及时总结经验做法，坚持依法规范文明执勤，最大限度减少对人民群众正常生产生活的影响，实现了安全效果、政治效果和社会效果有机统一。

在每年一次的中国（甘肃）中医药产业博览会重大安保任务中，赵守文总是带头负责现场安全工作，他连续多天坚守会场，每天工作十几个小时，既当指挥员又当战斗员，对现场每个部位踏查、检查、排查，对每个执勤岗位定人、定责、定位，对每个环节工作规范标准、规范程序、规范动作，有力筑牢了安全防线。队员们在他的率先垂范下，也更加爱岗敬业。2020年8月，队员王琛的妻子分娩住院，当时正值中国（甘肃）中医药产业博览会重大安保任务的决战决胜阶段，队员们纷纷劝他回家照顾妻子，但他还是主动请缨，把妻子托付给家人，义无反顾地投入到执勤任务中。

守护见真情

自2015年支队成立以来，以定点执勤、动中备勤、武装联勤、高峰勤务四项机制和"1、3、5分钟"快速响应机制为主，强化对重点区域、重点部位、重点时段和人员密集场所以车巡、步巡相结合的模式开展定人、定点巡逻，做到白天见警车、夜晚见警灯、身边见警察，不断提升整体社会治安驾驭能力和应对重大突发事件处置水平。

2022 年 6 月的一个夜晚，易建军和队友巡逻至友谊广场附近时，只听身后一声巨响，回头一看，一名女子被一辆小车撞飞，他连忙呼喊队友，停车准备去维护事故现场，车还没停稳，周围群众在喊："快，肇事车辆逃了，黑色桑塔纳，车号是甘 J……"他和队友迅速上车，拉起警灯追了上去。由于对方车速太快，在一拐弯处，肇事车辆向另一边逃窜，他们记下了车牌号，又返回现场，把车号告诉了交警，并协同交警维护事故现场。由于他们出警及时，肇事车辆最终难逃法律的制裁，给了受害者一个满意的交代。类似这样的事情，在他身上发生的还有很多很多。事情虽小，但只要能为人民服务，他都会一一认真去做。作为一名党员，他总是发挥党员的模范作用，以身作则，甘于奉献，吃苦在前，享乐在后。作为一名中队负责人，他总是冲在执法执勤的最前沿，以自己的实际行动来教育、引导队员，努力做好特警队员的表率。

定西特警的故事还很长很长，难以用语言诉说完毕。一次次奔赴现场，一次次蹲点守候，一次次警令处置……他们总是用矫健的身手、过人的胆识，在生死瞬间挺身而出，在危难关头力挽狂澜，一次次证明了这支队伍不愧为公安尖兵！

"你的名字包含惊险，你坦然面对生死考验，你的信念从未改变……"走出特警支队，已是夕阳西下，一片金灿灿的暮色中，伴着《特警之歌》，队员们还在训练场上摸爬滚打、挥汗如雨，一个个矫健的身姿、一幕幕冲锋的场景、一声声响亮的号令，是他们忠诚担当、英勇无畏的初心体现，是他们守护平安的决心和信心，青春热血的他们，为迎接新中国成立 75 周年而奋勇拼搏、砥砺向前。

惟其艰难，方显勇毅；惟其笃行，才弥足珍贵。定西市公安局特警支队这支年轻的队伍必将忠诚履职、勇挑重担，不负重托、不辱使命，以实际行动践行"请党放心、强国有我"的铮铮誓言，切实履行好党和人民赋予的新时代使命任务，为奋力谱写平安定西建设新篇章，聚力建设现代化美丽幸福新定西贡献特警力量。

供稿：司　涛

热血忠诚

甘肃公安先进典型风采录

兰州市公安局城关分局
合成作战中心

幕后"侦"英雄

兰州市公安局城关分局合成作战中心自 2017 年建成以来，借助公安大数据等信息资源，为重特大案件侦查、民生案件侦破、上网逃犯抓捕、服务经济发展等各项公安工作提供综合情报支撑，全面提升打防管控能力，全力维护社会和谐稳定。截至目前，共协助抓获犯罪嫌疑人 1354 名、破获刑事案件 2000 余起，寻找失踪人员 500 余名。荣立集体一等功 1 次。

兰州市公安局城关分局办公室内，一块大屏幕上跳动着各种信息，几名民警辅警聚在大屏幕前，对一起案件进行研判分析……他们在数字间穿行，在密码中聆听，捕捉风的讯息，挖掘影的神秘。他们让沉睡的数据活起来，用数据说话，抽丝剥茧侦破案件，这里就是兰州市公安局城关分局公安局合成作战中心。

一次追捕

2018 年 4 月 21 日 19 时 30 分左右，一名 30 岁左右的女子经过兰州市城关区热闹的天桥时，突然，一男子毫无征兆地冲上去，拔出尖刀，向女子连捅数刀，并且在逃跑时抢走了女子的手机……

接警后，兰州市公安局城关分局办案民警以及刑侦技术人员迅速赶到现场，开展现场勘查工作。

案发地在兰州最繁华的地段。信息爆发，人心惶惶。兰州市公安局城关分局当即成立专案组，力争快破此案。

在案情分析会上，时任兰州市公安局城关分局刑警直属大队中队长张子剑看着手里的案件材料，眉头紧锁。嫌疑人与受害人是什么关系、为什么嫌疑人作案时只抢夺一部手机、案件发生与受害人的这部手机又有怎样的关联……诸多谜团在等待着他和专案组成员一一解开。

在专案组针对受害人身份及案件展开侦查的同时，兰州市合成作战中心图侦室张笑纯的目光正紧紧地盯着视频监控，逐秒调取案件画面。张笑纯知道，要从近百个监控画面中抽丝剥茧，寻找嫌疑人作案的身影，容不得半点懈怠和马虎，毕竟几秒钟的关键线索转瞬即逝。

"找到了！"张笑纯赶紧招呼同事，"马上联系专案组！案发后，嫌疑人一路步行至公交车站，然后乘坐一辆出租车逃跑。"

时不我待，马上出击。专案组立即行动，搜捕嫌疑人，但歹徒具有极高的反侦查意识。上了出租车后，狡诈的歹徒仅仅行驶了一公里左右就下了车，并选择搭乘了路边的一辆摩托车，而在搭乘摩托车行驶了一段距离后，他又换回了出租车。在兰州市安宁区保安堡某城中村附近下车，至此嫌疑人的身影消失在夜幕里的监控画面中。

提到保安堡的城中村，专案组民警黄国俊面色凝重地摇了摇头说，这个城中村，里面治安环境比较复杂，加之视频监控偏少，嫌疑人很容易藏匿。前几年在这里抓捕一名嫌疑人，蹲守了一周才找到。

"很明显，嫌疑人在逃避侦查，但我们也不是吃素的，一定把这小子找出来。"张笑纯揉了揉眼睛，又回到工作岗位上。

多方行动，汇聚目标。专案组另一组侦查员了解到受害人名叫王某，是兰州某酒吧的销售人员，而这个酒吧就在案发地附近。一组侦查员火速赶往酒吧了解情况，但因王某从事的是销售工作，社会关系极其复杂，一时间让侦查员不知从何查起。破案的关键，就是找出歹徒的蛛丝马迹。

距离案发已经过去了 24 小时，在张笑纯搜索歹徒的同时，合成作战中心的侦查员曹永斌通过一条信息引起了他的注意。

"这个线索人刘某是个省外人员，和受害人生前频繁联系，两人曾经是男女朋友关系，并且案发后刘某下落不明，更巧的是，刘某曾给受害人买过一部手机……"曹永斌第一时间将工作进展发给专案组张子剑。

"糟糕，刘某要出逃，一定不能让他跑了。"张子剑立即带领专案组成员在火车站、长途客运站进行布控。但专案组布控许久，也没有发现嫌疑人刘某的踪迹。

"嫌疑人有极高的反侦查意识，应该不会贸然选择实名身份信息的车辆外逃，会不会选择其他的交通工具。"黄国俊一边在车站寻找，一边脑子里不停搜索着嫌疑人有可能的其他逃跑方式。

山重水复疑无路，柳暗花明又一村。就在警方全力追查刘某下落之时，张笑纯经过近 24 个小时的不间断追踪，再次发现了嫌疑人刘某的踪迹。

更换了衣服，修剪头发后的嫌疑人与之前的外形相差甚远。

"就是他！"张笑纯再三确认后，向专案组上报这一重要线索。

"张队，嫌疑人在城关区牟家庄公交车站下车，然后步行到绿色市场的一个立交桥下的停车场。"

张子剑听到这个消息心情不禁一振，大脑开始快速运转，"就是这个停车场！平时这里主要是停放一些货运车辆，但有些货运司机在跑长途拉货时，偶尔会带人，从而增加自己的收入，狡诈的嫌疑人刘某也正是抓住了这一点，想要乘坐货车逃跑。"

专案组立即赶到停车场，嫌疑人刘某却不见踪迹。

但嫌疑人刘某潜逃时乘坐的车辆还是被细心的侦查员发现。

此时，这辆货车已经驶离了兰州市区，到达了榆中县境内。

不能打草惊蛇。经过多方面因素考虑，专案组决定在平凉市静宁县对这辆货车进行拦截。最终，在静宁警方的协助下，将犯罪嫌疑人刘某抓获。

犯罪嫌疑人刘某到案后，很快承认了自己与受害人王某因感情瓜葛提前准备凶器，在受害人上班必经之路的天桥上等候，行凶抢劫的犯罪事实。至此，案件告破。

让沉默数据"开口"，为侦查打击"赋能"，对重特大案件提前介入、全程参与，像这样的案件，张笑纯能一口气说好几起经典案件……据统计，兰州市公安局城关分局合成作战中心成立至今，累计支撑破获重特大案件190余起，研判抓获在逃人员117名，特别是在2019年全国"云剑"行动中，合成作战室共协助抓获在逃人员68名，助推分局在逃人员抓获数位居全省第一名。

一把"尖刀"

锋芒毕露，无人能敌，他们的勇敢如尖刀一样锐不可当。

传统侵财犯罪案件基数多、涉及面广，关乎辖区群众切身利益，对于流窜性、系列性、团伙性、侵财性案件，合成作战中心主动贴近实战，服务实战，对案件全程追踪、一跟到底，直至结案。

2024年3月5日，兰州市城关区科教城小区发生一起重大入室盗窃案，由于案发时间不确定，被盗价值较高，合成作战中心快速赶往案发现场进行实地侦查。

"被盗门锁完好，无任何遗留痕迹，排除熟人作案，嫌疑人很可能拥有极高的技术开锁能力。"到达案发现场后，兰州市公安局城关分局合成作战中心负责人曾祥兵与办案单位通过走访询问刻画案发情况。

遇到问题，直面问题，分析问题是最好的解决方式。由于案发时间较长，在汇总所有现场情况信息后，图侦高手张笑纯决定用分组交错时间的方法，以白天为主要案发时间，夜晚为次要时间的办法快速开展视频侦查工作。

作为合成作战中心的"活地图"，张笑纯对辖区的信息都烂熟于心，只见他打开系统、调取画面、推拉时间轴……右手鼠标点击、左手在键盘上灵活配合。

在对3月4日小区电梯信息分析查看时，两名头戴棒球帽、戴口罩的男子进入电梯的一段监控，引起了张笑纯的注意。"大白天捂得严严实实，走路鬼鬼祟祟……"多年的破案经验及直觉让他对这两名男子有所怀疑。

功夫不负有心人。在对两名男子的持续追踪研判一个小时后，张笑纯发现，两人的衣服及裤子口袋均有鼓胀的痕迹，因此推断两人有作案的可能。

随即合成作战中心全体人员对两人开展视频循线追踪，在追踪的过程中发现两人多次故意绕路、躲避摄像头，并且频繁换乘车辆，下车地点选择在无任何视频监控覆盖的区域，最后两名嫌疑男子的身影消失在兰州市榆中县和平镇，因此侦查工作陷入僵局。

"又是两个硬茬子啊！"张笑纯深吸一口气，双手摩挲着大腿。

像这样的情况，对合成作战中心的研判员们早已熟悉不过，和犯罪嫌疑人斗智斗勇，在最短的时间内追踪，找出"狐狸尾巴"。

研判人员重新调整思路，决定从两名嫌疑人从进入现场到逃离现场乘坐的五辆出租车、三辆私家车开始入手，发掘新的线索。经过调取五辆出租车的车内监控后，在两人前往案发现场的一辆出租车车内视频中获取到其中一名嫌疑男子半张人脸的图像信息。

不能放过任何蛛丝马迹。随后研判员依托公安大数据库，逐一筛查比对，经过反复确认分析，最终获得其中一名嫌疑男子身份信息，结合分析比对，分析出另一名嫌疑男子的身份信息。两人均是入室盗窃前科人员，其中一名嫌疑男子潘某有技术开锁手段。2024年3月6日，合成作战中心将所有研判信息反馈给主侦单位后，分别在兰州市西固区某家属院和城关区东部市场门口将两人抓获，并追回被盗现金8万余元。

从接案到破案，合成作战中心不到24小时，仅通过半张人脸信息，熟练运用信息化手段，快速锁定、抓捕犯罪嫌疑人，让违法犯罪在"千里眼"下无处藏身。现在，他们已经成为兰州市公安局城关分局侦查破案的"锋利尖刀"。

新时代，新科技。现在警力资源和手段不再局限在侦破大案要案，合成作战中心通过"科技兴警"强化信息化建设和应用，为办案单位提供强有力的"技术支撑"，在打击传统多发性侵财案件中发挥了重要作用，通过警情快速反应、有效处置、限时完结，让小案不再难办。其间，合成作战中心共协助破获侵财类案件1000余起，抓获嫌疑人900余名，追赃完损100余万元。

一份责任

警灯闪烁，静守夜的寂寥；岁月无声，唯有警徽耀眼；风雨兼程，护佑万家灯火。

"召之即研、研之能用"，合成作战中心不断实现自我革新，从单一服务于刑事侦查向治安、缉毒、经侦等多警种全面铺开。

2023年10月，"中心"全手段应用支撑，成功协助治安部门破获部督"胡某某等制售假冒品牌调味品案"，抓获犯罪嫌疑人20人，捣毁2个生产窝点、6个包装材料生产厂家及3个层级的售假网络，查扣作案手机40余部，账本10余册，涉案金额达900万余元。该案入选公安部2023年10起打击危害食品安全犯罪典型案例。

2023年3月，兰州市民报警称，在网上某平台购买的调味品与之前味道大有不同，怀疑为假冒伪劣产品。

民以食为天，食以安为先。食品安全关乎人民群众身体健康和生命安全。经专业机构鉴定，确认市民购买的调味品为假冒伪劣产品后，兰州市公安局城关分局第一时间抽调警种部门和派出所精干警力成立专案组，合成作战中心全资源、全手段同步入案，开展侦查工作。

在大数据、信息化时代下，如何真正发挥合成作战中心作用，使之迅速有效服务实战，提出指导性工作建议，形成高质量研判报告，做到精准打防、精确管控，是合成作战中心每一位研判员每天思考的问题。

合成作战中心的崔硕负责该案信息流、资金流和物流信息的研判工作。如何刻画犯罪网络，为打击犯罪提供方向和依据，是困扰在崔硕心里的难题……

讲话语速很慢，遇事爱思考琢磨的研判员徐伟栋看出了崔硕的疑惑。

"崔哥，要不我们试试先检索受害人购买记录，再反推，顺线倒查商家的办法怎么样。"

这一句提醒了崔硕，找到办法后，只见他熟练地打开各类侦查系统，将资源进行整合，几分钟时间……

"结果出来了，有两家线上网店涉嫌利用网络平台销售假冒注册商标的调味品，并通过寄递物流发至全国各地。"

专案组随即对销售假调味品店铺展开调查，很快锁定了在福建的"网店老板"黄某某为重大嫌疑人。

2023年7月25日，专案组在福建省成功抓获该案主要犯罪嫌疑人黄某某、王某某。同时在当地某快递公司内查获犯罪嫌疑人黄某某用于销售的"品牌"调味品3780瓶。经品牌方鉴定，该批调味品均为假冒注册商标的商品。

被抓获的犯罪嫌疑人黄某某如实供述了其2022年8月以来，通过王某某介绍的陕西、湖南、河南等地的非法进货渠道，以远低于市场进货价格大批量购进假冒"品牌"调味品后，在两个线上网店销售获利的犯罪事实。

虽然案件取得了初步进展，但如何理清上游犯罪团伙架构，摧毁整个售假网络链条是摆在专案组面前的另一个难题……

崔硕以黄某某为切入点，结合其供述，对整个犯罪团伙网络进行挖掘，发现该团伙制假售假人员具有极强的反侦查意识。团伙成员利用网络虚拟性的特点，用假身份注册手机微信、支付宝，通过网上单线联系秘密交易，并挑选偏僻地点加工生产，随时随地掩盖、清理作案痕迹。

随着案件进一步调查、深挖，一个涉案金额巨大，成员分布福建、天津、山东、河南、河北、陕西等地，产、运、销环节独立运行，层级严密、分工明确的四级制售假调料灰色产业链被合成作战中心的研判员刻画了出来。该犯罪团伙制售假网络纵横交错辐射全国，危害极大。

2023年8月15日，城关分局十楼会议室灯火通明。

"行动！"随着指挥员下达指令，40余名警力奔赴天津、郑州、西安、长沙、沧州等14个市（县），对涉嫌制售假冒品牌调味品的嫌疑人实施抓捕……

辗转出击，在河南、山东、河北等地抓获制造、销售假冒注册商标纸箱、标贴等包装材料的嫌疑人员张某某、孙某某、郭某某等7人，一举捣毁了盘踞在河南郑州、河北沧州两处600平方米以上的勾兑、灌装、包装等制假售假窝点，现场查获涉及"家乐""雀巢""李锦记"等多个知名品牌假冒调料成品2万余瓶，各类涉案原料 5 吨、空瓶 4 万余个，包装盒 2 万余个，涉案标签 6 万余套，涉案灌装设备 6 套。

经调查，自 2022 年起，犯罪嫌疑人大量生产、销售假冒注册商标的调料制品，将廉价原料做简单配比后，灌入假冒的知名品牌包装中，使用网络宣传，吸引他人购买，再以远低于市场的价格对外销售。通过快递公司邮寄发货，以微信、支付宝等方式结算，非法获利。

手段合成、机制合成、能力合成。2023 年 10 月，经过全体参战民警近 7 个月的不懈努力，该案共抓获犯罪嫌疑人 20 名，均已被移送检察机关，由检察机关以涉嫌假冒注册商标罪，销售假冒注册商标的商品罪，非法制造、销售非法制造的注册商标标识罪向法院提起公诉。

打击犯罪、服务民生、赋能城市治理，现在合成作战中心将更多的警力和精力向民生领域犯罪倾斜，通过搭建模型，将资源整合、系统融合、侦查聚合，不断提升警务运行质效和实战能力，以直达一线的指挥触角快速侦查，助推新时代公安工作高质量发展。

2023 年，随着"清风行动"以及夏季治安打击整治行动的开展，为了净化社会风气，依法从严打击网络卖淫嫖娼违法犯罪活动，合成作战中心研判员张腾借助公安大数据优势，搭建了打击卖淫类犯罪大数据分析研判模型。自卖淫案件预警打击模型运行以来，累计支撑治安部门打击处理卖淫团伙 20 余个，抓获卖淫人员 300 余名，有效地整治了社会治安环境，提升了人民群众满意度，充分发挥了智慧警务与大数据赋能实战的示范作用。

快破大案，多破小案。"过去，是电脑前的研判员们凭着经验，用人工过滤海量视频信息，再进行分析。如今，机器成了专业研判员。"兰州市公安局城关分局合成作战中心负责人曾祥兵说。

岁月峥嵘问几多，警旗迎风卫山河；初心如磐为民众，热血忠诚报家国。兰州市公安局城关分局合成作战中心这一融合全局高精尖信息化应用的智慧型作战中枢，一颗颗火热的心总是深藏于冷峻的外表下，挟带着一柄扬善惩恶的利剑，奔走在与众不同的路上，必将会在打击犯罪、服务民生、赋能城市治理方面发挥更加重要的幕后作用。

供稿：苟宏伟

热血忠诚

甘肃公安先进典型风采录

敦煌市公安局刑侦大队

大漠忠魂　刑侦"锋刃"

　　敦煌市公安局刑侦大队先后荣立集体一等功2次、集体二等功1次，大队30余人次被记功嘉奖，涌现出了"扫黑先锋"贾国产，"中国好人"、大漠提刑官杨建忠，"拼命三郎"、甘肃省青年岗位能手杨延平，"刑侦尖兵"、敦煌市五一劳动模范刘陇等一系列先进典型，为推动敦煌公安各项重点工作进一步提质增效和维护辖区社会治安大局做出了突出贡献。

　　如果说人民警察是共和国手中的一把利剑，那么刑警就是这把利剑上最锋锐的刀刃！平凡中的不平凡，即使困难重重也斩荆前行，即使心中有伤也意志坚强。历尽苦难艰辛，依然信念坚定、对党忠诚！

亮剑"扫黑除恶"

　　在面对黑恶势力不断向政治领域渗透、把持基层政权犯罪，打击取证困难时，大队着重以线索摸排和调查走访为出发点，初步掌握了敦煌市七里镇铁家堡村胡鑫、胡刚兄弟的违法犯罪线索，因为兄弟两人身份过于复杂且盘踞当地作恶长达十年之久，在调查过程中出现民众闭口不谈，拒绝提供证据等意外情况，为调查取证带来了极大困难。

时任敦煌市公安局刑侦大队大队长的贾国产同志提出："既然我们通过调查走访获取不到更有价值的线索，那便从他们的财务方面入手进行侦查。"由于当时胡氏兄弟已经做了一套假账应付警方调查，大队并未从账目方面取得有力证据，但却顺藤摸瓜从做假账的人入手找到了侦办突破口，掌握了大量证据……

贾国产回忆说："在机场抓捕胡刚时，他大喊大叫'警察打人了'，试图以舆论压力阻碍我们抓捕，但我们掌握的辅助证据已经形成了完整的证据链条，其他案件相关人员也一一落网了，他的反抗是没有任何意义的。"

该案被公安部、省扫黑办列为督办案件，历经7个多月的侦办，抓获犯罪嫌疑人34人，破获各类刑事案件19起，冻结涉案资金1000余万元，后被评为甘肃省扫黑除恶十大典型案例。敦煌市公安局刑侦大队也因扫黑除恶成绩突出被公安部授予"集体一等功"荣誉，大队长贾国产同志被授予"个人一等功"荣誉。

从决断、决战到决胜，攻克黑恶犯罪顽疾，敦煌市公安局刑侦大队从未放松。扫出清风正气，扫出朗朗乾坤，他们始终在路上……

斩断伸向文物的"黑手"

甘肃作为华夏文明重要发祥地，文物资源十分丰厚，是名副其实的文化大省，酒泉市文物资源占据重要的地位，尤其是敦煌文物是文物犯罪的"高危区域"。为守住一脉传承的文化遗产，抢救无法复制的历史宝藏，近年来，敦煌公安向文物犯罪雷霆亮剑，筑起文物保护的"钢铁长城"。

自公安部和国家文物局部署开展为期一年的打击文物犯罪专项行动以来，敦煌市公安局刑侦大队聚焦打击重点、聚合优势警力、聚力斩断全链，向文物犯罪发起凌厉攻势，成功破获系列盗掘古墓葬大案。

2020 年，刑侦大队在办理距离敦煌 70 余公里外的省级文物保护单位西土沟内一处墓葬被盗掘一案时，因被盗掘墓葬的发案时间相隔久远，现场勘查初期并未发现有价值物证，案件侦破工作陷入僵局。

教导员邓富成同志见疑不放，配合技术民警把盗洞内挖出的积土一遍一遍地仔细筛查，最终从积土内提取到关键证据——"烟

头"，他们第一时间将检材送酒泉市公安局物证鉴定中心进行比对分析。经过比对，办案民警有针对性摸排走访，获得许某某曾向他人抵押大量古钱币用于还账的线索，至此，案件取得重大突破。

许某某被抓获归案后，专案民警从其家中搜出大量五珠钱、彩绘画像砖等文物。经审讯，许某某对伙同他人多次在敦煌、瓜州、高台等地盗掘古墓葬的犯罪事实供认不讳。专案民警乘胜追击，经过持续侦查，摸排犯罪团伙成员组织架构，梳理团伙间经营交织网络，查明文物倒卖渠道以及辐射周边多省市的文物盗掘、倒卖销赃链条。

随着侦办案件的深入推进，涉案犯罪嫌疑人逐一到案。其中，以许某某、马某、刘某某等人为首的多个涉及盗掘倒卖、销赃收赃的文物犯罪团伙浮出水面。专案组按照一体化作战组织收网行动，后方第一时间研判分析，前方马不停蹄千里追逃。鉴于文物犯罪类案件多为团伙作案，涉案人员众多且涉及盗掘、销赃等多个犯罪链条，大队民警一方面加大对团伙头目审讯力度，一方面全面梳理犯罪团伙脉络，并宣讲相关法律政策，收到了良好成效。

2021 年 3 月，据在押人员反映，刘某曾伙同他人盗掘过古墓。办案民警将刘某抓获归案。经审讯，刘某对伙同他人于 2015 年两次在敦煌市盗掘古墓葬的犯罪事实供认不讳，公安机关从其家中追回被盗文物 4 件（套）。

敦煌市公安局刑侦大队历时 24 个月，先后辗转北京、河南、河北等地，行程数万公里，累计抓获涉案人员 32 名，破获敦煌、瓜州、高台境内的古墓葬被盗掘系列案件 14 起，追回被盗掘的模印画砖、铜礁斗、铜辅首等文物 1042 件，其中二级文物 25 件，三级文物 17 件，一般文物 1000 件，专项行动取得了阶段性成果。

该系列案件的成功侦破，也是敦煌公安十余年来破获的首起重大文物犯罪案件，打掉犯罪团伙、抓获涉案成员、破获刑事案件、成功追缴文物数量创下多个历史纪录。

案件侦破后，刑侦大队通过与敦煌市文物管理局、各乡镇政府、三大电信运营商建立联合防控机制，定期开展打击文物犯罪宣传活动，组织各乡镇文保员和网格员组成的"文保员 + 社区民警 + 网格员"宣防队进行入户走访，与群众面对面交流，向群众普及文物安全知识。通过在社区居民群定期发送文物安全提示信息等，以"传统 + 技术"，探索出一条多部门联动、人人参与的文保新路径。

经过他们的努力，一大批文物大案被成功侦破，众多珍贵文物被成功追回，有力震慑了犯罪分子的嚣张气焰，敦煌文物安全系数显著提升。

剑指"电诈"，雷霆出击

近年来，电信网络诈骗案件高发频发，给广大人民群众造成了巨大的财产损失和心理伤害，现阶段，电信网络诈骗案件呈现出犯罪主体年轻化、受害人群低龄化的趋势，电诈犯罪嫌疑人已将触手伸向了未成年人。

2022 年 12 月，刑侦大队接报一起 12 岁小学生被"杀鱼盘"诈骗 2 万多元的案件。被害人父母常年在外打工，孩子在用家长手机玩游戏时被骗，而被骗资金是孩子奶奶多年的积蓄，孩子的爷爷又因身患癌症长期住院治疗，家庭条件非常困难。在受理报案时，看着孩子奶奶满脸的泪水，办案民警杨延平心中暗暗发誓一定要将犯罪嫌疑人抓获归案……

立案后，大队立即抽调精干警力成立专案组侦办此案，经过深入调查，理清了一个专门针对未成年人实施违法犯罪的新型"杀鱼盘"诈骗组织架构，掌握了该"杀鱼盘"团伙的组织架构、人员构成和作案手段。

为彻底打掉这一诈骗团伙，办案民警杨延平在出发前制定了严密的抓捕方案，后和战友奔赴异地，连续蹲守十余天，最终一举抓获该犯罪团伙上下游犯罪嫌疑人 23 名，扣押作案手机、电脑 68 部，扣押非法资金 32 万元，带破辽宁、河南、上海、广东等全国各地同类"杀鱼盘"诈骗未成年人案件 68 起，涉案资金达 220 余万元，被骗女孩的奶奶多年积蓄最终被追回。

后经审讯，犯罪嫌疑人陈某某、黄某某等人对其利用未成年人防骗意识差、生活阅历浅等特点，通过快手、抖音等平台发布免费

领取游戏皮肤、奖品等方式，专门针对全国各地未成年学生实施精准诈骗的犯罪事实供认不讳。

2023 年，该案件被中央电视台"今日说法"栏目采访报道，杨延平在接受采访时说："当老人家眼含热泪向我们连连道谢的那一刻，我深切体会到自己的价值所在，觉得所有的辛苦都值了。这种感受和体会，相信不少常年在一线的'老刑侦'都能感同身受。我想，这就是一名共产党员、一名人民警察的初心和使命。"

在敦煌市公安局刑侦大队，类似这样人和事还有很多，生硬的文字显现不出他们守护人民安定所付出辛苦的万分之一。一个集体、一支队伍，多年如一日在平凡的岗位上演绎着一段段看似波澜不惊却又让人为之动容的故事。

……

"大家看我，大腹便便、胖乎乎，不像电影、电视剧、小说中的刑警大队长形象，但我也曾经和你们一样身手敏捷呢……"贾国产同志一改往日的严肃跟战友们谈笑着。

"我经常深夜回家或半夜因为发案出门，母亲每天早上起床先看门口我的皮鞋在不在，再决定给不给我做早饭。说实话，熬夜加班忙急了，夜夜失眠，当出现心绞痛症状的时候，当血压不规律的时候，当胃痛折磨得我难以忍受的时候，我也曾想过躺平，想过放弃，但是，干刑警有一种心瘾，嘴里成天说不想干了，不想干了，但遇到大案、要案就会两眼放光，只想着扑上去破案，说到底还是对刑警工作的真爱。"杨延平与同事加班时谈笑着说道。

"我参加工作 25 年了，除了在派出所待了一年之外，其余的时间都是在刑警队度过的，也不知道为什么，就是喜欢刑警队的一切。"教导员邓富成说。

"我感觉教导就像是活的电脑一样，六七十页的起诉意见书，竟然记得某一页记录了什么内容。"内勤王宁由衷地夸赞着。

大家在党建活动中，你一言我一语……

对身处这个集体的他们来说，加得了班是必修课，熬得住夜是及格线，说走就走的"特种兵式旅行"更是家常便饭，"出差专业户"也成了他们独特的代号。南上北下，东跑西颠，不知有多少个日夜在车轮上度过。虽然他们几乎走遍全国各地，但从来没有时间欣赏当地的秀美景色，对他们来说，只有找到案件线索、抓到嫌疑人才是心情最爽的时刻。

供稿：张天名

热血忠诚

甘肃公安先进典型风采录

金塔县公安局
航天派出所

以航天精神点亮奋斗梦想

2005年金塔县公安局成立航天派出所，该派出所践行"守国之重器、护神舟问天"的初心使命，发扬"特别能吃苦、特别能战斗、特别能攻关、特别能奉献"的载人航天精神，攻坚克难、筑梦前行，奋斗的身影如星辰般在黑河的波涛里闪烁光芒。荣立集体二等功2次、集体三等功1次。

遇见"航天"

"航天"邂逅"派出所"，是梦想与奋斗的交融。金塔县公安局航天派出所以护航国之重器的必胜信念，托举航天梦想的坚定信心，全力守护每一次航天的征程。从1999年11月20日神舟一号到2024年4月25日神舟十八号，先后圆满完成"天宫一号"和"神舟系列飞船"发射及百余次各型号卫星、火箭发射安保任务。从只有一辆摩托车的时代到如今的联勤巡逻，从徒步巡线到如今的无人机巡航，从逐人逐车过滤到如今的大数据研判，无论沙尘雨雪、严寒酷暑，公安民辅警舍"小我"而顾"大家"，毅然将"国之大者"扛在肩上，以"功成不必在我，功成必定有我"的胸襟格局，用"衣带渐宽终不悔"的执着奋斗，谱写了一曲曲"铁马冰河入梦来"的英雄赞歌。

"航天"邂逅"派出所"，是梦想与铁血的交织。从"万户飞天"的梦想到"神舟十八号"搭载三名航天员顺利进驻太空空间站组合体，航天员出舱活动、天地对话、"天宫课堂"太空授课、空间实验，一项项举世瞩目的成就是超越梦想的奇迹！伟大的事业孕育伟大的精神，伟大的精神推动伟大的事业。金塔县公安局坚持文化育警、文化兴警、文化强警，多形式将航天精神融入基层党组织建设，通过以党建带队建、开展具有航天特色的"三会一课"、主题党日活动，锻造出忠诚为民、善作有为、唯实创新、笃行致远的公安铁军，将航天精神内涵注入队伍建设血脉，熔铸升华铁血忠诚警魂，切实提升公安民辅警奉献精神和业务能力、服务水平。

"航天"邂逅"派出所"，是创新与守正的蝶变。金塔县公安局航天派出所锚定捍卫政治安全、维护社会安定、保障人民安宁的新时代使命任务，依托毗邻两大军事基地的区位优势，倾力打造"军警融合联勤安保"和"军地融合创新服务"两大品牌。以健全联动机制、完善各类联勤措施为基础，常态化做好辖区及基地周边的隐患排查、加大重点行业场所的管控力度，有效筛除过滤不放心的人、不托底的事、不准确的信息，进一步消除辖区治安网格化管理死角，将风险隐患排除在国防重地外围。同时依托"军地融合快通岗"为驻地官兵、军人家属和基地科研人员办理证照，积极做好进入基地人员政审工作，扎实开展电信诈骗预防和宣传，用实际行动拱卫两大军事基地的安全，确保神舟飞船的每一次"起飞"，见证航天英雄的每一次"回家"。

筑梦"航天"

航天精神指引方向，九天逐梦催人奋进！金塔县公安局航天派出所建所 19 载，始终坚持"弘扬航天精神、赓续奉献初心、护航强国工程、打造陇原铁警"的理念，引领一批又一批民辅警同心筑梦，共护"航天"。

闫正国今年 51 岁，先后参与了从"神舟一号"到"神舟十八号"的发射安保，曾担任过航天派出所所长，现任治安大队大队长，协调部署神舟发射安保工作，可以说是航天发射的忠实守望者。他介绍，每次发射任务前夕，金塔县公安局抽调精干警力参与护线，督促指导乡镇兼职护线员上路巡查，定岗定人，分段负责，靠实责任，对国防光缆沿线进行不间断的巡护，掩埋裸露光缆、劝说施工车辆……1 人 1 公里，500 米一面提示彩旗，确保国防光缆畅通无阻。卡点管控是航天发射任务安保的关键，航天派出所结合县局的支援警力，不断优化警力部署，立体构筑核心封控圈、城区管控圈、周边区县防范圈、入酒卡点拱卫圈的"四圈"防控网格，在进出基地的主干道设立航天治安检查站，采取传统和技术相结合方式，24 小时不间断开展对途经车辆人员的检查，切实查疑排险，用最大的付出保证了进入基地人、车、物的"干净""放心"，实现了一次次护航神舟万无一失的航天梦。

王海明从警 20 余载，担任航天派出所所长期间，不断加强与两大基地的沟通协作，受命多次担任重大任务安保现场负责人，统筹协调各项安保工作；杨利是航天派出所第一位女民警，她以勤勤恳恳的工作态度、吃苦耐劳的工作作风坚守边陲，用心用情做好服务保障工作，彰显了拥军爱民、无私奉献的公安担当；安彬是一名年轻民警，他把最美好的青春年华奉献给了"航天"这片梦想的土地，每次谈到离家远的问题，他总说没什么，因为肩负国之大者使命光荣，能领略祖国航天事业的非凡成就，能见证祖国航天事业的辉煌时刻，他要比其他人幸运得多。

长期以来，金塔县公安局航天派出所以"晴天带伞"的远见和"一失万无"的警觉，始终保持对各类违法犯罪的高压态势，持续强化重点场所行业监督检查和道路交通安全查纠劝导，不断健全完善矛盾纠纷排查化解机制，深入开展各类普法宣教，落实"主动创稳"，常态化筑牢辖区及基地周边防控网。同时，在平时的工作中着力于营造团结互助的工作氛围，锻造勤政善为、艰苦朴素、攻坚克难的工作作风，打造风清气正、公正廉明的公安执法队伍。

"神舟十八号"载人飞船发射前夕，现任航天派出所所长张鹏信心满满："我从刑事侦查大队民警到航天派出所所长，不变的是对公

安事业和航天航空事业的无限忠诚、无悔担当。新的岗位使命光荣且重任在肩，我将带队勇挑重担，接续奋斗，在工作中进一步坚定政治本色，涵养创新能力，践行为民初心，争取为服务保障国家航天大战略贡献更多公安力量。"

逐梦"航天"

2024 年 4 月 24 日是第九个中国航天日，主题为"极目楚天，共襄星汉"。极目楚天，人类在浩瀚的宇宙面前是渺小的，但人类的探索精神是伟大的，中华民族必将凝聚一切力量，充分发挥新型举国体制优势，在深空探测、载人航天等领域再创辉煌，持续秉持开放、合作、共赢的理念，与世界各国一起"共襄星汉"。

"10，9，8……3，2，1，点火！"北京时间 2024 年 4 月 25 日 20 时 59 分，伴随着一阵山呼海啸般的巨响，搭载神舟十八号载人飞船的长征二号 F 遥十八运载火箭，在酒泉卫星发射中心准时点火发射，任务取得圆满成功。

火箭顺利升空的一瞬间，现场执勤民辅警自发成立正姿势并向火箭升空的方向敬礼，祝贺神舟十八号载人飞船成功发射。

2024 年 4 月 30 日 17 时 46 分，神舟十七号载人飞船返回舱在东风着陆场成功着陆，结束了 6 个月的太空之旅，返回舱在酒泉卫星发射中心东风着陆场成功着陆。汤洪波、唐胜杰、江新林 3 名航天员身体状态良好，神舟十七号载人飞行任务取得圆满成功。连日在东风着陆场近距离执勤的航天派出所民警安彬激动地说："4 月 25 日刚刚欢送了'神十八'的问天之旅，今天又迎来了'神十七'的光

荣返程，作为新时代公安民警我感到无比光荣和自豪！"

过去的 2023 年我国成功实施近 70 次航天发射任务，发射 200 余个航天器，刷新历史纪录。这一年，从一箭 26 星到 41 星，间隔仅 8 天，中国航天两度刷新一箭多星纪录；空间站进入应用与发展阶段，完成 1 次货运飞船、2 次载人飞船发射任务和 2 次返回任务……2024 年的中国航天，探月工程"嫦娥六号"任务进展顺利，货运飞船"天舟七号"完成交会对接，载人航天工程"神舟十八号"载人飞船成功发射并按照预定计划入驻"天和核心舱"、与"神舟十七号"乘组成员完成"太空会师"！加油，中国航天！

"神舟十八号"发射任务前夕，航天派出所大力加强设施保障前端预防、人员信息前置过滤、矛盾纠纷前瞻治理，尤其是加强国防军事设施和国防光缆沿线的巡查力度。春天的早晨，民辅警 4 人一组，迎着清冷的春风迈出整齐坚定的步伐，鲜红的党旗与庄严的警旗交相辉映，"小我"与"大家"交织的浪漫萦绕在每个人的心头。对过往车辆、人员信息的安全核查工作中，民辅警24小时坚守在查缉卡点上，饿了就吃泡面，困了就在简陋的环境稍作休息，但大家都没有怨言。"最幸福的时刻当然是看到火箭圆满发射、航天员平安归来的直播场景，虽然隔着屏幕，但那一刻总觉得自己身临其境，能为祖国航天事业贡献力量，一切都无比值得！"执勤民警王海自豪地说。

自古以来，中华民族就对天空充满了向往。"神舟十七号"乘组成员、甘肃定西籍航天员唐胜杰在接受媒体采访时说："又回到美丽的地球，在高兴和激动之余，我想感谢我们强大的祖国，感谢一代又一代接续奋斗的航天人。星空浩瀚无比，探索永无止境，实现飞天的梦想不是终点，而是起点。"唐胜杰同志作为中国最年轻进入太空执行任务的航天员，为祖国航天事业无悔奋斗是他青春最靓丽的底色，他也道出了航天派出所全体民辅警共同的心声——时刻准备着，用更高标准、更严要求、更实举措守护好每一次航天的征程。

瀚海星辰征途漫漫，航天文化源远流长。在酒泉市金塔县，航天广场、航天大道、航宇宾馆、神舟山庄，处处烙着"航天印记"。2023年4月2日"金塔号"遥感卫星的成功发射，更为这座被誉为"航天摇篮"的小城增添了生动注脚。随着民营航天企业的飞速发展、航空航天产业链加快建设，航天派出所多措并举大力优化营商环境，为项目落地奠定基础，推动航天航空产业破题开局。同时紧跟时代为"航天＋文化旅游"保驾护航，助力打造"古今双飞天，圆梦在酒泉"文化旅游名片，让游客在不一样的"星辰大海"中接受爱国主义教育，增强航天精神的感召力，凝聚实现中国梦航天梦的强大力量。

供稿：马文元

热血忠诚

甘肃公安先进典型风采录

积石山县 6.2 级地震
抗震前线 110

灾后重建的坚强守护者——抗震前线110

2023 年 12 月 18 日 23 时 59 分，临夏州积石山县发生 6.2 级地震，震源深度 10 公里。地震发生后，省公安厅立即组织全省公安机关驰援灾区，参战民辅警公安逆行而上、不怕牺牲，同寒冷和死亡殊死搏斗，展开了一场气吞山河的英勇斗争、进行了一场惊心动魄的抗震大战，成就了临夏公安有史以来救援速度最快、动员范围最广、投入力量最大的抗震救灾辉煌事迹，创造了 11 个半小时完成搜救任务的奇迹，实现了灾区无涉灾刑事案件、无群体性事件、无较大以上道路交通事故的良好态势，打造了"抗震前线110"特色品牌，做法得到央级、省级媒体刊发推广。

他们是抗震救灾的先锋勇士，

他们是守护灾区的忠诚卫士，

他们是灾后重建的坚强后盾，

他们就是积石山 6.2 级地震抗震前线 110 的全体民辅警。

2023 年 12 月 18 日 23 时 59 分，甘肃省临夏州积石山县发生 6.2 级地震，震源深度 10 公里。一场突如其来的灾难在深夜将人们震醒，瞬间房屋倒塌、山崩地裂，恐惧、悲痛、寒冷、无助充斥着所有人的内心，人们在零下 17 度的寒夜里等待着希望之光的到来。

地震的夜晚寒风刺骨，全县一片漆黑，积石山的大禹广场人潮拥挤，人山人海，道路上车辆被堵得水泄不通。

"大河家告急！""刘集告急！""石塬告急！""柳沟告急！"一时间四个乡镇的受灾情况越来越严重，急需支援！

"要全力开展搜救，及时救治受伤人员，最大限度减少人员伤亡""灾区地处高海拔区域，天气寒冷，要密切监测震情和天气变化，防范发生次生灾害"……地震发生后，习近平总书记十分牵挂受灾群众安危冷暖，连夜作出重要指示，为我们打赢抗震救灾攻坚战提供了根本遵循、指明了前进方向，极大地鼓舞了广大干部群众的信心决心。

灾情就是命令，时间就是生命。副省长、公安厅厅长黄瑞雪第一时间赶赴灾区，同时立即紧急抽调省州县 1800 余名警力迅速赶赴积石山县。在省厅党委的靠前安排部署下，全体公安民警立即开展被困人员搜救、安全隐患排查、维持救援秩序、疏导道路交通等抗震救灾工作，为积石山抗震救灾工作贡献了公安力量。

急促的警笛声和闪烁的警灯划破嘈杂黑暗的夜空，积石山县公安局立即集结全体民辅警，按照突发事件应急预案分组迅速开展抗震救灾工作，局机关和各派出所民辅警快速赶赴地震最严重的大河家镇、刘集乡、石塬镇、柳沟乡开展人员搜救和群众安置工作，交警大队民辅警在各个路口维持秩序，疏导交通。

"这儿有个老奶奶被压住了，快来救人！"大河家派出所的副所长石明海和同事们正在大河家街道疏导交通时，有一名群众前来求助，石明海立即组织派出所民辅警开展搜救。

石明海和同事们凭借着手机微弱的灯光，很快在大河村六社一间倒塌的房屋里发现了被困的老奶奶。

"奶奶，别怕，我们是派出所的民警，你坚持一会儿，我们这就把你救出来。"石明海一边安抚老奶奶，一边指挥民辅警解救老奶奶。

石明海和同事们小心翼翼地将压在老奶奶身上的木头和砖块清理掉，石明海查看了一下老奶奶伤情，所幸受伤不太严重，于是将老奶奶从废墟中背了出来，送到了医院。随后，石明海和同事们继续开展人员搜救和疏导交通工作。

地震的第二天，天灰蒙蒙的，天气异常寒冷，东方挂着一抹暗淡的橘黄色太阳，没有一点往日的朝气，此时的积石山大地充斥在悲伤之中，俯瞰大河家镇的各个村落，房屋倒塌严重，一片狼藉，人们陆续搭建起帐篷，各方救援力量已经奋战了一夜，还在持续全力搜救中。

救援车辆和运送物资的车辆已经在公路上排起了一条长龙，一辆警车来来回回地穿梭在大河家的各个村落，这是大河家派出所的警车，他们奔波在辖区的各个村社，在废墟里救起了一个又一个被困群众。

地震发生后，大河家派出所门口的墙体已经裂开了一道长长的裂缝，办公楼里被震得一片狼藉，隔壁的围墙将窗户都砸坏了。伴随着一阵一阵的余震，派出所的房屋里也不敢住人，大家只能在车里稍微眯一会儿，日夜的奋战使他们看起来很疲惫，眼睛里布满了血丝。

"从地震发生后的几天里，我们没有时间休息，好多房屋都震塌了，那里面可能还有被困人员，我们不仅要救人，还要到各个村社摸排险情，还要疏导交通，维持秩序，都不敢歇息，实在困得不行就在车上眯一会儿。"大河家派出所的副所长石明海对我们说。

"地震的那天晚上黑灯瞎火的，我们开着警车拉开警灯指挥着交通，有人需要帮助第一时间就看见我们了，我们就立刻去救人，哪里有人求救，就到哪里去救人，我们也记不清救了多少人。"石明海告诉我们。

据石明海介绍，因帐篷紧缺加上各类重要档案还在派出所房屋内，他们还要在这里住一段时间，睡觉时不敢脱衣服，一有余震方便往外跑。

他们作为维护一方平安的公安民辅警，始终谨记自己的初心和使命，在人民群众生命受到威胁时，他们义无反顾地站出来，将黑暗挡在身后，让光明照亮人民群众前行的道路。

12 月 23 日，中共中央政治局常委、国务院总理李强专程来到积石山县大河家镇，实地察看受灾现场，详细了解群众安置、物资保障、板房搭建等方面的情况，勉励广大党员干部，进一步发挥基层党组织战斗堡垒作用和党员干部先锋模范作用，带领受灾群众坚定信心、共渡难关。

据大河家派出所所长樊学虎介绍，地震发生后派出所民辅警全员上岗，大家始终坚守在自己的工作岗位，一刻也没放松过，好多人连续几天没有好好睡过觉。根据省厅、州局安排部署，在大河家镇的 11 个临时安置点成立了"抗震前线 110"，都有民辅警 24 小时驻守，维持物资发放点的秩序，在辖区进行治安巡逻，受理群众求助和报警。

"大家赶紧集合，快去救人！快！快！快！"地震发生后柳沟派

出所的负责人马占华迅速集结派出所民辅警赶到受灾严重的马家村进行人员搜救和疏散工作。

柳沟乡是这次地震受灾最严重的乡镇之一，柳沟派出所全体民辅警身先士卒，奋勇争先，以生命至上，人民至上为己任，第一时间展开抗震救灾工作。面对突如其来的地震，派出所全体民辅警迅速反应，第一时间集结全所警力奔赴受灾严重的村社开展人员搜救、安抚民众情绪、排查安全隐患、疏导道路交通等抗震救灾工作。

黑暗的夜晚，寒风凛凛，气温在零下17度左右，马家村的村民已经从家里跑到路边避难。道路两旁站满了群众，有的裹着被子和毛毯，有的抱着小孩，有的还没有穿好衣服。大家的脸上充满了无助和惊恐，柳沟派出所的警车闪烁着警灯从黑暗中走来，刹那间，黑暗中有了一道亮光。

"大家不要惊慌，先不要到房间里去，党和政府的救援人员和物资马上就到，大家先升起点火取暖，先照顾好小孩和老人。"马占华一边带着民辅警到倒塌的房屋走去，一边安抚大家。

"你们村上再有没有被困的人，大家都出来了没有，倒塌的房屋里还有人吗？"马占华向周围群众询问人员被困情况，他和同事们挨家挨户地摸排倒塌房屋。一阵一阵的余震来袭，他们顾不上害怕，现在时间就是生命，如果有人被困，再加上余震，会有生命危险，尽快排查完倒塌房屋里的情况，才能摸清到底还有没有人被困。

"所长，快来，这儿有人被压住了！"一个村民在黑暗的巷道里前来求救，"在哪儿？你不要着急，先带我们过去。"马占华接到求助后立即组织民辅警前往搜救。

在村民的带领下，一处倒塌的房屋里发现了被困的群众，只见他的半个身子被倒塌的砖块压住了。马占华和同事们赶忙徒手将他身上的砖块清理掉，从废墟中挖了出来，找来一条毛毯将伤员抬上警车送到了医院，因救治及时这名村民伤情得到有效控制。

这些只是当时的一个场景，还有很多他们不顾个人安危深入倒塌房屋里搜救伤员的情形，还有很多他们疏散群众、安置群众，为他们搭建帐篷、排查险情的情形。大到搜救被困人员，小到为群众安装烟囱，在安置点和各个村社都有他们忙碌的身影，以一点一滴的小事着手，全心全意为人民服务。

地震发生以来柳沟派出所全体民辅警"舍小家顾大家"不顾个人安危，逆行而上，用实际行动践行着人民警察的初心使命。地震发生后，柳沟派出所组织警力对辖区内的 9 个行政村 24 小时持续不间断巡逻，共搜救受伤群众 5 人，排查处置安全隐患 80 多处，协助群众搭建帐篷 300 余顶，排查化解矛盾纠纷 35 起。

为确保抗震救灾工作顺利有序推进，联合前来支援的公安民辅警在临时安置点成立 14 个"抗震前线 110"，受理群众求助和化解各类矛盾纠纷。柳沟派出所统筹协调，多措并举，加强巡逻防控力度，积极参与灾后重建工作，帮助灾区群众恢复生产生活秩序，严防各类案件发生。

自抗震救灾工作重点转为受灾群众安置和恢复重建后，甘肃公安机关调配增援警力 586 名，实行 24 小时勤务模式，树旗帜、明标识、亮警灯，全力守护临时安置点安全稳定。"抗震前线 110"在医院、安置点、学校周边等区域开展治安巡逻，提供高效救助、暖心服务和矛盾纠纷排查化解。民辅警走进群众安置帐篷、活动板房，收集民情民意、排查安全风险隐患，在抗震救灾一线践行新时代"枫桥经验"，用心用情用实际行动全力护航积石山抗震救灾工作，切实提高人民群众的满意度、安全感、幸福感。

冬天的积石山大地白茫茫的一片，漫天飞舞的雪花肆虐在寒风中，石塬镇秦阴村的梯田披上了一层白衣，安置点的活动板房里炊烟袅袅升起，板房的过道里挂着一排排的灯笼，大人们正在准备年货，小孩们正在放鞭炮，一片热闹祥和的景象。

"李师傅，快过年了，我们来看看你。"秦阴村安置点"抗震前线 110"的积石山县公安局民警宗俊德带着辅警马逢朝、李文海、何任强拿着从集市特意买来的"福"字和对联到板房去看望因地震房屋倒塌受伤刚出院的李师傅。

"李师傅，最近身体恢复得怎么样？现在能不能下地走路？"宗俊德亲切地问询着李师傅的身体状况。

李师傅说："党和政府很关心我们，在医生细心照看下，我的身体恢复得很快，再过一段时间应该能下地走路了，谢谢宗警官挂念"。

宗俊德说："今年的年货置办好了吗？"

李师傅指着房间里刚做好的年馍馍说："因为地震，大家都要在安置点板房过春节，这两天乡亲们帮忙做了些年馍馍，春节的年货也基本准备好了。"

宗俊德告诉我们，秦阴村是受灾最严重的村庄之一，在这个安置点"抗震前线 110"驻守的民辅警是从积石山县公安局各派出所抽调过来的，24 小时驻守在安置点。他们的主要任务是排查化解矛盾纠纷，为安置点群众提供帮助，维护安置点生活秩序，日常巡逻和走访，了解社情民意等工作。

"跟老百姓打交道，我们就要融入他们的生活。"宗俊德说，"在与群众拉家常的过程中，我们能更加深入地了解群众的诉求和村里各方面的情况。"

"宗警官，我家今天打了搅团，吃一碗走。"曹大爷拉着宗俊德的手非要邀请他到板房里吃搅团，热情溢于言表。

曹大爷说："今天下雪了，我们特意打了搅团，热热地吃一碗搅团，身体就暖和了，美得很！"宗俊德和马逢朝拗不过曹大爷的热情邀请，就到他家的板房里吃起了搅团，拉起了家常。

"地震把我们的房屋都震塌后，党和政府很快就把我们安置在了活动板房里，给了我们炉子和煤炭，这个冬天我们没有挨冻。"曹大爷拉着宗俊德的手激动地说，"辛辛苦苦几代人努力修建起来的房子突然塌了，大家心里肯定不好受，但是生活还得继续。现在政策这么好，我们自己也要努力，争取早日将家再建起来，以后的生活会越来越好的。"

天色渐暗，夜幕降临，整个秦阴村被皑皑白雪所笼罩，安置点的板房里灯都已亮起，门口的大红灯笼头顶着白雪在空中摇曳，几个小朋友正在追逐打闹，一群村民正在打着乒乓球。透过板房的窗户可以看见，有的家里正在做年馍馍，有的家里正在看电视，有的家里正在煮肉，有的家里三两好友相聚正在小酌，有的家里学生们正在灯下写字看书……生活的烟火气依然驱散了地震的阴霾，人们开始自己新的生活，春节的氛围开始浓烈起来，宗俊德一行四人闪着肩灯穿梭在安置点，默默守护着一方平安。

雪慢慢地下大了，我们也离开了秦阴村，通过车窗看到安置点的灯光和民警的肩灯慢慢地消失在了崎岖的山路后面。

在刘集乡团结村的集中安置区，各种机械正在安置区热火朝天地进行施工作业，施工车辆来来往往，建筑材料堆满了整个工地，一排一排崭新的住宅正在拔地而起，机械的轰鸣声和工人的劳作声正在谱写一篇灾后重建美好家园的欢乐乐章。

"经理，最近工期紧张，施工车辆增多，一定要注意安全！"刘集派出所负责人胡殿昌叮嘱团结村安置区的项目经理，在集中安置区施工工地与施工方进行沟通交流，确保辖区道路交通安全，治安秩序持续稳定。

据胡殿昌介绍，大型车辆的不断增加，周边交通压力越来越大，工程施工的过程中，与周边村民之间矛盾纠纷也越来越多，这就要发挥派出所和抗震前线110的职能作用，将有限的警力运用到无限地为人民服务上，确保各项灾后重建工作顺利进行。

紧张有序的施工现场，抗震前线110的民辅警登记外来务工人员信息的身影，他们穿梭在各个工地排查各类安全隐患，及时化解潜在的矛盾风险。

"师傅，你们施工的时候注意安全，这个电线要小心，你们的施工队有外地的工人吗？来这里登记一下。"在柳沟乡马家村抗震前线110 的赵天栋带着两名辅警正在开展外来务工人员信息采集工作。

"现在农村里维修加固和原址重建都全面开始了，来的工程队也多了，好多是外地的人，随着施工车辆增多，各类的风险隐患也在增加，所以我们每天不仅要登记外来务工人员信息，还要及时排查安全隐患，尤其是农村道路的交通安全。"赵天栋对我们说。

积石成山，重建家园。伴随着灾后重建的迅速展开，各抗震前线 110 积极投身到服务灾后重建的大局上来，用自己的实际行动为积石山灾后重建贡献着公安力量。

什么是责任？这就是责任。

什么是守护？这就是守护。

一篇苍白的文字无法写尽抗震前线 110 全体民辅警的责任担当，也无法描绘他们守护平安的点点滴滴，但是，在抗震救灾和灾后重建的过程中，他们所发挥的作用是巨大的。全县 110 个抗震前线 110 自地震发生以来一直守护在各个临时安置点，他们用为人民服务的初心和使命，为灾区人民保驾护航，解决一件又一件急难愁盼的事，救助一个又一个需要帮助的人，真如群众所说："有你们在，我们才安心。"这就是成立抗震前线 110 的最大意义。

供稿：张红岩

热血忠诚

甘肃公安先进典型风采录

陇南市公安局

构建现代警务新模式的陇南实践

近年来，陇南市公安局紧扣公安工作现代化的发展主题，锚定加快提升新质公安战斗力的发展主线，对标"五个争创西部一流、打造五个新陇南"的目标定位，思变求新、奋楫争先，一体构建系统集成、高度融合、协同高效的"1662+X"现代警务陇南体系，聚力打造"主动、共治、智慧、人文、未来"本土警务品牌，全力塑造陇南公安工作高质量发展的新动能新优势。先后荣立集体二等功1次、集体三等功2次，荣获"平安甘肃建设先进集体"、甘肃省"知识产权工作先进集体""全省公安文化工作先进集体"等称号。市局先后有13个集体、25名个人受到省部级以上表彰表扬。

上篇：面向基层架设"四梁八柱"

2023年，全市刑事发案下降22%，破案率上升11.3%，治安案件办结率提升5%，未成年人犯罪发案下降30.4%……近年来，陇南市公安局锚定公安工作现代化方向，建立完善符合陇南实际的"1662+X"现代警务新模式，群众安全感、满意度持续提升。

"'1662+X'构建起了陇南公安现代警务新模式的'四梁八柱'。"陇南市副市长、公安局局长陈贵生说。具体来说，"1"是指锚定构建现代警务新模式"一个目标"；第一个"6"是指实施新基础、新基建、新机制、新编成、新赛道、新目标建设"六新行动"；第二个"6"是指深化新警务数智云、情指行、大侦查、大防控、一网办、数字督"六大场景"；"2"是指建强主战之矛、主防之盾"两大体系"；"X"是指创新多个警务应用。

"一个目标"引领机制改革

2024 年"五一"、清明节假期，陇南各旅游景点火爆。24 小时警灯闪烁的警务站、停靠在景区的武装巡逻车、执勤值守的特巡警，带给广大游客满满的安全感。假日期间，陇南市公安局"情指行"一体化合成作战中心全天候运转，实时关注各旅游景点的治安、交通状况。一旦有警情出现，"情指行"一体化作战平台将快速指挥调度周边警力，实现了对各类警情的快速处置。

陇南位于甘肃省东南部，地处青藏高原、黄土高原和秦巴山区交会处，境内山大沟深，地形地貌复杂，基层社会治理难度大。对此，陇南公安机关立足本地特点，以建立完善"专业 + 机制 + 大数据"新型警务运行模式为总体目标，加快形成和提升新质公安战斗力。

"我们聚焦甘肃省公安厅'一前一后、一上一下、一个基点'公安专业能力坐标系，也就是提高料事在前的能力、应急善后的水平、云上作战的实力、向下扎根的本领、执法用法的艺术，按照'一类事项原则上由一个部门统筹、一件事情原则上由一个部门负责'要求，开展同类同质业务归并和流程再造，市县两级公安机关大部门大警种制改革有序推开，组织重构、机制重塑和流程重造同频共振，新型警务管理体制破冰前行。"陇南市公安局政委王克勤介绍。

结合本地实际，陇南公安进一步完善"情指行"一体化运行机制，并以此为牵引，使情报、指挥、行动全流程运行机制更加完备，常态化研判、扁平化指挥、合成化作战平台赋能增效，现代警务运行机制破题发展。

记者在陇南市公安局"情指行"一体化合成作战指挥中心看到，大厅LED屏幕实时显示治安视频监控、动态数据等。值班民警介绍，"情指行"平台全量实时汇集各类警情信息，"民情＋警情＋网情"可在此互联互通、融合共享。"情指行"平台会将接警信息实时下发到各派出所综合指挥室和巡逻值班民警执勤点，然后对反馈回来的数据汇总、研判，警情处置预案同步显示，形成一张"智慧网"。

陇南市公安局"情指行"一体化合成作战指挥中心主任杨春莉介绍，市县两级合成作战指挥中心实体化运行，发挥"两部三机构"即"司令部、参谋部""中枢指挥机构、信息研判机构、快速反应协调机构"职能作用，横向实现指挥、情报、基础三个中心和各警种并轨运行，纵向持续推进市县合成作战指挥中心与警种部门、派出所综合指挥室一体作战的警务模式成熟定型，实现了业务流、数据流、管理流深度融合，以及市、县、所、村社四级贯通。

记者了解到，陇南公安"情指行"平台包括8个功能模块，以此牵引全局各项警务工作，实现了自下而上的数据治理和自上而下的智慧赋能。

"六新行动"助力攻坚克难

"六新行动"包括筑牢新基础、追求新目标、塑造新机制、重组新编成、竞速新赛道、智创新基建。

"以新编成建设为例，我们探索实践研判打击、情报指挥、街面巡防、融合治理、警务督察等新型警务力量编成模式，整合力量、汇聚资源，夯实根基、强化保障。"陇南市公安局副局长刘晓勇说。2024年前半年以来，他们共发起全国数据协同2起、省内集群战役2起，破获部督案件1起、省督案件10起，抓获各类犯罪嫌疑人283名。

塑造新机制则是以"尽精微"的标准提升整合效能，以"变则通"的理念激活创新动能。陇南公安全方位建立完善"情指行"一体化运行机制、科技首创工作办法、刑事案件"123"盯办等80余项现代警务运行机制，推动警务模式由传统型向现代化迭代升级。

在筑牢新基础、追求新目标、竞速新赛道、智创新基建等方面，陇南公安也取得了阶段性成效。

——陇南公安全面落实加强新时代公安派出所工作三年行动计划，夯实基层治理根基。市县两级公安机关先后实施各类项目95个，总投资5.4亿元，建成并运行陇南公安数字文化视听中心、第三代情指中心、网安综合作战中心、一级电子数据勘查实验室以及陇南公安"8286"数智云工程、全省首家环食药监测实验室、动植物鉴定实验室，有效破解了制约全市公安工作高质量发展的瓶颈。

——聚焦"少发案、多破案、严执法"，陇南公安制定刑事发案量持续下降，11类刑事案件破案率、治安案件办结率、矛盾纠纷化解率达到三个100%的新目标。2024年前半年，全市刑事发案同比下降37.3%，治安案件办结率上升1.3%，未成年人犯罪发案同比下降28%；"盗抢骗"案件同比下降36%，破获命案积案5起，群众安全感、满意度持续提升。

——陇南公安全力实施"数智云8286"工程，建成计算资源23.5TB、存储资源2.2PB的"警务云"，上云入仓、机制共享内外部数据资源700亿余条，数智警务建设应用水平再上台阶。

——陇南公安坚持科技兴警、数据赋能，建成"七大中心"并实体运行，道路交通"三张网"建设实现人车闭环管控。

"六新场景"强化智慧赋能

晚霞湖是西和县著名的旅游景点，这里人流量大，存在群众涉水安全问题。除了日常巡逻，民警利用科技手段建立了预警模型，一旦有群众越过虚拟安全线，警务站里就发出预警音响，提醒值班民警注意。

近年来，陇南公安突出资源集成、战法合成，搭建陇南公安现代警务数智云、情指行、大侦查、大防控、一网办、数字督等六新数字应用场景，高效赋能实战。

他们以"数智云"工程领航，坚持"统、融、用"原则，形成集"数字警务、人工智能、云警务"三位一体的数智云警务。目前，已搭建数据广场、应用模型500余个；持续推进"扫街行动"，接入、共享视频监控资源10万路，举办"淬火杯"大数据建模比武竞赛130余次，创建科技兴警示范单位3个、示范基地6个，2420余名民辅警取得建模师资格。

陇南公安积极探索推进"一网通办"前提下的"最多跑一次"改革，实现政务服务"联、通、办"能力大提升、跨警种业务大集成。2023 年以来，创新研发了"五小车辆"临时号牌管理系统、"无牌车辆"信息采集管理小程序等，在全省率先建成 9 个"五小车辆"智能化考试场，20 个机动车登记服务站实现"一站式"服务，累计服务企业和群众 25.8 万余人次。

为加强警务督察工作的规范化、智能化、精准化，2023 年，陇南公安市县两级全部建成了数字督察中心，搭建智能化督察和系统化管理中心。

同时，陇南公安以"情指行"架构领跑、以"大侦查"中心领战、"大防控"体系领护，全力降警情、控发案、除隐患，实现了社会治安持续稳定。

下篇：立足实战打造攻防体系

近年来，陇南市公安局按照"整体谋划、系统重塑、务实推进、全面提升"的工作思路，主动适应刑事犯罪新变化、聚焦基层管控新体制，深入实施科技兴警战略，构建大侦查作战体系和派出所主防工作体系，建强主战之矛、主防之盾，有效提升了基层社会治理水平。

2024 年前半年，陇南公安共打掉恶势力集团 2 个、未成年人犯罪团伙 39 个；电诈发案同比下降 46.2%；破获赌博刑事案件 40 起、传统盗抢骗案件 121 起、经济犯罪案件 29 起。

主战之矛更锐利

2024年1月，陇南公安对本地一起刷单类电诈案件深入研判，打掉了一个四层级的电诈洗钱团伙，抓获境内犯罪嫌疑人19名，打掉境内洗钱团伙1个，查清境外团伙10余名嫌疑人。

"当前，刑事犯罪形势依然严峻复杂，新型化、网络化、专业化的'互联网＋犯罪'模式逐渐成为主流，塑造'新型对新型、专业对专业、组织对组织'的新型犯罪打击路线迫在眉睫。"陇南市公安局副局长刘晓勇说。

为此，陇南公安主动作为，准确把握"市县主战"思路方向，打破传统思维模式，提出"市县主战、数据赋能、服务全警——从每一起警情全链条主研做起"的工作理念，依托陇南公安"情指行"一体化实战化警务运行模式，于2024年4月立项建设实体化侦查中心，创建大侦查作战体系。该体系打破了以警种业务为核心组建专班的旧模式，完全遵循业务规律组建"工厂化"作战单元。各作战单元紧紧围绕"指挥＋研判＋证据＋协同＋打击"的五位一体"市县主战"新模式开展案件研判和侦办，实现案件全要素、全流程、全链条研判打击。

具体来说，由侦查中心总牵头，整合刑侦、经侦、治安、环食药、禁毒、出入境、森林、交警、巡特警等业务警种组建大侦查研判团队，带案入驻侦查中心开展案件研判工作。组建由市县情报分析人员领衔的分析专班，不分案件类型，流程化开展分析研判，为刑事案件侦查研判提供数据支撑。

同时，陇南公安通过组建刑事科学研究所、电子数据分析实验室、司法鉴定中心、资金审计中心、远程取证中心、现场勘验走访小组等 6 个专业团队承担证据固定、收集、转化等职能，为刑事案件信息采集、研判、侦办、诉讼等环节提供证据支撑；协调陇南市反诈协调服务中心、通信运营商、在陇商业银行、市政法联动中心、若干会计事务所和律师事务所等协同作战力量入驻侦查中心，常态化支撑全市刑事案件侦查研判。

"所有的案件研判产品统一汇聚凝练为侦查中心战报，由侦查中心统筹协调市县二级打击警种、所队对案件研判情报开展落地打击。"刘晓勇说。侦查中心坚持从每一起警情"全链条"主研做起，创建了"流水线式"研判流程，确保在 2 小时内完成对每起案件的全要素研判，形成研判报告、支撑后续侦办。

记者了解到，依托侦查中心，陇南公安打破警种壁垒，贯通基层所队，改变了过去不同层级、不同警种单打独斗局面，形成了"侦查中心主导主研、侦查单元主侦主办、派出所主防主采"的一体作战体系。侦查中心成立以来，共支撑研判案件 37 起，产出情报线索 35 条，支撑抓获嫌疑人 42 名、在逃人员 6 名，支撑研判全链条案件 7 起，申报集群战役 2 起。

主防之盾更坚固

2024 年 3 月，景礼高速公路礼县罗坝段项目部因项目施工与当地群众发生土地纠纷。陇南市公安局"情指行"一体化合成作战指挥中心了解到这一情况后，立即指令当地派出所主动干预防范，协助劳动部门多次组织双方开展调解工作。最终双方达成一致意见，事情得到妥善解决。

面对社会治理新难题，陇南市公安局积极构建立体化、信息化的社会治安防控体系，避免矛盾纠纷"民转刑"。"派出所综合指挥室作为'情指行'一体化延伸，负责开展警情信息的二次综合研判，向社区民警派发任务并督促落实。"陇南市公安局副局长陈耀明说。

"工作中，我们深化派出所'两队一室'机制改革，全力构筑派出所主防体系。"陈耀明解释说。陇南公安将"主防"理念贯穿整体工作始终，在全省率先试运行市公安局基础管控中心，并在县公安局、所队设立基础管控中心（岗），对派出所基层基础要素进行实时监测、指挥调度、督导落实，实现了对基础工作"到边到底""监督指导"管理。

同时，陇南公安建立并落实《派出所主防工作清单》《基础监测要素清单》等"两张清单"，梳理汇总出 16 项派出所主防工作考核指标、69 项基础管控要素清单，进一步明确派出所主防职责和主防工作任务，解决了社区民警"干什么、怎么干"的问题。截至 2024 年 7 月，全市派出所 100% 全部完成"两队一室"警务运行改革，招录配备驻村辅警 2333 名，配备双协管理员 3160 名（承担该村社会治安管理和食品安全监管工作）。

以派出所主防为着力点，陇南公安在 11 个城区派出所试运行包含社区警务团队、交警中队、专职巡防队在内的"一室 +N 个队室"警务运行模式，形成了"一室支撑 N 队、N 队互为协同"的工作格局。

为从源头上化解矛盾纠纷，陇南公安在派出所建设多元联调室，统筹发动人民调解员、网格员、法律顾问、志愿者等社会力量共同参与矛盾纠纷多元化解工作，行政调解、人民调解、司法调解"三调联动"，实现矛盾纠纷一体受理、一体调处。2024 年前半年，共化解各类矛盾纠纷 1.48 万起、化解率 99%。

"我们深入践行'警力有限、民力无穷'理念，大力加强社会治安共治队伍建设，目前已发展义警 2800 余名，组建义警队伍 760 余支，并打造出康县'白杨女子义警队'，宕昌县'良恭大爷'帮帮团，武都区保安、出租车司机、社区保洁员联盟等具有地方特色的品牌队伍。"陈耀明介绍道。他们还建立了 980 余支"护校队"、2400 余支村级巡防队伍，有效预防了各类案事件的发生。

创建"X 新应用"

2023 年 4 月，康县公安局周家坝派出所建成陇南首个全车型机动车查验通道，为康县及周边县区 8 个乡镇的村民就近办理公安交管业务。

"目前我们已经办理了 600 多辆车的查验工作，村民们再也不用奔波六七十公里去县城办业务了。"周家坝派出所所长苟康乐介绍道。陇南市公安局交警支队还联合相关部门研发了机动车检验智能审核系统，将车辆的审核时间由 30 秒减短到 10 秒，在提升工作效率的同时，避免了人工审核的偏差。

"科技是推动道路交通安全管理高质量发展的重要支撑。"陇南市公安局交警支队支队长刘劲说。陇南交警创新研发了"五小车辆"临时号牌管理系统、防疲劳驾驶自动预警系统、"无牌车辆"信息采集管理系统和全景业务监管等模型。

"2023 年，我们在辖区高速公路建设了交通违法预警、前排驾乘人员人脸识别等功能卡口 37 处，全面建成了高速公路'一张网'，实现了入陇车辆和驾驶人闭环管理，道路交通事故死亡人数逐年下降。"刘劭介绍道。目前他们正在布建国省道"第二张网"和县乡道"第三张网"，全面打造陇南智慧交管新场景。

为创新基层警务应用，西和县公安局以省公安厅新版警综数智后台为依托，在做强"指挥"和提升"感知"上下功夫，将全局数据汇集到指挥中心，紧盯以往数据分散、分析能力不强等问题，在指挥中心数据汇集端设立"一屏展"，对资源进行汇聚整合，为指挥分析提供了有力支撑。

同时，西和县公安局紧扣"市县主战、派出所主防"职责定位，在工业园区、公交枢纽等要素集中的石堡镇，率先探索建立集高空瞭望、无人机巡航、数据智能分析于一体的未来派出所试点建设，将人工智能化与传统"预防警务""背包警务"有机融合，进一步延伸警务触角，使社会面治安管控、打击破案、风险感知、服务群众等工作同步提升。据了解，以高等级、枫桥式、智慧型为标准，陇南公安目前建成"未来派出所"4 个、"未来警务站"1 个。

陇南公安还孵化了数据赋能统融用、基础业务一屏管、台账生成电子化和指挥舱、数智舱、视频舱、情报舱、赋能舱等现代警务新应用，多维度拓展实战实效大数据应用生态，成效显著。

供稿：蒋菱枫　闫振宙

热血忠诚

甘肃公安先进典型风采录

省公安厅情报指挥中心

热血燃动的 24 小时

省公安厅情报指挥中心主要承担防范重大风险、处置重大突发案事件、服务重大安保任务、支撑重大专项工作等重要职责任务。近年来，情报指挥中心持续深化"情指行"一体化运行机制，扎实做好机制建设、情报引领、智慧应用、数据赋能和值班值守等工作，圆满完成了一系列急难硬重工作任务。荣立集体二等功 3 次，并在破案追逃、百日攻坚、扫黑除恶、禁毒工作等专项任务中因成绩突出被省厅党委多次表彰。

有一支队伍，他们屡创佳绩、屡获殊荣，他们没有震天撼地的豪言壮语，却有默默无闻的坚守付出；他们没有搏斗歹徒的惊心动魄，却有应急处突的沉着冷静；他们没有战火硝烟的刀光剑影，却有海量数据的深挖细研……在这里，一张张大屏时刻展现全省社会治安动态，一部部电台随时调度指挥勤务部署，一台台电脑从纷繁信息中寻觅案件的蛛丝马迹，他们就是甘肃省公安厅情报指挥中心。

近年来，在省公安厅党委的坚强领导下，情报指挥中心始终坚持以习近平新时代中国特色社会主义思想为指导，认真贯彻落实公安部、省委省政府和厅党委系列部署要求，坚持厅党委"一统三体系、四强两保障"总体思路，以"专业＋机制＋大数据"新型警务运行模式为载体，持续深化推进"情指行"一体化运行机制，全力以赴防风险、保安全、护稳定、促发展，有力有效服务人民群众、服务中心大局、服务基层实战。

笔者以一天的时间线为脉络，讲述省厅情报指挥中心 24 小时的故事，通过他们平凡岗位上的不凡业绩，述说新时代情报指挥民辅警的执着坚守和默默奉献，并以此向情指战线的全体民辅警致敬，向新中国成立 75 周年献礼！

平安甘肃的守夜人

长夜未央，蝉鸣声声，陇原大地披上了黑色纱衣，街道车流渐渐减少，霓虹也慢慢褪去闪光，许多人已进入梦乡……但是有这样一抹藏蓝身影，以日月为友、与星辰为伴，时刻坚守岗位、时刻枕戈待旦。

0 时：省公安厅情报指挥中心灯光通明，10 余部电话、传真、电台在桌面上一字摆开，铃声紧密急促、此起彼伏……"您好公安部，我是甘肃省厅情指中心，请指示。""您好兰州，我是省厅情指中心，刚刚下发一条紧急指令，请签收开展工作。"……一位 90 后值班员语调沉稳又铿锵，及时接收、处理、传达一个个紧急信息……自上午 8 时到岗开展值班工作，他已连续工作 16 个小时，他努力使声音更饱满、更洪亮，因为他知道，他们是省厅党委永不打烊的坚强前哨，是人民群众的平安"守夜人"。

3时：此时电话声逐渐稀疏，忙碌了一天的值班员终于能休息片刻。"丁零零、丁零零"，电话铃又急促响起，仅仅响了两声，就被"您好，这里是省厅情报指挥中心"打断。电话铃响三声内必须接听，这是情报指挥中心的铁律，深夜电话响起，往往意味着有突发性事件或重要情况。甘南州公安局电话报告：夏河县因突降暴雨引发泥石流，致一辆行驶在乡道的货车失去动力被困，群众电话报警求助，但无法确定被困准确位置，请求省厅给予支撑。事关群众安危，一秒都容不得耽搁，接到电话报告后，凭借长期处置突发情况的经验，值班人员迅速分工。一组人员运用中心集成融合的多种技术手段，对报警电话进行关联分析，迅速确定被困人员具体方位，并将相关信息同步推送州县两级情指中心和消防救援部门；另一组人员调看现场实时画面，暴雨还在倾泻，水位仍在上涨，随时都有淹没车辆的危险，被困群众已爬到货车车顶，值班人员立即与被困群众取得联系，叮嘱安全注意事项，并告诉被困群众"救援力量马上到达，我们就在您的身后"。值班人员深知，他们的信息传递再快一秒钟，救援人员就能越早到达现场一分钟，群众的安全就多一份保障。在积极对接交管等部门，为救援力量开辟绿色通道的同时，主动联系周围最近的医院，随时准备提供急救措施。在这场与灾害的赛跑中，情指民警、处警民警、消防救援人员接力向前，终于跑赢了灾害，就在水流快要淹没车顶时，民警和消防救援人员赶到现场，及时帮助被困群众脱险。

这一晚的应急处置，只是省厅情指中心日常值班值守的一个缩影。2023年12月18日23时59分，临夏州积石山县突发6.2级地震，顷刻间，地动山摇、房屋崩塌，且余震不断，人民群众生命财产安全受到严重威胁。副省长、省公安厅党委书记、厅长黄瑞雪和厅党委副书记、常务副厅长肖春第一时间赶到厅指挥大厅研判形势后，火速带队携卫星车、无人机等赶赴灾区，带班厅领导坐镇情指中心指挥部署公安机关抗震救灾工作。距震中仅100余公里的兰州震感强烈，人们纷纷下楼避险，而此时，情指中心全体民辅警闻"震"即动、逆行而上，仅20分钟就已集结就位，全员进入战斗状态。大家分工明确、各司其职，警令传达、信息报送、指挥协调、应急处置、风险化解等工作在各工作席位迅速展开，第一时间掌握摸清震中现场情况，源源不断提供震情实时动态，为服务党中央和省委科学决策提供了"第一手资料"。面对现场受灾情况不明、人员底数不清的情况，省市县三级情指中心依托"一标三实"基础信息，开展"查人知住、查房知人"双向关联和全要素基础信息核查工作，先后核查灾区人、房、地址等信息65万余条，支撑前线救援组仅12小时内完成3轮搜救任务，共抢救伤员185人，转移受灾群众3.7万余户14.5万余人，实现了地震中搜救不留死角、不落一人，无失踪人员的战果。震后一个多月的时间里，情指中心始终与前方指挥部密切联动，累计报送各类信息快报80余期、保障各类会议40余场次，为紧张有序开展抗震救援和灾后重建工作提供了有力支撑保障，以实际行动诠释了拳拳忠诚……

日复一日，年复一年，情报指挥中心始终用满腔赤诚守护陇原百姓平安，从点滴做起、以执着守护，书写警民鱼水情。作为全省公安机关的警务实战指挥中枢，省厅情指中心全年365天、全天24小时高强度、强应急高效运转。特别是每逢重大任务、每到吃劲关口，厅领导坐镇指挥大厅，情指中心会同相关警种部门，合成作战、一体运行，形成强大的工作合力，以披星戴月的执着坚守换取陇原大地的岁月静好，用全体民辅警的辛苦指数换来全省的平安指数和人民群众的幸福指数。

风雨兼程的赶路人

晨阳初升，万物苏醒，黎明的利剑刺破夜幕，这一抹藏蓝身影陪着月落、伴着日出，披着星光、浴着晨露。指令签收、信息编报、调度检查、落实反馈……一切进行得井然有序、有条不紊，这来自于情报指挥中心的高效运转，一份份指令、一个个预警、一条条数据从这里传递向全省公安机关、滴灌至警务实战一线。

8时：两个值班班组对需要关注和盯办的事项逐一进行交接，随即新一班组接续投入紧张工作中。情指工作的特殊性决定了一个电话、一条指令往往会迎来一场分秒必争的战斗，警情就是命令，号令就要行动，身处应急值守岗位，必须具备过硬的政治素质和见微知著、一叶知秋的敏锐，善于站在全省公安工作大局的高度处理每个电话、每份信息、每起事件。这一切，源于情指民辅警日常严谨踏实的工作积累和沉淀，"一条不漏、一刻不误、一查到底""紧急信息一小时报送""刊物编辑一字不差"……这一句句工作要求烙印在每一名情指民辅警的心里，也时刻提醒着他们把"时时放心不下"的责任感转化为"事事心中有底"的行动力，将"精致、细致、极致"的作风体现在每一项工作、每一个环节。

9时30分："你好天水，请报告情况！""今日，全市治安情况良好……"情报指挥中心正逐一视频连线全省14个市州公安机关，对社会面情况进行调度巡查。每天早、中、晚都要通过视频、电话、电台等方式至少三次调度各地社会面情况，遇有特殊极端天气、重大节会活动等，都会视情增加调度频次，及时有效掌握全省安全稳定动态。每天，来自全省的公安重大信息都不断地汇聚到这里，经过综合研判和深度分析后，形成作战指令，精准滴灌属地公安机关有针对性地开展工作。在省厅情指中心，年均编发各类信息 1500 余期，落实领导批办事项 1200 余件，开展视频巡查 5500 余次，牵头完成重大节会活动安保任务 40 余场次，稳妥处置突发情况 30 余起，确保了各类紧急信息、突出情况、重大风险和突发重大案事件的稳妥应对和高效处置。与刀光剑影的刑警不同，与生死博弈的缉毒警不同，情指民警没有惊心动魄的生死时刻，没有血与火的特殊较量，但却用平凡的坚守诠释着忠诚与奉献。

13 时：已过了午饭时间，碳水化合物在胃液的作用下加速分解，随着血糖的上升，人们开始感到困倦，或倚床小憩，或街边慢走，然而这个时候，情指中心依然忙碌着，快速敲击的键盘旁是泡了很久，已经放凉都还没来得及吃的泡面……在这里，有太多鲜有人知的坚守和付出，这些年，他们关关难过关关过，一仗接着一仗打，以日复一日的执着坚守，见证了公安情指工作的发展和嬗变，逐步建立健全了"情指行"一体化运行、信息搜研流转、警情常态监测等工作机制，以及突发警情联查、敏感案事件现场处置等制度规范累计 37 项。他们从实战中不断探索、总结、完善，研究形成的"三级连环体系做好紧急信息报送"工作机制被中办《秘书工作》刊发，研究固化的"三四五"信息工作模式和"二三四一"紧急信息报送工作法，相继在部、省相关会议交流发言，总结提炼的"非警务警情对接联动'三个三'模式""大数据支撑'情指行'高效运行"等成效做法分别被公安部和公安部情报指挥中心权威刊物刊发推广。

智慧警务的弄潮儿

太阳过了中天，偏斜向西边。省厅情报指挥中心依旧忙碌，中心幕墙上的数字不断跳动，各类警情数据和态势实时呈现，民警不停地敲打键盘，全方位梳理分析研判各类突出安全风险。

16时：研判席上，几名民警正专注地盯着电脑屏幕，从海量数据中分析研判，一名民警兴奋地说道："快把这条命案逃犯活动线索通报属地，待时机成熟，果断进行抓捕！"经过近一个月的努力，中心民警抽丝剥茧、梳理线索，从犯罪嫌疑人的社会关系、职业特点、前科信息、心理行为等入手，不断拓展工作思路、扩大线索来源，终于从海量数据中寻觅出了逃犯的蛛丝马迹，并通过精准研判确定了这名潜藏蛰伏33年之久的命案逃犯活动轨迹和藏匿地点。随着鼠标点击"发送"，线索指令已传达到一线，办案单位立即组织针对性部署，准备开展抓捕行动。一头，办案民警正在嫌疑人藏匿地周边设伏抓捕，另一头，情指民警紧盯屏幕，时刻关注抓捕现场动态和犯罪嫌疑人的实时动向，支撑处置可能发生的突发情况。"就是他，嫌疑人已供述犯罪事实！"专案组在一出租屋内将命案逃犯成功抓获。至此，这起尘封33年的命案积案成功告破，告慰了亡灵、抚慰了家属，情指民警相视一笑，长舒了一口气。情报指挥中心忠诚履职、主动作为，把群众安全放在首位。2023年以来，挖掘研判各类违法犯罪线索7600余条，支撑破获各类案件2300余起，精准研判支撑抓获在逃人员 828 名，其中全流程研判支撑抓获 12 名命案积案在逃人员。

22 时：灯火次第隐去的时候，夜晚更加静谧。一名 85 后情指民警正聚精会神地梳理着要寻找的目标人员，"张某某 2012 年走失""孙某 2014 年离家出走，时龄 11 岁"……一串串信息在系统里罗列开来，突然，屏幕下方的信息提示急促闪烁，这是前线民警从东南沿海某省发来的消息，"孙某找到了，我们正在送他回家的路上"。原来，就在前天，通过对走失人员进行系统梳理研判，这位民警敏锐发现了失踪人员在某省的活动轨迹，随即将相关信息下发，属地公安机关立即派出精干力量前往查找，终于成功找到了这名失联 10 年之久的失踪人员。每一位失踪人员的背后，都有心急如焚等候的家人，牵动着家属的同时，也牵动着公安机关的心。去年以来，情报指挥中心始终坚持人民至上、心系群众，以实际行动践行为民宗旨，想群众之所想、急群众之所急。2023 年以来，积极协同刑侦、治安等警种部门，支撑找回长期失踪人员 21 名，时间跨度最长达 15 年，用警心温暖民心，让爱找到回家的路。

作为大数据实战应用的排头兵和主阵地，情报指挥中心突出大数据深度应用、智慧应用、高端应用，通过提炼总结规律特征，融合应用行业数据资源，围绕涉未成年人犯罪、跨区域犯罪等工作，搭建孵化模型 180 余个，提炼总结技战法 50 余种，并通过实战应用不断迭代优化，实现"小模型"发挥"大作用"，"小战法"撬动"大变革"，特别是搭建的警情识别模型在全国公安机关第一届大数据智能化应用大赛中荣获一等奖。

艰难困苦，玉汝于成。近年来，情报指挥中心始终在重大安保任务和重大案事件研判处置中锻造队伍、磨砺品行，圆满完成了一系列急难硬重工作任务，先后被公安部授予"全国公安机关70周年大庆安保维稳工作成绩突出集体"，3次被厅党委荣记集体二等功，并在破案追逃、百日攻坚、扫黑除恶、禁毒工作等专项任务中成绩突出被省厅党委多次表彰。中心几乎每一名同志都获得不同层级的表彰奖励，累计85人次立功受奖，一个支队荣获第21届甘肃省青年文明号集体。

夜色更深了，时针即将指向又一个零点。日月经天，昼夜往复，情报指挥中心的电话铃声依旧此起彼伏，默默坚守的故事还在继续……

供稿：马　啸　万帅祎

热血忠诚

甘肃公安先进典型风采录

热烈庆祝中国人民警察节

省公安厅科信处

数据深海里的"探路先锋"

近年来，省公安厅科信处深入贯彻落实党中央科技兴警战略，大力推进公安大数据智能化建设应用，创新大数据与视频图像深度融合，建成上线新一代警综平台，打破警种壁垒，推动系统融合，深化数据共享，全面构建了以大数据为支撑的全警智慧应用体系，为全省警务实战应用和社会治理服务提供了强有力的科技支撑，实现了甘肃公安科技信息化工作争先进位、提档升级。所获成绩受中央书记处书记、国务委员、公安部部长王小洪在全国公安厅局长会议上点名表扬。先后荣获集体二等功2次、三等功1次。

建成全省新一代警综平台、公安大数据平台、云计算平台、新一代公安信息网、大数据安全防御体系，汇聚数据总量达10万亿级，在公安部大数据建设标准符合性评测中综合排名第2，数据汇聚总量全国第1……

这是一份甘肃公安科技信息化的成绩单。

座中联六，承东启西！地处战略要位的甘肃省，公安信息化建设发展长期以来受资金、技术、人才等诸多因素制约。

惟其艰难，方显勇毅。从"基础薄弱"到"全国前列"、从"支撑服务"到"驱动引领"，甘肃公安科技信息化与时代发展脉搏共同跳动，发展之路历经艰辛、奋斗足迹波澜壮阔。

作为全省公安信息化建设的主力军，省公安厅科信处以担当诠释忠诚，在数据深海中勇敢探路，于科技兴警路上砥砺前行，以热血丹心、精进匠心谱写了一曲曲奋斗者的赞歌！

党建铸魂缔就"先锋队"

"一粒种子，只有深深地植根于沃土，才能生机无限，快速成长。"

回顾 28 年的从警生涯，科信处处长何晓风有诸多难忘的时光，全处上下通宵加班的不眠之夜、攻克难题的激动泪水皆是奋斗的印记，"奋斗让我们收获了今天的荣光！"

党建铸魂强堡垒，聚焦主业亮品牌。在厅党委的坚强领导下，科信处以党建统领业务工作，坚持党对公安科信工作的绝对领导，把增强"四个意识"、坚定"四个自信"、做到"两个维护"落到行动上，持续强化政治建设、强化理论武装、强化执行落实，不断创新党建和公安科信业务工作融合机制。在党建统领、科技引领之下，全处聚焦科技兴警战略部署，立足实战需求，做强科技支撑，全力推动公安大数据智能化建设应用，创新大数据与视频图像深度融合应用，不断加强全省公安应急通信保障能力，打破部门、资源、技术壁垒，推动跨部门、跨警种基础设施统筹、系统优化整合、数据资源共享和条线业务融合，构建了以大数据为支撑的全警智慧应用体系，为全省警务实战应用和社会治理服务提供了强有力的科技支撑。

同时，严格规范公安信息化项目建设管理流程，立项审批中，对每个项目都从实战需求、技术架构、数据共享、安全管控等方面深入研究，确保技术框架规范统一、应用需求贴合实际、项目经费科学合理。

科信处先后荣获集体二等功2次、集体三等功1次、先进党组织2次，连续5年获厅属单位绩效考评一等单位，2023年绩效考评全厅第一，1名同志获全省五一劳动奖章和"全省优秀人民警察"称号。

"目前仍处于蓄势待发、爬坡过坎、追赶进位的阶段！"面对成绩，何晓风处长表示，公安大数据、新一代警综、视频图像等在赋能警务实战、精准滴灌基层等方面还大有作为，将继续坚持从严治警不松懈、改进作风不停步、锤炼本领不放松，以党建促队建，着力锻造一支高素质甘肃公安科信铁军，为履行好新时代使命任务提供强力保证。

扬蹄奋进跑出"加速度"

灼灼匠心守初心、笃行实干践使命。以科信处副处长师磊为代表的科信"匠人"，按照厅党委要求，坚持"统"的原则、"融"的思路、"用"的导向不动摇，全省一盘棋，从基础设施、网络平台、数据资源、业务应用等方面整体设计，研究确立"1+1+13"甘肃公安大数据智能化建设总体架构，"数、云、网、安、维、用"六位一体推进，构建了符合公安实战需求的全省公安大数据生态体系，全力打造贴近实战的智能化应用格局。

2018年，按照公安部要求，全省上下全面部署推进大数据智能化建设应用。对于这次"革命性"重构，全国无经验可借鉴。

科信处总工程师韩笑与专班人员"摸着石头过河"，每天多场技术交流研讨、从头学各项标准、制定出的《甘肃公安大数据智能化建设总体方案》成为全国首批通过公安部审核的方案之一。

为加快建设进度，专班人员主动担当、分解任务、靠实责任、倒排工期，经常白天抓项目实施，抢工作进度，22点召开碰头会，盘点工作，研究方案，谋划思路，争分夺秒推动工作落地见效。专班人员自觉发扬特别能吃苦、特别能战斗的精神，以高度的政治自觉和使命担当，甘于幕后、默默耕耘，辛勤付出、团结奋进，以"功成不必在我、功成必定有我"的精神境界、"咬定青山不放松"的韧劲和"不破楼兰终不还"的拼劲，全力推进公安大数据智能化建设应用，为维护国家安全、打击违法犯罪、支撑公共服务提供了最强动力，有力保障了全省公安工作大局。

加班加点、通宵达旦……在韩笑、师磊和其他专班成员的努力下，甘肃统筹基础设施，统一网络运行，打破警种壁垒，强化业务联动，深化系统融合，推进数据共享，先后建成了全省新一代公安信息网和公安大数据平台、云计算平台，搭建了模型工厂等一批基础性、公共性全警通用应用，研发推出了3000余个实战应用模型，在31个省份中第一个完成了与部大数据平台对接，向公安部汇聚数据总量位居全国第一，在公安部组织的大数据建设标准符合性测评中全国排名第二。公安部对甘肃公安大数据智能化建设应用工作给予了"取得了显著进展，为全国其他地方公安机关大数据智能化建设做了表率"的高度评价。多次在全国性会议上交流甘肃经验，展示了勇敢担当的科信"甘肃速度"，打造了公安大数据智能化建设应用甘肃品牌，走出了一条经济欠发达地区公安科技信息化建设应用特色之路。

新警综平台集结"新战力"

新质战斗力是公安机关的关键力量和核心动能。其特点在"新"，关键在"质"，落脚在"战斗力"。

"新警综平台打破了平台壁垒，将每日工作任务、待办事项、漏项、错项和其他社区警务工作整合于社区警务工作应用中，实现了社区警务工作一体化……"

"新警综平台着力提升了智能化程度，科技信息化赋能公安实战更加明显，给民警办案节约了时间，带来了便利……"

"我对新警综平台的感受可以说由满怀期待到备受惊喜，相对于原警综平台，新警综平台可以说实现了由'慢'到'快'、由'简'到'智'、由'散'到'统'的转变……"

作为服务全警业务的"大基座"和新质战斗力的代表，新警综平台的建设，承载着厅党委的深切关怀、广大民辅警的殷切期望，也浸注着科信人的心血和汗水，建成上线以来得到了基层单位和广大民警普遍认可。

甘肃公安新警综平台是第一家搭建在公安网数据域内的，在全国没有先例和经验可以借鉴，涉及与多个警种业务系统以及政法跨部门平台的对接融合和业务协同，各系统建设的技术标准、架构不同，对接融合的难度极大。

平台建设期间，厅党委始终将其作为重点督办事项强力推进。副省长、省公安厅党委书记、厅长黄瑞雪顶格推动，"统、融、用"三字原则为整体工作提供遵循。常务副厅长肖春从功能设计、服务应用等方面提出建设性意见。副厅长冯毅逐一审阅规划，亲自协调组建攻坚小组和工作专班。

在厅党委的大力支持下，何晓风处长带领师磊、赵龙、胡志远等同志，积极克服技术难、融合难、业务难等问题，反复学习研究各项技术标准规范，与相关厂商开展技术交流研讨，向部门警种学习业务逻辑，在基层派出所开展蹲点式调研，和来自基层、来自各警种人员反复进行需求调研、时时碰撞工作思路，时刻倾听吸收基层意见建议，一点一点抠技术，一步一步明思路，以"摸着石头过河"的韧劲，摸清实情、吃透标准、把准方向。

为牢牢把握基层实战这个"牛鼻子",全力推动平台尽快上线运行,全面服务基层一线实战应用,科信处工作专班和技术开发人员一体捆绑、协同作战、全力攻坚,包括春节、国庆等假期在内,更是全年无休,一起研究业务逻辑,共同开发应用功能,全员保障基层反馈,随时响应民警需求,每天都在探讨如何突破技术瓶颈,所有的话题都沉浸在如何破解业务难题。为了保证平台的建设和运行,专门设立业务咨询、技术支持等5路热线电话和3席即时通信在线座席,通过热线电话、警务通信群组和问题反馈模块等方式,7×24小时连轴保障,使得新警综平台在不断打磨中日趋完善,超出基层民警的预期。

建成的新警综平台将大数据服务能力嵌入业务流程,向全警提供"一站式"应用支撑和按需赋能,打造了"千人千面"的应用体验,打破系统平台林立、民警多头登录、数据重复采集等困局,有效解决指令多头下发、民警多头反馈的问题,新警综平台建成有效撬动了警务运行机制变革,让基层民警真真切切尝到了大数据赋能基层的甜头,感受到了信息化带给工作的操作便利,真正实现为基层民警减负、增效、赋能。

创新为要蹚出"新路径"

两卡口出现的人头像,在视综平台通过算法比对相似度高达85%……

对兰州市公安局七里河分局办案民警张庆源、李少堂而言,2024年2月的这一关键线索,无疑是黑暗中的一束光!

循光而行。2024年4月，20多年前因债务纠纷在山东费县实验中学门口杀人后潜逃的犯罪嫌疑人文某某被七里河分局抓获。

视频与技防管理支队支队长赵龙懂业务、爱钻研，是科信处的创新能手。依托他与专班人员在全国率先构建的"两数"融合架构，仅2023年以来支撑抓获在逃人员4500余名，助力侦破10年以上命案积案30余起。由赵龙提出并负责研发建设的"两数"融合模型化技战法仓库打破数据边界，创新应用方式，解决了困扰公安行业多年的"两数"关联融合度低、传统技战法赋能不直接的问题。该技战法仓库孵化的第一个人员精准关系发现模型"寻脉"荣获第一届全国公安机关大数据智能化应用大赛一等奖。

惟改革者进，惟创新者强。

科信处聚焦警务实战需求，全面加强公安科技创新工作，与省科技厅签订《关于建立"科技兴警"协同工作机制合作协议》，协同推进创新平台建设、重大项目实施、科技创新示范、科技人才培育。

为充分发挥基层首创精神，科信处积极推进警务"微改革"和科技"微创新"，涌现了一批科技创新应用成果。先后组织参评部省级科技奖励和技术革新奖励85项，其中19项获得全国奖励，获奖质量和数量均创历史新高，首次承担了全国公安《执法记录仪接入移动警务技术要求》行业标准编制，电子沙盘、时空大数据、视频图像综合应用系统等8项成果获得国家计算机软件著作权，基于地理空间的最佳距离自动寻路计算方法等5项成果获得国家发明专利，移动警务获得全省职工优秀技术创新成果二等奖和首届"鼎新杯"数字化转型行业融合应用案例二等奖，基于"两数融合"的智能全息预警服务、移动警务应用快速开发工具等一批业务创新应用被列为公安部科技计划项目。

不惟技术"高精尖"，突出实用"小快灵"。科信处让普通民警唱主角，开辟了公安科技创新的"群众路线"，每个地区、每个警种、每个民警都成为数字警务建设的参与者和受益者，百花齐放、百舸争流的技术革新之风在全省警营上下激荡涌动。

"我们将持续开展基层技术革新专项活动，催生更多管用实用的创新成果，不断提升公安工作的科技含量。"科信处副处长赵刚介绍。

精进匠心铸就"硬品牌"

2022年9月12日16时30分许，定西市渭源县一名四岁小女孩走失。接警后，派出所值班民警通过移动警务"智寻"App发布寻找信息、配合调取周边视频监控、走访排查，4个小时后将孩子送到家长手中。

上述提到的"智寻"App是省公安厅科信处和定西市公安局合作研发的一款移动警务应用，主创人支文强是省公安厅科信处一名90后青年民警，2023年4月荣获甘肃省五一劳动奖章。

"'智寻'在确保所有数据安全可控的前提下，创新性地将基层民警帮公民'找人'这项工作与大数据相融合。"支文强介绍。在完成理论设计后，科信处政委康鹏带领他和研发人员连续奋战两个月，放弃节假日加班加点，饿了吃盒饭，累了趴在桌子上眯一会继续工作。在大家的共同努力下，系统于2021年9月顺利上线，填补了处理无法立案一般性的人员走失事件的业务空白，为民警和群众提供了一个安全可靠的技术渠道。

该系统自试点应用以来，累计收到上报走丢人员信息 709 起，成功转受理 81 起，成功协助找回走失人员 35 人，从上报到寻回平均时长在 6 小时以内，有效解决了派出所"找人"效率低的问题，大大提高了群众满意感和幸福感。

一丝不苟、精益求精、一以贯之……除"智寻"App 外，支文强和他所在的技术团队还研发推出智能搜索、人像识别、健康出行、云桌面+扫码认证、陇警通等百余个 App，覆盖公安机关线上办公、情报研判、侦查办案、治安防控、交通管理、便民服务等工作，推动着传统警务向指尖警务工作模式转变。

"每周定期召开推进会，倒排工期、按天考核，各专班成员放弃节假日昼夜工作，每天工作 16 个小时以上。"回想全省新一代移动警务系统建设期间的工作节奏，康鹏记忆犹新。

2018 年，省公安厅党委提出"要将移动警务打造成推动甘肃公安信息化升级发展的基础工程，打造成减轻基层民警工作负担的暖心工程。"科信处谋划成立由大数据、安全、网络、运维、无线、通信保障等岗位共同参与的移动警务工作专班，仅用 30 天，就完成了系统平台搭建和应用部署上线试运行。

上线试运行后，专班成员顾不上休息，又马不停蹄开始筹划组织全省移动警务终端配发工作。组织了专项工作组分赴 12 个市、州公安局，分片包点，统筹协调，经省市县上下联动，又是仅仅用了一个月时间完成了 12 个市州和 77 个县区，3 万余人的终端软件适配及配发工作，覆盖了全省公安机关所有在职在编民警，覆盖率达 100%。

移动警务对内打破指挥层级，精准打通从警务决策指挥到一线打防管控实战，对外突破时空界限，全天候随时随地为民警提供海量数据支撑，实现"办公平台随身带、大数据随时连、服务随时调"，形成"全省一张网、全员一个圈、全警一键通"的甘肃移动警务模式，已协助破案 7800 余起，办理各类政务服务业务 312.6 万笔，救助服务群众 4.8 万余次，成为了新时代甘肃公安工作的新品牌。

此外，强力推进大数据实战中心建设，组建数据支援力量，探索构建"1+5+N"全警种业务协同警务模式，为基层打造定制化、伴随式数据服务"套餐"，最大限度整合警种线上、线下警务手段和能力，高效协同、整体联动、快速反应，随时为实战民警提供数字服务支撑，实现"一线吹哨、警种报到、全时支撑"，高效赋能民警实战，为新质公安战斗力生成注入强大动能，为全省警务实战应用和社会治理服务提供了强有力的科技支撑，以扎实的工作成效诠释公安科信人的使命担当。

中央书记处书记、国务委员、公安部部长王小洪在全国公安厅局长会议上点名表扬。省委书记胡昌升在省公安厅调研时给予高度肯定，省长任振鹤到省公安厅调研时致以"惊叹、感叹、赞叹"的点赞评语。

党的二十大擘画了全面建设社会主义现代化强国、以中国式现代化全面推进中华民族伟大复兴的宏伟蓝图，明确了新时代新征程党和国家事业发展的目标任务，特别是高度重视信息化数字化发展，就加快建设网络强国、数字中国提出一系列新要求，作出一系列新部署。

省公安厅科信处将紧紧围绕省委省政府、公安部和厅党委的部署要求，坚决扛起信息化驱动引领公安工作现代化主力军的责任使命，全情投入、全力以赴、全时保障，坚定不移推进公安科技创新和大数据智能化建设应用，不断深化大数据实战应用创新和赋能基层工作，为新型警务运行模式构建提供"高能燃料"，为新质公安战斗力生成打造重要增长极。

供稿：康　鹏

热血忠诚

甘肃公安先进典型风采录

省公安厅网络安全
保卫总队

守护虚拟空间天朗气清

省公安厅网络安全保卫总队成立于 2001 年 4 月。自 1994 年互联网接入我国以来，公安机关就始终承担保护网络安全的职责使命，经过 20 多年的发展，全省公安机关网安部门实战能力、业务水平、工作成效有了长足的发展，已跻身全国第二方阵，西部一流水平。省公安厅网安总队先后获得集体一等功 1 次，全国成绩突出集体 1 个，个人二等功 12 个，全省五一劳动奖章 1 人，省部级以上表彰奖励三十余次。

截至 2023 年 12 月，中国网民规模 10.92 亿人，互联网普及率 77.5%……

于普通人而言，互联网是万紫千红、漫无边际的自由世界，于他们而言，互联网是危机四伏、险象环生的龙潭虎穴。守护无边世界、虚拟空间，用法治和坚守扶正祛邪，换得天朗气清，是使命所系、职责所在。他们有一个亲切的名字——网警。

"互联网虽有国界，却无边界。"甘肃省公安厅网络安全总队总队长倪学向感言，边界越广"业务"越大，超过半数的犯罪都关联网络，而且分工不断细化、手段疾速更新，高科技、全隐形，大到国家安全，小到个人信息，一两个人就能实施极其复杂的犯罪。作为新质公安战斗力，网警与所有警种都强关联，唯有与互联网发展同步迅速强大自身，方能治理乱象、服务社会，守护清朗空间。

从花花世界，到朗朗乾坤，在看得见的日升和看不见的月落之间，正是因为网警的拼舍，才有了国家的安全和每个公民的周全。

火眼金睛　洞穿变幻

编号分组销售、买家趋之若鹜的盲盒，里面装的只是廉价的玩偶，"上车、下单、上墙、回米"暗语沟通，是交易还是游戏？

2024年3月23日，本是普通的一天，可甘肃网警却发现了不寻常——某网购平台一本地商家，直播售卖盲盒的方式十分独特，而且，每组盲盒全部开启后，商家还会安排买家前往"会员群"参与

抽奖，并称可凭积分兑换奖金。现场突查，大量已售出并开启的盲盒，没有一个发货给买家，还存有 30 多箱共 3000 余个盲盒尚未开启，讯问商家，其表情慌张、语无伦次。

经过走访、调查、询问以及商家演示，网警明白了盲盒的真玩法。原来商家先记录每组销售的 16 个盲盒的编号，再抽取 4 个中奖编号，分别赋予不同的积分兑换奖金，通过固定微信群联系支付，剩余的营业额则作为"净利润"装进了商家自己的腰包。

短短 5 个月，盲盒的营业额达 1000 余万元。刻意设置规则，以小博大谋利，进一步分析经营行为、销售流水、群聊记录，"上车、下单、上墙、回米"分别代指"开始直播、确定盲盒、进入抽奖、返还奖金"，目的就是规避监管，但仍时不时出现"亏大了、赢麻了"等话术吸粉引流。明着是盲盒销售，关注点却在编号，就像赌博中的筹码一样，为的是多轮参与抽奖，这种玩法本身就具有极大的诱惑性和偶然性。除了向中奖买家按照积分兑现奖金，还低价回收未能中奖的盲盒，巧妙利用赌徒心理吸引、稳住买家。

只说积分不谈钱、只提暗语不说赌，违法犯罪表象相对隐秘，此前尚无该领域涉赌违法犯罪的详细司法解释和指导实践案例。甘肃网警多次与法检会商研究，查找全国范围类似案例的法理剖析及司法适用，又邀请高校专家教授，给予权威学术指导。最终认定：涉案商家积极构建"公开下注、概率玩法、筹码兑换"的赌博闭环，构成开设赌场罪，买家则构成赌博违法行为。

2024 年 4 月 14 日，第一次抓捕行动在广东、浙江、福建等地展开，一举打掉犯罪团伙 5 个，抓获犯罪嫌疑人 42 名，查实涉赌资金 1.1 亿余元。经审讯，犯罪嫌疑人如实供述了利用网购平台直播间开设赌场的犯罪事实。

首战告捷，甘肃网警没有止步，持续在各网购平台直播间调查取证，短时间内筛查出 110 余家组织手法相似的网上商家，随即积极开展涉案嫌疑人劝投工作。功夫不负有心人，先后有多名嫌疑人投案自首，其中包括两名已经逃往国外开设赌场的主犯。

2024 年 4 月 23 日，公安部在全国 20 个省、自治区、直辖市发起网络赌博专案全国集群打击战役。全国各地承办线索的公安机关纷纷向甘肃借鉴思路和战法。此次集群战役查扣的涉案盲盒达上百万个，查实的涉案赌资金额超过 2.1 亿元。

在网安战线已奋战 18 年的甘肃省公安厅网络安全总队政委庞鑫总结道，作为一种潮流玩具，盲盒精准切入了年轻消费者市场，"盲盒 +"商业模式遍地开花、迅猛发展，几乎达到了"万物皆可盲"的地步。不法分子正是看准盲盒随机性强、成本低廉、有惊喜感的特点，暗中设赌，以网上销售和直播抽奖为掩护，精心设局，实施网络违法犯罪行为。盲盒不是法治盲区，虽然盲盒本身不透明，但产品及营销模式必须透明，违法犯罪必将受到法律的制裁。

谣言惑众　露头就打

2023 年 4 月 26 日开始，网络平台相继出现相似文案称"今晨，甘肃省庆阳市发生一起令人痛心的事故，一列火车撞上正在修路的工人，导致 9 人死亡"的谣言信息，发布账号属地均显示在广东省。梳理当日网上发布信息，事发地点有多个版本，涉及平凉市崆峒区和崇信县、陇南市成县、兰州市七里河区以及庆阳市、酒泉市等地。

　　甘肃网警研判信息来源，迅速开展核查工作。经过对发布"今晨甘肃一火车撞上修路工人致9人死亡"标题文章多个账户进行核查，发现所属某平台MCN账号使用者黄某某系深圳市某自媒体有限公司法人，其同时在深圳、广州多家媒体公司担任股东，且这些公司的法人均为洪某某。

　　2023年5月5日，甘肃网警在广东省东莞市抓获犯罪嫌疑人洪某某。经查，洪某某申请注册5个MCN账号，通过微信好友购买了1000多个某平台号，绑定在MCN账号下发布文章、视频等赚取利润。为了获利，洪某某通过互联网搜集过往热点新闻，使用ChatGPT人工智能软件批量修改地点、时间等信息后，随意发布在绑定的账号上，导致谣言横行于网络。

　　浑水摸鱼，乱中取利，造谣者像军火商一样热衷于在网络中煽动舆论的"硝烟"，又在人群的惶恐和焦虑中收割流量，牟取暴利。

　　另有犯罪嫌疑人李某某，在网上购买未实名认证的账号，在微信群找人实名认证后加价转卖，从中赚取差价获利。这一次，就是李某某分5次向犯罪嫌疑人洪某某出售了810个账号。洪某某涉嫌寻衅滋事罪、李某某涉嫌侵犯公民个人信息罪，两人均被移送审查起诉。

　　"网络谣言往往引发震荡、误导舆论，危害公共安全、损害公众利益，扰乱人们的思想、心理和行为。"作为20年的资深网警，甘肃省公安厅网络安全总队副总队长罗晓东一语中的。与之相伴的公民个人信息泄露已成为群众反映强烈的社会问题之一，如果不将这个利益链的源头深挖出来，势必会滋生网络诈骗、网络暴力等等违法犯罪，进一步侵犯公民的合法权益。甘肃网警见微知著，部署专

项整治行动，重点围绕电信网点、房产中介、教培机构、售楼中心、快递门店等领域，出动警力查处整顿，有力震慑遏制了泄露信息违法犯罪活动。

甘肃网警先后开展"净网""清涟靖网"等专项行动，围绕网络水军、黑客攻击等突出犯罪，联合多警种合成作战，组织发起全国、全省集群战役8次，累计侦破涉网案件6千余起，移送起诉犯罪嫌疑人9千余名，30余起重大案件被公安部挂牌督办，27起重点案件入选全国公安机关网安部门典型案例，有效遏制了新型网络违法犯罪多发蔓延态势。

道阻且长　更显担当

谣言、暴力、邪教、水军、黑灰产、低俗、诈骗……当一众社会乱象被"互联网＋"，便会产生不亚于核聚变的破坏力，在互联网风行、受众扩大化的时代，网警网上巡查执法的作用更加凸显。

2023 年，甘肃公安机关网安部门聚焦互联网平台"色、丑、怪、假、俗、赌"等突出网络乱象开展专项整治行动，累计清理涉"三俗"及虚假信息 9400 余条，查处信息发布者近 3 千名。网警巡查执法账号积极回应网民关切和网民求助 3.2 万余次，转递违法线索 2.1 万余条。围绕积石山地震等重大事件，巡查发现各类谣言 710 条，依法查处造谣传谣网民 58 名，封禁账号 166 个，有效维护了网络空间清朗，支撑策应了抗震救灾工作。

此外，甘肃公安机关网安部门健全完善网络与信息安全信息通报机制，常态化组织开展网络安全行政执法检查、漏洞隐患实时监测、通报预警和应对处置，对政务、电力、交通等事关国计民生的重要信息系统全方位检测，累计整改修复各类漏洞隐患 1300 余个，确保了重要信息系统安全稳定运行。成功举办第二届"陇剑杯"网络安全大赛，大赛是继"网鼎杯""天府杯"之后公安部指导的全国三大网络安全大赛之一，吸引全国 32 个省市区 7000 余人报名参赛，有力提升了省内外各行业的网络安全意识和防护技能。

"立足捍卫网上政治安全、维护网上公共安全、保护网络空间安全使命任务，深化推进落实'专业＋机制＋大数据'新型警务运行模式，将工作触角从事后应对处置向事前预警防范转变，围绕突出网络犯罪和网络乱象，瞄准关键环节、开展数据建模，始终保持对人民群众反映强烈的网络犯罪高压严打态势，从源头铲除网络犯罪生存土壤，让网络这个'最大变量'成为公安事业发展的'最大增量'。"倪学向言语间透着慷慨担当。

经过 20 多年的发展，甘肃公安机关网络安全保卫工作已跻身全国第二方阵、西部一流水平，坚定捍卫了网上政治安全、坚定维护了网上公共秩序、全力守护了网络空间安靖，连续 6 年全省未发生重大网络安全事件。

忆往昔，前行的足迹未曾停留；看今朝，奋斗的姿态更加昂扬；展未来，携手共建清朗网络空间。

锚定王小洪部长调研指导甘肃公安工作时提出的"五个争创西部一流"目标，立足捍卫网上政治安全、维护网上公共安全、保护网络空间安全使命任务，忠诚护网、全警触网、依法治网、为民管网，甘肃省公安厅网络安全保卫总队以实际行动践行"没有网络安全就没有国家安全"。

甘肃网警，公安机关网络社会综合治理的主力军、维护国家网络空间安全的重要力量，这支年轻的队伍在没有硝烟的战场上磨砺出的忠诚底色、警种特色、担当本色、奋进成色、专业亮色令守卫陇原大地清朗空间的金色盾牌熠熠生辉。

供稿：厅网安总队

热血忠诚

甘肃公安先进典型风采录

省公安厅经济犯罪
侦查总队

陇原经济安全的"护航员"

1999年3月建队以来，省公安厅经济犯罪侦查总队始终以捍卫国家权益、护航经济发展、守护群众利益为己任，忠诚履职、亮剑铸盾，全力防范打击经济犯罪活动，取得了显著成效，被誉为甘肃经济社会高质量发展的"护航员"。先后荣立集体一等功2次、集体二等功1次，荣获全国打击非法买卖外汇违法犯罪活动先进集体、全国打击虚开骗税违法犯罪工作成绩突出集体、甘肃青年五四奖章集体、甘肃省青年文明号等称号。

"面对面接触式的暴力犯罪近年来大幅下降，而非接触、隐形的经济犯罪不断上升，并且呈现专业化、数据化、团伙化，具有前沿性、技术性，甚至高智商的新型特征。加之境内外勾结，不论是对个人还是对企业，尤其是对国家，危害不可估量。"从警30年的甘肃省公安厅经济犯罪侦查总队总队长贺涛说。"魔"高一尺，就要"道"高一丈，这对公安经侦工作提出了更高的要求，对于无数资金洪流循线追踪，与隐藏的罪恶狭路相逢，必须目光炯炯洞察风险，必须数据驱动智慧担当，必须明察秋毫斗智斗勇，方能护航经济发展、守护民生福祉。

紧盯"风从哪里来，险由何处生？"抓前端、治未病，织密防控网、打好组合拳，构筑经济金融安全稳固屏障。作为甘肃省公安厅侦办重大案件的办案单位，经侦总队身负全流程办理大案重任，两次荣立集体一等功，战绩居全国前列、西部一流，创出多项全国第一。

利剑出鞘铸警魂，护航发展显担当，正是陇原经侦铁军的真实写照。

亮　剑

2017 年初，甘肃省武威市公安局凉州分局接到某银行报案：2016 年 3 月以来，该行某支行行长王某某与金融掮客及其他银行工作人员相互勾结，伪造银行公章、汇票专用章及负责人名章，冒用银行名义，私自在多家企业出票的商业承兑汇票上背书加盖伪造的印章，以虚假票据贴现和虚假理财方式诈骗金融机构，涉案金额超过 100 亿元。

该案案情重大，引起了中央领导高度关注。很快，这起案件提级甘肃省公安厅管辖，建立"2·27"专案，交由经侦总队负责侦破。在公安部的指导下，20 多名业务骨干齐集，按照"严格依法办案、最大限度挽损、打击保护并重、据情分类处理"原则，从维护经济大局出发，全力开展侦查工作。

通过协调银监会、各涉案商业银行调取相关证据，专案组发现，这起案件不仅涉案金额巨大、涉及金融机构众多，而且犯罪手法新颖、各类手段交织。面对这起金融掮客裹挟金融机构蠹虫，以票据为道具实施金融诈骗的重大犯罪，专案组针对性组建了抓捕、调证、审讯 3 个小组，转战北京、上海、广州、浙江、江苏、吉林、黑龙江等 24 个省、自治区、直辖市，共询（讯）问各类人员 1200 余人次，获取书证材料 4.1 万余份、电子数据 60 余万条，装订成的案卷达 500 余册。

历时两年半 "2·27" 专案成功告破！牵涉全国 25 家金融机构，打掉金融诈骗犯罪团伙 6 个，抓获犯罪嫌疑人 25 名，查封、扣押、冻结涉案资产约 20 亿元。不仅打击了犯罪、堵住了金融漏洞，也为全国侦办类似案件提供了有益经验借鉴。

专案主办侦查员刘建斌还记得，江苏籍金融掮客潘某某一直是银监会挂名的重点监控对象，但由于其狡猾异常，得以长期游走于监管边缘巧妙逃避打击，直至 "2·27" 专案侦办中有了铁板钉钉的证据，多行不义的潘某某才与一众金融机构的内鬼被一并定罪，受到了法律应有的制裁。

"该案的成功侦破，充分体现了你省公安经侦部门坚决打赢防范化解金融风险攻坚战、严厉打击金融犯罪的坚定决心，充分展示了你们勇于担当、敢为人先、勇破大案的能力和水平，充分凸显了全体参战民警攻坚克难、坚定执着、无私奉献的工作作风和精神风貌。"公安部专发给 "2·27" 专案组的贺电中这样赞誉。专案组被公安部记集体一等功，并受邀在公安部经侦局和中国银监会举办的培训班上授课，首次登上讲台的甘肃经侦被全国同行称颂 "坊间盛传完美侦破的'金融第一案'，原来是甘肃经侦的大手笔"。

耀眼的光芒背后，鲜有人知的是，两年半的连续作战、加班加点，有的民警出差时突发脑溢血留下后遗症……所有的无怨无悔，都有力地维护了国家经济金融安全。

利剑不仅能挑出金融蠹虫，也能斩断非法跨境汇兑通道，甘肃经侦为全国打击地下钱庄犯罪树立了典型案例，再次荣立公安部集体一等功。

2019年4月，甘肃经侦收到公安部经侦局推送的1条地下钱庄违法犯罪线索。顺线调查，蹊跷立显，甘肃欠发达县城农村老年妇女持有的账户，日均进出流水竟然达人民币几千万元甚至上亿元……"4·11"专案组随即成立，情指、经侦、法制等部门的业务骨干迅速到位，展开深入侦查。

部分东乡、广河籍人员以地缘、教缘、族缘、亲缘关系为纽带，形成规模巨大的"地下钱庄"团伙，以甘肃为据点，辐射全国，勾连境外，疯狂汇兑、洗钱，严重扰乱国家金融管理秩序。

基本案情掌握后，新的问题也同时摆在了面前，外汇专业问题是难点一，海量数据处理是难点二，更为棘手的是，这又是一起没有先例可参照的"首案"。"想摸着石头过河，却连石头都找不到。"贺涛自嘲道。经研判，专案组确定了"上下贯通、左右互通"资源共享侦破方略，"上下贯通"就是与公安部经侦局沟通，请求技术、资源支撑，"左右互通"就是打破公安"单打独斗"，向相关部门寻求专业指导。

随即，专案组与中国人民银行、国家外汇管理总局联动，建立了反洗钱和外管数据专项快速查询通道调取涉案资金数据，同时，运用EXCEL函数、IBM的I2可视化分析软件以及编写JAVA软件脚本程序和网络爬虫程序，搭建专属智能研判平台，对8.8亿余条涉案资金数据、1.4万余条人员数据进行规模处理、批量定位、高效匹配，掌握银行卡号涉案情况，快速分类犯罪团伙，精准锁定嫌疑目标。专案组成员、数据专家张亚宾说，如果没有智能研判平台，靠人工作业，仅数据分析一项就得大半年时间，破案就会遥遥无期。

涉案金额 756 亿元、涉案账户 8000 多个，开户网点涉及全国 20 多个省份，交易对手多为沿海进出口企业或出口工厂，5 个团伙 14 个窝点跨境汇兑……2019 年 11 月 19 日，甘肃省公安厅抽调 300 余名警力，分赴广州、深州、东莞、西宁、兰州、临夏等 3 省 6 地，集中收网，第一波统一抓捕行动中，仅用 4 小时就将 8140 个涉案账户内的 15 亿元资金全部冻结。

为了迅速固定证据、印证罪行，专案组一边克服审讯中跨民族语言不通的困难，一边启用专线网络进行大量艰苦细致的远程取证，询（讯）问各类人员 1600 余人次，调取近 3 万个涉案资金账户的 3132 万条交易明细、1000 余万条电子数据，装订案卷 200 余册。

"4·11" 特大地下钱庄案移送起诉犯罪嫌疑人 36 名，行政处罚 419 人。"4·11" 专案组被记集体一等功，公安部贺电中赞誉 "全面彰显了顽强拼搏的优良作风和精湛过硬的能力水平"。

"地下钱庄进出的是见不得光的钱，不仅危害实体经济，还是电信诈骗、网络赌博的洗钱渠道，牵连着众多上下游犯罪，而且非接触交易隐蔽性强。" 专案组民警彭鹏说。这个 "传、帮、带" 的组织体系庞大、架构复杂、分工明确、组织严密、专业化程度高、反侦查意识强，随着国内对外贸易的持续繁荣而迅速做大，专案的侦破有力地维护了国家金融秩序和经济生态。

亮剑，主动出击、靠前一步，甘肃公安经侦部门始终坚持依法严打方针，针对危害严重、社会影响广泛的重大经济犯罪案件，组织专案打击、全力攻坚；针对常见多发、群众反映强烈的突出经济犯罪活动，部署开展 "陇剑" 行动、集中整治。2021 年以来，全省立案 10355 起、破案 8054 起，查控涉案财产 133 亿元，公安部督办 33 起重特大案件全部告破，外逃缅甸、老挝、马来西亚的 9 名"猎狐"逃犯悉数落网。

护　航

被告人孙某某犯挪用资金罪，判处有期徒刑 8 年，公安机关追缴到案的资金 4.2 亿元发还某国企，北京、上海、大连 3 处查封房产估值 1 亿余元，退还某国企……2022 年 4 月 22 日，随着二审判决书的宣读，经侦总队历时近 9 年侦办的"6·03"专案画上圆满句号。

案件侦办期间，有的主办民警甚至已退休，如果不是专案组驰而不息地侦查取证、追赃挽损，逾 5.3 亿元的国企资金便会杳如黄鹤。

9 年间，专案组始终憋着一口气——保障企业合法权益、最大限度挽回损失，辗转北京、上海、辽宁等 10 余个省份，行程 2 万余公里，询（讯）问涉案相关人员、单位 500 余人（家），通过大量调查取证，查清了案件脉络、理清了资金流向、锁定了犯罪事实。经查，2011 年 3 月，孙某某与时任某国企董事长商定，双方合作成立某资源公司开发铁矿和焦煤资源，运营资金由某国企先期垫资，孙某某先后从某资源公司转移挪用资金 6.7 亿元。孙某某被捕后，专案组补充侦查、细致补证、严密查控，穷尽一切手段追赃挽损，锲而不舍终得圆满。

此前，经侦总队还为另一家大型国企追回"真金白银"3.1 亿余元。

2023 年以来，甘肃公安经侦部门查控涉案财产 64.6 亿元，同比上升 12.7%。甘肃公安经侦部门凭着一股子"锱铢必较"的执拗，坚

持破案与挽损并重，最大限度减少企业损失，护航全省经济发展，不断优化营商环境。

甘肃公安经侦部门通过召开警企、警银座谈会，走访调研奇正药业、金益康医养、众邦电缆等20余家企业，问计于企、问需于企。依托甘肃公安三级融媒体矩阵全面开展防范宣传，揭示犯罪危害，提升企业自我管理和防御侵害的能力水平。通过打防两手抓，千方百计止损、减损、挽损。

甘肃公安经侦部门还聚焦党和国家战略部署、顺应人民群众期待需求，立足公安经侦部门职责任务，出台《经侦部门便民利企十项举措》，从方便群众企业报案、强化企业合法权益保护、畅通便民利企常态沟通渠道、发布风险防范提示、集中开展涉案财物管理排查整治等方面推出一系列具体措施，进一步充实便民利企"工具箱"、跑出服务保障高质量发展"加速度"。

铸　盾

"但使龙城飞将在，不教胡马度阴山"。针对不断发展变化、迭代升级的经济犯罪，甘肃经侦以"专业＋机制＋大数据"新型警务运行模式为牵引，推动"情报先遣队""业务尖刀连""办案生力军""笔杆智囊团"四支力量队伍建设，加快形成和提升新质公安经侦战斗力，确保能战善战、敢胜必胜。

组建60名全省公安机关经侦专家人才库，覆盖税务、商贸、金融、情报、执法等领域，灵活机动支援一线办案。经侦信息化工作荣获部局创新建设奖，经侦总队被评为全国首批15个省级五星级联勤中心，1名民警被评为全省政法楷模、1名民警获聘首批反洗钱国家队机动队员、3名民警获聘全国公安经侦部门特约研究员。基层民警跟班驻训、集中研判，一批批既懂侦查又懂信息化的复合型经侦人才已然活跃在破案第一线。

建成全省经侦信息平台，汇集经济数据6类15亿条，列装不良资产测算、保险诈骗、虚开骗税等11类模型工具，其中，不良资产测算模型线索成案率40%，引导推动"陇剑1号"行动，剑指金融领域违法犯罪。开展涉案资金追踪溯源，分析交易数据2.18亿条，彻底改变了民警调取资金流水"满天飞""到处跑"的局面，有力支撑了扫黑除恶，打击电信诈骗、网络赌博等专项行动，成为一线民警"数据化实战"的重要保障。自主研发"打击骗取出口退税"犯罪分析预警模型，汇集全省1078家外贸出口企业350万条多维数据，批量产出骗税线索24条，成功发起全国集群战役2起，挽回税款损失1100万余元，斩断多条"黑灰"产业链，探索创建了大数据背景下

"由数到人""由人到案"的打击犯罪战斗力生成新模式。自主研发车险反欺诈模型，各地根据模型自动生成线索，破案121起，挽损2046万元，重点地区车险理赔率下降30%。

推动建立公安牵头，市场监管、金融监管、税务等24家成员单位组成的打击和防范经济犯罪联席会议制度，签订战略协议、共建共享共治，会同成员单位研判预警新型犯罪、管理漏洞和风险隐患，精准指导企业做好风险防控工作，向行政监管部门和企业推送"两书一单"500余份，以经侦办案提示建议"小切口"积极参与社会治理"大格局"，遏制犯罪、防范风险、服务发展、维护稳定的整体效能显著提升。

公安部记功、贺电表扬，在全国交流工作经验，一项项荣誉是甘肃经侦实干笃行、争创一流的里程碑，这支朝气蓬勃的智能化战队一路奋楫争先，正在用青春、热血和奉献，践行"人民公安为人民"的庄严承诺，持盾握剑、枕戈待旦，全力护航经济社会高质量发展与中国式现代化甘肃实践。

供稿：厅经侦总队

热血忠诚

甘肃公安先进典型风采录

省公安厅机场公安局

筑牢航空安全"钢铁长城"

　　省公安厅机场公安局始终以全力捍卫机场辖区安全稳定、护航甘肃民航发展、守护群众利益为己任，为警徽添彩，为党旗争光，筑起辖区航空安全的钢铁长城。荣立集体二等功3次，先后被评为全国禁毒先进集体、全国"平安民航"建设工作成绩突出集体、全省新时代枫桥式基层单位。

　　"航空安全事关国家安全、国家战略"。甘肃省在"一带一路"和国家民航规划中，被赋予"构建向西开放的重要门户和次区域合作战略基地"的定位。空防持续安全、社会持续稳定、治安持续良好、队伍持续平稳，机场公安局用一张张骄人的成绩单，确保了甘肃机场治安秩序持续安全稳定。

夯实治理平安基石、激活基层神经末梢

　　"我们希望派出所民警能够把我们单位的安保人员集中起来开展一次培训""我这儿有个线索向派出所民警反映一下……"这是兰州

机场党建安防联盟会议现场的一幕。

近年来，机场公安以"主动创安、主动护稳、主动服务"为目标，以"党建带队建、队建促安防"为核心，牵头与18家驻场单位19个党支部创建资源共享、优势互补、共同发展的党建安防联盟。通过实行每月一轮值的方式，由联盟成员单位结合行业特色，自行确定月度活动主题，通报当月辖区安全形势并征求驻场单位安防工作意见。

"警察同志，我们是外地的，在咱们这边 T3 工地上干活，最近工期结束了，但老板以各种理由不给我们结账，我们听说你们所里有个律警服务站，想过来咨询一下律师。"机场公安立足三期扩建工程实际，创新开展基础排摸和矛盾纠纷排查化解，积极对接兰州新区综治中心、彩虹城中心社区，利用已建立律警服务站，整合调解联合律师事务所充分发挥"律警联调"工作模式，实现辖区纠纷警情100% 全量对接，推广"矛盾纠纷联调、社会治安联防、基层平安联创"的民航公共区域安全监管经验。累计化解矛盾纠纷242余起，实现了三期扩建工程施工现场民转刑"零发案"，劳资纠纷"零激化"，规模性群体性事件"零发生"的工作目标。

"我觉得分级管理特别有意义，从以往的派出所民警对我们的检查到现在我们每季度的自查，从以前的被动应付到现在的主动履职，我们每一个职工对安全生产的认识得到了很大提升，现在我们每季度把安全检查的报告提交至场区派出所，民警对我们的指导更加有针对、具体，进一步拉近了警企之间的距离。"辖区商户李经理耐心地讲道。近年来，机场公安积极构建"1+5+1"民航公共区域安全监管体系，聚焦治安要素管控，将辖区92家驻场单位按照安全管理、

隐患治理、案事件情况等分为"红、黄、绿"三级管理，对不同等级单位实行差异化监督检查工作，修订完善监督检查单9类258项，统一规范台账42份，实现基础工作由大水漫灌向精准滴灌转变。同时，为深入推进"百万警进千万家"的活动，结合"净航护边""夏季治安打击整治专项行动""平安民航"等专项行动，推行辖区警务"辅警管片"工作机制和基础警务巡、访、采、查、改、宣"六个结合"工作模式，采集单位从业人员信息1万余条，背景审核8千余人次，核查废旧房屋、闲置厂房、闲置单位等房间1365间、出租房屋、职工宿舍1102间，劝离危房居住人员15人次，基础信息采集录入准确率持续保持在97%以上、动态信息滚动更新达100%。

践行为民服务宗旨、延伸便民服务触角

2024 年 5 月，民航局公安局批复由甘肃机场公安牵头，承担全国民航公安智慧安保全流程优化服务试点工作，T2 航站楼派出所，扎根航站楼，心系群众，每年服务民生小事万余件，"空地一体""智慧乘机""云警务站"等多项智慧服务体系，再一次开创了全国民航公安探索融合发展的先河。

"真心谢谢你们，我不知道今天没有你们的帮助，我女儿离家出走后会发生什么样的后果"，这是 2023 年 6 月份的一起真实案例，经核实系离家出走欲乘机未成年人，T2 航站楼派出所立即启动未成年人离家出走乘机预警和劝阻机制，迅速锁定该未成年人，在民警和父母的耐心劝解下，最终同意终止行程，跟随其父母安全返回家中。

近年来，随着民航业的飞速发展，未成年人乘坐民航班机离家出走警情屡见不鲜，机场公安总结以往离家出走未成年人案例特性，创新建立未成年人离家出走乘机预警和劝返机制，温情化解数名"迷途少年"重拾温暖。在工作中逐步形成"体制机制联合、基础信息联采、安全隐患联治、治安防范联巡、矛盾纠纷联调、特殊人群联管、防范教育联宣、培训考核联动"的八联防治新模式，努力将各类风险隐患和矛盾纠纷消除在萌芽状态。

据统计，该所找人找物类警情日均 5—8 起，警情占比 63%。为此，该所成立了"帮忙侠"旅客失物查找小分队，实行首接责任制，培养视频侦查能手实现旅客遗失物快速找回，当把失物找回寄过去，旅客发自内心感动，从全国各地寄来锦旗，或是抖音、微博留言点赞"兰州是座温暖的城市"。近年来，该所为广大旅客找回遗失物品

1168 件，发还 987 件，挽回经济损失 60 余万元。

"机场旅客的出行体验不断提升，机场公安全息感知系统的运用和云警务站服务模块的细化，让旅客出行更智慧、更便捷、更安全，也让我们的安全服务工作有了依靠和底气。"兰州中川国际机场有限公司安全服务管理部负责人说。近年来，机场公安对标对表新时代"枫桥经验"生动实践，积极围绕服务和保障旅客便捷出行这一主线，探索建成全国机场首个"云警务站"，主动对接省公安厅政务服务平台，汇集民航、治安、交管、出入境等警种便民利民的网上通办事项，开通了 4 大类 26 项业务实现全国全省网上一站式自助办理，不断优化完善民航临时乘机证明线上线下自助办理一站式服务，帮助"银发族"和少儿跨越"数字鸿沟"，累计通过线上线下办理旅客临时身份证明 96721 张。"空地一体""智慧乘机""云警务站"正是他们践行新时代"枫桥经验"的指路标。

"感谢你们及时找到，我辛辛苦苦挣的 6 万块钱差点儿被骗走了。"5 月 25 日，T2 航站楼派出所民警接到诈骗预警指令后，在电话联系疑似被骗的机场从业人员赵女士无果后，立即启动"合成研判应急支撑机制"，通过多元素综合研判，很快锁定目标人员范围，兵分两路指派社区民警前往见面劝阻。赵女士正在转账操作的 6 万元全部被成功拦截，及时止损，赵女士感激不已。近年来，机场公安全面落实"主防"职能，树牢以人民为中心的发展理念，多举措压实反诈主体责任，不断加强防诈反诈宣传力度，以"控源头、常治理、强宣传"为立足点，依托预警指令及预警信息，精准推送劝阻名单，第一时间落实与当事人"电话＋见面"劝阻措施，筑牢机场反诈阵地，真真切切做到"民呼警应"。2024 年，集中开展"反诈小课

堂"宣讲 455 余次，劝阻拦截涉诈高危预警 35 人次，接收预警信息
23 条，见面劝阻 20 次，挽回经济损失 51 万余元，辖区电诈案件发
案同比下降 38%。

数据赋能筑基提质、主动创稳护航发展

2023 年 9 月 13 日，兰州中川国际机场 T3 扩建项目工地某项目
部库房内设备被盗，机场公安局迅速抽调全局精干警力组成专案组，
周密制订侦查措施，科学分析辖区治安形势，迅速组织对 T3 工地周
边进行拉网式摸排，开展侦查工作。因发案现场属施工工地，缺少
视频监控和有效痕迹等破案条件，专案组克服案件瓶颈，经过五天
五夜的侦查，成功锁定犯罪嫌疑人火某某落脚点和七处销赃及涉案
物品藏匿场所，于 9 月 18 日晚，分别在银川、兰州两地成功抓获犯
罪嫌疑人 2 人，追缴全部被盗施工设备 24 件。

近年来，机场公安率先实现全国民航公安大数据与甘肃公安大数
据战略合作，与 20 余家兄弟单位开展警务协作、共享数据，以全省
合成作战网上作战战略支撑点为引擎，加快构建"专业＋机制＋大数
据"新型警务运行模式，形成"多个进口、统一出口""横向联动、上
下贯通"的实战化指挥体系，自建模型分别在全国民航公安数据建模
大赛和全省公安机关建模大赛中分别荣获一、二、三等奖；探索强化
警务共建共享，融合发展，大力推动情报资源的共享整合与开发利
用。据统计，40 多个科技创新课题走向实战应用，建立模型战法 37
个，向全国推送涉案线索 354 条，抓获 374 人，远程破案 108 起。

供稿：李兴元　毛思程

热血忠诚

甘肃公安先进典型风采录

全省公安警务保障
工作纪实

于无声处显忠诚

省公安厅警务保障部主要担负财务管理、国资管理、装备保障、被装管理、政府采购、基础设施建设、生活保障、机关事务管理、卫生防疫、仓储管理、发展规划、综合服务等十二大类工作。警务保障部第一党支部连续4年被评为先进党支部，2021年被命名为省直机关标准化建设示范党支部，2022年警务保障部荣立集体二等功。

甘肃省地域辽阔、地理环境复杂，东西跨度1700余公里，民族结构多元，各项公安工作长期面临巨大挑战，在不断提升全省公安机关的整体效能、核心战斗力和全力服务保障全省经济发展和社会稳定大局的战斗中，警务保障工作发挥着不可替代的重要作用。

自2016年设立至今，警务保障部承担着全省公安系统的装备管理工作，也承担着公安部西北五省公安物资储备调运保管中心的职责，深入细致谋划全省装备保障方式，建立5个公安装备差异化保障片区，累计为全省基层公安机关配备防暴车、水炮车、机器人等50余个品种10万余件套装备，形成了"重点布局、区域联动、一点有事、就近支援"装备保障格局。

闻令而动　服务实战

2023 年 12 月 18 日 23 时 59 分，一场 6.2 级的地震突袭积石山保安族东乡族撒拉族自治县，民房剧烈摇晃，墙体开裂倒塌，灯光明灭不定。夜，在大地的轰鸣声、砖石开裂的"咔嚓"声、钢筋形变的"咯咯"声和老百姓的惊呼声中，彻底沸腾。

灾情就是命令！

省公安厅闻令而动！火速调度集结 1800 余名支援警力，第一时间赶赴积石山灾区一线，转移被困群众、摸排垮塌民房，开展应急处置和救援工作。与此同时，省公安厅警务保障部启动战时服务保障机制，全员火速到岗，公安警务保障工作高效运转，从机制、装备、基建、生活、物资五个方面，有力支撑后续抢险救灾和救援工作的开展。

警务保障部依托省厅"情指行"一体化运行，立即启动突发事件

应急保障机制，联系京东、中石油、甘肃银行等战略协作单位，协调汽、柴油加油车送油保障，确保油料供应不间断；与甘肃银行建立全天候银行联保机制，紧急筹备30万现金携带备用；按照"保温暖、保伙食、保物资"的原则，多方了解灾情情况和保障需要，依托京东物流和西部战区陆军部物资供应仓库，多渠道筹措符合民族传统的食品，紧急调运灾区。根据现场情况，经过反复踏勘选址，确定在积石山县大河家镇民族广场搭建省厅抗震救灾前线指挥部，顶着刺骨寒风，忍着零下20摄氏度的低温，于凌晨3时左右完成前线指挥部的搭建任务。指导兰州市公安局警航大队出动无人机7架，配合动中通和4G图传设备向指挥中心回传现场图像；在受灾地域进行地形勘查，制作全景图39张，并常态化开展巡逻、喊话、照明等任务。厅机关食堂紧急加工主副食半成品，在兰州加急采购新鲜、安全食材，蔬菜类清洗干净，储备在餐车备餐。同时积极协调当地公安机关，及时采购新鲜食材，全量供应，8天时间尽最大能力为前指执勤的人员提供热乎、可口的饭菜。第一时间对受损严重的积石山县公安局机关共8个单位实地踏勘，开展基础设施受损情况统计，报送省发改委、省减灾委员会等单位，沟通掌握灾后重建规划编制政策要求。

临近年关，十二月的积石山，隆冬天寒大雪覆盖。当永靖县公安局民警在大河家镇集中安置点，把热乎乎的饺子送到每位群众手中；当兰州市公安局特警支队在大河家镇四堡子村帮助受灾群众搭建帐篷；当东乡县公安局民辅警在柳沟乡政府搬运物资；当和政县公安局民辅警在石塬镇给群众发放取暖火炉；当庆阳市公安局援助组携带筹集的物资，千里奔赴灾区，转运救灾物资；当康乐县公安局民辅警和安置点的群众一起挂起灯笼，迎接新年的到来；当和政县公安局民警协助村干部给群众发放药品……

一件件感人的事，一幕幕警群的情，是公安警务保障服务实战的最美剪影。

做实基础　全面保障

保障有力、管理规范、基础扎实、服务到位。

这16个字，是警保人的座右铭，也是警保工作的指导思想，更是警务保障部履行职责，不断加强警务保障能力和服务水平的奋斗目标，体现在日常工作的时时处处。

——财务业务方面，警保人日夜坚守、精打细算，用键盘上准确录入的数据、计算器上反复核对的指标，实现经费保障额度和能力同步提升。从凭证资料、报销金额、科目使用、资金性质等多要素闭环审核、准确无误，构建"权责明晰、流程合理、规范高效"财务管理方式，他们没有一线战斗的丰功伟绩，却是财务战线上的行家里手，"公安机关财务业务网上对抗赛"做法受到公安部装财局充分肯定并转发全国公安机关推广。

——推进装备管理方面，编制完成《甘肃公安装备建设"十四五"规划重点项目建设任务书》，基本完成厅机关第一批重点项目建设，在全国公安装备"十四五"规划推进会上作了典型交流发言；为全省各级公安机关精准配备装甲车、餐饮车、淋浴车、水炮车、宿营车、移动方舱等特种车辆和穿墙雷达、夜视观察设备、排爆设备、声波驱散器等专业技术装备，助力公安提升战斗力；建立

"片区共享"装备保障机制，打造以图传指挥车、宿营车、炊事车为中心，以装备运输车、运兵车、卫星通信车为纽带，以水炮车、装甲车、无人机反制车为尖刀，以宿营方舱车、帐篷、睡袋等战勤装备保障的综合保障体系，实现"区域联动、模块组合、随时集结、长途机动"。

——巩固国资管理方面，完善修订《甘肃省公安厅固定资产管理办法》《甘肃省公安厅办公用房管理办法》，规范厅机关国有资产购置、登记、使用、处置的全流程管理；针对甘警院升本资产缺口，整合现有资源，研究制定专项划拨方案，划转设备、器材、土地、房产，完成了甘警院皋兰校区26处不动产权属登记和44处不动产划转工作，激发资产效能，助推甘警院升本；统筹办公服务需求，盘活厅机关闲置房屋，科学设置独立工作区域，推进机关物业、维保服务集中统一管理；破解历史遗留"登记难"问题，推动不动产保值、增值；创新工作机制，强化动态管理，采用资产信息系统动态管理、审核、录入固定资产业务数据，做到年报月报及时上报，一物一卡登记清晰，资产底数清晰明了。

——改善办公硬件方面，认真组织开展物业、保安培训会，每周1次保安实战训练，强化保安、UPS机房、消防控制室、视频监控等24小时值班值守，加强节假日、敏感时段、重大活动等值班备勤和巡查巡检工作。维修检修细致入微，定期维修保养电路用电设备，开展日常巡检，专门邀请兰州消防救援支队、燃气公司、第三方检测机构及街道相关部门，对燃气管道、报警系统及附属设施设备进行全面检测检修，消除安全隐患。多次赴临洮等地实地调研绿化选种。认真开展冬季绿化管护、春夏季换季作业。根据季节变化，结合两个办公区实际情况，补栽补种树木、绿植，使绿化效果明显改善，办公环境进一步提升。

警保人把工作当作奉献的舞台，任劳任怨，不辞劳苦，不计得失，他们把基础的工作用忠诚去做，把暖心的事情用热血去做，把平凡的事情用细心去做，把单调的事情重复去做。基础工作看似平凡，但将基础工作常年一千次、一万次重复，动作不走形，服务高质量，这就是不平凡的事。近三年来，警保部荣立集体二等功，2 人荣立二等功，23 名同志荣立三等功，48 名同志受到通报表彰。

科技兴警　向新提质

2024 年 4 月，首届警务保障大数据建模应用竞赛在厅属各单位中率先举办。比赛中，省厅警务保障部 8 个科共组建 11 支建模小组聚焦财务管理、项目管理、装备管理、车辆管理、健康监测等公安警保业务，搭建了"财务预算管理分析模型""资产统筹管理模型""全省基础设施建设管理模型"等日常工作常用实用的各类模型，从建模思路、难点痛点、业务需求等方面进行多维度阐述和全方位展示，应用已有真实数据，使用甘肃公安大数据资源服务平台建模工厂进行整合运算，得出覆盖警保业务的实用数据模型。"采购工作一图览模型"更是解决了政府采购日常工作中难度较大、重复率较高或者难以决策的问题，获得一等奖；"厅机关项目执行异常提醒模型"重点解决厅机关项目管理中程序异常、进度异常等情况，确保厅机关项目有序推进，获得二等奖；"厅机关人员健康档案综合分析模型"以厅机关民辅警、职工体检报告项目内容为维度，搭建分析模型，对不同警种、不同部门、不同年龄人员体检结果进行分析对比，直观展示分析结果，便捷高效，获得三等奖……

这一个个奖项的背后，是警务保障部坚持"科技兴警"所结出的硕果，是警务保障部发展新质生产力，适应社会治安新常态、构建新安全格局、加快形成和提升新质公安战斗力方面进行实践的体现。

——着力提升队伍信息化能力。依托年轻干部学习研究小组，组织开展大数据建模学习应用活动6次，结合警务保障工作实际，开展大数据应用，鼓励年轻干部应用大数据支撑精准服务；组织年轻民警赴科信处、网安处、机场公安局等信息化应用较好的单位学习数据建模应用，培养具有大数据思维和信息化能力的警务保障队伍；依托海致大数据应用平台，鼓励全体人员报考建模师考试，半年时间内，部门45岁以下人员全部一次性通过初级建模师考试。

——建设甘肃警保大数据平台。充分对接公安部装财局装财警保大数据平台，紧紧围绕警务保障主责主业，提出了"经费预算管

理为重点、业务流程管控为主线，机关事务和服务保障为两翼，智慧警保 App 为辅助"的上下贯通、左右衔接、内外交互的警保大数据智能化应用平台建设总体思路，全力打造"靠数据决策、靠数据服务、靠数据管理、靠数据创新、靠数据保障"的甘肃公安警务保障大数据智能化应用格局；依托甘肃省公安"大数据"平台，建设了集经费管理、项目建设管理、装备管理、政府采购管理、国有资产管理、被装管理、警用航空管理、应急物资管理、机关事务管理、生活保障管理、仓储管理、涉案财物管理、智慧警保 App 等 14 个基本应用系统于一体的业务互联互通、数据共享共用、功能灵活配置、全警按需使用的大数据智能化应用平台，切实提升警务保障工作辅助领导指挥决策和优质化管理服务的能力。

——创新开展大数据建模应用。针对警务保障工作点多、面广、头绪繁杂的特点，针对性创新开展大数据模型辅助工作，加强学习应用和总结提炼，积极探索和研究信息化应用方法，不断提高人员的信息化应用能力和水平；成立建模工作小组，紧密结合警保业务，建立大数据模型，简化工作流程，帮助进行业务管理，实现资金流与数据流、实物流与数据流、业务流与数据流的有机融合。

暖警惠警　凝聚警心

警保部将暖警惠警作为重点工作，用好两个"持续"工作法，在民警安心安身安业上下功夫，办好民警"期盼事"，解决民警"烦心事"，真正让暖警惠警工作暖在关键时、暖在细微处、暖在心田间。

——持续优化暖警惠警举措。警保部充分发挥服务保障大厅作用，以"民警少跑腿，警保多出力"为服务宗旨，通过开展集中受理、一站式服务等措施，减少环节、提高效率，极大地方便了厅机关民（辅）警办事，受到大家一致好评；认真组织实施医保关系转移接续"协作通办"，为退休干部顺利完成医保接续手续，节约医保资金。开通公安厅医务室医保刷卡平台，充分完善中西药配置，批量购入和上架常备西药 100 余种、中药 150 余种，全年为 1000 余人次售出（保障）西药及中成药 3138 盒（瓶／袋／板），按方熬制中药汤剂 1030 服；每年定期组织开展厅机关民辅警、职工体检工作，协调开展全厅巡诊，开展健康讲座及体检答疑；为基层公安机关采购配备包括血压计、血氧仪、血糖仪和急救包在内的 4 个品种各 1459 件（套）的医疗设备。

——持续改善厅机关服务保障工作。警保部先后建成厅机关洗衣房、皮工坊、洗浴室、理发室、洗车房、托管中心、生活超市、医务室；精细食堂管理，实行全年无假日运行模式，日均保障就餐人数 1200 人次，科学制定每日菜谱，推出"每周一特"菜品服务，实现了服务内容由少到多，由单一到多样；严把采购关，根据菜谱及就餐人数确定每日食材采购数量和品种，每日按需审签申购；采用多点采购、分散采购、比价采购的方式进行采购，公示菜谱和菜价，确保公开透明；积极协调邀请兰州优质汽车维修公司专业技师来厅，对公务车辆及民辅警私家车辆免费集中进行安全检查维护保养，对各类车型的保养常识和自检方法进行了详细讲解，达到了以检促保的预期效果，受到厅机关民（辅）警、职工的一致好评；组织开展"岁末寒冬送温暖 惠警被装进警营"活动，受到广大民辅警一致好评；与公安部入围企业签订合作协议，成立了甘肃省公安厅制式服装回收站，免费为民警解决了旧警服处理难问题。

在奋力推动新时代公安工作高质量发展的新征程中，警务保障部用默默无闻的辛劳和汗水书写对事业的忠诚，用日日夜夜的陪伴为一线的战友提供最强支撑，用一餐一饭的温暖筑牢战友的安全健康防线，用一针一缕的精细服务为战友提供最"硬核"的后勤保障。警保人是"公安机关的贴心管家、警种的暖心棉袄、民警的真心朋友"，用心谱写着人民警察的时代赞歌，将爱撒播在平安陇原的大地上！

供稿：刘志武　张虎强

热血忠诚

甘肃公安先进典型风采录

全省公安文化工作纪实

文化强警奏响奋进凯歌

省公安厅政治部宣传处坚持围绕中心、服务大局，主动进军移动互联网"主战场"，牢牢把握融媒体宣传"主动权"，大力推进构建甘肃公安"大宣传"格局，发好甘肃公安声音，讲好陇原警察故事，始终让主旋律、正能量成为甘肃公安争创西部一流警务和推进公安工作现代化进程中的"最强音"，融媒体中心建设应用、典型宣推、公安文化、新闻舆论、政务公开等工作分别被国务院政府信息公开办、公安部政治部、省委宣传部、省委网信办、省政府办公厅以及全国公安文联介绍经验。荣立集体二等功1次，荣获"全省扫黑除恶专项斗争先进集体"。

"只有荒凉的地方，没有荒凉的人生。"这是甘肃省酒泉市公安局交警支队马鬃山高速公路大队文化墙上的一句话。

"这句话一直激励着我们坚守于此，在平凡的岗位上书写不平凡的人生。"时任马鬃山高速公路大队大队长胡勃说，马鬃山是甘肃河西走廊北端戈壁滩上的一个边陲小镇，"风刮石头跑、戈壁滩上不长草；沙多人口少、无水无电无网络"，是对马鬃山镇自然环境的最

真实写照。

为了让民辅警耐得住寂寞、守得住清苦，马鬃山高速公路大队着力打造以"我们的警队、我们的家"为主题的警营文化，着重突出优秀文化在警队中的关键作用，引导民辅警净化思想灵魂、培育家国情怀、陶冶高尚情操，有力推进了公安工作。

甘肃拥有多样的地形、独特的自然风光和悠久的历史，勤劳质朴的甘肃人民在这片炽热的土地上不断刷新着奇迹。公安机关承担着护航经济社会发展的职责使命，如何在这样的背景下保障公安队伍始终保持高昂的战斗力，成为摆在甘肃公安面前的一道难题。

近年来，省公安厅政治部宣传处以甘肃公安"大宣传"格局为牵引，大力推动公安文化工作与中心工作同向而行、同频共振，呈现出"多点开花、繁荣发展"的可喜局面，为各项公安工作顺利开展提供了强大的价值引导力、文化凝聚力和精神推动力，探索出了一条具有陇原特色的公安文化建设之路。

齐抓共管，推进公安文化建设

近年来，甘肃省公安厅将文化建设同公安中心工作一体谋划、同步推进、狠抓落实；成立宣传思想文化工作领导小组，各相关部门联席会商、联手推进、联动实施，形成了"党委主管、政工主抓、单位主责"的工作机制，在公安文化建设实践中发挥了重要的制度和组织保障作用，创造了"甘肃经验"。

"要加强公安文联党的建设、领导班子建设、基础业务建设和人才队伍建设，使其不断成为推动公安文化繁荣兴盛的重要力量、服务和联结文艺工作者的重要载体和桥梁。"2021年7月，甘肃公安文联在二届二次理事会暨公安文化建设现场会上，对全省14个市州公安文联提出了具体要求。据介绍，甘肃公安重视狠抓、强力推进文化工作的做法，先后4次在全国公安文联和省文联会议上作了交流发言，甘肃省公安文联成立以来连续获得5届全省文联系统先进集体。

筑牢文化建设的"根"和"魂"

"通过一台晚会让我们以艺术的形式回望过去一年的酸甜苦辣，也让一年紧绷的神经得到精神放松。"过去三年，甘南藏族自治州玛曲县公安局草原骑警大队大队长才让当知布都会组织民警在帐篷里集中收看甘肃公安"春晚"，大家其乐融融、互相交流，十分温馨。

围绕庆祝新中国成立70周年、建党100周年等重大节点，每年举办一场晚会、一次作品展览，组织全警唱红歌警歌，社会反响强烈，在歌颂伟大实践中熔铸忠诚信仰；组织开展"百名新时代

政法英模""最美基层民警""我最喜爱的十大人民警察""陇原最美警嫂"等学习宣传和典型推树活动，涌现出一大批英雄模范和先进集体，举办功模事迹报告会"云宣讲"、媒体见面会等活动，大力弘扬英模精神，扩大影响力感召力，在塑造先进典型中磨砺忠诚担当。

省公安厅党委多轮次集中开展全省公安机关领导干部读书班，举办理论宣讲报告会、名家名篇导读会、主题演讲比赛、党建党史知识竞赛等活动，以"关键少数"示范引领形成全警政治轮训热潮，在强化理论武装中筑牢政治忠诚；推动战时思想政治工作阵地前置、关口前移，组织开展重大安保任务誓师大会、全省公安机关警营开放日活动，及时组织送奖到岗、火线入党、总结表彰等工作，组建文艺小分队深入一线慰问演出、采风创作，激励民警在应对大战大考中践行忠诚使命，让党旗始终在公安一线高高飘扬。

守正创新，盘活"一池春水"

依托省内红色教育基地，组织党员民警瞻仰革命遗址、重温入党誓词、缅怀革命先烈，让伟大建党精神在警营生根开花；建立健全民警职业荣誉制度，省、市、县三级联动举办全省公安机关民警荣誉退休仪式，广泛开展升国旗警旗、人民警察入警宣誓、警礼服列装、从警特定年限纪念、记功奖励、警衔晋升等仪式活动，坚定理想信念、赓续红色血脉。

"走进甘肃警察博物馆，震撼与感动两种感觉交织着，真真切切感受到甘肃公安一路走来，一路忠诚为民，一路奉献担当，他们真正配得上英雄的称号，博物馆让我们老百姓更能直观地感受到这支队伍的精神。"兰州市民钱晓兰在 2024 年警察节参观完甘肃警察博物馆后对记者说。

近年来，甘肃公安大力推动各级公安机关警史馆、校史馆、荣誉室落地落成，构筑起了甘肃公安优良传统和铁军精神生生不息、薪火相传的前沿阵地。甘肃警察博物馆集实物展陈、VR 视频、多媒

体等于一体，传统与现代科技有机融合，在全国警察博物馆建设中走在了前列、形成了独树一帜的风格，成为甘肃公安史宣传、教育、研究的标志性阵地，博物馆存史、资政、教化作用进一步提升。

在公安文化建设引领下，文化人才、文化作品、文化社团如雨后春笋般发展起来。通过点线建优、连片建强，文化盆景逐渐联结成陇原公安文化风景线。全省公安民辅警在文化感召下，不断增强自我提升、自主学习的主动性，牢固树立警营主人翁意识，变被动为主动，以个人带群体，形成了全警学文化、全警有文化、全警爱文化的浓厚氛围。

如今的甘肃公安文化建设已形成了"树大、根深、花繁、叶茂"的生动局面。

培育浇灌，汇聚引领效应"引蝶来"

2022年2月25日，由人民公安报社主办、中国警察网承办的第五届警务视频发展研讨会，评选出了2021年度20名公安影视人才，其中甘肃有两名民警入选。"入选的两名民警刘东帅、金万贵分别是甘肃公安文联影视朗诵协会和摄影协会的秘书长，能够入选全国公安影视人才，也反映了甘肃公安文化人才培育已经形成了人才引领、全警参与的金字塔状结构。"甘肃省公安厅政治部宣传处处长、省公安文联副主席兼秘书长颜宗国介绍。

省公安厅大力贯彻实施人才警务工程，通过招录、遴选、复转安置、聘用等方式拓宽宣传文化人才引进渠道，引进充实了一批影视编导、动漫绘画、播音主持、视频剪辑制作等方面的专业人才；

组织开展文艺人才大摸底，建立全省公安文艺人才库12类近900人，举办全省公安系统书画摄影集邮作品创作征集展览、文化育警才艺展示比赛、"三微"作品大赛等，鼓励名家名作与新人新作，发掘了一批具有公安文艺特长的可用之才和"好苗子"；积极组织各级公安文化工作骨干和文化人才参加公安部、全国公安文联组织的影视、文学、集邮创作培训班，推介优秀人才加入更高级别文联会员，推荐会员到全国公安文联组织的鲁迅文学院公安作家研修班、全国公安书法美术集邮人才高研班学习深造，培养了一大批优秀人才，壮大了甘肃公安文化人才队伍。

力创精品，迎来文艺创作"百花齐放"

"甘肃公安坚持聚焦中心、聚焦一线、聚焦民生、聚集精品的创作导向，集中优势力量和优质资源，催生了一大批显大气、扬正气、提朝气、接地气的优秀作品和'现象级'网络产品。"甘肃公安文联副秘书长李存军认为，公安文化在塑造队伍形象、提振队伍"精气神"方面发挥了重要作用。

"一身奖章、一生荣耀"新闻图片被《人民日报》等央媒刊登，累计阅读量超过3亿次；微电影《我与少年的你》在国家广播电视总局2020年"弘扬社会主义核心价值观　共筑中国梦"主题原创网络视听节目征集推选展播中被评为优秀作品；《其实，我也会害怕》荣获人民网"人民战疫"短视频一等奖；舞蹈节目《使命》等5件作品获得公安部第十三届"金盾文化工程"优秀作品；微动漫《彼岸》入围中宣部"法治新时代"动漫作品展，MV作品甘肃公安版《我和我

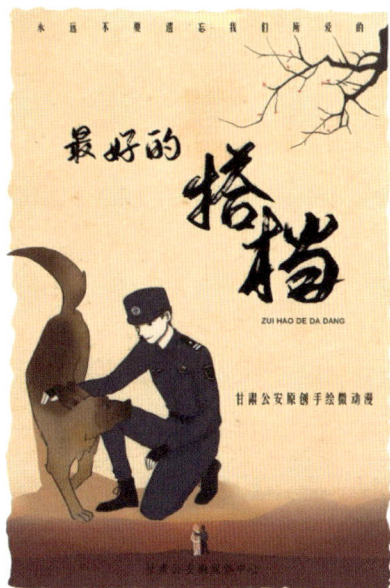

的祖国》、兰州公安版《反诈攻略》以及武威公安《反诈蛋》宣传创意等刷屏网络，甘肃公安创新文化创作的做法得到了全国公安文联的充分肯定。

多维展现，驶入融媒体发展"快车道"

"你是佳佳吧？你主持的《平安佳话》，我每期都看，而且还推送给父母和朋友，你们总能紧跟热点为我们提供最有趣最有效的安全防范提示。"甘肃公安原创视频节目《平安佳话》主持人李佳在地铁上被群众认了出来。这已经不是她第一次遇到这样的情况了。"谢谢支持，您喜欢就请多多推送给身边的朋友。"这背后，是甘肃公安文化宣传影响力的不断扩大。

　　甘肃公安深化与甘肃省广电总台的战略合作，通联工作站常驻省公安厅随警宣传，与甘肃日报报业集团签订战略合作协议，新增合作项（栏）目15个，平台辐射优势凸显；与中央驻甘肃及省内主流媒体、各大新媒体运营机构建立良好交流合作关系，充分发挥人民公安报刊主阵地优势；全省公安机关入驻微博、微信、今日头条、抖音、快手等新媒体近1000个，省、市、县三级统一建立政府网站，上线运行甘肃公安政务服务平台；全新推出《甘肃公安》综合月刊，开通甘肃公安文联公众号，为民警职工人手配发移动警务终端，形成了"视、报、网、微、端、刊"全方位、立体化公安宣传阵地体系。

　　省公安厅建成了实体化运行的甘肃公安融媒体中心，实现了公安宣传模式的转型升级和工作效率、传播效果质的提升，成为全国公安机关和省直单位融媒体中心建设的典范、甘肃公安对外交流展

示形象的重要窗口，受到了各级领导的充分肯定。"十万+""百万+"作品大量涌现，《平安佳话》《大宽警事》等品牌栏目反响强烈，甘肃公安矩阵传播力影响力大幅提升，在中央政法委、公安部和省委政法委每年组织的各类大赛、评比中斩获多项大奖、屡次排名靠前，部分平台账号进入了全国第一阵营。

暖警励警，打造幸福向上"民警之家"

甘肃公安持续推进廉政文化阵地建设，完善常态化制度化警示教育机制，着力营造风清气正的良好政风警风，健全完善各项日常管理规章、制度，积极倡导"令行禁止、警令畅通"的公安机关内部管理文化，不遗余力抓好日常养成教育，让制度约束真正成为民辅警的行为自觉。

退休不久的民警刘西昆在摄影方面独具特长，他说："刚退休的时候确实是不舍，现在办公条件这么好，大家工作劲头也很足，离开还有些失落。但很快发现，我们的离退休老干部活动也很丰富，我的镜头依旧会对准甘肃公安火热的战斗生活。"

近年来，甘肃公安机关深化警企、警医战略合作，建立民警伤病救治绿色通道，注重民警心理健康疏导；成立民警维权委员会，全力为民警执勤执法站台撑腰；积极做好英烈遗属、因公伤亡民警及家属子女抚恤优待，慰问帮扶基层一线民警辅警、因公牺牲民警家属及因公负伤民警辅警，每年组织公安英模及子女夏令营，想方设法落实英烈子女上学、就业优惠政策，关心关爱民警职工中、高考升学子女；重阳召开离退休干部茶话会、座谈会，组织开展"最美老公安"评选表彰、健康保健知识讲座，建立老干部活动中心，组建老警官艺术团，深化"一对一"结对帮扶工作，极大增强了民警队伍的幸福感获得感；领导干部与民警职工包饺子、拉家常，文艺骨干下基层送作品、送春联、送福字，让温馨警营"家"味十足。

供稿：厅宣传处

甘肃公安先进典型光荣榜
（集体，2020—2024）

全国优秀公安局

张掖市肃南县公安局

陇南市武都区公安局

平凉市华亭市公安局

人民满意公安基层单位、全国优秀公安基层单位

酒泉市瓜州县公安局柳园公安检查站

兰州市公安局城关分局盐场路派出所

嘉峪关市公安局刑警支队侦查二大队

金昌市公安局龙首分局禁毒大队

白银市白银区看守所

天水市公安局麦积分局反恐大队

武威市公安局交通警察支队阳畦高速公路大队

张掖市公安局政治部

平凉市公安局崆峒分局合成作战指挥中心

平凉市泾川县公安局经济犯罪侦查大队

庆阳市正宁县公安局刑警大队刑事科学技术室

定西市陇西县公安局柯寨派出所

陇南市武都区公安局城关派出所

全国公安机关爱民模范集体

兰州市公安局刑事警察支队电信网络案件侦查大队（合成作战指挥
中心反电信网络诈骗中心）

嘉峪关市公安局明珠路派出所

张掖市公安局特警支队

酒泉市公安局交警支队马鬃山高速公路大队

庆阳市公安局西峰分局出入境管理大队

陇南市康县公安局周家坝派出所

临夏州广河县禁毒委员会办公室

全国先进基层党组织

兰州新区公安局中川东区派出所党支部

酒泉市瓜州县公安局柳园公安检查站党支部

全省优秀公安局

白银市会宁县公安局

酒泉市敦煌市公安局

陇南市徽县公安局

兰州市公安局七里河分局

金昌市永昌县公安局

白银市公安局平川分局

武威市天祝藏族自治县公安局

张掖市公安局甘州分局

酒泉市金塔县公安局

平凉市华亭市公安局

庆阳市镇原县公安局

陇南市武都区公安局

甘南州夏河县公安局

全省优秀公安基层单位

兰州市公安局刑事警察支队七大队

兰州市公安局缉毒支队四大队

兰州市公安局交通治安分局办公室

兰州市公安局城关分局盐场路派出所

兰州市公安局西固分局出入境管理大队

兰州市公安局安宁分局沙井驿派出所

兰州新区公安局秦川派出所

兰州市榆中县公安局夏官营派出所

嘉峪关市公安局明珠路派出所

金昌市永昌县公安局城关派出所

白银市公安局白银分局刑侦一大队

白银市靖远县公安局五合派出所

天水市甘谷县公安局禁毒警察大队

天水市武山县看守所

天水市清水县公安局黄门派出所

天水市张家川回族自治县公安局龙山派出所

武威市公安局交通警察支队阳畦高速公路大队

武威市公安局凉州分局东关派出所

武威市天祝藏族自治县公安局打柴沟派出所

张掖市临泽县公安局城关派出所

张掖市高台县公安局治安管理(爆炸危险物品监管)大队

张掖市肃南裕固族自治县公安局办公室(指挥中心)

平凉市公安局崆峒分局公共信息网络安全保卫大队

平凉市泾川县公安局城关派出所

平凉市庄浪县公安局韩店派出所

酒泉市肃州区看守所

酒泉市瓜州县公安局渊泉派出所

酒泉市公安局交警支队马鬃山高速公路大队

庆阳市公安局西峰分局出入境管理大队

庆阳市正宁县公安局治安管理大队

庆阳市合水县看守所

定西市安定区看守所

定西市渭源县公安局刑警大队

定西市临洮县公安局经侦大队

陇南市礼县公安局永兴派出所

陇南市成县公安局经侦大队

陇南市康县公安局治安管理警察大队

陇南市徽县公安局禁毒大队

临夏州和政县公安局合成作战中心

临夏州东乡族自治县公安局河滩派出所

临夏州积石山县看守所

甘南州公安局刑事警察支队刑事科学技术研究所

甘南州合作市看守所

甘南州舟曲县公安局经济犯罪侦查大队

省公安厅森林公安局太子山分局刁祁派出所

兰州铁路公安局武威公安处嘉峪关南车站派出所

省公安厅机场公安局客货运派出所

甘肃省边境管理总队酒泉边境管理支队马鬃山边境派出所

集体一等功

兰州市公安局城关分局合成作战中心

酒泉市阿克塞县公安局长草沟公安检查站

平凉市公安局刑警支队

白银市公安局交通警察支队条山高速公路大队

张掖市公安局甘州分局刑事案件侦查大队

镇原县看守所

甘南州碌曲县公安局郎木寺派出所

定西市公安局特警支队

热血忠诚

甘肃公安先进典型风采录

个人卷

甘肃省公安厅　编

读者出版社

图书在版编目（CIP）数据

热血忠诚：甘肃公安先进典型风采录. 个人卷 / 甘肃省
公安厅编. -- 兰州：读者出版社，2024.9.
ISBN 978-7-5527-0838-7

Ⅰ. D631.19

中国国家版本馆CIP数据核字第2024G1P937号

热血忠诚：甘肃公安先进典型风采录（个人卷）

甘肃省公安厅　编

责任编辑　张　远
封面题字　陈新长
封面设计　路永仁

出版发行　读者出版社
地　　址　兰州市城关区读者大道568号（730030）
邮　　箱　readerpress@163.com
电　　话　0931-2131529（编辑部）　0931-2131507（发行部）

印　　刷　陕西龙山海天艺术印务有限公司
规　　格　开本 720 毫米×1000 毫米　1/16
　　　　　印张 23.5　插页 2　字数 300 千
版　　次　2024 年 9 月第 1 版
　　　　　2024 年 9 月第 1 次印刷
书　　号　ISBN 978-7-5527-0838-7
定　　价　120.00元（全两册）

序　言

　　习近平总书记强调："一个有希望的民族不能没有英雄，一个有前途的国家不能没有先锋。"新中国成立至今，甘肃公安队伍始终对党忠诚、恪尽职守，传承发扬光荣传统和优良作风，用牺牲和奉献铸就了国家安全和社会稳定的铜墙铁壁，用生命和热血谱写了人民公安为人民的华彩篇章，涌现出了一批又一批感人至深、可歌可泣的典型人物和模范集体。为大力弘扬公安英模精神，充分发挥榜样引领作用，在警营内外形成向公安英模致敬学习的良好氛围，激励广大公安民警辅警奋进新征程、建功新时代，甘肃省公安厅组织专人编写了这本《热血忠诚》，作为甘肃公安迎接新中国成立75周年的献礼图书和弘扬社会主义核心价值观的主题读物。

　　《热血忠诚》系统收录了新中国成立以来特别是新时代以来全省公安机关涌现出的39名典型人物和36个模范集体。他们当中，有的扎根基层一线、克服困难，守卫一方平安；有的奋战打击前沿、不怕牺牲，屡破大案要案；有的穿梭社区街巷、辛勤耕耘，用心用情解决群众"急难愁盼"；有的不畏艰难险阻、逆行出征，救群众于水火危难；还有的刻苦钻研警务技能本领，在改革强警、科技兴警领域勇攀高峰，取得丰硕成果。他们虽然来自不同警种、不同岗位，但都以对党忠诚、心系百姓的高尚情怀，不畏艰险、不怕牺牲的英雄气概，坚韧不拔、百折不挠的顽强斗志，甘于奉献、勇于担当的敬业精神，生动诠释了"对党忠诚、服务人民、执法公正、纪律严明"总要求，充分展现了党领导的社会主义国家人民警察克己奉公、无私奉献的良好形象。本书通过集合优秀新闻通讯和报告文学作品的形式，图文并茂，全面、真实讲述典型人物和模范集体的感人事迹，塑造呈现生动立体、有血有肉的公安民警形象，深入挖掘弘扬陇原公安铁军的精神内核和时代风采。

本书在编写过程中得到了公安部新闻宣传局、省委宣传部、省文联以及公安部新闻传媒中心、中国警察网、群众出版社等单位，各市州、兰州新区公安局和省公安厅情指中心、科信处、二处、五处、森林公安局、机场公安局、十一处、警保部等单位、部门的大力支持和帮助。编写组对书稿、插图反复进行了修改完善，突出集体和个人的先进性、典型性、代表性，力求体现甘肃公安工作特色和公安队伍的时代风采，注重图书的观赏性、可读性和教育引导作用。

本书编写过程中，参考了中共中央宣传部宣传教育局编写的《2022最美基层民警》和公安部新闻宣传局编写的《时代楷模　公安楷模风采录》的有关内容，在此特致谢意！

由于我们水平有限，书中难免有不妥之处，敬请读者批评指正。

编　者

二〇二四年九月

热血忠诚
甘肃公安先进典型风采录

目 录
Contents

热血忠诚

甘肃公安先进典型风采录

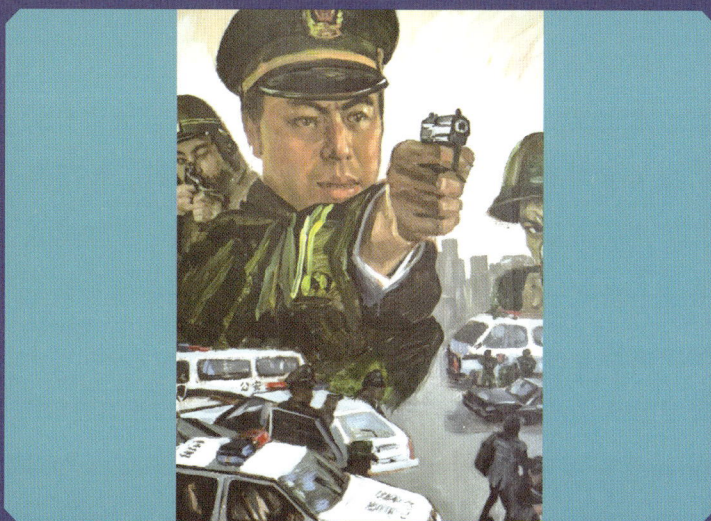

刘晓东

刘晓东 ： 碧血丹心铸警魂

刘晓东，男，汉族，中共党员，出生于 1956 年，陕西省延长县人，二级警督警衔。1974 年在甘肃省榆中县插队，1979 年参加工作，历任兰州市公安局七里河分局治安队民警、敦煌路派出所副所长、七里河分局刑警队队长、兰州市公安局刑侦大队副大队长（1999 年更名为刑警支队），曾荣立个人二等功 1 次、嘉奖 2 次，多次被评为市、区公安机关先进工作者。1995 年 12 月 18 日，在追捕 2 名盗枪、劫车杀人凶犯的战斗中，身中 11 弹壮烈牺牲，时年 39 岁。1996 年 12 月，被公安部追授为"全国公安系统一级英雄模范"称号，被甘肃省政府追认为"革命烈士"。

"站着的石头叫长城，躺着的石头叫戈壁。活着就是那西北汉，死了就是那西北魂……"

20 世纪 90 年代初，由公安部金盾影视中心和中央电视台影视部、武汉电视艺术中心联合拍摄的连续剧《西部警察》一度受到全国观众的喜爱，该剧曾荣获中宣部"五个一工程"奖。《西部警察》正是以兰州市公安局刑侦大队原副大队长刘晓东为原型，浓墨重彩塑造了刑警队长刘翰的形象，充分诠释了西部警察质朴坚毅、甘于奉献、勇于牺牲的精神特质。

"他躺在血泊里，手里还紧紧握着他的枪"

1995 年 12 月 18 日，正值西北兰州的冬天，朔风劲吹，岁暮天寒。

当天下午，兰州市公安局刑侦大队副大队长刘晓东结束了手头工作。难得不加班，这一天他要给妻子李京梅一个惊喜——为她补过生日。

刑警的世界总是忙着办案，忙着加班，少有这样欢聚的时刻。李京梅望着丈夫脸上洋溢的灿烂笑容，心中满是感动。丈夫对她的爱和深情，让她觉得嫁给刑警，虽然辛苦但也快乐并幸福着。烛光暖暖，笑意盈盈，这个补过的"生日"别有意义，让人难忘。令李京梅没有想到的是，这竟然是刘晓东陪她过的最后一个生日。

聚会结束后，刘晓东驾驶北京吉普车送两位战友回家。途经滨河北路黄河新桥附近，他们发现一辆红色夏利出租车停在路上，就在他们和出租车相遇错过时，突然，出租车驾驶员一侧车门处，一个人从车里被揉了出来，倒在马路上。

出于强烈的职业敏感和责任感，刘晓东觉察到出租车形迹可疑，随即调转车头前去盘问。停车后，同车战友龚家湾派出所所长杨顺心、小西湖派出所副教导员陈连奎下车盘查，但还没容他们走近，那辆红色夏利出租车觉察后起步向黄河大桥方向逃窜，刘晓东迅速追击堵截。

出租车开过黄河大桥以后，马上临近闹市区。刘晓东加速追赶，经过箭道巷路口，追到了出租车前面，猛打一把方向，将车停住，挡住了出租车的去路。刘晓东快速从车里跳下，拔出手枪，喝令车里的嫌疑人下车。

夜色苍茫，隔着出租车挡风玻璃，车内嫌疑人突然用冲锋枪疯狂扫射，电光石火间，罪恶的子弹呼啸而出，刘晓东胸前连中11弹！昔日高大威猛的躯体顿时血流如注，39岁的刘晓东壮烈牺牲。

嫌疑人从出租车跳下，抢走刘晓东所驾驶北京吉普车向东逃窜，慌乱中与迎面驶来的一辆大卡车相撞，又开枪打死了卡车司机，劫持了一辆路过此地的皇冠汽车，继续疯狂逃窜。次日，2名歹徒被宁夏隆德县公安机关擒获。

当晚，当战友们到达现场的时候，被眼前的场景深深震撼！"我们到达现场的时候，感觉一切都不是真的，我们难以相信，躺在那里的是我们的好战友刘晓东。他躺在血泊里，手里还紧紧握着他的枪，紧紧地握着。那种场面，我一辈子都忘不了。"许多年后，与刘晓东一起共事7年的战友、兰州市公安局七里河分局民警冀威对当时的情形仍旧历历在目。

"我爱刑警这一行，这行我干定了！"

现任兰州市公安局七里河分局国保大队教导员朱学泉，曾经与刘晓东共事。1992年初，朱学泉被分配到兰州市公安局七里河分局刑警队实习。

刘晓东时任队长。"当时刘队在我们几个实习生眼里就是神一样的存在，高大魁梧，浓眉大眼，板寸发型，说话声音洪亮，做事干脆利落，永远充满热情，不管他走到哪里，那份气场太强大。"多年后，朱学泉在《清明时节，追忆英烈刘晓东》里记录了刘晓东的形象。

"有次辖区发了一起盗窃案，刘队带上我们去现场，刘队指挥技术人员勘查现场，他戴着一双白手套，有条不紊指挥大家工作，有他在，我心里感觉特别踏实。"

刘晓东热爱公安刑侦工作。在担任七里河分局刑侦一队队长期间，他带领战友们出生入死，同各类犯罪分子作斗争，为保一方平安作出了突出成绩。仅 1992 年至 1994 年期间，他亲自指挥并直接参与侦破的刑事案件达 667 起，其中重、特大案件 325 起。

刘晓东的战友冀威回忆，一次行动中，刘晓东带着几个侦查员在七里河区柏树巷围捕一个贩毒团伙。他佯装成前去买毒品的毒贩子。真正的毒贩在前面走着，巷子深，绕来绕去，狡猾的毒贩把几个跟踪的侦查员都甩掉了。刘晓东只身跟了进去。进到一个小院子里，另一个毒贩坐在一块青石板上已经等在那里。刘晓东讲着临夏方言，与前面带路的毒贩对上了暗号。交易过程中，由于他不太标准的方言，引起了毒贩的警觉和怀疑。毒贩识破了他的身份。突然从身上掏出一把刀刺向他。

刘晓东迅速掏出手枪，向拿刀的毒贩连开两枪，一枪打在脚掌上，一枪打在小腿上，他以为毒贩会失去抵抗力。谁知，毒贩低头看了一下，继续挥舞着刀向他扑来。刘晓东又向毒贩腹部打了一枪，毒贩这才倒下。这时，另一个毒贩举着院子里的青石板向他砸来，刘晓东快速反应躲闪过去了。这个毒贩拼命跑向院子里的一间屋子，刘晓东一手持枪，一手提着倒地毒贩的脚腕拖着他往那间屋子追过去。就在这时，同行侦查员们听到枪声赶来，合力将另一个毒贩制服。

"刘晓东有血性，敢死拼命，这就是英雄本色。"

战友冀威这样说，"像这样只身与犯罪分子搏杀较量的场面，刘晓东不知经历过多少回。可是每次他都冲在前面，十六年的警察生涯，不知有多少流氓、小偷、杀人凶犯屡屡败在他的手下，面对尖刀、枪口和黑色炸药，他面不改色心不跳。他认准了一个理儿：见了坏人，当警察的就得往前冲。"

对于这一点，刘晓东妻子李京梅也有过切身体会。生女儿那一年，李京梅的母亲来兰州伺候月子。刘晓东看到岳母很辛苦，就在下班后买了电影票陪岳母去看电影。在去电影院的路上，遇到两个人手持菜刀正在打架，他马上就要往上冲。岳母拦住刘晓东说，"不要管了吧？那么危险，万一有个啥可怎么办？"

刘晓东对岳母说，"我是人民警察，这是我的职责！"说完就冲了上去。真是"路见不平一声吼"，他亮出警官证，正气凛然，义正词严，及时制止了一场流血事件的发生。

岳母回来后把这件事告诉了女儿，让女儿劝一劝爱管事的女婿。李京梅何尝不知道在丈夫那里，维护正义惩恶扬善不分上下班，何尝不知道丈夫工作的辛苦和危险。

平时刘晓东回家少，但只要回来，一定是拖着疲倦的身体，倒头就睡。有一次李京梅实在看不过去了，就对他说："晓东，既然工作这么累，不行就换个岗位吧"。刘晓东的回答是："京梅，我爱刑警这一行，这行我干定了。我是不会放弃刑警这个职业的……"

金色盾牌，热血铸就。李京梅说，"那个时候我没有办法理解，他怎么这么傻！但是我知道他对事业的执着和对生活的热爱，他就是这么一个人。"

"我要那干啥，弟兄们跟着我出生入死，
他们把工作搞好了，就是我的功。"

兰州市公安局原宣传处副处长曹军，是与刘晓东有着深厚情义的战友。如今再次忆起刘晓东，讲起英雄的故事，他仍旧讲得清晰而深刻。

1992年，曹军与刘晓东相识。那时曹军是市局政治部的科长。那一年公安部组织全国公安系统文艺演出，要求各省出一个节目，省厅把这个任务交给了市局。曹军颇有才华，写了一个剧本《生日》。很快，剧本得到了省厅和市局领导的认可。接下来，市局在全局范围内选演员——男一号，刑警队长，还专门邀请了省话剧团的老师来当评委。当时市局英俊帅气形象好气质佳的年轻男警都被推荐来了。

曹军第一眼见到刘晓东，一米八几的个头，，五官分明，气宇轩昂，他站在一群年轻男警里格外出众。当然这不是最重要的。刘晓东的出场，让他刮目相看。应征的男"演员"们一个个轮流上台，评委们却没有发现哪一个令人满意，纷纷摇头。

轮到刘晓东上台了，只见他一个箭步冲到台上，把警帽往舞台

中央的桌子上使劲一摞，大声喝道："今天不把你送进去，我誓不为人！"然后怒气冲冲抓起警帽三步并作两步走下台去。

现场所有人被震住了：这是哪出啊？这家伙闹情绪呢！很快，省话剧团的一位老师带头鼓起掌来，紧接着越来越多的掌声响起来了，全场所有人的掌声都响起来了！大家都明白了，这个刘晓东没给大家打招呼，直接入戏了，而且演得太逼真！

"就他了，就他了，再不用选了。"省话剧团的那位老师大声说。这个时候，刘晓东站在舞台边上，认真地戴好警帽，立正站好，给大家敬了一个标准利落的军礼！

这就是曹军第一次见到刘晓东的情景。三十多年过去了，回忆起这一幕，他依旧难抑激动："当时我就觉得，这个人不一般！"后来，曹军和刘晓东正式因小品《生日》而结下深厚情谊。一个是编剧，一个是男一号。更巧合的是，他们都是陕西人。同乡加上性格相似，相处起来十分投缘。从排练小品到演出成功到各地巡演，他们在一起朝夕相处了七个月。

在一起工作的二百多个日日夜夜里，曹军和刘晓东成为了无话不谈的好朋友。曹军说，刘晓东说过的好多话，至今他还记着。他说："当刑警队长，就要往前冲，弟兄们跟着你干，就得把大家都带好，出去的时候什么样，回来还什么样！"

节目在全省巡演，途中经过嘉峪关，在嘉峪关城楼上，曹军给刘晓东拍了一张照片。拍完后，刘晓东说："等回去了，你给我洗上两张好照片，万一我哪天缓下（牺牲）了，不至于让兄弟们找不到一张能用的照片。"曹军说，当时听到这话非常感动，刘晓东干刑警，真的是玩命地干，随时做好了把自己的血肉之躯献给国家和公安事业的准备。

曹军说，刘晓东非常仗义，淡泊名利。在担任七里河分局刑警队队长期间，刘晓东亲自指挥并直接参与侦破的刑事案件数百起，可是他却没有立过功。

有一次休息间隙，文艺演出的战友提到立功受奖。就问刘晓东："刘队，你破了那么多大案要案，一定立了好多功吧？"刘晓东呵呵一笑："没有，功都是弟兄们的，我要那干啥，弟兄们跟着我出生入死，他们把工作搞好了，就是我的功。"大家听了更加敬佩他。

后来，小品《生日》在全国演出中荣获一等奖，公安部给刘晓东记了二等功。这也是他警察生涯中唯一的一个功。

"刘队，你对我的好我一直都记得，我要谢谢你呢！"

心有猛虎，细嗅蔷薇。刘晓东有着刑警最优秀的素质，生活中也有心细如发的一面。

兰州市七里河法院刑庭原庭长姜庆联，曾和刘晓东在一个楼上住过。刘晓东老是加班，半夜才回来。他的鞋底磨得快，磨掉的地方上钉着铁掌子。每当他走在楼道里，姜庭长在家里听着铁掌子挨地的声音很是清楚。每天铁掌子响过了，他就知道刘晓东回来了，可以安稳睡觉了。

有段时间半夜没听到铁掌子响的声音，姜庭长白天见了刘晓东，就笑着问他："刘队，你最近出差去了啊？"

刘晓东说："是啊，你怎么知道的？"

姜庭长说："半夜没听到你的脚步声，铁掌子没响啊！"

刘晓东这才意识到自己影响到别人的休息了。此后，姜庭长很长一段时间没有听到刘晓东半夜回来的动静了。直到有一天，他恰巧加班到后半夜，上楼时发现刘晓东走在前面，双手各提着一只大皮鞋，只穿着袜子走在台阶上。

"那可是冬天，水泥台阶上多冷啊！"几年后，当得知刘晓东牺牲，姜庭长向曹军说起这件事，热泪纵横，"刘队啥事都在为别人考虑啊……"

刘晓东非常爱妻子和女儿。只是，他爱妻子和女儿的方式与别人不同。在七里河分局刑警队上班的时候，单位给他分了一套房子。

这套房子比起妻子和女儿当时住的房子，无论从地理位置、小区环境、房屋面积都要好很多。但是他却一直没有让妻子和女儿搬过去住。

曹军有些不理解，问刘晓东，为什么不让妻子和女儿住上宽敞明亮的房子，非要住在大砂坪那偏僻阴暗的小房子里呢？刘晓东告诉他，干刑警多年，打击处理的人太多了，他担心她们搬过来，万一被哪个他打击过的对象盯上，对她们不好，对他自身开展工作也不利呀！

刘晓东的担心不是没有必要。只是，他的确没有遇到过打击报复。但是有一件事，听上去有惊无险，却再次感受到刘晓东的侠骨柔肠。

一天深夜，刘晓东加完班回家。打了一辆出租车。上车以后，本能地发现，司机看他的眼神不太正常。

车行驶了几分钟，司机主动说话了："刘队，你还认识我吗？"

刘晓东警觉地用手摸到了别在腰际的枪。

司机笑了笑说："刘队，我可认识你，是你把我送进监狱的。"刘晓东立即做好了战斗的准备。

谁知司机又说："刘队，你不用紧张，虽然你把我送进了监狱，但我一点都不恨你。"

接下来他说道："五年前，我的日子过不下去，一时动了歹念，因为抢劫被你抓了。那一晚你把我铐在暖气片上，我万念俱灰。第二天早上，知道你要把我送看守所去，我当时就提出想吃一碗牛肉面，还说能不能给我加点肉？你二话没说出去了。过一会儿，给我提来了一碗热气腾腾的牛肉面，不仅加了大片的牛肉还加了两个鸡蛋。当时我吃着面就哭开了。刘队，多少年了，我父母也没有这样对待过我！后来我吃完了，吃得太撑，你又给我倒了一杯红茶。这些我都记着呢！被判了五年，我三年半就出来了，在监狱里我努力表现，两次减刑。出来后跑出租已经一年多了。刘队，你对我的好我一直记得，我要谢谢你呢！"

"每当穿上这身警服，就觉得是我离父亲最近的时候。"

刘晓东牺牲后，他的英雄事迹被中央、省、市各级媒体广泛报道，各界爱心人士纷纷向刘晓东的妻子李京梅和女儿刘雯雯表达爱心。

广州玛莎女子外语学校校长马莎女士在 1996 年春节晚会上了解到刘晓东的事迹，被他的英雄壮举深深感动。随后她与兰州市公安局政治部联系，主动要求接刘晓东的女儿刘雯雯去广州她所办的学校上学，她想给英雄的女儿一个全新的生活环境，让她暂时忘掉痛苦，全身心地投入学习，以此善举告慰英灵。

那时候刘雯雯 12 岁，已经懂事。送别爸爸那天，她抱着爸爸的遗像，走在送别的队伍里，脸上没有任何表情。爸爸的战友们看到雯雯的样子，都心疼得流下眼泪。

爸爸离开后，雯雯和妈妈相依为命。爸爸的离去，是一场巨大的灾难和噩梦，留给她无法愈合的心灵创伤。经过反复思量，李京梅做出了让女儿去广州学习的决定。

在广州学习期间，马莎校长一家为英雄的女儿倾注了全部的温情和关爱。雯雯在全新的环境里，努力适应，乐观生活，以坚强的意志完成了学业。

高中毕业后，雯雯参加了公安部组织的烈士子女考试，考到广州警官学院。经过专业系统的警院学习，顺利毕业后参加了广州市公务员考试，被正式录用为人民警察。2004 年 5 月，进入广州市公安局天河分局巡警二大队工作，2009 年 8 月调至广州市公安局天河分局 110 指挥中心工作至今。

2021 年清明节前夕，兰州市公安局开展了"咏颂忆英烈，忠诚铸警魂"主题活动。活动中，播放了刘雯雯从广州发来的一段视频，视频里的她身穿警服，英姿飒爽，她动情地说："每当穿上这身警服，就觉得是我离父亲最近的时候。虽然我现在只是一名普通的人民警察，离他的要求和距离还是很远。但是我相信，通过我不懈地努力，一定可以成为一名优秀的人民警察，向父亲交上一份满意的答卷，也对得起这一身警服。"

是的，三十年过去了，刘雯雯一路磨砺，一路成长，她没有辜负大家的期望，认真学习，勤勉工作，继续着爸爸未尽的公安事业。

她在平凡的工作岗位上尽职尽责，顽强拼搏，多次因出色完成工作任务而受到组织表彰肯定！当年那个痛失父亲的 12 岁小女孩，已然成长为一名优秀的公安战士！

"我们一定会把刘晓东同志的精神传承下去，把公安工作干好。"

在刘晓东生前所在单位，他的英雄事迹激励着一代又一代公安民警在刑侦岗位上奋力拼搏、建立功勋。

原来的刑侦大队早已更名为刑警支队。队伍不断壮大，软硬件设施不断更新，刑事技术水平逐年提升。DNA 实验室被评为国家重点实验室；建成集"繁育、训练、管理、防疫、医疗"为一体的警犬基地；推进市县（区）刑事犯罪侦查中心建设，构建数字化侦查新模式，严打严防各类突出犯罪，兰州刑警亮剑出击，不负重托，为兰州公安工作高质量发展贡献着刑侦力量。

在这支负责全市刑侦工作的队伍里，先后涌现出"全国劳动模范"李斌、"全国特级优秀人民警察"张金刚、王小安，全国公安"百佳刑警"赵志军、吴军，全国"最美基层民警"贺小东、甘肃省"我最喜爱的人民警察"杨明河等一大批英雄模范。30 载薪火相传，兰州刑警砥砺奋进，1000 余人次屡立战功，受到各级组织表彰奖励。

一个有希望的民族不能没有英雄，一个有前途的国家不能没有先锋。英雄的精神必定代代相传，英雄的足迹正在越走越长。

"刘晓东是我的队长，三十多年来，他的精神一直感召着我，担责向前，身先士卒，为人民鞠躬尽瘁。我们一定会把刘晓东同志的精神传承下去，把公安工作干好，履行好新时代人民警察的使命任务。"刘晓东生前同事、现任兰州市公安局副局长张宝成铿锵有力地说道。

时间是一种刻度，更是一种维度。时光如流水，流走了岁月，流不走闪亮的记忆。一级英雄模范刘晓东，已然成为兰州公安的精神坐标。将忠诚熔铸于灵魂与血脉，在历史潮流中奋楫前行，劈波斩浪，矢志不渝做党和人民的忠诚卫士，这早已是一代代兰州公安人坚定的选择！

供稿：兰公政　画像：白建涛

热血忠诚

甘肃公安先进典型风采录

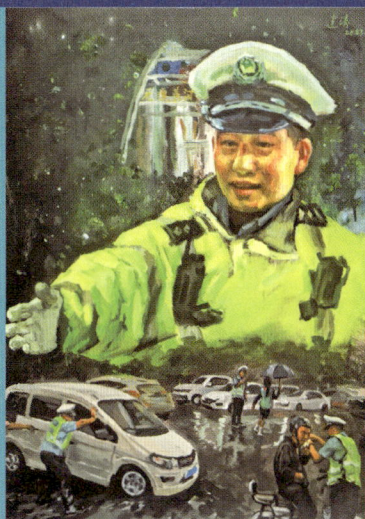

杨 成

杨　成：忠诚诠释初心
生命定格在交通管理一线

杨成，男，汉族，中共党员，出生于1973年，1992年12月参军入伍，1999年10月加入中国共产党，2004年10月加入警营，生前系兰州市公安局交通警察支队河北大队一级警长。2023年7月20日7时许，杨成在辖区元通黄河大桥周边道路巡逻执勤时，突发急性心梗，经全力抢救无效，不幸因公牺牲，年仅49岁。后被追授"全市优秀共产党员""甘肃省五一劳动奖章"。

2023年7月20日，午后，艳阳高照。

兰州市公安局交警支队河北大队党建工作室会议桌上，一页白纸打印着牺牲民警杨成的基本信息："杨成，男，汉族，1973年11月出生……7月20日7时20分左右，杨成在辖区元通黄河大桥周边道路巡逻时，突发急性心梗，经全力抢救无效，不幸因公牺牲，年仅49岁。"

晴天霹雳。耳边仿佛响起这四个字。这是三伏天的七月，一年中最是骄阳似火的时日。想那早晨7点的兰州城，天光大亮，黄河水像往常一样奔腾不息向东流，街道上车流有序穿梭，行人或匆忙赶着上班，或悠闲自在晨练。在这样一个平静而寻常的早晨，交警杨成在巡逻途中溘然离世。

当警察最不愿意面对什么？失去战友！

悲伤弥漫了整个警营，战友们眼含热泪，忍痛诉说着关于杨成的过往。

一场阵雨不期而至。临窗望去，天不知何时变得乌云密布，豆大的雨点噼里啪啦打下来。打在阳台上，打在窗棂上，打在院子里，打湿了苍茫大地，也打湿了许多人的心。

对党忠诚的你：一片丹心向阳开

杨成出生于普通工人家庭，19岁参军入伍。12年军旅生活，他勤学苦练，脱颖而出，曾被选派前往西安陆军学院学习。2004年，按照组织安排，杨成转业到兰州市公安局安宁分局开发区派出所工作。作为一名老兵新警，工作压力促使他积极主动地向战友请教、虚心与辖区群众交流。他把各类问题和建议梳理在本子上，学中干、干中学，不到一年时间，他从一名公安业务的门外汉变成了所里公认的业务骨干。

2005年，兰州市公安局成立交警支队河北大队，杨成参加全局遴选，成为第一批队员，这一干就是19年。

据不完全统计，在河北大队工作期间，杨成累计查处各类交通违法行为7.6万余起，简易交通事故2万余起，劝导行人、非机动车20万次。仅2022年，他带领队伍查处酒醉驾违法24起，城市道路电动车各类违法388起，城市工程运输车各类违法14起，载客汽车乘客不使用安全带违法 203 起，全年累计查处各类交通违章 3100余起。

一组寻常数据背后，是一名基层交警 19 年的执着坚守，是他成千上万次挥动的手势，是烈日下风雪中一步步踏出的巡逻路线……是喜欢，是热爱，是信念，是追逐理想，是在琐碎日常里秉持的初心。

在杨成的学习记录本扉页上，清晰写着："对党忠诚、服务人民、执法公正、纪律严明。坚定纯洁，让党放心，甘于奉献，能拼善赢。"字迹清秀，笔力坚定，这 32 个字，是杨成对自己喜欢的职业发自内心炽热的表白。

爱岗敬业的你：衣带渐宽终不悔

杨成所在的河北大队辖区青白石附近多发泥石流、塌方等自然灾害，队上的老同志周勇聪讲："杨成每一次都冲在最前面，以前人少，所有人都要上的时候，他年轻，所以第一个冲锋；后来队伍大了，他是党员，也是组长，又说自己有经验、以身作则，要坚守在最危险的岗位。"

一次全市突降暴雨，杨成正在市局特警支队参加轮值轮训培训班。接到出警命令后，他和战友们快速赶到城关黄河大桥下，开展紧急交通疏导。雨势迅猛、地势低洼，桥下路段积水严重，致使过往车辆熄火无法通行。踏进积水深度足以淹没膝盖，杨成和队友们将一辆又一辆隐患车辆推到安全区域。一直忙到凌晨，等任务结束脱了鞋子，他的腿脚都已经泡烂。回到营区，特警支队为大家准备了姜汤，杨成浑身衣服早已湿透，全身冻得发抖，但他笑着说："今天帮助了老百姓，虽然身上冷，但心里暖。"

2018年11月，兰州突发暴雪极端恶劣天气，交警支队吹响"降车速、压事故"集结号，杨成请战到最危险的"国道212线"参加保通保畅任务。在漆黑寒夜里，在凛冽寒风中，杨成和战友们每日站岗超过12个小时，用"一抹荧光黄"将人民警察的温度传递给每一名过往司机。

交警的岗位在路面一线，杨成在大队没有办公室，只有一间休息宿舍。平日里，杨成是永远在岗的"铁人"组长。他带着组员及时消除路面管理不安全因素，脚步遍布河北大队辖区所有路段，每日微信步数至少都在1万步。工作群里通知消息，只要看到，他第一个回复"收到"。

杨晨对工作极其认真。他经常带领战友们查车到半夜。结束时间快到了，有人提出早点回家。但他不答应，几点就是几点，早一秒都不行。这是他12年部队作风养成的习惯，板上钉钉，不含糊。

2022年秋天，杨成在工作中不慎造成右肩胛骨脱臼，医生给他复位治疗打了绷带，建议至少固定一个月后再逐步活动。这意味着杨成要在家里休养一段时间。但杨成没有听取医生的话，缠着绷带正常上班。战友们心疼他，劝他回家，他爽朗一笑，这点小意思，不影响工作。

就在牺牲前一天下午，杨成到医院补牙，随手发布了一条朋友圈："我今天丢人到家了，补牙补得居然睡着了，医生说睡着问题不大，就是打呼噜有点过分。"

服务人民的你：俯首甘为孺子牛

杨成所在的河北大队辖区地处城关区与九州开发区交界，车辆人员流动量大，交通管理难度大、责任重，各类执法问题稍有处置不当极易引发负面影响。

杨成在大队工作期间，主动联络辖区周边群众，与临街商贩主动搭话："大哥，来买瓶水""大爷，来买包烟""大爷，盆花怎么卖？"一来二去成为了好朋友好邻居，商贩们看到了一个亲民实在的交警，愿意和他打交道，愿意听他的话。群众基础打好了，群众工作做好了，一些问题迎刃而解。

辖区庙滩子一度黑摩载客泛滥，杨成设身处地了解非法营运人员现实困难后，以尊重的态度逐一沟通，讲解法律法规，引导他们遵纪守法，主动放弃非法载客。他说："执法的根本在于服务群众，无论小商贩还是摩的司机，都是我们服务的对象，要尊重更要维护他们的尊严。"

在杨成眼里，只要关乎群众的事，再细微都是大事。

一次执勤中，杨成遇到一名北京女游客汽车爆胎，女游客只会开车不会换胎。杨成二话没说，将隐患车辆推到不影响交通的安全区域，顶着大太阳换了轮胎。女游客十分感谢，要求留电话、微信再行致谢，杨成婉拒了："我是交警，这是应该做的。"事后，女游客给河北大队寄来一封感谢信，战友们才知道杨成还有这么一件好人好事。

2023年5月，大队快骑队员发现一位疑似老年痴呆的老人在路边无助求救。听到消息后，杨成第一时间到达现场，耐心询问，安抚老人情绪，在确定老人的家人不在本地且老人身患阿兹海默病的情况下，将老人一路护送到了她的亲戚家。

市民赵先生曾将一幅写着"人民交警为人民，危难之际送真情"的锦旗送到了河北大队。缘由是，赵先生由于疲劳驾驶导致突发疾病，所幸遇到了执勤的交警杨成，杨成及时将他送到医院就诊，为救治赢得了宝贵时间。在大队院子里，赵先生眼含泪花，紧紧握着杨成的手一再说着感谢。

这些年，杨成多次护送病人紧急就医，帮助走失老人小孩回家；外地驾驶员来兰不懂限行政策，杨成随身携带临时通行证办理流程的小纸条，为驾驶员尽可能提供帮助；冬天遇到下大雪，国道109线排队等待进城的大货车驾驶员缺吃少喝，杨成总会记着给他们送去热水和泡面……

最是平常却动人。平凡的杨成在平凡的工作中没有豪迈誓言，没有显赫功绩，却在一桩桩、一件件小事中倾注着他对人民群众最朴素的真情。

战友情深的你：岂曰无衣与子同袍

杨成是个热心肠，对工作对人民群众满腔热情，对战友们更是真情实意。

平日里，和其他民警不同，杨成开警车少，总是骑着警用电动车穿梭在辖区大街小巷。他说："电动车又快又方便，关键时刻堵车了也开得过去。"其实背后还有个原因，队上有老民警患风湿疾病多年，他是想让他们开着车。从2017年电动车配发至今，杨成的电动车修了 6 次，轮胎换了 4 副。他走后，中队民警将电动车清洗干净后放在了车棚里，可是杨成却再也不能骑着车出发了。

李军红是杨成的徒弟。2023 年 7 月 20 日上午，得知杨成离去的消息，李军红久久回不过神来，他默默将一条《风雨无阻，做人民的公仆》的采访视频发在了视频号里。这条视频发布于 2019 年，由甘肃电视台都市频道两位记者摄制，全长 4 分 48 秒，记录了杨成最真实的模样。视频后面，李军红留下了长长一段话："尊敬的师父，您已经离开我们，您的徒弟们对您的离去感到无比悲痛。您是我们的师父，您教给我们的不仅仅是知识，更是人生的道理……您的耐心和关注，让我们感受到了师生之间的真情。您的话语和微笑，给我们带来了无尽的力量和勇气。师父，您的离开给我们带来了无尽的悲痛和思念，但您的精神和思想将永远在我们心中。我们将永远怀念您，您永远是我们心灵的导师和朋友。愿您安息！"

情深深，意切切，字里行间流露着深厚的师徒情谊。

杨成带着的 4 个年轻人，既是他的徒弟，也是他的兄弟。近五年来，他们朝夕相处，甘苦与共。

杨成作为组长，平时带着大家出警执勤，经常会错过大队食堂饭点，他们就在外面餐馆吃饭。5 人有一个不成文的规定，外出吃饭超过百元就由杨成来付。其实这个规定就是杨成提出来的。提的时候大家没有多想，杨成年长，是老大哥，又是队上的老民警，他们习惯了听他的。现实操作下来，几乎每次外出吃饭都是杨成在买单，小伙子们要付一次，他也不让："我工资比你们高，让我来。"杨成是在心疼自己的小兄弟！

李军红发的视频后面有一条留言，来自一个叫"玉面小飞龙"

的："醒来，管我饭管我烟。"

看得人泪目了！

一份战友情，曾给予彼此春日暖阳般的温暖，而一个人离去了，还在的那个人，那些人，目送他远行，被一场泪雨永远淋湿了心。

心系至亲的你：一片冰心在玉壶

7月18日，杨成牺牲两天前。他参加单位的工作会议，记了满满当当一页笔记。

会议要点如下："以张掖'7·17'重大交通事故为警醒，一、增强政治敏锐性；二、举一反三，进一步增大交通违法查处力度，增强事故防范力度；三、个人所面临的客观困难和人命关天相比，何轻何重？（一）全面压实岗位责任，紧盯重点消除隐患；（二）排除隐患，严管施工路段、加强隐患排查；（三）重点路段排摸；（四）重点排查临水、临崖、落石危险路段、农村道路；（五）分解重点人、车、企……"

最后一行是："带着感情、带着责任、带着脑子执法，排除隐患，消除隐患。"

记录简洁完整。

我们看见了一颗负责任的心。

这是杨成最后一次会议记录，是生命的绝笔。

围绕会议记录，写在这页纸左右两边的，还有一些字迹，让人动容。

一首词：苏轼写给弟弟苏辙的《水调歌头·明月几时有》："明月

几时有，把酒问青天……人有悲欢离合，月有阴晴圆缺，此事古难全。但愿人长久，千里共婵娟。"

两首古诗：一首是白居易的《赋得古原草送别》："离离原上草，一岁一枯荣，野火烧不尽，春风吹又生。"另一首是王维的《画》："远看山有色，近听水无声，春去花还在，人来鸟不惊。"

杨成对古诗词的喜爱，倾注在工作生活里。听战友王娟说，早些年，河北大队的办公室是20间活动板房。夏天又闷又热，冬天冷风从墙缝里灌进来，杨成曾给战友们高声念着刘禹锡的《陋室铭》："山不在高，有仙则名，水不在深，有龙则灵。斯是陋室，惟吾德馨……"他面带微笑，声情并茂。大家被杨成朗诵诗句的样子感染着，尽管条件艰苦，但乐观豁达的杨成给战友们带去了欢声笑语。

一名普通的交警，火热胸膛里装着对工作的负责，装着对亲人的牵挂，也装着生命的诗情画意。

2019年，儿子10岁生日时，他给儿子写过一封信：《愿你慢慢长大》，这封信，在河北大队组织的主题党日活动上，杨成还诵读过：

"孩子，你好。每一天，爸爸都想悄悄陪伴在你身边。看你好好学习、天天向上，在成长的过程中，幸运地追寻自己的梦想。看你自豪地向小伙伴说，'我的爸爸是一名警察。'

……

爸爸希望时时刻刻能守护在你的身边，见证你慢慢地长大，为你清除成长中的障碍，为你人生的航船保驾护航。

……

爸爸更希望你成长为一个有责任、能担当、有勇气且充满同情心的孩子！爸爸最最希望的是你对任何人，都可以骄傲而自豪地说，'我的爸爸，是一个优秀的人民警察！'"

殷殷舐犊情，拳拳慈父心。

有责任、能担当、有勇气，且充满同情心，这是杨成对孩子最大的希冀。交警爸爸虽然忙碌，但并非心里只有工作。他爱着工作，也深爱着儿子，他像所有爸爸一样望子成龙，但他对孩子的爱又是那样理智而深沉，这大概和警察的职业有关。他担当警察的责任，也承载父母妻儿的期盼。他追求人生价值的实现，同样向往一家团圆欢聚、天伦之乐。然而，杨成早已将军人血性警察情怀刻进了骨子里，在工作和家庭的天平面前，对党忠诚、恪尽职守，是重于一切的。所以才有了那么多值班不回家、节日不团圆，生命最后时刻不辞而别的遗憾。

好在，杨成给儿子写下了一封信。这封信，洋洋洒洒千余字，凝结着他对儿子比山高比海深的爱，告诉了孩子，爸爸有多爱他。这爱，将化作孩子生命的亮光、前进的方向和永恒的信念。

杨成走后一周，妻子为他写了一封信，回应了杨成对儿子的期望："他常常骄傲地对同学们讲，'我的爸爸是人民警察'！我相信你的一言一行将永远激励着我们的儿子，让他更加自信自强，一定能够成为有爱心、有责任、有担当的好男儿，勇敢面对未来的一切困难和挑战。"

……

"成，请放心地走吧，我会照顾好老人和儿子，一定能够带着我们的家庭走出困境，愿你化作天上的星星，永远守护着我们，照耀着我们继续前行。"

我有一壶酒，足以慰风尘。千杯不解饮，万杯苦沉沦。埋骨厚国土，肝胆两昆仑。疏狂君莫笑，赤子中国人。

此生，以生命奔赴使命，以平凡成就伟大。杨成做到了。他，是一个优秀的人民警察！

供稿：兰公政　画像：白建涛

热血忠诚

甘肃公安先进典型风采录

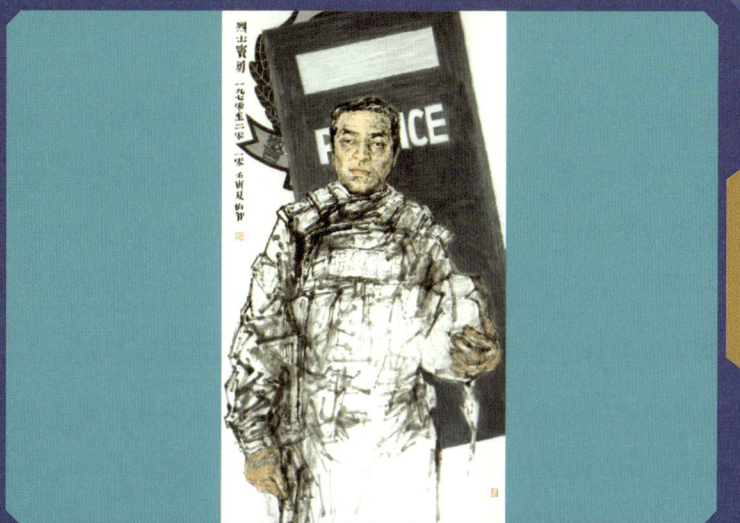

窦 勇

窦勇：忠魂不灭　英气长存

窦勇，男，汉族，中共党员，出生于 1970 年，甘肃武山人，1986 年 10 月参加工作，1999 年 10 月参加公安工作，生前系兰州市公安局特警支队战术总教练，先后荣立个人一等功 1 次、三等功 1 次、嘉奖 4 次。2010 年 3 月 9 日，在处置一起持枪挟持人质事件中，窦勇将战友们护在身后，冲锋在前，不幸被犯罪嫌疑人开枪击伤，终因伤势过重抢救无效，壮烈牺牲，年仅 40 岁。后被公安部追授"全国公安系统二级英雄模范"，被省政府批准为"革命烈士"。

2010 年 3 月 9 日。

这一天，成了全体兰州特警一个无比痛楚的日子。

华灯初上，当我们还在平静而有序地做着各自的事情时，谁都没有想到的一个消息传来：窦勇牺牲了。

我们的窦队。

他走了？

他走了！

他走了……

难以置信，不愿相信的事实，已经发生了！你能够想象，这样一个人，上午的时候他还给你讲擒拿技术的要领，给你讲如何做好一个特警队员，给你讲走到哪都要记着你是一名特警队员，要为这个集体争光，要为这个集体的荣誉而战。当时正是阳光灿烂，他那样神采奕奕地站在操场上，语重心长说着话，字字句句饱含真情，句句字字发自肺腑。

这一天的晚上，我们看不到满天的星星，他牺牲在战斗的第一线。

现在我更加真切地体会到，岁月静好，现世安稳，是一种多么难得的美好幸福。我相信，大家宁愿相信，他只是一次出远门，还会回来！在大家眼里，他曾经就是一个不可战胜的人，是一个战神！而此时此刻，他就这样永远地离开了我们。

来不及告别战友，来不及拜别妻子，来不及给正要考高中的儿子嘱咐几句，来不及再与全家人吃上一顿团圆饭，来不及再与八旬岳母如儿子般促膝长谈一次，来不及再回天水武山看上一眼慈祥的老母亲……来不及，一切都来不及，他走得那样匆忙，连一句话也没有留下！

2010 年 3 月 10 日。

窦队，您知道吗？在您战斗过的地方，特警队的战友们还在继续战斗！他们忘记了疲惫，忘记了饥饿，忘记了战场以外的一切。他们只有一个信念，就是亲手将凶犯拿下。他们的心里，浸满了悲痛的泪水，但是，他们一秒钟都没有放下手中的武器，因为您给了他们坚强的力量和奋战到底的勇气。

窦队，您知道吗？从医院到华林山，从金盾宾馆到家中，您的离去，牵动了多少颗殷殷探看的心。

兄弟，真想再看看你，你怎么突然就走了？你怎么不和老哥说一声，老哥还要再和你喝一次酒，打一次牌！

老弟，你说过，等我到了兰州要好好招待我，你怎么能说话不算数？我来了，你走了。

老窦，还记得吗？那年在部队，我们住一个宿舍，天天打啊、闹啊，多么开心！

窦班长，您还记得我吗？我是您带过的兵啊，这么多年了，我一直想到兰州来看看您，今天来了，你怎么就睡了呢？

"窦嫂"啊，你这个大坏蛋，知道我为什么叫你"窦嫂"吗？因为你这个家伙，看上去大大咧咧，训练女子特警队员的时候一副凶巴巴的样子，可是训练之余又那样心细如发，关爱队员是那样细致入微，让我这个女徒弟佩服得很！你呀，这么快就跑了……

窦队，你知道吗，今天看见您，静静地躺在那里，像睡熟了一样，您那么爱睡觉的一个人，从来没有在出警时睡过觉，可是今天却睡着了！站在您身旁看着您平静安详的脸，真想叫醒您。可是所有的人都怕打扰您，哽咽着、抽泣着，真的希望您，睡过一觉之后，和着清晨的太阳一同醒来，再回到我们这个集体中……

2010 年 3 月 11 日。

窦队，您安息吧。

您的战友，特警队的弟兄们，经过 48 小时的昼夜奋战，已经将犯罪分子成功击毙。

窦队，战斗结束后，战友们全部回到了灵堂，在您面前，您的兄弟姐妹，把胜利的消息亲口告诉您，我们在您面前庄严承诺，曾经和您在一起，我们没有让警徽蒙尘。同样，今后，我们将继承您的遗志，以更加高昂的斗志、更加坚定的信念，在特警的征途上，为维护社会稳定而勇往直前，奋斗不息。请您放心！

窦队，您知道吗？今天来看您的人真多。他们排成了长队，灵堂里，哀乐声声，花圈层层，白花胜雪，挽幛如云，每一个来的人驻足在您的遗像前，都不愿离去，他们想再看看您。一个人，生前做得怎样好，才会有这么多的人来看？那么多战友，那么多同学，那么多朋友，那么多认识您的人，都不约而同地赶来看您，让人震撼！

从四面八方赶来看您的人们，泪水久久充盈着他们的眼眶。三月的兰州，草木含悲，黄河呜咽，我们的心中升起了一座丰碑——窦勇。

2010 年 3 月 12 日。

浩气贯苍穹，热血化春雨。

英雄长逝天地悲，万物无语欲垂泪。

一身正气英勇无畏书大义，两袖清风公而忘私爱无疆。

为民捐躯碧血丹心烈士忠魂昭日月，舍生取义气贯长虹英雄威名垂青史！

再多的言辞表达不尽对您的不舍，再多的话语讲述不完对您的敬仰。有的人，活着是一面旗帜，倒下是一座丰碑，您就是这样的人！

今天，一大早，灵堂里来了一支壮观的队伍。他们是一个社区自发组织的一百二十名居民。这支队伍里，有一位年近七旬的老人，她白发苍苍、步履蹒跚，她走到遗像前，献上了一枝菊花，然后慢慢弯腰，深深地鞠了一躬，起来时已经是老泪纵横，嘴里一遍遍说着："真是个好孩子，真是个好孩子！"一位下岗女工，亲手制作了一朵白花，眼里泪花闪烁；两位小伙子，站在遗像前，庄重地向您敬着标准的军礼，那目光里，充满了敬仰。一支长长的由人民群众自发组成的队伍，缓缓移动着，这场面感动了在场的所有人员。

13时，二十名少先队员排着整齐的队伍，一一来到您的遗像前，向您致以少先队员最崇高的敬礼，孩子们整齐地说道："向窦勇叔叔学习。"

一位出租车司机师傅，风尘仆仆地来了，他的手里，捧着一束精心准备的菊花，他说不论怎样，要看看他们的英雄。

这个社会太需要这样的警察了！

……

现场的工作人员，一次次被感动着，什么样的人，会受到这样的敬仰与爱戴？

我们悲痛，悲痛于失去了您这样的好战友；

我们怀念，怀念您曾经带给大家美好回忆的特警岁月；

我们感动，感动于成千上万的人们从四面八方赶来缅怀您。

我们也欣慰，您这样的好特警在老百姓心目中是一个永垂不朽的英雄！

2010年3月13日。

今天是周末。

虽然是周末，来灵堂里看您的人还是络绎不绝。天气不是很好，灰蒙蒙的，冷冷地刮着沙尘。可是任何恶劣的天气都阻挡不了人们来看望您的脚步，如同当初，任何危险都阻挡不了您在危险面前第一个冲上去的脚步。

从您走后的第一个清晨起，就有各种各样的目光聚焦在这里。摄像、拍照、录音、采访的记者来了一拨又一拨。

从新华社到甘肃卫视《法制视线》，从《甘肃日报》到《兰州晚报》，人们以各种各样的方式表达着对您的哀思和怀念，一张又一张的照片传递着您的光环荣耀，一篇接一篇的报道将您的高风亮节娓娓道来。

前来看您的人们，有省委省政府的重要领导，有市委市政府的一把手，有政府部门的优秀代表，有武警官兵和公安干警，有工、商、企业，社会各界人士，不分年龄，无论职业，都从各自的岗位上来到这里，他们为您留下这样的评价："人民的好警察，祖国的好卫士，我们的好兄长""向英雄的窦勇同志致敬，向伟大的公安战士致敬""窦勇同志一路走好，部队铭记人民不忘""凛然正气一身，护佑百姓平安""除暴安良，精神永存""英名永垂不朽""忠诚卫士""仁者勇"……

桃李不言，下自成蹊！

青山不语，黄河东流！

夫大人者，与天地合其德！

我们自古以来，就有埋头苦干的人，有拼命硬干的人，有为民请命的人，有舍身求法的人……这是中国的脊梁！

窦队，您足以含笑九泉。

2010 年 3 月 14 日。

已经五天了，目光不敢触及您的照片。因为一旦触及，心还是会痛，会抑制不住从心里流出来的泪水。

偶尔，闲下来，心无法平静，大脑里只有回忆。

作为您曾经教过的特警队员，我们敬畏您在训练场上的严肃认真。您不容许我们有任何的懈怠，总要求我们做得一丝不苟。一个擒拿动作要让我们练上十几次，几十次，上百次，甚至上千次。有时候您严厉地批评我们，但是我们都知道您的确是为了我们好，为了我们在一次次执行任务的时候保护好自己。训练之余，您及时的关心和鼓励，使我们感到您严厉的外表下其实有一颗柔软的心。

窦队，您知道吗，刚开始我们见到您，都怕。您那样胖，又是络腮胡子，真叫人望而生畏。后来，不知不觉就不怕了。为什么呢，我们也说不清，也许是因为您严格训练之后对我们耐心地教导，真心地鼓励，细心地关怀。还记得您常常对我们说的"老老实实做人，踏踏实实做事"。就是一个实字，您亲自为我们作出了榜样，大话空话没有，就是实实在在干工作，不争名，不争利，从不为自己考虑。

窦队，您还记得吗？训练之余，我们这帮丫头最喜欢和您聊天。那时候在宽阔的操场上，风和日丽，我们围坐在您身旁，听您讲那过去的事情，讲您在武警指挥学校上学的故事，讲您在甘肃武警总队当连长时候的往事，讲您一次次完成任务后总结的宝贵经验……您的一生金戈铁马，戎装相伴，您的一生传奇而精彩，却又如此短暂。今天，我们多么想再回到从前，听您讲那让我们永远听不够的故事……

2010年3月15日。

窦队，我们敬佩您过硬的擒敌技术和非凡的战斗勇气。您曾数次荣立一、二、三等功。印象最为深刻的是多年前的一次抓捕行动，公安部通缉的要犯逃窜到兰州一家招待所，接到命令后，您义无反顾毫不犹豫担任了抓捕任务。当时您破门而入，第一个冲过去，以最快的速度控制了罪犯。要知道，那不是一般的罪犯，是受过特种兵训练的持枪歹徒。从东北逃窜到兰州，一路上已经杀害5人，重伤1人，其中就包括围追堵截的警察。面对如此疯狂的歹徒，您没有丝毫的畏惧，冲锋在前。抓捕后才发现，歹徒打开保险上了膛的手枪就在枕头下！后来，您的名字被载入公安部功模榜的"一等功"里。

窦队，您真是让人敬佩。您立过那么多的功，却从来不提起，包括您的一等功。您是一个虚怀若谷的人。那一次我到政治部帮忙录入人事信息，偶然间发现，您自己填的表上在"立功受奖"一栏里几乎空白。主管填报人事信息的科长纳闷了，不对呀，窦勇怎么可能没有立功受奖。翻出档案一查，原来您有那么多可填的"功"和"奖"。我当时是又惊讶又佩服，这样虚心的人，您是我遇见的第一个。后来问您为什么没填，您竟然说不记得了。可是那每一次的立功都是您为了人民的安危冒着极度生命危险换来的褒奖！

窦队，您的谆谆教诲至今回响在我们耳边，您的音容笑貌至今浮现在我们眼前，您的言传身教我们将永远铭心而后行！

窦队您走的时候，您的儿子窦永杰正在备战中考。十五岁的少年，在一个春风拂面的夜晚永失父爱。窦队您那天在原本不是自己值班的情况下，主动请缨参与持枪犯罪案件的处置。您像往常许多次的抓捕，依旧将年轻的战友拦在身后。这一次，随着一声枪响，战神一般的您就以这样的方式离开了我们。我们失去了好战友，窦永杰失去了好父亲。

我们在各自的岗位上继续着您未完成的事业。我们也曾牵挂您的妻子和儿子，时间是否抚平了他们心灵的剧痛，他们是否擦干眼泪继续坚强地生活。后来我们打听到一些消息，得知窦永杰考上了四川警察学院。

窦永杰继承了您有担当敢负责的品格。老窦走了，他迅速成长为家庭的顶梁柱。他说，"我得为老妈负责，以后照顾老妈的担子就由我挑起来了。"他继承了老窦严谨细致认真踏实的工作态度，将学业打理得井井有条。他的微信背景上有这样的内容：距2016年6月18日英语六级考试还有88天；距2016年9月10日司法考试还有172天；距2016年12月23日研究生考试还有276天。我不禁感叹，他有着如此清晰的学习目标！他认为老窦不功利，一个不功利且非常热爱工作的人自然会在工作中找到无穷的乐趣，他愿意以后成为这样的人……

时间过得真快，窦队您牺牲14年了！

小窦从当年那个15岁少年长成了29岁的小伙子！令人欣慰的是，2019年9月，在组织的关怀下，小窦参加甘肃省公务员考试，报考兰州市公安局岗位，最终像您一样穿上了警服，成为了兰州公安的一员。

十四年前，身为特警的窦勇，为抓捕持枪犯罪嫌疑人血洒疆场，壮烈牺牲。十四年后，儿子长大成人，毅然加入父亲曾经战斗的队伍，担负起人民警察的职责使命，这是一个警察父子接力传承的故事。

窦队，您都听到了吧？您没走完的路，我们正在走。

您没做完的事，我们继续做。您想看到的未来，正一一如你所愿。

　　岁月如神偷，偷走了您。但时间也疗愈离别！如今想起您，我们不再悲伤。悲伤早已化作前行的力量。征途如虹，我们以您为旗帜，不忘初心，牢记使命；航程远大，我们以您为灯塔，劈波斩浪，无所畏惧。

　　如今，每年春天一来，春风吹拂漫山遍野，春雨滋养黄河两岸，我们以为，那是您来看我们了。

供稿：李存雄　画像：张伯智

热血忠诚

甘肃公安先进典型风采录

李 钢

李钢：以血肉之躯捍卫正义的老钢哥

李钢，男，汉族，中共党员，出生于1968年，甘肃陇西人，本科学历，1989年7月加入中国共产党，1986年10月参加工作，1990年8月参加公安工作，生前任兰州市公安局便衣侦查支队反盗车大队一级警员，二级警督警衔。2016年11月30日凌晨1时许，在七里河区韩家河路段设卡堵截抓捕重大盗车犯罪嫌疑人行动中，李钢同志临危不惧、冲锋在前，奋力阻截犯罪嫌疑人车辆，遭到犯罪嫌疑人驾车疯狂冲撞致重伤，经抢救无效壮烈牺牲，年仅48岁。李钢同志牺牲后，中共兰州市委追授"全市优秀共产党员"称号，中共甘肃省委追授"甘肃省优秀共产党员"称号，省政府追认"革命烈士"，公安部追授"全国公安系统二级英雄模范"。

2016年11月30日凌晨3点多，正在家中熟睡的我接到单位领导打来的电话，令我以最快速度赶往陆军总院。作为一名公安宣传工作者的职业敏感告诉我，很有可能是战友流血负伤了。

赶到医院才知道，市局便衣侦查支队反盗车大队民警李钢，在缉捕盗车犯罪团伙时遭到疯狂冲撞致重伤，正在抢救中。

　　我的心被揪住了。就在赶往医院的途中，在灯火阑珊的夜色里，分明让人感到这个城市的安宁祥和。我不禁感叹，多少人酣然入梦时，我的警察战友们却在和犯罪分子进行着不眠不休的战斗，甚至直面死亡。

　　4点多，从抢救室传来消息，李钢牺牲了！悲痛席卷了在场的每一位战友。可是我必须把悲痛藏在心里，在这个时时可以发声、人人都是媒体的时代，我们要及时将李钢牺牲的报道如实发布出去，决不能让一些为夺人眼球，而与事实不符的报道玷污了英雄的形象。

　　在医院，我听到了关于李钢的第一个印象：一位老同志，平时工作兢兢业业，非常负责。每次执行任务，他都冲锋在前。

　　战友蔚献东讲述了事件发生的经过，当得知盗车贼驾车疯狂冲撞，李钢临危不惧，奋力阻截时，我被震撼了！一个普普通通的公安民警，生死关头，这种献身事业视死如归的勇气从何而来？那一刻，他可曾想到自己也是血肉之躯？可曾想到，在他身后还有年迈多病的老母亲在等他照顾，还有深爱着他的妻儿在等他回家？

　　不得而知。也许那一刻他想到只是全力以赴制服犯罪。

　　在接下来几天的工作中，我从很多人口中认识了李钢，渐渐找到了他生死关头英雄壮举的答案。

　　在市殡仪馆守灵堂，我见到了李钢的儿子李俊杰，这个21岁的大男孩表现出同龄人少有的冷静和坚强。他把悲伤深深埋在心里，向我讲述了父亲李钢的故事。

　　李钢出生在一个警察世家。在物质匮乏、一学难求的困难年代，他参军入伍后当过汽车兵、去过炊事班。经过部队的淬炼，更在父亲的影响下，李钢退伍后参加招警考试，如愿以偿成为了一名光荣的人民警察。

在儿子李俊杰的记忆里，李钢总是很忙。每当有任务，他总是毫无怨言，经常一走就是大半个月。哪怕是回到家中，李钢也总是提着装满了工作文件的袋子，吃完饭就开始伏案看书。儿子知道，不论是工作多忙，为家里操劳有多辛苦，即便为数不多在家中的时光，李钢依旧会挤出时间学习业务知识，努力掌握新的技能。李钢曾对儿子说，公安工作是随着社会和时代发展的，需要不断学习，他虽然岁数大了点，但也不能落后。李钢从一个不会开电脑的一指禅，到能熟练掌握电脑操作技能的好手，这期间付出的努力可想而知！他单位办公室书架上堆满了各种关于警察业务方面的书籍、现场图的草稿，以及数不清的学习笔记。

李钢的父亲生前是城关分局贡元巷派出所民警。天有不测风云，李钢的弟弟在一场交通意外中离世，父亲因此受到沉重打击，在第二年患了重病。李钢在这期间给予了父亲无微不至的照顾，直到2010年父亲去世。在弟弟和父亲相继离世时，李钢强忍住内心巨大的悲痛，从容不迫地处理好亲人的后事。那半年，李钢瘦了将近30斤。母亲不久后患病在床，不愿意吃药，李钢就悄悄把药磨碎了放在饭里让母亲吃下去。在他的悉心照料下，母亲的病情得到了有效控制。

对待妻儿，李钢温柔似水，心细如发。叛逆期的儿子在有段时间对李钢的关心觉得很是唠叨，经常顶撞他。可每次李钢总是一声不吭地走开，跟没事一样。他在私下对妻子说，孩子长大了，有时候也会发泄一下情绪，不要给他太大的压力。家里的煤气费、水电费、物业费全部是李钢在按时交纳，即使在值班时，他也不忘打电话提醒妻儿锁好家门，关掉煤气阀。

李钢曾经对儿子说："一个男人，之所以是男人，应该明白"责任"二字的含义。首先要对自己负责，成家立业后，要对家人负责。而一个人不仅要做到这些，还应该对自己的工作、对社会负责。做到这些，他便是一个顶天立地的男子汉。"知行合一，李钢的确做到了！

在便衣侦查支队反盗车大队，副大队长熊军利讲到李钢的一个故事：2012年12月的一天早晨，李钢刚到单位上班，队里就派他带领侦查员和一位车主一同到青海省境内追查一辆被盗越野车。他二话没说，拿起背包即刻出发。

22点左右，长途跋涉1000多公里的李钢一行抵达目的地。顾不上休整，李钢和战友们马不停蹄开始追缴工作。凭借前期扎实的工作和侦查员们敏锐的洞察力，他们很快就找到了被盗车辆，连夜踏上归途。此时已近凌晨，零下三十多度的草原腹地，白雪皑皑，寒风凛冽，侦查员们的脸已经被风吹得麻木，耳朵也冻得失去知觉。

刚刚行驶了40多公里，因为雪天路滑，车主缺乏经验，车辆忽然打滑掉进了河里。没有多想，李钢第一个跳出侦查车拿着手电筒冲进了河里。

在确定车主没有受伤后，李钢把车主转移到路边的侦查车里取暖，自己拿起工具，又一次跳进冰冷的河水中抢修车辆。半个小时后，凭借着当汽车兵时积累的经验，李钢顺利排除了车辆故障，小心翼翼在河道里摸黑驾车前行，直到把车安全开到了路上，一直开回了单位。

回来提起这件事时，大家都说："老钢哥，当时你也太拼命了，那么冷的天气，你泡在河里那么长时间，不怕落下病吗。"李钢听后憨憨一笑说："我会修车，我不下去，难道让我站在岸边看着？"就是这简单朴实的一句话，让大家的眼眶顿时湿润了。

中队长蔡树东说："我们都叫他老钢哥，从2006年到反盗车大队工作以来，他从不间断学习，工作经验足，业务能力强，总是让我们佩服。"

在参与审讯"2·17"特大系列团伙盗车案件时，由于嫌疑人心存侥幸，拒不配合，致使审讯工作一度陷入僵局。李钢在了解所有嫌疑人的家庭背景后，主动请缨审讯嫌疑人陈某。

进入审讯室后，李钢并没有声色俱厉，他给陈某点了一支烟，倒了一杯热水，坐在他的旁边，像邻家大哥一样和陈某聊了起来：家中有几口人，孩子多大了，有没有上学。慢慢地，陈某从开始的冷漠对峙变成了有问有答。李钢继续娓娓道来，和陈某推心置腹、闲话家常。

整整一夜，天快亮的时候，陈某终于被李钢的真情打动，主动交代了伙同他人盗窃汽车的犯罪事实，而这也成为了"2·17"案件的重大突破口。审讯结束后，因为熬夜时间太长，李钢的眼睛红肿得厉害，他却只买了一瓶红霉素眼膏就继续投入到了后续工作中。

在陈某被送进看守所的时候，他给李钢深深地鞠了一躬说："我一定好好改造，出来后再也不干坏事了。"李钢还是憨憨一笑说："好啊，出来后有什么困难，就来找我。"

在采访中，几乎所有熟悉李钢的战友都会说到，他的业务水平非常过硬，无论侦破哪一起案件，他总是准确无误地运用法律条文，力争做到精益求精。

李钢善打硬仗，敢于接手毫无办案经验可循的窃取国家机密案，三下郑州、两去上海，不辞辛苦，锲而不舍，终于使犯罪分子认罪伏法；他敢于攻坚，适时调整审讯方案，抓住犯罪分子心理特点，摧毁防线，顺线追踪，成功侦破省督案件；他不惧挑战，面对涉案金额达4千余万、受害人40多人的购房款诈骗案，他想群众之所想，急群众之所急，一面安抚受害群众，一面展开排查走访，克服重重困难，将涉案人员抓获归案。

在反盗车大队工作以来，李钢参与侦破各类刑事案件600余起，为人民群众挽回经济损失上千万。他把满腔的热爱献给了公安事业，把忠诚的热血洒向了大地，却把生活的清贫留给了自己。

战友们至今记得，就在堵截盗车团伙行动当天，大家看着李钢那件穿了十年的衣服，又一次开起了玩笑："老钢哥，能不能对自己好点，买件新衣服穿？"李钢笑着说："衣服么，有穿的就行，发的警服都够我穿好几年了。"其实，战友们都知道那是老钢哥舍不得。他是家中的顶梁柱，妻子下岗没有工作，儿子正在上大学，家中老母亲身患重病，用钱的地方太多了，在平时的生活中，他是能省一点是一点。

虽然家中经济拮据，但李钢没有办过一起人情案、关系案，没有做过一件有损于人民利益的事情，更没有利用职务之便为家人办过一件私事。每年单位有救助困难民警的名额，大队认为他的情况最符合条件，而他总是婉言谢绝，把名额让给其他人；每当重大案件侦破请功授奖时，他总是主动把荣誉让给别人。

在采访的过程中，我的心被一次次触动，英雄的壮举，绝不是一时半刻的冲动，他来自平日里点点滴滴道德品格的积淀！平凡的老钢哥，有那么多让人赞誉的美德。26年从警生涯，一路播撒人民警察的正能量；48岁短暂的一生，无处不在闪耀着人性的真善美！

12月3日早上8点半，护送李钢的灵车从市局出发，缓缓驶向市殡仪馆。省委常委、省委政法委书记、省公安厅厅长马世忠和公安民警、市民群众等社会各界2万余人为人民的好警察李钢送行。

这个清晨，兰州街头泪雨纷飞。数千名警察战友佩戴白花，眼含热泪，肃立在瑟瑟寒风中；社区居民、中小学生，清洁工人，过路人，各行各业素不相识的人们自发伫立街头，送英雄最后一程。

兰山呜咽，黄河哀泣，一道道送别人墙，一双双婆娑泪眼，金城兰州演绎现实版的十里长街送英雄。

当天，全国各地的网民纷纷在微博微信和新闻评论区留言、献花，以表达对英雄李钢的缅怀之情。网友们说："你用生命诠释了全心全意为人民服务的宗旨，你是和平年代最可爱的人。愿你一路走好！""人民警察，在寒冷的冬夜里还在蹲点卡口，为的是守护一方安宁，正是有了这样一群人民警察才能换来更多人的安然入睡！"更多的人则用当下流行的一句"哪有什么岁月静好，只是有人替你负重前行"，表达着对英雄李钢和广大公安民警的崇高敬意！

当天，新华社、人民日报、法治日报、中国新闻网、人民公安报、中国警察网、腾讯、搜狐、新浪、京华时报、澎湃新闻、大河网等100余家媒体网站刊发了李钢事迹的长篇通讯和金城十里长街送英雄的报道。远在南京的一位同行发微信说，李钢的事迹上了公安部头条，你们的宣传很成功。

可是这样的头条，上得如此沉重。对于所有的警察来说，宁愿不要这个头条。

　　李钢事件的宣传工作我从头至尾都参加了。数日来，我保持了一个新闻工作者应有的冷静。从 11 月 30 日在医院写出第一条消息，到灵堂采访李钢的儿子李俊杰；从拍摄十里长街送英雄的画面，到遗体告别仪式上看见李钢妻子撕心裂肺肝肠寸断地恸哭，我始终没有让眼泪流出来。因为我知道那时那刻自己要做什么，李钢为了履行警察的职责血洒疆场，我能做到的也就是做好本职。

　　送别仪式结束后，我做完手头的工作，踏上了回家的路，走进小区里，我听到身后一个小男孩对自己的爸爸说："爸爸，我想吃火锅了。"我的眼泪一下子涌了出来，老钢哥的儿子李俊杰再没有机会对爸爸说这样的话了。

　　回到家，我再也无法保持理智，我把自己关进卧室，放声痛哭。我为为民捐躯的老钢哥而哭，我为失去至爱的嫂子和没有了父亲的李俊杰而哭，我为许许多多为百姓挡风雨挡子弹的战友们而哭，我为我们这个和平年代里负重前行伤亡最大的职业而哭。

　　老钢哥走了！为国捐躯赴战场，丹心可并日争光。老钢哥走得其所，走得光荣，走得轰轰烈烈。

　　可是，老钢哥，你知道吗？其实我并不想写你，也不想叫你一声英雄，我只想像以前一样不认识你，而你还依然行进在我们的队伍里。

供稿：兰公政　画像：白建涛

热血忠诚

甘肃公安先进典型风采录

刘润庆

刘润庆：“润”物无声　正气永存

刘润庆，男，藏族，中共党员，出生于 1971 年，甘肃靖远人。1994 年 8 月参加公安工作，2000 年 5 月加入中国共产党，生前系兰州市第一看守所管教四队队长、一级警长、一级警督警衔。26 年始终奋战在监管一线，坚守初心、忠诚使命，兢兢业业、担当尽责，在为公安监管事业不懈奋斗中，书写了无愧无悔的人生华章。在 2020 年 2 月 28 日，连续 23 天坚守一线的他，突发心脏病，经抢救无效不幸牺牲，年仅 49 岁。

日夜坚守 23 天　他最终倒在工作一线

2020 年 2 月 28 日早晨 6 时 30 分，和往常一样，兰州市第一看守所管教民警刘润庆早早起床，洗漱完毕后组织队里 150 多名在押人员打扫监室卫生、做早操。之后，他开始了一天的工作。

一直忙到 8 时 30 分，此时，阳光铺满了看守所的院子，刘润庆抽空吃了早饭，紧接着组织在押人员学习。这个环节是他最重视的，他想要借此机会对在押人员进行更深入的了解。

对讲机里不时响起他的声音，一切都和平常一样，经年累月在一起工作的同事们并没有察觉到什么异样。值班室的监控视频记录着刘润庆在办公室工作的情景——他坐在电脑前，对着屏幕，不时拿笔做着记录……

9时10分，监区医务室医生林秀萍发现刘润庆蹲在监区台阶上，脸色不太好，连忙上前询问。

刘润庆右手捂着胸口说："心脏有些不舒服，跳得特别快。"

林秀萍扶起他，让他赶紧做个心电图。刘润庆却说："不麻烦了，休息一下就好了。"林秀萍坚持叫来了护士支雪艳，两人刚把监测仪器放好，刘润庆却突然昏迷，没有了知觉。

"刘队！刘队……"林秀萍和支雪艳一边大喊，一边做心肺复苏。闻讯赶来的所长金爱兴立即拨打了120……

急救室里，医生全力抢救。

急救室外，战友们在心里一遍遍呼喊："大庆，你一定要醒过来呀！"

可是刘润庆再也没有醒过来，时间定格在2020年2月28日11时50分，他才49岁。

天大的打击　好警嫂执爱前行

听闻噩耗的妻子李英瞬间瘫倒在地。就在刘润庆牺牲的前一天，那个深爱她的男人，还抽空来了一个电话，叮嘱她注意预防，少出门，多吃蔬菜……

3月1日，远在国外留学的儿子得知父亲去世的消息嚎啕大哭，说什么也要回国送父亲最后一程。

李英清楚地记得，和刘润庆结婚24年，今年春节是他第一次亲手贴家里的对联。那天，刘润庆特意多贴了几道胶带，一边贴一边念叨："粘得牢牢的，一整年都不会掉下来！"

李英还记得，春节前，和儿子视频，儿子说想吃爸爸做的拉条子了。刘润庆笑着答应儿子，等他放假回家，就给他天天做拉条子，让他吃个够。

……

一起走过24年，因为工作忙，刘润庆能够陪家人的时间少之又少。为了弥补心中愧疚，只要在家，他总会抢着干家务，尽量安排好家里的一切事情。刘润庆也最爱给家人做饭，他做得用心，一碟

土豆丝，他一定会切得像火柴一样整整齐齐；一碗鸡汤，他总是找来小葱、玫瑰叶子装饰一番，再端到桌上……

李英心疼他在单位忙，回来做饭干家务又累，就说："你就别做饭了，有我呢！"刘润庆则笑呵呵地回应："给你们做饭是我的享受，我要给你和儿子做一辈子饭！"

但是，刘润庆食言了……

李英虽然悲痛欲绝，但是她知道刘润庆的牺牲是光荣的，他用生命诠释了对党和人民的无限忠诚，对人民警察事业的无限热爱。她没有向组织提出任何照顾要求，化悲痛为力量，安心干好本职工作。作为监管民警的亲人，李英深知监所工作的艰辛与不易。

虽然刘润庆走了，但李英依然关心关注监管工作。她想自己作为一名教师可以照顾孩子，可作为一名民警，哪有这样的条件？要是家里没有老人或者亲朋帮忙，要是夫妻俩都是民警，那孩子该怎么办？于是她试着给刘润庆生前的战友们发信息，说明自己的想法——"你们谁家的小朋友要是需要照顾，可以送到我这儿来长住。我们居家办公了，不要客气！"

这一举动，让刘润庆生前的战友们及家属无不为之心疼与感动……

"标杆"永在的地方　警徽格外闪亮

在兰州市第一看守所的 14 个管教队里，有一个标杆，叫"刘润庆的管教四队"；有一种声音，叫"刘润庆的大嗓门"。从警 26 年，刘润庆将青春和理想毫无保留地奉献给了他所钟爱的公安监所事业，也将管教四队打造成全所乃至支队的标杆。

管教四队曾创造兰州市公安局监管支队连续 3 个月零通报纪录，该纪录至今无人打破。看守所每个月会从 14 支管教队中评选出一个"优秀管教队"，管教四队平均每年至少上榜四次。

监所工作非常辛苦，加班、熬夜更是家常便饭，为了让自己保持足够的精力、以最好的状态干工作，多年前刘润庆就开始健身。

"他就像铁人。我们这样看他，他也这样看自己。"在同事刘锋的记忆中，刘润庆几乎从不生病，也从未请过假。2018 年，刘润庆母亲去世，考虑到他多年未休年假，所领导按规定，一次性给他批了 15 天假，临行前还"警告"他："不满 15 天，不准回来。"

刘润庆果然没听领导的善意"警告"，休假第 6 天，一忙完母亲丧事，他就出现在办公室。

在押人员素质参差不齐，一块肉、一碗汤都可能引发矛盾。为了保证公平，每当监区改善伙食时，刘润庆会亲手一勺一勺为监区在押人员盛饭。26 年，几乎次次如此。

刘润庆是个大嗓门，喜欢和人讲道理，有时因为工作上一点小事就会跟人据理力争。他有一个外号"刘暴躁"——不是贬义，是因为他为人正直、性子很"刚"。

他还有个众所周知的习惯，上衣口袋永远都会装个红色笔记本和笔。本上，他不但记下了在押人员的身体、心理、家庭等情况，还记录下了自己对于工作的思考和经验总结。

兰州市第三看守所副所长甘旺臣和刘润庆从小一起长大，一起上学，一起进入看守所工作。甘旺臣回忆道，刘润庆工作认真，兢兢业业，踏踏实实，所有事情都处理得井井有条。"出事前不久，他还给我打过电话，说我俩要互相提醒，一定要把各项工作做细致。"没想到，这竟然是甘旺臣最后一次听到刘润庆的声音。

从警 26 年来，他收集深挖犯罪线索 200 余条，开展谈话教育 10 万余人次……一连串沉甸甸的数字印证了刘润庆的优秀，他却总是说："我只是做了应该做的。"

"从我当民警的第一天开始，就和刘润庆一起战斗，他是一个默默奉献、润物无声的人，可每到关键时刻，他一定会冲上去。"在时任兰州市第一看守所所长金爱兴看来，刘润庆用生命诠释了什么是"好警察"。

"擦干眼泪，继续前行，化悲痛为力量"刘润庆牺牲当晚，金爱兴在兰州市第一看守所的工作群里号召全体监管民警向刘润庆学习，坚守岗位。

"看守所监区是人员高密度聚集的地方，由于工作的特殊性，要求民警的管理特别细，因此这项工作也非常艰巨。看守所一旦发生疫情，后果不堪设想。刘润庆用生命践行了人民警察的庄严承诺，激励着我们监管民警奋勇前进"时任兰州市公安局监管支队支队长赵志军说。

刘润庆走了，但他总结出的一条条监所管理办法早已在管教四队、看守所生根发芽。那个已经发皱的红色笔记本，是刘润庆多年的工作记录，也是兰州市第一看守所工作的缩影。

刘润庆走了，给陇原大地上留下了浓墨重彩的一笔；刘润庆仿佛又从未离开过，因为还有无数的陇原公安铁军，将循着他的脚步，去完成他未竟的事业，守护这片值得奋斗一生的黄土地。

刘润庆同志牺牲后，省委省政府、公安部、市委市政府、省公安厅等主要领导分别作出批示，相关领导前往吊唁并慰问其家属。

2020年2月29日，兰州市殡仪馆门口摆满了挽联，一朵朵白花寄托着吊唁者无尽的思念，亦是和曾经一起并肩作战的战友最后的告别。2020年3月，兰州市委追授刘润庆同志"全市优秀共产党员"称号，公安部追授刘润庆"全国公安系统二级英模"。

供稿：张军扬

热血忠诚

甘肃公安先进典型风采录

闫祥林

闫祥林：“拼命三郎” 拼到了生命尽头

闫祥林，男，汉族，中共党员，出生于 1979 年，甘肃嘉峪关人，2008 年 6 月参加公安工作，原嘉峪关市公安局指挥中心情报中心副主任。2022 年 11 月 13 日，闫祥林同志在工作期间因劳累过度突发心脏病，经抢救无效不幸牺牲，年仅 43 岁。曾荣立个人二等功 2 次、三等功 3 次，获嘉奖 1 次。2022 年 5 月被公安部授予“全国优秀人民警察”，2023 年 1 月被省委追授“全省优秀共产党员”称号，2023 年 5 月被评为 2022 年度“感动甘肃·陇人骄子”，2023 年 8 月被公安部追授“全国公安系统二级英雄模范”。

“人生来来往往，来日并不方长。”这是闫祥林写在工作笔记本扉页上的话。2022 年 11 月 13 日，这是闫祥林在工作岗位连续奋战的第 49 天，也是闫祥林女儿出生的第 53 天，却是闫祥林生命中的最后一天。“祥林走了，那个常常工作到最晚的人却早早地走了！”因长期主动加班加点、通宵达旦，闫祥林在工作岗位突发心脏病，经抢救无效不幸因公牺牲，战友们心中的“拼命三郎”奋战到了生命最后一刻。

心中镌刻着对党忠诚的永恒信念

2022年6月2日，闫祥林作为"全国优秀人民警察"参加嘉峪关市受表彰代表媒体见面会。"是党培养了我，感谢组织，集体属于这个优秀的集体，我只是有幸成为代表。"闫祥林是这样说的，也是这样做的。

2008年刚刚入警的闫祥林分配在乡镇派出所工作，他谦虚谨慎、踏实好学，主动放弃休息利用农闲时间为村民办理业务，走街串巷开展矛盾纠纷排查化解工作，调处各类纠纷100余起，查处行政治安案件30余起。时任文殊派出所所长杨永胜回忆，闫祥林同志在所里工作的那段时间，总有人民群众拿着锦旗、感谢信到所里致谢。

因工作表现突出，组织选派闫祥林先后到刑警支队、指挥中心工作，无论是在一线冲锋陷阵还是幕后默默奉献，闫祥林强烈的党员意识、党员责任始终如一，许党报国、爱岗敬业的劲头始终如一，努力用工作实际回报组织的培养。

2020年10月，组织提拔闫祥林为情报中心副主任后，他怀忠诚之心、立强警之志，带领着一支平均年龄33岁的10人年轻团队攻坚克难、披荆斩棘，在平凡岗位上作出了不平凡的业绩。"组织培养了我，我要对组织负责，做好'传帮带'。"工作上他是"领头羊"，为大家专业答疑解惑，生活中他是"好兄长"，全力解决后顾之忧。在他带领下，情报中心自成立以来，先后荣立集体三等功3次，5人荣立个人三等功，15人次记个人嘉奖。

背后是一串串用汗水浇筑的拼搏足印

14载从警岁月,闫祥林从一名基层治安员、侦查员逐步成长为"科技尖兵""业务骨干",曾经满头青丝早已华发渐生,虽然岁月流转,但他"特别爱学习、特别能钻研、特别肯吃苦"的精神却从未改变。"能钻善学、善作善成"是大家对闫祥林同志的最深印象。

侦查破案中,闫祥林是敢啃"硬骨头"的刑事侦查尖兵,不懂就问、不会就学,对经手案件发起攻坚,快侦快破了王某某故意伤害致死案、宋某某系列麻醉抢劫案等大案要案,用5年侦破406起案件的实战业绩,成为全市刑侦领域的"一面旗帜"。

合成作战中,闫祥林是敢于"吃螃蟹"的技术标兵,2016年全国公安大数据兴起伊始,闫祥林便积极摸索,率先在全省范围内探索研发了一系列制度、机制和技战法,支撑串并研判案件4600余起,先后破获张某某系列盗窃案等系列案件63串740余起,经验做法多

次在全省座谈交流。特别是扫黑除恶工作中，研判出王某某等 28 人涉嫌恶势力犯罪、俞某某等人涉嫌恶势力犯罪、祝某某父子涉嫌非法讨债等 6 条涉恶线索，支撑打掉恶势力集团 3 个、恶势力团伙 2 个。大家说，每每遇到疑难复杂案件，闫祥林总能另辟蹊径，让案件侦办工作"柳暗花明"。

二十大安保维稳期间，闫祥林带领团队挖掘近三年涉稳隐患风险行业、区域等的风险隐患，梳理各类重点警情 5200 余起，从中挖掘多次涉警高危人员 56 人。串并研判侵财、电信网络诈骗、黄赌毒、食药环等案件 135 起，推送线索 23 条，协助破获案件 39 起，抓获犯罪嫌疑人 28 人，有效净化了社会环境，为圆满完成二十大安保维稳工作任务贡献了力量。

胸怀火一样的热忱燃烧自己回报社会

2022 年 9 月 21 日，闫祥林女儿出生后，闫祥林因为工作仅回家见过女儿两面，却不承想已是永别。他还患有高血压和痛风，疼起来头上的汗珠如雨点般滴落，为了不影响战友们工作，他总是偷偷忍着。

"视工作为乐趣，就能用心体会到快乐。"闫祥林在工作笔记本的尾页上写道"天若有情天亦老，人间正道是沧桑！"透过刚毅有力的字迹，会看到一颗清澈、纯洁、闪光的赤诚之心。

每一个难熬的深夜，闫祥林却都乐此不疲地沉浸在一串串数字密码中，默默守护着这座城市的安宁，静待着这座城市的第一缕曙光，而他的精神与品格也化为了一束光，为我们照亮了前行之路。

供稿：朱登敬

热血忠诚

甘肃公安先进典型风采录

杨永鹏

杨永鹏：赤胆忠诚的"经侦尖兵"

杨永鹏，男，汉族，中共党员，出生于 1967 年，甘肃民勤人，1989 年参加工作，1994 年参加公安工作，1997 年 12 月加入中国共产党，生前系永昌县公安局经济犯罪侦查大队教导员，二级警督警衔。在从事公安工作的 19 年中，杨永鹏长期战斗在侦查破案一线，侦破大案小案百余起，为维护全县经济社会稳定有序作出了突出贡献。2013 年 3 月，杨永鹏在侦办省公安厅督办的一起虚开增值税发票案工作中，前往安徽亳州、山东平邑、江苏沭阳等地调查取证，因连续奔波，劳累过度，不幸于 3 月 31 日在江苏沭阳因公殉职，年仅 46 岁。2014 年，被公安部追授"全国公安系统二级英雄模范"。

杨永鹏出生于甘肃省民勤县重兴乡一个普通的农民家庭，他为人亲和、勤俭节约，骨子里带着民勤人的朴实和憨厚。在从事经侦工作的 13 年里，他总是冲锋在前，在一起起经济犯罪案件的破获中屡屡建功，共办理各类经济犯罪案件 167 起，其中特大案件 98 起，抓获犯罪嫌疑人 151 名，挽回经济损失达 1100 余万元，是永昌公安经侦工作方面的行家里手，更是冲锋陷阵的"急先锋"。

破案攻坚　他用生命彰显英模本色

杨永鹏和经侦工作结缘，跟他所学习的财务专业有关，但更多还是因为其严谨细致、踏实肯干的工作态度。2000年，杨永鹏被调入经侦大队工作后，加班加点成了他的家常便饭，彻夜不归也是屡见不鲜，几乎每一件经济案件的背后都能看到他忙碌的身影。

经济犯罪案件影响不可小觑，伴随国家经济社会的高速发展，此类案件的发案率呈逐年升高的趋势。作为永昌县公安局经侦工作的领导和骨干，辖区内无论大大小小的经济犯罪案件，他都或多或少有所参与，同事们看到他憔悴的面庞，总是劝他劳逸结合，别因为工作累垮了身体，而他的答复永远都是："我还行，等把这起案件办完再休息吧！"

2013年3月5日，杨永鹏承办了县国税局移交的永昌县某中药材种植销售有限公司虚开增值税发票案，案件累计虚开增值税发票811份，价税高达7200余万元，税额达1060余万元。他深知此案重大，接到任务后丝毫不敢懈怠，于3月6日开始在省内开展前期调查取证工作，因为时间紧、任务重，他带队伏案苦干，没日没夜查阅卷宗，困了就在桌子上趴会儿，饿了就随便扒拉两口，争分夺秒开展破案攻坚，先后调取证据1000余份，最终于3月12日将犯罪嫌疑人抓获归案。

3月27日，短暂休整后，杨永鹏又和同事马不停蹄赶往安徽、山东、江苏等地，追捕打假专项行动中一起销售伪劣洋葱种子案的历年逃犯，同时，侦办永昌县某中药材种植销售有限公司虚开增值税发票案。因为两起案件都是省公安厅督办的大案，所以这一路大家都是白天工作，晚上赶路，中途几乎没有做过休整。30日下午，杨永鹏和队友在跟江苏省沭阳县公安局经侦大队对接工作后，随即前往沭阳某公司调查取证，19时回到宾馆，和当地派出所联系商定好次日的工作计划，他于22时之后才上床就寝。31日7时38分，同行队友接到沭阳县公安局扎下派出所所长电话，说要找的工作对象已查清，队友赶忙起身向邻床的杨永鹏汇报，但却发现他身体出现异状，在"120"急救车赶到时，杨永鹏已停止呼吸，生命被永远定格在了2013年3月31日清晨。

杨永鹏生前曾说："干我们经侦工作的，就不能放弃，一旦我们放弃了，群众和国家的利益必然会遭受损失！"

风萧萧兮易水寒，壮士一去兮不复还。杨永鹏的儿子杨沛告诉我们，父亲一直以自己是一名人民警察为荣，从未后悔进入公安序列。

敬业奉献　他用勤奋练就过硬本领

"在杨永鹏教导员的影响下，我学习到了东西，其中有专业知识、业务技能，但是更多的还是他的工作态度和骨子里透着的'执拗'，这些对我后来做好经侦工作提供了不可或缺的帮助……"谈起杨永鹏，现任永昌县公安局经侦大队大队长的赵吉祥总是有着太多话语。

熟悉杨永鹏的都知道，他干工作有一种"不破楼兰终不还"的坚定，无论多复杂的矛盾纠纷、多困难的案子，他相信，只要用心去挖掘、去发现，就一定能够从中找到突破口，从而一举解决。杨永鹏并非科班出身，1989 年 7 月，杨永鹏从甘肃省财政学校毕业后，被分配到永昌县新城子镇人民政府财政所从事农税工作，1994 年 5 月，因为工作需要，杨永鹏被组织从乡镇府选调到永昌县公安局工作。后来的几年中，他干过派出所社区警务工作，也干过办公室财务工作，虽然岗位不同，但相同的是无论在任何岗位他都保持着兢兢业业、一丝不苟的工作态度，经他办理过的每一桩治安案件、调解过的每一起矛盾纠纷，从没出过差错，凡是他经手的账目，从未出现一点问题，这一点深受领导和群众好评。后来伴随着经侦大队的成立，懂财务、人细心的杨永鹏凭借出色的工作能力引起了局党委的注意，在局党委的综合考量下，杨永鹏于 2000 年被调入经侦大队工作，在这里他如鱼得水。有一段时间，杨永鹏几乎每天都在办公室待着，查阅卷宗、规整档案、探讨请教，在短时间内便掌握了经侦工作的基本要领。后来，凭借扎实的专业功底和踏实肯学的工作态度，他很快成长为了一名优秀的经济犯罪侦查员，之后，更是在他的示范带领下，永昌公安经侦工作能力水平达到了一个新的高度。"沉稳内敛、言出必行，对待工作一丝不苟，对于不公正和犯罪行为敢于发声、勇于亮剑。"这是同事们对杨永鹏最多的评价，也是对他工作最客观的写照。

竭尽全力　他用行动践行从警誓言

"在该干什么的年纪就好好干什么，学习上要尽最大努力，为自己负责，别最终得到个不上不下的结果。"想起父亲杨永鹏曾说过的话，杨沛眼中总是不由得泛起泪花。

"爸爸已经好几天没回家了，他最近是不是又在忙什么大案子啊？"虽然已经习惯父亲加班工作，但是几天没见父亲，年幼的杨沛还是忍不住向母亲开口询问。"你爸忙，过两天肯定就回家看咱们了，作为警属，一定要理解你爸的工作。"母亲的回答杨沛已经听过无数次了……

工作和家庭总是无法同时顾及，因为身上的责任，杨永鹏只能选择把照顾老父和儿子的重任交给妻子，而自己则一心扑向工作。

2009年5月2日，杨永鹏到四川押解一名在逃人员，面对嫌疑人抵触绝食，情绪不稳的情况，他白天做耐心细致的劝导工作，夜间和队友一眼不合地轮换看守，就是靠着顽强的意志，在两天两夜的车程后顺利完成了押解任务。2009年7月，杨永鹏主办一起邮政储蓄员职务侵占案，需要核查的会计凭证有600余本，摞起来有一人高，"杨教，这些材料这么多，咱们人手也不多，要不咱们向局里再要点人，这样干起来也更快一点。"面对眼前的凭证，同事有些面带惆怅地提出建议，"最近局里其他科室案子也多，派出所更是抽不出人手，再加把劲吧，加班加点干，问题不大。"给大家加油鼓劲后，杨永鹏和同事便一头扑进工作。有着杨永鹏身先士卒，同事们再次铆足了劲。最终，在大家的齐心协力下，大家硬是在5天时间内埋头伏案、夜以继日地全部审完，紧接着又走访了70余名受害人和证人，成功追回储户被侵占的存款50余万元。案件侦破后，跟先前一样，杨永鹏带着为父亲买好的药骑着自行车回到家中，同杨沛一起为父亲做饭洗衣。对于杨沛而言，这样的温馨时刻并不多，而对于杨永鹏来说，办完案子回家休整也算是稍稍弥补了对家庭亏欠。

"在我的记忆中，2012年是父亲最忙碌的一年，那年我在外上大学，无论晚上还是周末，我们打电话的时候爸爸经常在单位。他就像是一枚停不下来的陀螺一样，一直在转……"谈到2012年，杨沛的记忆格外深刻。

2012年3月，全国公安机关"破案会战"开始后，经侦大队的工作任务越发繁重。杨永鹏作为中坚力量，他依旧保持着那股拼劲、韧劲，与队友团结一致，出色完成了各项工作任务。4月1日中午，杨永鹏接到一起制售假冒伪劣种子的举报后，与队友乔装侦查，当场查获制假工具、假种成品和半成品1.9吨，当晚将犯罪嫌疑人抓获，为农民群众挽回经济损失20余万元。5月22日，侦破王某现金诈骗案的重担又落在了杨永鹏的肩上，他一边没日没夜地审查材料，一边对嫌疑人进行布控，经过近20天的蹲点守候，6月8日成功将犯罪嫌疑人抓获，顺利查清其诈骗他人财物129.5万元的犯罪事实。8月22日，杨永鹏再次担负起一起传销案的侦查工作，他连续工作一个多星期，收集证据200余份，询问涉案人300多人，成功破获了这起涉案金额500余万、涉及人数700多人的传销案。记不清有多少次，案件侦破面临重重阻碍，几乎到了山重水复的绝境，一些民警也开始怀疑和动摇，但杨永鹏作为案件指挥员，他时刻关注队伍的思想状态，科学把握工作节奏，确保了侦办的所有专案工作始终良性发展、有序推进。这一年里，他每天工作到凌晨两三点钟，第二天又准时出现在专案指挥部，不知道熬过了多少不眠之夜，但也正是他这种敢拼、肯拼、带头拼的工作态度，才形成了专案工作的强大动力，最终助力案件全部侦破。

"学生时代，父亲总跟我说'兴趣不一定是饭碗，人必须要有安身立命的一技之长，将来才能养活自己和家庭，对待自己所学和所从事的专业工作要静下心来，潜心研究，方可熟能生巧。'如果父亲看到现在的我，他一定会很欣慰吧！现在的我，正继承着他的遗志，认真工作，努力践行着一名党员的初心和使命。"杨沛看着手中父亲的工作照，眼中满是释怀。

供稿：赵中伟　画像：卢科林

热血忠诚

甘肃公安先进典型风采录

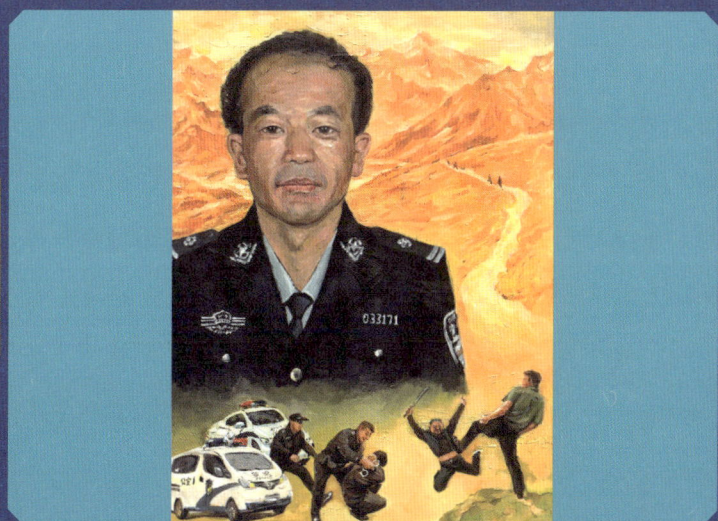

王志睿

王志睿：生命有时 英雄无泪

　　王志睿，男，汉族，中共党员，出生于 1968 年，甘肃靖远人，1990 年参加公安工作，1997 年 12 月加入中国共产党，原甘肃省白银市公安局白银分局高技术产业园治安派出所副所长，2009 年 6 月 9 日因病抢救无效去世，年仅 41 岁。从警 19 年来，王志睿同志始终扎根于基层，战斗在一线，以特别出色的工作成绩，阐释了一名普通民警对党和人民的赤胆忠心。2009 年 2 月被授予"全国公安系统二级英雄模范"，同年 8 月被评选为第七届全国"人民满意公务员"。

　　在父母眼里，他是很少有空闲膝下承欢的儿子；在妻子眼里，他是说走就走从来不会陪她逛街的丈夫；在儿子眼里，他是从不会陪他玩耍的父亲；在同事眼里，他是思维敏捷善于学习业务过硬的同事；在领导眼里，他是不管有多么复杂的案件琐事，只要交到他手里就可以放心的下级；在居委会大妈的眼里，他是走路一步三个台阶见着谁都要拉会儿话的精干小伙；在医生的眼里，他是一位个体的生命超越了常规的生命并创造了奇迹的神话……如果没有癌症，他将会快乐满足平静地度过自己的一生。然而当他的生命只剩下最后 5 个月的时候，他没有一蹶不振、颓唐消沉，他用常人难以想象的坚毅和顽强与病魔做斗争。他说："是警察这个光荣的职业，让我充分享受了生命的丰满与快乐，如果在下一刻我倒下了，我想我会为我短暂的生命画上一个虽有缺憾却充满力量的圆满句号。"

他，就是年仅 41 岁的民警王志睿。

青春的岁月，都付与了家长里短

王志睿是怀抱着当福尔摩斯神探的梦想考到甘肃省人民警察学校的。两年警校生活很快结束了，一辆偏三轮摩托车将他拉到了白银公安分局工农路派出所，所长指着几间低矮的平房对他说："这就是我们的所，也就是我们的家。"

当他站在简陋的派出所门前时，他原来不切实际的梦想如同肥皂泡一般快速破灭了，神探福尔摩斯只是书本里的英雄，现实中的他，成了一个要管辖三千多住户一万多人口的、全白银市最复杂片区的民警。他放下行李，向街上走去，和他擦肩而过的人、街口吵架的人、一个要过马路的小孩子、一个收破烂的老人，一下子好像和他有了千丝万缕的联系，整整十四个年头。所长换了好几茬，派出所由原来的平房已经换成了漂亮的楼房，而他在当年刚刚进所时暗下的决心，却丝毫没有改变。

这个责任区常住居民多，流动人口多，治安情况比较复杂。走访了一遍，就记录了一本厚厚的人口信息笔记，当他踌躇满志，正打算以自己的满腔热情去熟悉情况开展工作，没承想却屡吃"闭门羹"。走访对象不是门叫不开，就是一问三不知，甚至冷嘲热讽。一天，他去居民刘某家，前四天刘某竟然连门都没开，第五天敲了很久门终于开了，但还没等他说明来意，刘某就不耐烦地丢下一句："我不想认识警察，认识警察有什么用？能给我找活干还是能给我钱花？"门"砰"的一声又甩上了，留下他一个人尴尬地站在那里。他爱动脑子、喜欢琢磨，尽心竭力做好关系群众切身利益的小事，就是诚心实意地实践执政为民的大事，就是做让百姓安居乐业的好事。他很快总结出了片警的"嘴勤问、手勤记、腿勤跑"的"三勤"工作方法。在业务上狠下功夫，自己设计了众多"法宝"：在办公室的墙上挂上了辖区分布情况板；随身携带自制的辖区地图；立体的居民分布表把每栋楼每个楼层的居民信息显示得一清二楚，老户迁走、新户搬来时随时更新。这些资料他天天看、时时记，天长日久，他成了一本"活地图"。

凌晨4点，长通电缆公司下岗职工高某的孩子突发高烧，高某想到了"有困难找民警"，于是翻出警民联系卡打电话求助。王志睿冒雨骑着摩托车赶到，立即将已经昏迷的孩子送到医院，经诊断，孩子患急性脑炎，幸亏送得及时。

王亚丽家刚刚装修好就被盗，王志睿短短几天时间，就将已经逃到景泰的装修工抓获，盗窃者自以为做得天衣无缝，做梦也没想到那个看起来经常笑嘻嘻的王民警居然这么厉害。被盗的现金、放像机、照相机全部追回。王亚丽对丈夫说："小王肯定不会来家里吃饭。"两人商量后，就将一面写着"业务精湛，破案神速"的锦旗送到派出所里去了。

曾经的梦想，在坚实的基础上飞翔

1998 年秋，全国追逃专项战役中，王志睿凭借多年的办案经验，从被忽视了的蛛丝马迹查起，一举抓获了一名曾在白银市区杀害一人、重伤一人，且隐姓埋名潜逃 5 年之久的犯罪嫌疑人，为全市的追逃战役打了一个漂亮的大胜仗。

2001 年春，在全省禁毒严打斗争中，王志睿先后 5 次远赴 150 多公里之外，深入毒穴与贩毒头目周旋，在预设的伏击圈内以迅雷不及掩耳之势将嫌疑人制服，缴获毒品海洛因 2268.9 克，成功破获了白银市缉毒史上的首个"公斤级"大案。

王志睿在派出所的 14 年，如果说他是一名出色的治安警察、管片民警的话，他却从来没有放弃想成为一个出色刑警的梦想。2003 年，他通过岗位竞聘，以扎实的业务功底和出色的表现，实现了多年的愿望，担起了白银分局刑侦中队中队长的担子。

2003 年 8 月 27 日凌晨两点多，王志睿在一条背街小巷抓捕嫌疑人，追赶了五六公里后将其擒获。回到单位，王志睿感觉下腹部剧烈疼痛，他以为是刚才跑得太厉害了，就咬着牙连夜审讯。这时共同审讯的战友看到王志睿额头上堆满了汗珠，紧接着就一头扎在了审讯桌边。同事们赶紧将他送到医院，确诊是直肠癌晚期。

他问大夫自己是什么病，重不重？大夫说，让你家人来。他说："我是一名警察，什么没见过？你就直接告诉我好了。"

看到妻子泪流不止，他就明白了，王志睿也流下了泪水。这是妻子自从认识丈夫以来看到他第一次流泪。这是一名铁血刑警的眼泪，也是一个普通患者的眼泪，是壮志未酬的泪，也是伤痛遗憾的泪，这泪不知饱含了怎样的复杂情感啊。

这年，王志睿只有 35 岁，正是他人生的黄金年龄，他曾经的梦想，破碎在梦想刚刚开始的地方。

坚强的意志，是他对生命不息的渴望

局党委通过多方努力，终于联系上了天津一位国内顶尖的直肠癌手术专家，他惋惜地说："如果早发现 3 个月还有希望，现在直肠坏损这么厉害，能够切除的都切了，但无法控制癌细胞扩散，这种情况下，正常人能活半年的时间就不错了。"

王志睿经过手术，从死亡线上走了一趟，对生命有了更清楚的认识和珍惜，现在活着的每一分钟都让他心怀感慨，他不想闭着眼睛睡觉，他风趣地说："等到有一天，我起不来了，有的是睡觉的时间。"当同事们来看望他时，他依然谈笑风生地说："等我好了，我们一起接着干。"

王志睿在治疗期间表现出的坚强是超人的，是常人不可想象的。手术从早上 9 点一直进行到下午 1 点多，同时开了三个刀口，缝了 48 针。最痛苦的就是放疗和化疗，化疗时，药一用上不到 15 分钟就开始吐，真正是胆汁都吐出来了。现在只要一看见化疗的药瓶子，就条件反射地想吐。放疗时先是皮肤发红，接着皮肤就开始溃烂，那感觉就像皮给搓伤了，又在搓伤的地方再搓，是一种火烧般的灼痛。

2004 年底，他的病情有所好转，他向局党委提出要重返岗位。一米八的个子，体重已锐减到了 90 多斤，局领导都了解他是一个只要手里抓到案件线索，不追到底决不罢休的人，就坚决不同意他回刑警队，给他安排了一个在派出所值班的"闲职"。王志睿断然拒绝，他说，"我还年轻，不想混吃等死。"后经局领导再三商量，就安排他去作息时间相对比较规律的法制部门工作。他的细致入微和对法律条文的熟悉掌握，让他在法制部门发挥了大作用，一旦发现事实不清、证据不足等疑点问题，就拖着患病的身体去找受害人、证人、嫌疑人继续询问，补充和完善证据材料。从2005年至2007年三年间，他不是在检察院，就是在看守所，经过他手的案卷，证据完备，干净整洁。经他审查移送起诉的案卷在检察环节几乎没有退查。

手术后每隔一段时间就会出现一次肠梗阻，常常是腹部绞痛难忍，赶紧跑医院，肠道一通，他就又跑去单位上班了，肠梗阻的情况他一直没告诉任何人，有一次半夜又肠梗阻了，疼得他从沙发下滚下来人事不省，是儿子把他背到了医院……

看着朋友瘦得皮包骨头的样子，同事说："不要再上班了，赶紧休息看病。"

王志睿以一贯的乐观口气说："生命在于运动嘛，等实在动不了，想再上班也不能了。"

钢铁般意志，是在疼痛里淬火铸锻而成的

王志睿对侦查破案有着解不开的情结，在疼痛与疼痛的间隙，他就会到处转悠，这里看看，那里听听，2008年元宵节，在与人闲聊时，获知一贩卖毒品线索，凭着经验觉得这是一条很有价值的线

索。王志睿要求领导把这个任务交给他。局长不同意，他说："局长，你就答应我吧，我想和从前一样，有扎扎实实的工作成绩，这样才对得起组织和同志们对我的关怀和鼓励，再有就是这条线索的提供者，只有我熟悉，也最相信我，我去最合适了。"

局长担心地问："那你的身体能行吗？"

他乐呵呵地说："局长放心，我有最好的办法，保证身体不出意外，保证完成任务。"

在此后的一个多月时间里，王志睿以坚强的毅力，忍受着疼痛，和战友们一道三上宁夏，缜密侦查，行程3000多公里，先后抓获3名贩毒分子和4名吸毒人员，缴获毒品海洛因305克，斩断了一条由宁夏通往白银的贩毒通道。

肠梗阻已经越来越频繁了，每隔十来天就犯一次，每一次疼得他在墙上桌子边上乱撞，三四个人拉都拉不住，他自己拿针在胳膊上腿上乱扎，扎得血顺着胳膊腿直往外流，这样好像能缓解一下肠子的绞痛。宁夏那起贩毒案在准备抓捕嫌疑人的关键时刻，他就开始不吃饭了，他怕忽然犯病，多日来的辛苦就白费了，他每天只喝点水，兜里装着几瓶葡萄糖口服液，感到体力不支时就喝上一瓶。有一次战友们在一个小面馆里吃面，他在旁边看着别人吃，实在忍不住了，对同事郭丛定说："你把面条吃完给我喝一口汤吧。"他喝了几口汤，感到人生是这样简单而美好，他可以喝点面汤，还没有犯病，他可以一门心思地去搞案子，这是多么顺心的事啊。当他看着战友们吃饭，他实在忍不住时，就夹一口菜到嘴里，嚼嚼味就赶紧吐出来，他不敢冒这个险，有重要的工作在等着，他决不能犯病。就这样坚持了5天时间，终于成功将主要犯罪嫌疑人抓获，他连夜突审，与嫌疑人周旋了整整一个晚上，嫌疑人又供出了一条线索，他和嫌疑人进行了整整一个晚上的谈话，嫌疑人提出来要一双新鞋子，他第二天不但给买了新鞋，还买了新衬衣，带着嫌疑人洗了澡理了发，换上新衣新鞋，就上路了。

车上是他、郭丛定、刑警小崔和嫌疑人，地形太复杂，后面跟的车辆跟丢了，约定的嫌疑人已经上了车，他和郭丛定对了个眼神，一等毒品拿出来，确认无误后立即实施抓捕，将嫌疑人成功抓获，前一名嫌疑人也安全带回，所有毒品全部缴获，他才松了一口气，才放心地喝了一碗稀饭，这已经是他绝食的第七天了，这七天他只靠水和葡萄糖活着，当晚立即投入审讯，同事一转眼，就见他轰然一声晕倒在了地上。

2008年5月13日，汶川大地震的第二天，他经手的一个案子的嫌疑人被北京市公安局抓获，嫌疑人点名要王志睿来带他回去，此时他才出院不久，领导不放心他的身体，他说："没事，我能行。"

来回七天七夜，他一直恶心、呕吐、疼痛，什么都不能吃，嫌疑人看见他痛苦的样子都受不了，说："王队长，你放心，我保证让你顺利带我回去。"在火车站，他看着嫌疑人被安全交接，就一头栽倒在火车站出口，昏厥过去了。

这一次的梗阻时间太长，当地医院里的大夫都不敢动手术了，怕肠粘连无法剥离，会要了他的命，医院只好再一次和张作兴教授联系，张教授从第一次手术后，被他的精神和意志所感动，他说这样的病人他见过不少，像王志睿能幸运地活到今天本身就是奇迹了，而且他还能忍受常人难以忍受的痛苦，坚持着工作，这简直是奇迹中的奇迹。

亲情是座山，支撑起我生命的一片蓝天

在王志睿与病魔做艰苦斗争的日日夜夜里，最离不开的一个人就是他的妻子，她说："他是家里的顶梁柱，他如果倒下了，我们家的天就塌了。"

她没有工作，到处打工，四处找活干。王志睿说："我也想让你有一个舒适体面的工作，可是要找工作就得去求人，求人气短，咱们是干警察的，保不定哪天人家会找你要回报，你就有可能无法秉公办事了，就因小失大了，你能理解吗？"他的妻子说："我理解，你干的是大事，是正义的事，咱不能让人胁迫你。"

我问王志睿，儿子知道他的病吗？他说："知道。"第一次手术后，他就找儿子谈，说："也许爸爸看不到你上大学的那一天了，爸爸啥也没帮到你，以后只有靠你自己努力了。"儿子什么话也没说，结果儿子背着他们去找老师，问老师他的成绩能不能跳级，老师说凭他的成绩完全可以。他就要求跳到初一，老师说要征求家长的意见，儿子哭着说："你不要让我爸爸知道，我爸爸得了不好的病，我想让他能够早点看到我考上大学……"

我问他父母知道他的病吗？他说："知道的。但我不想让他们看到我一天天地消瘦，一天天地疼痛，在他们眼里，我是一个活蹦乱跳的壮小伙，他们的心疼，比我自己的疼痛还让人难受……"

他说："如果没有领导的支持和同事们的关心，如果没有亲人的付出和支撑，也许我早就倒下了，正因为有这么多的人关心我支持

我，我就想好好活着，为了父母，为了妻子，为了儿子，为了所有关心我的人，我渴望活着，并且要活得快乐些。如果有一天我病能好了，我就想回去上班，回刑警队去，一个称职的警察，特别是一个称职的刑警，手里破不了几起响当当的案子怎么行？如果真到了最后时刻，我也不想就这么躺在床上去了。"

看岁月静好，人们感谢你的负重前行

记得去采访你的那天，阳光是明媚的，但心情是灰色的，若半浮在天空的雨云。面对一米八的个子、瘦弱得只剩下几十斤的你，感动如雨。采访回来后不久就得到消息，你走了，离开了这世界，离开了你钟情的警察职业，离开了妻儿父母。早在5年前的一天，医生说你随时随地就会离开，你一直咬牙坚持到了今天。我知道那不仅仅是与疼痛的战斗，更是一场信念的战斗，多少个疼痛无眠的夜晚，最简单的办法，就是放弃，而你没有。你愿意听别人讲你年轻健康时的事，那走路带风，说话高声的快乐时光，人还未到，笑声先闻，快乐的心情，舒畅的人生，长远的谋划，希望经过14年的管片民警的铸锻，最终实现成为一名神探的夙愿……

你说："如果有一天我走了，我不希望人们只记得我是多么坚强地与病魔做过斗争，我希望同事们记得我的快乐自信，希望认识我的人们记得我的细心和热情，希望领导记得我成功侦破的案件，希望妻子记得我的爱并原谅我没有好好陪伴她，希望儿子记得我的顽强，考上理想的大学，希望父母记得我小时候胖乎乎的样子，而不是现在瘦成了这个样子……"

王志睿，你一直牵挂的"805"案子成功破获了，你的儿子继承了你的遗志，成为了一名你一直渴望成为的刑警，你所希望的一切，全都已经实现。

供稿：卿晓晴　画像：高懿君

热血忠诚

甘肃公安先进典型风采录

何方志

何方志：舍己救人的"人民卫士"

何方志，男，汉族，出生于1974年，甘肃礼县人，甘肃政法学院（今甘肃政法大学）法律系毕业，1997年11月参加公安工作，三级警司警衔，生前系原天水市公安局秦城分局巡警大队民警。1999年3月18日，为营救3名误入防空洞遇险的小学生英勇牺牲，时年24岁。1999年9月1日，被公安部追授为"全国公安战线二级英雄模范"；同年11月，被民政部追授为"革命烈士"，同时被中共天水市委、天水市人民政府授予"舍己救人优秀民警"称号。

在岁月长河中，总有一些人的名字，如同天空中灿烂的星辰，永远闪耀着璀璨夺目的光芒。何方志就是这样一位生死无惧、英勇献身的革命烈士，他用自己宝贵的生命，谱写了一曲惊天地、泣鬼神的英雄赞歌！他的精神，将永远铭刻在我们心中，激励着我们勇敢前行！

英勇无畏　他用生命彰显英雄本色

三月的古城天水，乍暖还寒。春雨带着寒意，一场接一场在古城上空飘落。冷，仍然是天水初春时节的主格调。

1999 年 3 月 18 日这天，小雨淅淅沥沥下了一整天。吃过晚饭，何方志简单打扫了一下宿舍的卫生，给热水壶里提满开水，就坐在床上看书。本来，他这时候会去外面散步，这是他上大学以后就养成的习惯。因为下雨，而且今天轮到他值班，他便打消了散步的念头。他走进值班室，看了看墙上挂着的钟表，还不到七点钟，妈妈应该已经收摊在家了，他想给妈妈打个电话。他好久都没有回家了，不知道妈妈最近身体怎么样。而且，他的实习期已经结束，马上就能领到第一个月的工资，他要给妈妈报告这个喜讯！

他拿起值班室桌子上供大家平时联络使用的外线电话，拨通了邻居家小卖部的电话号码。不一会儿，电话听筒里就传来了妈妈亲切的声音。妈妈一再叮嘱他要吃饱、穿暖，没钱了就给她说，最近小吃摊的生意不错，她会把钱捎到来天水的班车上。听见妈妈这么说，何方志不免有些心酸。他已经参加工作一年多了，却还要妈妈操心他的生活费。他在电话里大声地告诉妈妈："妈，我现在不缺钱，我第一个月的工资马上就发了，等过段时间闲了，我就把钱拿回来给你。"守值班电话的战友听见何方志这么说，也大声地喊道："姨姨，小何的工资发了，你给他攒起来娶媳妇！"何方志不禁脸上一红，说了几句安慰妈妈的话，就草草挂断了电话。

回到宿舍，舍友已经洗完脚，准备睡觉了。

"叮铃铃……叮铃铃……"

突然，值班室的110接警专线电话铃声急促地响了起来，像一把锋利的剑，刺破了夜空的宁静。电话听筒里传来市公安局指挥中心的处警指令：天水市燃料公司北关煤场工地，有三名小学生进入防空洞内玩耍未归，已有数名群众自行开展营救未果，现指派秦州公安分局巡警大队立即出警救援。

警情就是命令，时间就是生命！当晚，巡警大队留守值班的民警有四人。值班中队长安排一名民警继续值守值班室，带着何方志和另一名值班民警，驾驶着一辆二轮摩托车就匆匆赶往事发现场。任务紧急、时间有限，加之当时条件有限，他们没有带任何防护装备，也没来得及拿伞、穿雨衣，就迎着小雨出发了。

雨中的道路泥泞不堪。70排量的二轮摩托车同时载着三个人走，行驶得很慢。一路上，他们的脑子里只有一个念头，那就是要尽快到达现场，以最快的速度把孩子们救出来。到达事发地点时，防空洞周围满是焦急的人群。人们的脸上、身上都湿漉漉的，分不清是泪水还是雨水。人们七嘴八舌地说着，大致意思是，有好几个人打着手电筒进去寻找孩子们，但没走多久就感觉胸闷气短，而他们出来后，无一例外都有了中毒迹象，相继昏迷失去了意识。他们无数次想象着现场的情况，但从围观的人群给他们反馈的信息看，防空洞内的情况远比他们想象的要糟糕。此时，距离孩子们进入防空洞已经过去了两个多小时。

来不及多想，带班中队长立即指令大家脱掉袜子，用地上的雨水浸湿后捂在嘴上，接过现场群众递来的手电筒，就向防空洞深处走去。防空洞内环境复杂，潮湿的霉味夹杂着沼气味，充斥在洞内的空气中，刺鼻难闻。在黑暗中，他们借着手电筒暗淡的光芒，小心翼翼地向前摸索。手电筒的微光在黑暗中忽明忽暗，如同夜空中闪烁的星辰，虽然照射范围不足两米，但却给他们指明了前进的方向。前方的道路充满了未知和危险，但他们丝毫没有退缩，毅然决然地向前走着。他们一边用洞内的木棍、砖块做标记，一边摸索着向前走。已经走了大约50米了，他们依然没有发现孩子们的踪迹。此时，他们明显感觉有些吃力，出现了头晕胸闷、四肢无力的症状。但作为一名人民警察，他们的身上背负着救危扶难的神圣的使命，强烈的责任感让他们不能停下脚步，他们继续向前行进。走到200多米时，他们终于发现了三个已倒地昏迷的孩子。

孩子们静静地躺在地上，面色惨白。他们叫了几声，没有一点回应。他们立刻每人背起一个孩子，迅速向洞外走。在这万分危急的时刻，每一秒都显得至关重要。他们不敢有丝毫懈怠，脚下的步伐坚定而迅捷，生怕错过任何一丝生的希望。时间在这一刻显得格外漫长，周围的空气仿佛凝固了一般，只听见他们急促的呼吸声和脚步声，在防空洞逼仄的空间中回荡。面对这生死攸关的考验，他们深知，此刻的每一个决定，都关系到孩子们生命的安危。他们没有慌乱，而是相互鼓励、相互打气，务必要尽快钻出这个与死神最近的地方。

但是，由于严重缺氧并吸入了大量有毒气体，他们感到胸口憋闷，仿佛有一只无形的大手，紧紧地扼住了他们的喉咙。他们的胸口，像有一团火在猛烈燃烧，让他们无法呼吸。他们背负着孩子拼命向外爬，每一步都异常艰难。他们的心跳，如同狂奔的马蹄，急促而有力，每一次的跳动，都在提醒着他们，生命是可贵的，也是脆弱的。此时此刻，他们心中只有一个念头：不能停下、不能倒下！他们和他们背上的孩子，要尽快逃离这个危险的地方。他们急促地吸气、呼气，每一次呼吸，都是与死神的抗争！他们几乎用尽了最后一丝力气，不得不手脚并用，艰难地向外爬着。他们时而用双手紧紧地抓住地面，手指缝里填满了泥土；时而扶着防空洞的内壁前行，防空洞的内壁上，留下了他们深深的指痕。周围的空气越来越稀薄，但他们没有放弃。终于，他们看见了洞口微弱的光亮。就在这时，何方志却不慎掉入了一口积有污水的竖井。而另外两名战友，也都相继昏迷，倒在了离洞口不远的地方……

随后，大批消防战士、武警官兵、公安民警和医护人员赶赴现场救援。经全力抢救，三名遇险的小学生和三名施救的民警被成功救出，送往天水市第一人民医院抢救。

令人痛心的是，3名小学生均因中毒时间太长而遇难……

何方志，这位英勇无畏的战士，从深井中被救出后，却在送往医院抢救的途中，因吸入过量有毒气体，光荣地献出了自己年轻的生命！

当另外两名战友从急救室醒来，听到何方志牺牲的消息，他们无法相信这是真的！就在昨天，他们还在一起值班、一起吃饭、一起开玩笑……转眼间，他却永远离开了他们，离开了他年迈的母亲，离开了他未成年的妹妹，离开了日日夜夜和他并肩作战的战友，离开了他挚爱的人民公安事业……

这突如其来的变故，让他的家人、朋友和战友，都感到无比悲痛！他的牺牲，是秦州公安战线永远的损失。他本是一个朝气蓬勃的青年，正是追求梦想的黄金时期，却因为一次勇敢的救援行动，永远地离开了这个世界。在生命的最后一刻，他是坚定的、无私的、伟大的，他的英勇无畏，将永远被人们铭记。他身上散发出的耀眼光芒，必将照亮秦州公安民警前进的道路！

勤学上进　他是单亲家庭的顶梁柱

何方志出生在礼县盐官镇的一个贫苦农民家庭。他自小就勤奋好学、热爱劳动。因为家庭困难，他小时候几乎没有什么像样的玩具，别人家的孩子拿了有趣的玩具，他就凑到跟前认真看，看完后默默记在心里，回家央求爸爸给他做一个一样的。有一些简单的，他就自己琢磨、自己动手做。有一次，他看见别人拿了一个自己做的木陀螺，他也想做一个，就悄悄拿了家里的镰刀，捡了半截洋槐树干，坐到自家的房背后削，结果，一不小心把左手的食指割破了，鲜血直流。上学以后，他总是第一个到学校。在其他人还没来之前，他已经把要背的课文基本背会了；在上课铃声响起之前，他会把要上的新课先预习一遍。他喜欢看书，但那时候除了课本，根本找不到课外书，他就去翻妈妈捡来的废品，从里面找到半片发黄、沾满污渍的旧报纸，他也能津津有味地看上老半天。因此，他的学习成绩一直名列前茅。他买不起课本，妈妈就向同村高年级的学生借来旧课本让他用。没有作业本，妈妈就买来最便宜的麻纸，割成作业本的大小，用针线钉在一起让他用。或者，他就用妈妈捡破烂捡来的、别人丢弃的旧作业本的背面写。在学习上，他一直没有让父母操过心。在老师眼里，他是勤学上进的好学生；在同学眼里，他是踏实好学的好同学。

穷苦人家的孩子，总是要强的。有一次放学回家路上，一个同村高年级的学生抢过何方志的作业本，撕了一页纸叠纸飞机，他非得让那个学生赔偿，甚至不惜和那个比他高一个头的男生打了一架。他父亲一直以来都对他要求很严格，一些力所能及的事，都会要求他去做，比如捡柴火、拾粪、捡麦穗等等。上学以后，每天下午放学，父亲还会打发他去路上拾粪。父亲总是说，男娃娃就要有男娃娃的样子，要自小锻炼，长大了才会有出息。不幸的是，何方志小学还没毕业，就失去了父亲。这对他的打击很大，自此以后，他变得有些敏感、有些自卑。所幸，他有一位伟大又坚强的母亲，她用她那瘦弱单薄的肩膀，扛起了家庭的千钧重担，依靠着马路边支起的一个小吃摊，含辛茹苦地把他和妹妹抚养长大。他总是记得，每天清晨，天还没亮，妈妈就已经开始在厨房里忙活了。她要在天亮之前，把当天要卖的面皮和凉粉做好。当第一缕阳光洒在马路上，母亲就准时支起她的小摊，等待路过的人来吃。尽管支小吃摊的工作十分辛苦，但母亲的脸上，总是挂着慈爱的微笑。因为她知道，她把孩子们拉扯成人，她再苦再累也是值得的，她的未来，也会充满幸福。

在何方志的成长过程中，母亲是他唯一坚强的后盾。她用她那无尽的爱和耐心，陪伴他渡过了一个又一个难关。在他郁郁寡欢时，母亲总是第一时间开导他，鼓励他努力学习，鼓励他要勇敢一点、自信一点，鼓励他大胆追求自己的梦想。虽然，她只是个识不了几个字的农村妇女，但她知道，唯有知识能改变孩子的命运。而她自己，却从未有过任何抱怨，她不想让孩子们看见她的负面情绪，虽然，她也会在夜深人静的时候偷偷落泪。当儿子收到大学录取通知书的那一刻，她的脸上，绽放出了最灿烂、最美丽的笑容。她欣慰，她骄傲，她自豪！她知道，她多年的辛勤付出，终于得到了回报。她的儿子，也即将踏上新的人生旅程，她打心底里为他感到高兴！对他美好的未来，她充满了无限期待。

爱岗敬业 他是公安战线的"好苗子"

大学毕业后，何方志被分配到原天水市公安局秦城分局巡警大队工作。当时的巡警大队，是秦州公安的尖兵队伍，承担的工作任务量大面宽，既要全天候巡逻处警，又要检查录像厅、卡拉 OK 等场所，还要侦破各类案件。对刚加入公安队伍的何方志来说，一切都是新鲜的，他十分热爱巡警的工作岗位。平时，他跟着老民警巡逻、出警、检查、办案，闲暇时候，他就认真学习业务知识。找不到学习资料，他就看上学时用过的专业法律课本，阅读《人民公安报》《人民公安》杂志、《天水日报》，遇到书本解决不了的问题，他就向身边的前辈虚心请教。他爱岗敬业、踏实上进、苦干实干，始终以饱满的热情、虚心的态度、严谨的作风，全身心投入到本职工作中，在平凡的工作岗位上干出了不小的成绩，得到了战友和人民群众的一致好评！

刚参加工作不久，何方志就跟随他的师父—他的中队长侦破了一起重大刑事案件。从开始蹲点守候到抓获最后一名犯罪嫌疑人，他们用了五天五夜时间。这五天五夜里，他们几乎没怎么休息。他像一个小学生一样，跟随在师父身后，听他言传身教，向他学习专业知识。在案件侦查过程中，他们遇到了很多困难和挑战，但他从来没有退缩过。有一天深夜，他们蜷缩在马路对面蹲守，一行的其他人已经都昏昏欲睡，突然，他看见了嫌疑人的身影，他一个箭步冲过马路，将嫌疑人死死地压在自己身下。由于他身体单薄，嫌疑人拼命反抗，他很快体力不支，幸亏，战友们及时赶到，成功将嫌疑人抓获。事后，师父批评了他。师父告诉他，抓捕嫌疑人的时候，一定要服从命令、听从指挥，大家一起行动，以后千万不能再"鲁莽"。从线索的搜集到证据的固定，从嫌疑人的追踪到最终的抓捕，每一个环节都充满了艰辛和不确定性。然而，正是这些困难和挑战，让他更加坚定了自己的信念。这起案件的成功侦破，是他职业生涯新的起点，也让他重新认识了人民警察这份神圣的职业。他深知，人民警察的肩上，担负着维护社会安定、守护人民安宁的重任，每一次巡逻、每一次出警、每一次检查、每一次抓捕，都是为了维护社会的公平正义，都是为了让人民群众过上安宁祥和的生活。他深刻认识到，要当好一名人民警察，要付出比别人更多的艰辛。他要以更加饱满的热情、更加专业的素养、更加坚定的信念，投身到公安事业中，为人民群众的安全和幸福贡献自己的力量。他唯有不断磨砺自己的意志，不断提升自己的业务水平，才能成为一名优秀的人民警察，为人民公安事业的发展作出更大的贡献。

还有一次，也就是他牺牲前三天，3月15日，他和战友巡逻时，发现一名满身污垢、恶臭难闻的老人晕倒在原南湖车站，生命垂危。他立刻将老人抱上车，送往医院急救中心救治。老人昏迷三天三夜，他和战友轮流守护了三天三夜。老人苏醒后才得知，他无儿无女，以拾荒为生。何方志不免想起了他的母亲，母亲也在空闲时捡破烂贴补家用，他便把身上仅有3块多零钱全部给了老人。因为实习期没有工资，实习期满后工资一直没有发下来，他的生活其实也很困难。那几天，他就去留置室干些杂活，吃留置室的饭，或者，帮助战友们干活，吃战友家里的饭。

然而，命运就是这么不公、这么残酷。他怎么也不会想到，一次普通的救援任务，就让他献出了宝贵的生命，永远地离开了这个他深爱的世界。他母亲的心，也被撕裂了！儿子的离去，给她带来了巨大的悲痛，她无法接受这残酷的事实。她整日以泪洗面，回想着儿子成长的点点滴滴。但是，她用她那坚强的毅力，坚持了下来，她没有颓废、没有倒下，而是继续坚强地生活着。她知道，她要振作起来，还有一个女儿要她抚养成人。她打起精神，继续经营着她的小摊。她知道，她的儿子是盖世英雄！她相信，儿子的精神将永远陪伴着她，她为他自豪！

何方志牺牲后，政府为他举行了高规格的追悼会，社会各界群众自发前往殡仪馆，追忆缅怀年轻的人民英雄！他用自己年轻的生命，谱写了一曲生死无畏、舍己救人的壮丽篇章，践行了他的初心使命。他的英雄壮举，为警徽添彩，为公安事业增了光，树立了人民警察的光辉形象，真可谓"热血铸剑，生死无惧志弥坚；生命为烛，英勇献身谱丹青"。

他的英雄事迹，将永远铭刻在人们心中。

供稿：石拜军　画像：白建涛

热血忠诚

甘肃公安先进典型风采录

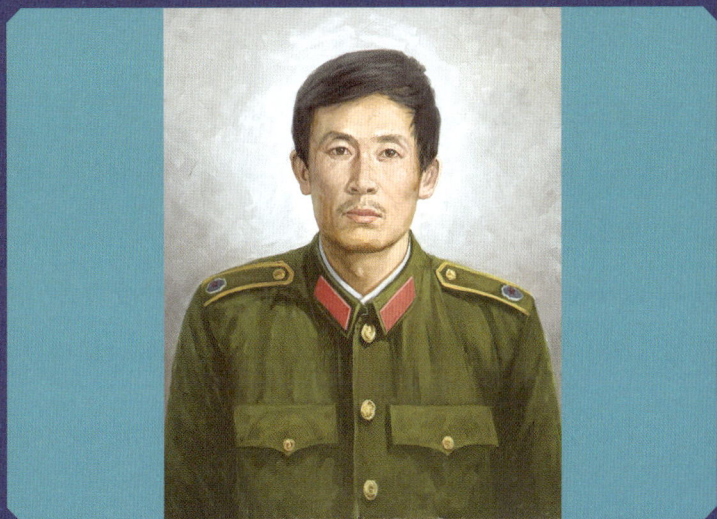

张 林

张　林：用生命浇灌幸福和安宁的"缉毒英雄"

张林，男，汉族，出生于 1962 年，甘肃临洮县人，1979 年 12 月应征参加中国人民解放军，1984 年 2 月退伍后任临洮县河口学校代理教师，1985 年 11 月投身公安工作，先后在临洮县公安局刑侦队、派出所、缉毒队工作，1994 年 6 月任缉毒队副队长。1994 年 9 月 29 日在执行缉捕毒犯任务时，不幸被罪犯戳伤，因流血过多，经抢救无效，壮烈牺牲。1995 年 1 月 19 日被公安部追授"全国公安系统二级英模"，1995 年 8 月 17 日被省委追认为中国共产党党员，1995 年 9 月 10 日被民政部授予"革命烈士"称号。

四月的临洮春光明媚，街道两边的垂柳已是千丝万缕，玉兰、海棠正在盛开，空气中弥漫着温馨和祥和。我穿过长长的街道，来到一个叫方圆的小区，去见一位老人，一个母亲，一个英雄的母亲，她就是全国公安系统"二级英模""革命烈士"张林的母亲。在小区最前面一栋楼的一楼，房间是由车库改造的，简洁明亮，估计是为了老人出行方便，老人已经九十一岁高龄了。退休前是人民教师，个子不高，人瘦削，但精神，看不出九十过的样子。当同行的公安局政工室的李主任说明我们的来意后，老人拿出了助听器，边戴边说，说啥呢，已经三十多年了。老人沉默了一会，娓娓开始了她的讲述。"我们的家在东城巷，地势低，屋里就几间土房子，62年的10月24日，张林就生在老屋里。张林小时候很听话，那时候普遍困难，他在南街小学上学的时候，一放学，就扒草根，给猪拾菜。后来我在乡下教书，他父亲因历史问题停职审查，他就和年迈的奶奶及年幼的哥姐一起生活，帮忙操持家务。1979年发大水，东城巷遭了水灾，我们家的房子都倒了，啥都没有了。张林从二中刚毕业，人不见影子，后来才知道给别人家捞东西呢。1979年下半年，他就要去当兵，给我们都没说，自个儿就把名报上了。我们是人民教师，当然不能拖后腿，就让去了。在部队上发点津贴，就寄回了家里。服役期满回来的时候，把部队上发的针线包带回来了，平常缝缝补补都是自己干。后来在西乡的河口当了半年的代理老师，在河口的时候，一闲就帮社员拔麦子。平常不见他的影子，老是忙。"母亲的述说缓缓的，好像时光在倒流。她有时陷入沉默中，我知道她在努力回忆，时光没有抹去她的记忆，刻在灵魂深处的是伤痛也是温暖。

　　张林的姐姐张淑娟陪坐在母亲身边，平常也是她和丈夫照顾母亲，母亲说话的时候，她不停地擦拭眼睛。她说，张林上学的时候，大姐姐插队去了，1983年复员回来，父母在乡下，张林就帮着家里做饭、种菜，照顾妹妹，张林平时话少，没有多话，但只要一休息，就把家里的面买了，把柴劈了。小东门外住着一个孤寡老人，不小心把屋子点着了，张林路过，立马冲上去，站在屋顶上救火，恰巧被路过的姑姑看见了，忙喊道，下来下来，危险！张林说屋子里有人，硬是坚持救火，在众人的帮助下，把老人救了出来。他后来在缉毒队上，就更忙了，有时候过年的时候，也不见人影，老娘说，啥时候才能吃上顿年夜饭呢。那时候张林的姑娘张信园，才上幼儿园，第一个儿童节，答应参加却没有参加，让姑姑代劳，最终错过。后来姑娘一直由奶奶照顾，上小学以后跟着妈妈住在了公安局安排的宿舍里。张淑娟说着说着，有些哽咽，眼泪也慢慢溢出了眼眶。我的心有些沉重，眼眶也有些湿润，不忍再打扰她们，忙和李主任告辞出来，走出小区大门，我长长地舒了一口气。阳光正好，但心情已不是来时的心情，感动之余崇敬之心油然而生。

一个人由军人出身的警察，成为一个革命烈士，我想这和他在部队的生活是分不开的。经过张林妻子的联系，我见到了他参军时的两个战友——陈志强和周桂柠。陈志强大个子，大脸盘，在城建系统工作，后来当了供暖公司的经理，现在已经退休。周桂柠在五金公司，后来经历了下岗，人生虽然有些不尽如人意，但还是坚持了下来，儿子现在考上了国防生，算是继承了父志。说起当兵的经历，虽然年代有些久远，有些事情还是刻在了心里。陈志强说："我们发入伍通知书是11月15日，算80年兵。张林和我们一块，临洮城里就十个人，戴了大红花，一欢送，先坐班车到定西，换乘火车，坐了三天两夜，到吐鲁番，又坐卡车，坐了两天才到了和静县。"周桂柠说："从吐鲁番到和静县要三百多公里，走了两天，坐在卡车厢里，穿的军大衣，大头鞋，冷得直打哆嗦。晚上睡在兵部，全身包严，还发抖。和静县在南疆，条件比较艰苦。新兵的时候和张林一起训练，走正步，黄胶鞋都湿透了，回到营房里，屋子里臭烘烘的，张林说：'洗完脚和袜子再睡，不洗的外面站去。'"苦是确实苦，陈志强接着说："有时候在沙滩趴几个小时，那地方有蜥蜴、蛇、马蜂，有一次一个战友不小心用刺刀把马蜂窝捅了一下，马蜂四涌而起，把战友的头噬肿了，像背篓一样大。"后来，陈志强叹了一口气接着说："新兵训练一结束，我到了一连，张林到了三连，在一个营，周桂柠在另一个营，这样，见面的时候少了，我和张林见面的机会多些，星期天在营房里坐一下，那时候管得严，不让出去，一次只能出去一人办事情的。"

周桂柠说："部队上吃了苦，回来倒不觉得苦了，这确实是一笔财富。我到现在握枪的手展不开，不说训练，在团部看电影，在马扎上坐得直直的，新疆蚊子多，还大，直叮人的脖子。罢了还要唱歌，生活还是挺有趣的。第二年训练到水电大队合练，见了张林，张林训练期间不怕苦累，脾气直，看了张林的笔记本，日记中写道：'人的生命不惧洪水奔流，不遇岛屿和暗礁，难以激起美丽的浪花。'"张林练就了擒拿格斗的真本领，两次受到了部队的嘉奖。陈志强说："如果上了战场，张林肯定是英雄，那是他的性格使然，干啥事都严格要求自己。刚去部队的时候，衣服是的确良（涤纶），衬衫是棉布的，越洗越白。那时候早上起来一个五公里越野，吃罢饭，睡午觉，下午继续训练，晚上还要开班务会，班长副班长谈心，那么忙，张林的衬衫老洗得白白的。就说吃的，早上苞谷面糊糊就茄莲腌的咸菜，以前老兵腌的后来的新兵吃，有几年的，有的兵抱怨，但张林每次都吃得津津有味的。"周桂柠接着又说："当兵时间虽然不长，但对人一辈子影响太大了，复员他们也是一块回来的，那时候和静县与乌鲁木齐刚开通火车，火车不平稳，一直抖动，像坐摇船。那时候是蒸汽烧煤的，一进隧道，黑烟蹿到各个车厢，把人都熏得灰头土脸的，像从窑洞里钻出来似的。现在已经是旅游大通道了，大家都想再走一下和静县，可惜张林已不能通行了。"

是啊，重走一遍多好，我望着陈志强和周桂柠真挚的脸，在心里默默地说。那些战斗过的地方，那激情燃烧过的岁月，虽然青春不再，但你们的真诚的心和深深的思念，张林的在天之灵一定会感知到的，我们会告诉他，和静路上，已是鲜花盛开，大地安宁。

1984 年 2 月，张林从部队退役回到了家乡到河口中学任代课教师。他凭着坚韧不拔的毅力和部队练就的吃苦精神，勤学苦教，所带班级和所任课程，第一学期就在学区统考中双双第一。1985 年，他通过公安统一招考穿上了警服，开始了人民警察打击违法犯罪的新征程。在公安局新建的办公大楼，在明亮的会议室里，我见到了张林的生前战友宁亚生和刘德勇。宁亚生现在在交警大队工作，刘德勇在县法院工作，两人都即将退休。

宁亚生说："张林和我一样，都是瘦高个，爱跑线索，常年骑着一辆摩托车，大冬天也不怕冷。在刑警队的时候抓了三个吸毒的，后半夜才戴了铐子，让一个警察守着，警察有些大意，三个吸毒的用一毛钱的纸币卷着，把铐子撬开跑了。汇报给队里，张林说：'我知道他们藏在哪里。'只身一人去粮食市的一个宾馆里把三个吸毒的抓来了。"

刘德勇说："说起张林的故事多得很，我给你讲几件。"刘德勇微胖，圆脸，戴着眼镜，让人看不出他曾经是缉毒警察。他说："一次在北关场院的一个房子里，我当线人，要交易的时候，毒贩有所察觉，把毒品要往火炉里扔，我打落在地，正在这时，张林撞开门冲了进来，毒贩二次捡起毒品扔向了火炉，毒品撒了一地，火炉里黑烟升起。张林朝一个毒贩的腿肚子开了两枪，把毒贩打翻在地，另一个毒贩也被制服。我们让毒贩把受伤的毒贩背上，送医院治疗，在检查过程中，背人的那个毒贩撒腿就往外跑，张林追了几百米，制服毒贩押了回来。还有一次，一居民家被盗，电视机被人用床单卷走了，张林对我说，走康家集，肯定是吸毒的人干的。那年头，电视机是值钱物件，我们刚到康家集，那个偷盗者正背着电视机从班车上下来，被我们抓了正着。那时候没设备，除了对讲机，啥都没有，有时候信号不好容易误事。一次在巴下农机站，得到线索，有东乡的回民贩毒，当地一个线人把我领上去，说是兰州来的老板，包里提着钱，把钱一验，毒贩把毒品拿出来，把毒品放在金箔纸上，火柴从纸底下点着，毒品好，纸上不留痕迹，掺上假的毒品在金箔纸上就会留下黑印。点火要学会单手划火柴，我们平常都练习着。看时候差不多了，我偷着压对讲机，约好的三秒一挂，信号不好，就是人不来，毒贩可能听到了吉普车的刹车声，说做不成就算了，我说上一下厕所，站在厕所里喊了一声赶紧行动，张林他们就冲了进来，把毒贩抓获了。"

我看着刘德勇平静的眼神，那是大风大浪经历过的泰然，唐突地问了一句，"线人好当吗？"刘德勇笑了，"我这个人长相老实，看不来干警察的，要说危险，确实危险，有个同事叫王建，去当线人，让毒贩把衣服脱光给绑了，张林打对讲机打不通，一想不妙，带人冲了进去才把王建救了。还有个同事朱海涛，当线人的时候，毒贩人多还带枪，情急之下，从楼上跳了下来。当时的毒贩多，在中铺查得紧了，走了峡口到榆中这条线，张林的经验多，看人准。一次我和张林坐了去榆中的班车，两位乘客没拿行李，只拿了一袋苞谷面，张林说这两个人有问题，一到峡口派出所，把两人抓下去，一查，查出了二十克海洛因。"

刘德勇的述说看起来轻描淡写，风平浪静，但却深藏着惊涛骇浪。而一旁的宁亚生只是静静地听着，不时插一下话，我知道，他也有许多话要说，因为在那个夜黑风高、险象环生的晚上，他是经历者，在那个生死存亡的瞬间，他们到底经历了什么呢？

宁亚生说："张林先后在刑侦队、衙下派出所、新添派出所工作过，后来成立缉毒队，我们是第一批队员。1991年，张林在新添派出所工作的时候，辖区刘家沟门乡高家门的3000米农电线路被盗割，罪犯是一个欺男霸女、专干坏事的亡命之徒，曾几次手持凶器跟人闹事，提着斧子威胁乡村干部，当地人说他'惹不起'。张林根据内勤提供的情况，一举擒获了犯罪嫌疑人。犯罪嫌疑人最终被判处有期徒刑8年，当地群众高兴地说'张林为我们除了一霸'。最难忘的还是那个夜晚，我一辈子都忘不掉的日子——1994年9月28日21时许，一场暴雨后，道路泥泞不堪，一片漆黑。张林和我、李志英、李元军四个去新添镇崖湾村缉捕毒犯张建华，按照事先预定的方案，我们守候在离罪犯家2公里以外的巷道口，紧盯着嫌疑人可能出现的地方。10时许，犯罪嫌疑人出现了。我们从左右两侧同时冲了上去。我压住了右手，没想到嫌疑人是左撇子，刀在左袖筒藏着，嫌疑人挣扎着，压都压不住，这时，张林喊：'小心，有刀呢。'空气中一股血腥味弥漫开来，我喊李志英赶紧把手电筒拿来，手电筒拿不来，原来在搏斗中罪犯把李志英的脚筋挑断了。张林把刀压住，罪犯最后被我们制服了。我把张林背到了新添卫生院，第二趟把李志英背到了医院，人瘫在了医院的门口，血把衣服都染透了，最后把那衣服烧了。第二天我去看现场，血都喷到了墙上。张林由于左腹部动、静脉血管被刺断，不幸牺牲。在生命的最后一刻，张林还在急切地问我，东西找到了没有（即毒品）？我说找到了，张林这才松了一口气，安详地闭上了眼睛。说老实话，张林一牺牲，我半年没缓过神来，吃饭饭不香，睡觉睡不着。"宁亚生的声音低缓，似乎还沉浸在往事中。

刘德勇说："出事的时候，父亲有病，我请假回家了，听说张林出事，我比较震惊。有一件事，我记忆犹新，当时一张兰州的报纸报道了这样一件事，在兰州的工贸商场，一个小偷藏在了里面，晚上把保安杀了，那个保安临死的时候，在办公桌的纸上留了一句：'为共产主义献身。'张林在报纸上看到以后很感兴趣，说：'做人就做那样的人。'我看他是这样想的，也是这样做的。"

采访的最后，我听到了这样的对话。宁亚生说："时间真快啊，刑侦五年，缉毒五年，最后干到派出所去了，现在快要退休了。"刘德勇说："你的职称解决了吗？"宁亚生淡淡一笑说："该评的都评了，这就不错了，我们公安上好多人牺牲，我们还有什么可奢求的呢？"

是啊，张林也有一个温暖的家，上有70岁的双亲需要儿子孝顺、伺候，下有4岁半的女儿需要爸爸疼爱、照顾，妻子常年站柜台，更需要丈夫的体贴、关怀。人非草木，孰能无情？张林不是不知道孝敬老人，不是不知道疼爱孩子，不是不懂得天伦之乐，而是他工作太忙了，他的追求太执着了。有人做过统计，10年来，张林只休息了45个星期天，在家过了4个春节。一年四季，他总是忙个不停，不是手头有案子，就是单位上需要值班。有时候，为了一个线索，需要往返步行几十公里；有时候，为了抓住一个罪犯，需要在阴暗潮湿的地方埋伏几昼夜……妻子心疼地问："你到底是为了啥？"他不假思索地说："还不是为了多抓几个罪犯，让你们安然一点。"

"重大案件的侦破，张林没有不参与的。"同事们的赞誉，不是没有道理的。在近十年公安工作中，他亲自参与侦破各类刑事案件80余起，查结处理治安案件30余起，打击处理违法犯罪分子70余名。特别是1991年10月，调缉毒队以来，他认真研究毒品犯罪的规律，广泛开辟案件线索，运用多种侦查手段，经营破获了54起贩毒案件，缴获了1200克毒品海洛因，缴获毒资8.3万元，缉捕毒犯36名。由于他出色的工作，张林是连续7年被县公安局评的先进个人，1993年3月被甘肃省禁毒委员会授予"禁毒工作先进个人"光荣称号。

追悼会上，100多个单位送来了花圈、挽联，送葬那天，2万多名群众自发地肃立在街道两旁为张林烈士送别。日夜奔腾不息的洮河在低声呜咽！巍巍岳麓山为有这样一个卫士而默然肃立！张林走了，没有留下什么豪言壮语，没有来得及告别亲人，永远离开了他为之奋斗了10个春秋的公安事业，走完了他生命之树短暂的32个年轮，用自己的热血和生命浇灌了千家万户的幸福和安宁。

现在的临洮，一幢幢高楼林立，街道干净舒适，鲜花盛开，人们安居乐业，我们在享受这美好生活的时候，难道不应该感谢那些默默付出奉献甚至献出宝贵生命的人吗？我想，人民不会忘记，祖国不会忘记，千千万万的张林们就是祖国的脊梁！

　　　　　　　　　　　　　　　供稿：赵举民　画像：李　敦

热血忠诚

甘肃公安先进典型风采录

邵彦鹏

邵彦鹏：用生命守护"无毒净土"

邵彦鹏，男，汉族，中共党员，出生于1980年，甘肃省陇西县人，2000年6月加入中国共产党，2000年8月参加工作，2010年1月参加公安工作。2014年1月8日，邵彦鹏在抓捕贩毒嫌疑人的过程中，不幸牺牲，年仅34岁。2014年1月11日，邵彦鹏同志被岷县县委追授为"优秀共产党员"。2014年5月12日，邵彦鹏同志被省政府批准为烈士。2014年8月被公安部追授"全国公安系统二级英雄模范"。

勤学苦练，终圆警察之梦

从小就渴望当一名人民警察的邵彦鹏对能穿上警服无比向往，2000年参加工作后，他一边努力教书，一边如饥似渴地钻研公安业务知识，2009年底，他参加公安机关招警考试，成为了一名真正的人民警察，由于工作出色，2012年1月他被局党委提拔为禁毒大队任副大队长。

2012 年 3 月份，禁毒大队民警在工作中获悉甘南州舟曲县憨班乡憨班村有一村民将有大量鸦片出售。获此线索后，局党委要求禁毒大队立即围绕线索开展工作，研判制定侦破方案。邵彦鹏同志主动请缨，全力承担起了这起案件的经营侦破工作。刚刚上任禁毒大队副大队长的他，深知禁毒破案责任重大，于是他不断拓宽情报来源渠道，加强对情报信息的收集、分析与研判，"以情导侦"，精心经营，主动出击。为了取得毒贩的信任和准确掌握其活动轨迹，他先后 4 次赴甘南州舟曲县憨班乡憨班村。经过与毒贩的几次碰面交流、斗智斗勇，邵彦鹏同志逐步摸清了毒贩的底细。面对狡猾凶恶的毒贩，邵彦鹏同志没有丝毫退缩，硬是凭着毫不畏惧的胆识，一次次与其交手，直到最后赢得了娄某某的信任并答应交货。4 月 11 日下午，在准确获悉交货信息后，正逢雷雨天气，瓢泼的大雨下个不停，邵彦鹏冒着大雨，驾车经过近 5 个多小时的颠簸，于当晚 21 时许到达了甘南州舟曲县憨班乡憨班村。23 时许，当娄某某拎着早已盛装好的鸦片准备交易时，被设伏民警成功抓获，当场缴获鸦片 2310 克。"4·11"特大贩毒案件成功侦破后，邵彦鹏又相继参与成功侦破"4·26"马某重特大贩毒案等一系列重大案件。在近 2 年的缉毒大队工作时间里，邵彦鹏先后参与侦破各类毒品案件 39 起，打击处理违法犯罪嫌疑人 40 名，缴获毒品海洛因 986.85 克，鸦片 2310 克，收治吸毒人员 48 人。

乐于助人，谱写抗震之歌

无论在哪个岗位，邵彦鹏同志始终怀着一颗责任之心，在平凡的岗位上勤奋拼搏，以实际行动书写着不平凡的人生与辉煌，用辛勤的汗水和青春热血铸就了闪光的金色盾牌。

2013年7月22日7时45分，岷县、漳县交界地带发生6.6级地震，邵彦鹏临危受命，被局党委任命为抗震救灾组小组长。在他的带领下，这支救援队伍第一时间肩负起了维新、中寨两乡镇的抗震救灾、维护灾区治安秩序的重任。"7·22"地震，维新乡施旗村一山体滑坡，12户群众房屋被掩埋，2名群众遇难。22日10时许，赶赴维新乡施旗村的救援民警在邵彦鹏同志的带领下及时疏导群众，让群众有序撤离到了安全地带，并组织群众在掩埋的废墟中找到了2名遇难者尸体。为防止次生灾害事故发生，在施旗村山体滑坡地段设立了抗震救灾警务室，在危险地段设置警戒线，开展昼夜巡逻，同时帮助群众开展自救，23日凌晨时分12户被山体掩埋家庭群众都得到了妥善安置。

连续三天，中寨镇裕谷村、出扎村、塔沟村等地因救灾物资短缺，连续有多起哄抢物资的情况发生。为了维护乡镇物资发放点和灾民安置区治安秩序，白天邵彦鹏带领民警走街串巷，协助村镇干部发放物资，并深入灾民家中察看受灾情况，帮助并指导灾民搭建临时安置帐篷。晚上，他打着手电筒，逐一检查安置区灾民生活情况，并嘱咐灾民群众积极做好防火、防盗、防疾病等安全防范工作。根据中寨灾区治安状况，他及时强化了灾区24小时治安巡逻，积极排查化解邻里纠纷和各类矛盾，引导群众有效预防余震，鼓励群众克服暂时困难，树立群众战胜困难的信心和决心。为确保灾区治安秩序，邵彦鹏同志带领救灾民警加强了街面巡逻和治安秩序维护，并努力做好对受灾群众政策宣传和解释，稳定受灾群众情绪。在巡逻过程中，他多次走进帐篷、走进医院，认真了解群众的受灾情况，收集他们对党委、政府救灾的意见，帮助他们解决生活上的困难和问题，调解他们的矛盾纠纷，特别对一些影响稳定的信息进行了认真排查。

每到一处，邵彦鹏同志带领民警在完成自身担负任务的同时，都主动参与搬运和装卸救援物资。在整个抗震救灾期间，他不说苦不言累，始终保持昂扬的斗志，饱满的精神，团结一心，认真履行着自己的职责，巡逻、治安防范，用人民警察的忠贞之心谱写着抗震之歌，锻造着新时期人民警察的坚贞警魂。

铮铮铁骨，彰显英雄本色

熟悉邵彦鹏的战友都知道，由于缉毒工作特殊性，工作时间极不固定，年老的双亲在老家劳动，妻子刘银霞任岷县秦许中学副校长，夫妻双方平时工作都十分繁忙，离多聚少，年幼的女儿多日由连襟一家照看。待孩子上了小学后，已逐渐习惯了自己照顾自己，小小的年纪在大多数上学、放学时间里，脖子上挂着一串钥匙坐公交车回家。在邵彦鹏的心中，最愧疚的就是没有好好陪陪女儿，然而，只有做妻子的才知道，身为缉毒警的家属是多么的不易。"在干什么啊？""不知道。""你什么时候回来啊？""不知道啊。"工作的保密性和不确定性让"不知道"成为了缉毒民警家属听到最多的一句话。丈夫职业的高风险和妻子的日夜忧虑也成为了缉毒民警家庭的正常组成部分。银霞说，朋友们偶尔会在她面前说起，做警察的老婆会有太多风险，她不是不在意，只是她从心底里不愿相信彦鹏会出事，但噩耗传来的那一刻，她还是崩溃了！

2014年1月8日21时许，岷县公安局禁毒大队掌握到临洮县城区某酒店有人欲贩卖毒品的线索后，立即会同当地城关派出所民警前往事发地开展案件侦破工作。当日20时左右，当贩毒嫌疑人单某携带一包毒品在大酒店正欲贩卖时，被岷县公安局布控民警当场抓获，缴获毒品可疑物一包，经称量净重47.4克。之后，办案民警进一步了解到单某的同伙马某在酒店大门外出租车等候的信息后，迅速出击，抓捕马某。在办案民警围堵马某乘坐出租车时，马某猛然推开车门，将车门旁围堵民警撞倒后向临洮县通达电站水渠方向逃跑。在接近通达水渠时，冲在最前面的邵彦鹏追上马某，两人在水渠边展开搏斗，搏斗过程中马某挣脱邵彦鹏跳进3米多深、15米宽的水渠中逃避抓捕。面对突发情况，邵彦鹏亦毫不犹豫地跳入水渠中……

邵彦鹏走了，从此世间少了一个好警察、好丈夫、好父亲。他以对党、对人民的无限忠诚告诉我们，即使我们不是英雄，也要做好自己的分内之事，当正义需要我们时，我们能够站得出来！

岷山巍巍记英名不朽，洮水淙淙念警魂长存。邵彦鹏同志在从事公安工作的四年时间里，忠于党，忠于人民，坚守岗位，尽职尽责，他用生命谱写了一曲新时期人民警察的壮丽凯歌，他的英雄品质就像一面旗帜在岷州大地高高飘扬。

供稿：张　芳　画像：陈卫国

热血忠诚

甘肃公安先进典型风采录

张江海

张江海：为警察荣誉而战的 "刑侦先锋"

张江海，男，汉族，中共党员，出生于 1972 年，原武威市凉州区公安局副局长。从警 19 年来，他将青春融入坚守，用忠诚勇扛使命，始终忘我工作在基层一线，为警察荣誉而战，为人民利益而战，为实现人生价值的最大化而战。因长期超负荷工作，张江海积劳成疾，于 2013 年初在胆管结石手术中发现身患肝癌晚期，但张江海同志仍然以超乎寻常的毅力与病魔顽强斗争，忘我投入到工作中，终因劳累过度，导致病情恶化，不幸于 2013 年 9 月 14 日牺牲在了工作岗位上，年仅 41 岁。先后被评为全国优秀人民警察、全省先进工作者、"感动甘肃·陇人骄子"提名奖。2008 年担任"第二十八届北京奥运火炬手"。

初识张江海，是在原武威市公安局黄羊派出所，那时的他刚二十出头，从省警校毕业不久，穿着橄榄绿的警服，个子不高，很精悍，处处洋溢着年轻的活力。

张江海，这个名字当时我们局里的民警都有耳闻，他还未毕业时在东街派出所（现东大派出所）实习期间，参与侦破"4·08"银行抢劫案，徒手抓获嫌疑人，荣立个人三等功。这种情况在实习生里实属罕见，大部分基层民警都只知其名，未见过其人，这次见到他本人感觉到距我们心里想象的相差无几，利利索索的一个小伙子，唯一的稚嫩就是看去有点腼腆。

选择　只为心中的信念

1994 年的黄羊派出所，除户籍内勤外，一共 6 名民警，辖区 1 个镇，一个乡，人口 5 万多人，驻省属单位 6 个，1 个国营农场，1 个经济开发区，人流众多，生意繁忙，市场气氛十分活跃，是甘肃省十大集镇之一。张江海到黄羊派出所不久，被所领导指派和另一民警管辖 8 个村委会，一个经济开发区，2 个辖区单位的治安工作。白天黑夜骑着扁三轮在辖区奔波是他的日常，一年半载不回家是他的常态。

本世纪初期，各地经济发展迅速，刚刚撤地设市后的凉州区商业贸易发达，被誉为丝绸之路上的明珠。此时的凉州区拥有百万人口，虽然是个农业地区，经济相对发达，外来人员庞大、复杂，各类案件频发。为有效遏制社会影响恶劣的盗窃、抢劫、杀人等恶性案件的持续发生，经凉州区人民政府和上级相关部门同意，凉州区公安局成立了内部单位防暴大队，和原刑侦大队一起承担八大类刑事案件的侦破工作，防暴大队队员是由刑侦大队和局内选拔出来的，仅有 9 人，个个都有一技之长。原刑侦大队副大队张江海任防暴大队大队长，能不能将案件高发势头打下来，是对指挥员张江海和刑侦民警的一次考验。防暴大队从刚开始破获华隆公司财务被盗案一炮打响后，此后一系列抢劫、杀人、强奸、绑架、盗窃、爆炸案件相继侦破。也就是从这一刻开始，在凉州区内触犯八大类刑事案件犯罪嫌疑人遇上了致命的克星。快、准、狠的雷霆破案手段让嫌疑人闻风丧胆，仅仅五年的时间，该类案件的高发势头就得到有效遏制。也就是这个阶段让我对江海同志有了较深的了解。当时队上有一句经典格言，就是"绝不放过你"，这既是对队员强悍力的表达，也是对犯罪分子的极大震慑。这个单位刚开始建立就树立了一种敢于亮剑的精神，这种精神就是张江海个性的一种体现。

2005年7月19日，一辆装有甲基树脂乙醚的易爆车辆在行至凉州区法院门口时罐体滑落，及时到现场的张江海指挥队员将各个路口安全封锁后，不顾危险一人到罐前查看泄漏情况。俗话说，将熊熊一个，兵熊熊一窝，没有孬种的兵，只有软弱的将，这种胆识无不鼓舞着队员的勇气。当然队上的管理不仅仅是靠一个胆量就能解决问题的，政治建警、忠诚履职是基本要求，敢于担当才是做好队领导的良好开端。只要是为了工作，单位的将不怕你有失败，可以让你吸取经验从头开始；只要是为了工作，单位的将允许你有碎小的过失，让你碰疼了继续爬起；只要是为了工作，单位的将会亲自解决每一个民警家庭的情感与困境，让你全身心投入到案件侦破工作。对同志们的推荐任用，张江海也会不掺杂任何私人情感，以工作实际和品质考量加以推荐，这样的培养，让大队个个都成了案件侦破的精兵悍将。

那时的防暴大队分为两个中队，每个中队有两个探组，两个人组成一个探组，队员可以根据自己内心的想法选择探组的队友。这种选择的优势是配合默契，相互尽心尽力共同努力。在获取案件线索后需要"大兵团"作战抓捕、审讯时，由大队长和案件组统一安排，明确职责。这种管理与协作，使整个队伍都具有了强大的凝聚力与敢于向前冲的"狼道精神"。在同志们的努力中一件件、一段段抽丝剥茧，将案情实质剥出水面，在历经艰苦艰辛后把犯罪嫌疑人绳之以法的同时，一种短暂的成就感也在队友间温馨而现。

执着 始于肩上的责任

2004 年 11 月 9 日晚，出租车女司机孙某家属报案称孙某在开出租车期间失去联系，车辆及本人无法找到，接报后大队长张江海反复询问听取了家属对失踪人员的概况和失踪情况的描述，凭多年的侦查经验判断，家属的顾虑不是多余的，孙某应该出事了。他迅速召集安排全队民警分组到城区及周围有监控的地方调取该车相关视频，询问车辆相关线索。那时摄像监控还很少，更没有现在这样强大的数字科技网，侦破方向全靠"搓掉头发的"现场分析，破案全靠跑断腿地走访、联系。况且上级的要求是命案必破，限时破案，一旦发生命案，刑侦民警都顶着各种压力玩命地在侦查一线上奔跑。我们最怕的就是经过一天疲惫后在家睡觉时半夜手机突然响起，突然响起的手机铃声就是绝对的集结号，肯定有重大案件和恶性案件发生，无论你在干什么都必须以最快的时间到达单位和现场，然后听取值班人员对接手案件的描述和领导的安排分析。案件频发的年代，张江海几乎吃住都在单位，对于一个单位的领头羊，要想拥有一个强大的团体，他的付出必须更多，表现得更优秀才能服众。

这里是笔者和"11·09"抢劫杀人案参与侦破者龙世才的一段对

话。

"你在和江海同志及队友侦破一系列恶性案件中的体验是什么？"

"最大的体验就是获得感、自豪感、归属感。在这个团队，谁破获的案件都会实事求是地记到谁的头上，不存在别人干活，渔人得利的事情。作为警察破不了案是一种无能，对犯罪分子不能绳之以法是软弱，干好干精自己的本职工作，才是同事间能牛起来的原因，政法委书记和局领导在年度总结时都会敬重地为我们鼓掌，我们有这样的殊荣和领导的支持，还有什么理由不去干好自己的业务工作呢？"

无悔　源自初心的映照

不说获取证据时犯罪嫌疑人拿着明晃晃的三尺大刀在我面前如何晃悠的惊心动魄，不说那晚抓获犯罪团伙枪响时他们如何四散逃跑的情节，就说作为指挥员的张江海，在案件上手后的每一个阶段都可以看到他，有了指挥员的出现，才使我显得胆量有余，沉稳应对各种惊心动魄的危险境地的心态。就连优秀见习民警齐磊、涛元都冒着风险沉稳参战，获得第一手被盗车辆证据，擒获第一个落网嫌疑人。案件侦破后，张江海和参战民警探讨了案件侦破环节存在的不足，检讨了自己在安排中存在的缺点，以便以后吸取经验加以完善。就是这样一个团队，队员们在案件上手期间可以三过家门而不入；就是这样一个团队，在办案经费严重缺少的时期，可以忍饥受饿一天吃一份泡面，住着一二十元钱的廉价招待所，转战千里，不放过任何一个罪犯将其抓获归案；就是这样一个团体，聚是一团火，散是满天星。

　　我曾看过张江海笔记里的一篇短文，名字叫《一地鸡毛》，讲述的是他以前为破获农民丢失的一头耕牛案件。午饭期间，憨厚的农民将偷偷宰杀的一只鸡炒熟端在队友们吃饭的桌上，虽然队友硬塞给了农民鸡钱。但这个案子未破，他心里满是对质朴、憨厚农民的亏欠，字里行间句句流露出对农民艰辛不易的感叹。也就是这个心理，支配着他不能容忍辖区百姓的人身及财产受任何侵犯、违者必追的个性。不忘初心，牢记使命，干部子女出身的他，一般想来都会利用自己身份的优越感藐视一切，而他完全不是。这和他父亲张文山对他苛刻的要求有莫大的关系，他的父亲张文山出生于凉州区张义乡，这是凉州区经济最落后的地区。那些年好多上了年纪的老人一辈子都没有走出过大山，除了电视上看，没有见过火车和高楼大厦。其父张文山早年从军，在部队转业后到我局参加公安工作，母亲是一个地地道道的家庭主妇，勤勤恳恳为这个家庭奉献一生，尽管对他絮絮叨叨，却也是一种谆谆教诲。行伍出身的父亲，默默辛劳的母亲，难怪张江海会有一个嫉恶如仇的心态，柔韧不屈的个性，正直而坦率，有谋而不逞匹夫之勇。

　　时光飞逝，日月从容，从张江海未入警荣立三等功那刻开始，到 2007 年 5 月 29 日，这名优秀的中层领导在历经实践考验后，凉州区人民政府决定任命他为凉州区公安局副局长。当初锋芒毕露而略带羞涩的男孩在公安战线这个阵营里已锻造成为一个优秀的指挥员、实践的践行者。他分管刑侦、巡逻、消防工作，作为分管领导在重大恶性案件发生后他还依然保持第一时间到达现场的习惯。在此期间凉州区刑侦工作也取得前所未有的辉煌，命案侦破在 2009、2011、2012 年度的破案率达到 100%。

悉数走过的路，也是一路坎坷，一路惊险，一路坦荡。正如张江海所说的那样："选择是需要付出代价的，既然选择了警察这个职业，就等于选择了一生的付出。"如果说党和人民对人民警察的要求是对党忠诚，服务人民，那么，用实际行动践行这个誓言就是最好的诠释。

长期的超负荷工作和缺乏规律性的生活，极大地透支了张江海的身体健康。2013 年初深感身体不适的他在领导和同事的劝说下去医院检查，被查出肝癌晚期，但张江海仍以超乎寻常的毅力和病魔作斗争，将精力全部投入到忘我的工作之中。2013 年 9 月 14 日终因劳累过度病情恶化牺牲在工作岗位上。年仅 41 岁的他，以自己的行动忠实履行了对党和人民的庄严承诺，用他一生的实际行动履行了入警时的誓言，用他有限的生命谱写了一曲人民警察无限忠诚的壮丽诗篇。

逝者如斯，魂归故里，丹心浑未化，碧血已先成。2022 年，张江海之子张昊扬在警校毕业后考入我局，接过张江海手中的接力棒继续砥砺前行，来完成他未了的心愿。一家三代人，忠诚铸警魂，他们是峥嵘岁月里的书写和见证者，他们是人民平安守候神。我没有绝世的文采来一一表述出张江海一生倾心尽力为了公安事业所彰显出的超常的毅力和奉献精神，仅凭个别经历和此拙笔罗列一二，算是对张江海回忆后的再次勉励。

供稿：徐景元　画像：李　敦

热血忠诚

甘肃公安先进典型风采录

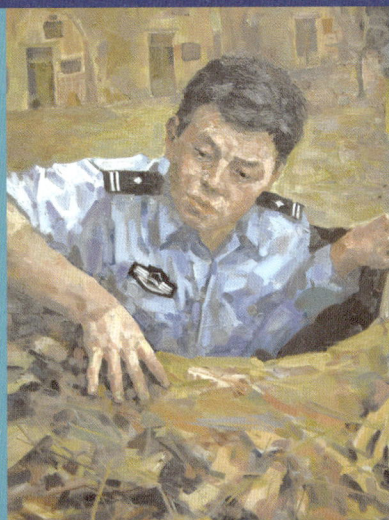

巨　涛

巨 涛：平凡中的非凡

巨涛，男，汉族，中共党员，出生于 1975 年，甘肃正宁人，大专学历，三级警督警衔，生前系甘肃省正宁县公安局刑警大队副大队长、刑事科学技术室主任，工程师。从事刑事科学技术工作 15 年间，以极端用心、极端负责、极端精细的工作作风，主持勘验刑事案件现场 2100 余起、非刑事案件现场 300 余起，提取各类痕迹物证 7000 余件，配合法医检验尸体 100 余具，利用痕迹物证串并案件 400 余案，利用指纹直接破案 30 余起，无一差错。2015 年 3 月 6 日，在侦办案件中英勇牺牲，年仅 40 岁。2015 年 6 月被中央文明办评为"中国好人"，同年 9 月被甘肃省人民政府评定为烈士。2016 年 3 月被公安部追授"全国公安系统二级英雄模范"。

——

2015 年新春刚过，陇原大地迎来了一场瑞雪，有别于城市的高楼大厦，农村塬、沟、面披上了一层白纱，袅袅炊烟越过房顶，夹杂着鸡鸣狗吠，一幅绝美的水墨画卷，美不胜收。

正月初十，阳历 2 月 28 日这天，年味正浓，社火依旧，正宁县宫河镇北堡子村突发案件打破了这种浑然天成的美好。

这天，一名 12 岁的儿童在自家院内突然倒地死亡，事先没有任何征兆，家属认为是突发疾病，悲伤之余，将尸体掩埋。3 月 1 日，家属突然发现家犬有中毒迹象，联想到家犬曾舔食过儿子生前呕吐物，也有群众在该儿童家院外发现了散落的麻辣条及鸡翅等食品，认为孩子系食用过期食品中毒死亡，更有传言是有人蓄意投毒，家属认为孩子死因不明，当即报案。

眼看正月十六就要开学，一时间，三人成虎、谣言四起，整个村子人心惶惶，群众强烈要求公安机关侦破案件。

3 月 5 日 12 时 20 分许，打捞物证工作准备开始。巨涛主动请缨，要求替换应急救援队白云下井打捞，并坚定地说："这是一口老井，井底情况复杂，存在较大危险，我是老同志，多次下井打捞过物证，经验比较丰富，而且下井不仅要打捞物证，还要勘查现场、拍照固定，还是我下去。"他边说边脱掉泥渍溅湿的衣服，做起下井准备。现场人员碰头商议，综合考虑，同意了巨涛的请求。

没想到这次下井之后巨涛再也没有醒过来。

巨涛牺牲的消息很快传遍了陇原大地，传向了祖国的四面八方，他的事迹广为传颂。

公安局刑科所所长刘荣，经历过无数生离死别的现场，也勘查过各种鲜血淋漓的尸体，很少落泪。工作中经常和巨涛合作交往，在她眼里，巨涛早已不是一个普通的同事，她一直无法接受巨涛离去的噩耗，抱住巨涛的孩子泪流满面。

巨涛的哥哥巨博在武警部队工作，在他眼中，弟弟忠孝善良，对父母敬爱有加，厚道诚实，不求名利，勤俭质朴，只求饱暖，不求奢华，春夏秋冬穿警服，一年四季一双鞋。巨涛离开后，他的衣柜里，整齐地摞着一沓崭新的警服。

对儿子的牺牲，难过、悲痛之余，巨涛父亲说："儿子为国家做了贡献了。"一语令人肃然起敬，深受触动。红色厚土滋养的农民，有着发自内心的淳朴、善良，过去如此，现在亦如此。

3月12日是植树节，遗体告别仪式定在这天举行。这天，植树的人们为大地披上了绿装，正宁人民植下了永远的怀念和敬意。

牛家山殡仪馆哀乐低回，吊唁厅内挤满了人，外面的院子里也站满了人，数不清的挽联、挽幛。县政府副县长蔡文辉在介绍巨涛生平时，几度哽咽，不忍卒读。次日凌晨，灵车在正周路徐徐前行，沿路30多公里，百姓自发在道路两旁点亮篝火，默默地为巨涛送行，一堆堆篝火，一簇簇火焰，一缕缕青烟，寄托着无限哀思。

二

表明来意，和巨涛共事过的杨英杰停下手头的活，娓娓道来、如数家珍，有时忍不住湿了眼眶、感叹惋惜。

巨涛出生在宫河镇南堡子村，土生土长，是一个地道、淳朴、善良的农民儿子。父母靠着微薄的收入维持家计，少年时家中的生活较为艰辛，放学后他经常帮衬父母在田间劳作，正是这种磨炼，养成了他吃苦耐劳的性格品行。都说"贫家出孝子""穷人的孩子早当家"，一家人和衷共济的生活，让巨涛从小就很懂事，成了周围人心目中的乖孩子。

中学毕业后，他考入甘肃省人民警察学校，1998 年 7 月毕业分配正宁县公安局榆林子派出所工作，圆了梦寐以求的警察梦。他本分、踏实，就像父辈在田地里，一锄头一锄头地除草护苗。东家长、西家短，事无巨细的派出所，他干得有声有色。两年下来，他吃苦耐劳、踏实较真的倔强性格让领导看中，2000 年 4 月调入刑事科学技术室，工作起来基本没有白天黑夜之分，有刑事案件就要出现场，他乐在其中、干劲十足。派出所同刑警工作有所不同，仅凭民事调解、治安管理、人口管控等经验和热情，在刑事科学技术领域几乎寸步难行。物证提取、检材化验、证据保留，让他不止一次遭遇尴尬。"他有一股不服输的拼劲，很快就通过学习，适应了工作，有一次在山沟勘查，前不着村后不着店，巨涛就摘树上的野杏充饥。"作为巨涛的徒弟，姚斌艳从师父身上学到了很多。

"群众看公安，关键看破案"，破案是一个刑警无上的荣誉，而刑事技术对破案的支撑是不言而喻的。这种支撑不仅是勘现场、提痕迹、取物证、做鉴定、下结论，更要在案件陷入僵局时通过蛛丝马迹找到突破口。他凭着吹尽黄沙始到金的执着，使一起起迷雾重重的大案要案水落石出。

2002 年 12 月，当地发生一起杀人案，现场惨不忍睹。巨涛沿着犯罪嫌疑人的出逃路线，寻踪觅迹，最终在灵台县境内的一处厕所粪坑，找到了作案凶器，将这起凶杀案办成了铁案。2009 年 10 月份，犯罪嫌疑人杀人后清理了现场。巨涛反复多次勘查，最终在嫌疑人家中的固定电话上发现了小米粒大小的干涸血迹。他钻炕洞，翻柴草，在烤烟楼里找到了尸体烧毁后的灰烬，找来筛子逐一筛出，案件得以破获。

春去秋来，这些细微的工作，巨涛一干就是 15 年，经他主持勘验的刑事案件现场有 2100 余起，提取各类痕迹物证 7000 余件，制作各类案件照片 2000 余案，配合法医检验尸体 100 余具，利用痕迹物证串并案件 400 余案，利用指纹直接破案 30 余起，无一差错。在刑警这个敢打硬拼的方阵，巨涛由技术员一步步晋升为中队长、刑事科学技术室主任，2012 年 12 月又任刑警大队副大队长。一本民警工作手册上，密密麻麻写着一起起现场勘查记录，时间终止在了 3 月 5 日。

三

在正宁县公安局政委许小平的记忆中，巨涛是正宁公安出了名的"硬汉"，侦破技能高超、作战英勇，曾无数次从案发现场取得关键证据，让一件件棘手案件顺利破获。

2010 年 11 月 15 日晚，犯罪嫌疑人将放学回家途中的初中学生杨某绑架，多次变换交易地点，电话要求杨某父亲带 6 万元现金赎人。交易地点从县城变到西安，又从西安变到彬县（今陕西省彬州市）。面对狡猾的嫌犯，巨涛陪同杨父一同前往。11 月 17 日上午，犯罪嫌疑人再次电话约定在彬县人民广场交易。当犯罪嫌疑人现身与杨某父亲交易时，巨涛面对持刀歹徒，临危不惧，奋不顾身，乘其不备，箭步上前，将其扑倒，当场制服。

巨涛生前经常说："当警察要不畏艰险。"由于技术警力缺乏，80% 以上的现场勘查取证工作都是由巨涛完成的，有时候一天需要跑七八个案发现场。"他太忙了，有危险的现场，都是他先进去，然后让同事配合，跟着他不但能学技术，也能学会怎样当一名好警察。"杜艳丽边回忆边说。

技术室的同事曾在闲聊时说道，原先他对巨涛意见很大，有一天实在忍不住，就当着巨涛面说："跟你几年了，有些现场你不让我参与，是不放心还是看不起我手艺？""有些现场环境复杂，爬壁下井，太危险。"这样的回答，让同事竟无语凝噎。

2013年农历二月初，陇东地区多降温、倒春寒，经常雨雪交加。3月14日，辖区湫头乡苟仁村发生一起命案，犯罪嫌疑人将作案工具抛下冰雪覆盖的深沟悬崖。面对危险，巨涛毫不畏惧，要求同事用绳索将他吊下悬崖。时间一分一秒地过去，巨涛连续在半悬空状态搜寻两个多小时，最终找到了作案工具。当他从崖上爬上来时，已是全身泥泞、满头大汗，同事却在崖顶冻得瑟瑟发抖。

刑警工作责任重于泰山、使命重于生命，像尖刀、像利剑刺向邪恶与黑暗。从参加工作那一天起，巨涛就为自己所挚爱的刑警工作做了"当刑警就要多破案"的定位。15年的刑警生涯，他像一把尖刀，始终战斗在打击犯罪的最前沿，用一个个案件的成功侦破，诠释着一名刑警的理想信念、责任担当。

2003年1月22日，周家乡燕家村发生一起惨绝人寰的灭门惨案。犯罪分子杀死燕某一家三口后，抛尸水窖，毁证灭迹，逃离现场。犯罪嫌疑人归案后，拒不交代。巨涛顶着风雪，冒着严寒，最终在燕家堡子柳树沟草丛中搜获作案匕首，揭露和证实了犯罪事实。

血雨腥风、生死对决，巨涛总是冲锋在前，与犯罪分子斗智斗勇！正是凭着这股劲头，他和同事攻克了一起又一起大案要案。

四

2011 年 8 月 26 日凌晨，五名犯罪嫌疑人冒充公安民警，叫门入室，蒙面抢劫废品收购站，5 万余元现金及贵重首饰被抢，现场混乱不堪、破坏严重。由于案发凌晨，外围获取线索渺茫，大家都把破案的希望寄托在了现场勘查上。巨涛量着、拍着、翻着、找着、记着，杂物中一张带有编号的保安服胸贴，瞬间引起了他的注意，他让侦查员顺着这条线索侦查，没想到很快锁定了嫌疑人。

2012 年 2 月 27 日，犯罪嫌疑人采取技术开锁手段，入室盗窃财物 9 万余元。巨涛在现场成功提取一枚嫌疑人指纹，但没有比对成功。随后，案子一直没有新的进展，大家都忙着办理现案。直到 2014 年 1 月的一天，巨涛兴奋地告诉大家，他在指纹库中比对发现一枚指纹，竟与"2012·2·27"案件现场指纹完全吻合。天哪！原来他一直没有放弃！

2013 年 2 月，正宁县城连续发生多起入室盗窃案。他经过勘查，只提取到两枚有价值的指纹。通过比对分析，巨涛觉得这些案件应该是同一伙人所为，可以并案侦查。不久，巡逻民警发现三名形迹可疑人员，审查时疑点重重，便采集信息比对，发现其中两名人员指纹与多起盗窃案现场提取的指纹吻合。经进一步审查，破获数十起发生在本辖区的入室盗窃案，并带破邻县入室盗窃案 40 余起，成功打掉了一个流窜正宁、宁县等地的盗窃团伙，5 名成员悉数伏法。

在 2014 年工作总结中，巨涛写道："要从小事做起，立足岗位，全心全意为人民服务。"或许在他心里，每一起案件的高效处理，彰显的都是公安执法的公信力和为民服务的担当。

2010 年 4 月，张某入室抢劫被抓获归案，但死鸭子嘴硬，拒不交代。巨涛例行信息采集工作，看到指纹拓片，右手食指、中指残缺，他瞬间想起多年前的数起入室强奸、抢劫案，现场也有着相同特征的指纹，同事的提醒才让他回过神。"这几天没休息好，有点乏。"他向同事解释。离开办案中心，他箭步来到技术室，随即又忙活了起来。后来得知，他在梳理历年发生的入室强奸、抢劫积案现场物证，重新送检发现，7 起案件现场提取的生物检材内检出的DNA 与张某的 DNA 相同。张某到最后还是零口供，但依然被送上了审判席。

在无数个万家灯火的夜晚，为了一个自己都不知道能不能找到的答案，巨涛常常幽窗孤灯伴天明，一句"我就不信你能上天"，是他不破楼兰终不还的豪情和坚定，一句"你先回，我再研究一会"，是他不待扬鞭自奋蹄的敬业和担当，大案险阻面前"让我去"，是他风雨冬春终不悔的忠诚和使命。

五

巨涛生活很朴实，沉稳讷言，总是一副笑眯眯的样子，给人一种亲切感。他是同事眼中公认的老好人，工作、生活中从没有与人红过脸。"沉默寡言，没脾气，工作无论轻重都有他的身影。他要是做过一件庸俗的事，我们也不惦记他了。这么一个老实、善良、勤快的人一下子说没就没了，让人无法接受。"说着这些，王社军已经热泪盈眶。

巨涛挚爱他从事的刑侦技术事业，对单位的一草一木也充满感情。在巨涛牺牲前两天，他还自己动手修好了备勤室的门锁。牺牲前一天，技术设备颅锯出现问题，同事们都想着换个新的，巨涛拿起看了看说："电锯好着哩，修一下电瓶就行了。"说完就动手捣鼓起来。这种小事究竟有多少，大家都说不清楚。

巨涛从不想着占一点小便宜，似乎占一点小便宜就全身不自在。2015年正月初六，我和巨涛在西峰南站偶遇，同乘一趟发往正宁的班车。我们二人争相买票，由于我上车早，位置靠近售票员，我便替他付了车费。没有想到，初七上班，他就来到指挥中心，执拗着让我收下车费，说大家都不富裕。每每想起，我感叹山中有直树，世上亦有直人。

"警察也有血有肉，有亲情，但既然做了这个职业，只能舍小家顾大家！我的父母亲，还有我的妻子，他们经常劝我，不要再做危险的刑警工作了。但我是一名警察，除暴安良是我的职责，17年的从警情怀，我无法割舍。我愧对我的家人，但我没有愧对我头顶的警徽……"2011年，在荣立三等功后接受正宁电视台记者采访时，巨涛含泪说。

2015年春节前，巨涛的父亲因病住院，巨涛晚上到医院陪护父亲，白天继续上班。"有什么困难从来不给大队同事说，都是自己克服，直到巨涛父亲住院5天后大队才知道。""在巨涛父亲的病基本痊愈后，他母亲病情严重了，腰椎间盘突出导致大小便失禁。""巨涛从来没说过老人病情也没有请过假，都是在星期天或下班时间回家照顾父母。"队上的战友还清晰地记着，巨涛曾在出发时说着忙完了要带妻子去看病，结果一拖再拖。

亲情牵动人心，是一抹藏蓝迷茫时的一盏明灯。对家人，巨涛一直怀有深深的愧疚，他也在尽力弥补家庭责任缺失的缺憾。2015年1月，他作为受表彰奖励对象赴公安局参加了全市公安工作会议，开完会已经下午6点多了，大家想着在西峰一起吃顿便饭。巨涛腼腆地说，他想利用这点时间去市内看望岳父母，然后，回正宁给父母洗衣服、换药。

如今，刑警大队刑事科学技术室传承英模精神，弘扬工匠精神，先后4次荣立集体三等功，2022年5月25日被公安部评为全国优秀公安基层单位，有2名民警荣立个人三等功，1名民警荣获"全市优秀人民警察"称号，1名民警在中非合作论坛北京峰会执行巡逻处突任务中表现优秀，被公安部通报表扬，省市县比武获奖、嘉奖、先进个人更是不胜枚举。2024年7月，巨涛烈士的长子也即将从警校毕业走上岗位，立志做一个像父亲那样"忠诚、敬业、负责"的警察，如若巨涛烈士泉下有知，也应该是欣慰的。

时光荏苒、岁月如梭，巨涛离开已9年有余，时光带走了他的年华，却带不走他留给身边人的点点滴滴。每逢清明时节，站在高耸、威严、庄重的纪念碑前，思念他、崇敬他、学习他的人络绎不绝。历史不容忘却，一个热爱人民的人，值得缅怀。一个为祖国和人民英勇献身的人，值得铭记。英雄，是最可爱的人，是我们心中永远的白月光。

供稿：李胜博　画像：庞跃雷

甘肃公安先进典型风采录

张鸿瑜

张鸿瑜：用生命践行铮铮誓言

张鸿瑜，男，汉族，出生于 1975 年，陇南市西和县西峪镇人，1996 年 7 毕业于甘肃省人民警察学校，分配到西和县公安局城关派出所（现汉源派出所）工作，二级警员。1998 年 11 月 12 日凌晨 5 时许，西和县汉源镇贵台新村发生一起三死一伤的重大爆炸杀人案。在摸排缉拿嫌疑人的斗争中，他为了解救人质，保护群众生命安全，义无反顾地与犯罪分子殊死搏斗，不幸壮烈牺牲，年仅 23 岁。张鸿瑜同志牺牲后，被追认为中共党员，追记个人一等功，中华人民共和国民政部批准张鸿瑜同志为革命烈士，公安部授予张鸿瑜同志为"全国公安战线二级英雄模范"。

"让我去，这是我的片区，我一定找到罪犯的藏身之处。"听到城关派出所负责排查犯罪嫌疑人的消息后，张鸿瑜立即主动请缨，满身自信地接过任务，走进自己熟悉的社区，一路冲锋在前，带领战友们进行秘密排查和搜捕任务。但谁也不曾想到，这一去，竟成了他与所有人的永别。

抓捕现场 他奋不顾身保护战友

时间定格在 1998 年的 11 月 12 日。初冬的西和寒意渐浓，凌晨的街道显得异常安静，人们都沉浸在甜美的梦乡之中，枯黄的白杨叶跟随着秋风的舞动，摩擦在粗糙的路面上沙沙作响。一声惊雷般的爆破声打破了寂静的夜空，汉源镇贵台新村发生一起三死一伤的重大爆炸杀人案，事发现场一片狼藉，犯罪分子如嗜血的恶魔般藏匿在黑暗当中不知踪影，随时可能出现再次报复作案嫌疑，案发地周边居民恐慌不已。

"犯罪分子简直丧心病狂，很有可能藏匿在案发现场附近，案发区域人口居住密集，不排除再次作案可能，一定要缜密侦查，迅速将犯罪分子绳之以法，全力保护群众安全……"西和县公安局大院内灯火通明，专案组正在对"11·12"重大爆炸杀人案侦破和犯罪嫌疑人抓捕工作进行详细的研究部署，线索排查、证据固定、嫌疑人搜捕，各项案件侦破工作正在有序开展，一张案件侦破的"排查网"正在悄然撒开。

根据专案组工作分工，城关派出所负责以案发地贵台新村为辐射点，对旅店、宾馆、出租房屋等犯罪嫌疑人可能藏匿地的排查排摸工作。

"那是我的片区，贵台新村情况我最熟悉……"接到排查犯罪嫌疑人任务后，社区民警张鸿瑜主动请缨，迅速携带好警官证、手铐、走访记录本等社区工作用品，匆匆赶往案发现场。然而，殊不知这对于大多数民警而言只不过是从警生涯中无数次缉捕行动中的一次，对于张鸿瑜而言却是一次生与死的诀别。

到达指定位置后，张鸿瑜与战友们分成小组悄无声息地对贵台新村所有出租房屋、小旅店、旅馆进行拉网式秘密走访排查，在排查至犯罪嫌疑人藏匿的旅店时，面对排查民警和抓捕组密不透风的布控，躲藏在旅店黑暗角落里的犯罪嫌疑人自知无路可逃，突然出现在旅馆内昏暗的楼道走廊里，露出阴恶的面孔，一把掀开外衣，露出了系在腰间的炸药包，并点燃导火索，准备与民警旅客同归于尽。危急关头，张鸿瑜面对丧心病狂的犯罪嫌疑人点燃的炸药包，面对身后的战友的安全，他用尽全力将身边的战友和围观群众推开，一个箭步冲了上去，奋不顾身地与罪犯殊死搏斗，一把将犯罪嫌疑人推倒在地上，死死地摁在身下。轰隆！一声巨响，张鸿瑜倒在血泊之中。

面对猝不及防的一幕，身后的战友们急速地冲了上去，一把将倒在血泊之中的张鸿瑜搂在怀里大声呼喊："鸿瑜、鸿瑜、鸿瑜！"用力拍打着他的身体试图唤醒他，然而鲜红的血液早已染红了他的衣服，战友们立即抱起满身鲜血的他飞速赶到医院，虽经医务人员的全力抢救，但他年轻的心脏永远停留在保护战友和群众的那一刻。看到牺牲的战友，看到他英勇的面庞，看到他年轻的生命，战友们瘫软在地上，那一刻，无法控制悲愤的情绪，放声痛哭。

张鸿瑜牺牲了，他为了掩护身后的战友不幸牺牲，他把青春和生命都献给了挚爱的公安事业，他丢下了白发苍苍的父亲和对未来美好生活的向往，他用行动和生命践行了人民警察的铮铮誓言，他年轻的生命永远地定格在23岁。

长歌当哭送战友，苍天垂泪祭英魂。11月14日，天灰蒙蒙的，又阴又冷，依稀夹杂着沥沥细雨。张鸿瑜同志的追悼会在县政府礼堂举行，遗体告别现场挤满了张鸿瑜同志生前的同事、战友、亲戚、朋友和父老乡亲，他们从四面八方赶来送别英雄最后一程。

告别现场，73 岁的农民石楚珍慕名来到告别现场，语言哽咽、声泪俱下地宣读了自己亲笔写下的悼词，高度赞扬了张鸿瑜同志的英雄壮举和群众记忆中他的点点滴滴，表达着人民群众道不尽的敬意和说不尽的不舍。朴实的语言，真情的讲述，揪心的悲痛……送别群众无不掩面流泪，有些群众难以控制悲痛的情绪失声痛哭。

工作之中　他和蔼可亲勇于担当

"多好的孩子，前几天还在村子里走访，既殷勤又肯帮助人，怎么就这么走了……"北关村范大爷用衣袖抹了抹眼泪，哽咽地说。

在群众眼里，张鸿瑜是一个精明能干的小伙子，警校毕业科班出身的他，既殷勤礼貌，又善于学习，一有空闲就喜欢在村社里溜达，常常和群众坐在一起聊天唠嗑，喜欢帮助群众，经常为群众办些力所能及的事。短短 2 年，贵台新村基本情况、治安状况他如数家珍，不知不觉间成了群众当中的"自己人"，社区群众来派出所不管是办事还是报案都喜欢找"小张"，有真心话还是有线索，都喜欢给他说，感觉"小张"人可靠、办事放心。

"一个眼神就知道怎么做，只要提个醒他就会心领神会。"提及张鸿瑜，老民警黄志恒感触颇深，总是绘声绘色地说着他的聪明和机智。1996 年，张鸿瑜警察学校毕业后便分配到城关派出所工作，他浓眉大眼，个子高挑，精气神十足，由于当时警力有限，刚刚从事公安工作的他，既要负责社区工作，又要参加案件侦办。警校毕业的他理论知识丰富，社区工作怎么做、矛盾纠纷怎样调解、行业场所怎样管理他一点就通，日常工作中苦活累活他总是抢着干，在抓捕犯罪嫌疑人、处理案件时，一个眼神他就知道怎样做，打击违法犯罪中，面对危难险重任务时，他总是冲在前走在先，由于他善作善为的工作作风，迅速成长为派出所社区工作、案件办理的多面手和得力干将，面对繁忙的工作他总是从容应对阳光乐观。短短 2 年多，他参与侦破刑事案件 43 起，抓获犯罪嫌疑人 50 人，参与查处治安案件 29 起，调解民事纠纷 57 起，为群众挽回经济损失累计折价 4 万余元。

"忙起来经常见不到人。"张鸿瑜的父母虽然嘴上颇有"怨言"，行动上对孩子的工作却是万分支持。刚到城关派出所工作时，当时警力紧缺，4 万余人的辖区仅 9 名民警和 2 名联防队员，既要检查走访特行场所，又要执法办案，经常是一个警情刚处理完，又有一连串的警情要处理。所里他最年轻，文化程度最高，不管是服务群众还是打击破案，他总是吃住在所、冲锋在前，一个心思都扑在工作上，整天匆匆忙忙，离家很近但总是很少回家。有时匆匆忙忙回家一趟，结果连一顿热乎饭都没吃完又急匆匆地赶回单位，父母虽然嘴上有些怨言，但是内心却是无比自豪。然而，也就是那次和父亲短暂的照面后，他再也没有回来。

血脉相承　他凝心铸魂激励前行

一身警服，深埋下的希望种子，终究发芽成长。"穿上警服，我才读懂了你。"叔父张鸿瑜烈士牺牲时，才 2 岁的张思哲还读不懂叔父的选择。直到自己也穿上警服，像叔父曾经一样打击犯罪、服务群众，她才渐渐明白了这身"警服"的意义。

警史文化馆开馆当日，张思哲走到了叔父张鸿瑜的铜像前，内心发出深情倾诉："叔父，我很想让您看看我穿上警服的样子。让您对我说一句：'你真的很棒！'曾经，您把生命献给公安事业，如今，您没走完的路，我会继续走下去。"

"鸿瑜同志，告诉你个好消息，我们派出所已经升格为一级派出所，现在办公条件越来越好，警力也越来越充实，工作特色亮点纷呈，多名同志受到省市公安机关表彰。"主题党课上新入职民警在发言材料中写道。

张鸿瑜牺牲后，"向烈士张鸿瑜同志学习主题党课"是汉源派出所每年党员学习教育的固定动作。历届派出所主要负责同志在民警思想教育中都始终以张鸿瑜同志一心为民和敢于斗争的英雄模范精神为指引，教育引导全所民辅警以张鸿瑜同志为榜样，全心全意为人民服务，严厉打击各类违法犯罪行为，让英雄的鲜明品格激励全所砥砺前行，让英雄的高贵品格绽放光芒。多年来，汉源派出所各项工作业绩受到辖区群众和社会各界的广泛认可，多人登上省市公安机关表彰光荣榜，多人被县委县政府和县局评为优秀党员和优秀人民警察。

"斯人已去，正气犹存，殷殷在怀，不敢或忘"，革命烈士张鸿瑜同志的崇高品质和坚定的信念是西和公安攻坚克难、勇于斗争、敢于牺牲的宝贵精神财富，永远激励着一代又一代人用坚定的脚步，踏着公安英烈们走过的路，迈着最坚定的步伐，维护公平正义，守护岁月静好。

供稿：马高强　画像：杨晓斌

热血忠诚

甘肃公安先进典型风采录

韩 英

韩 英：黄河警魂

韩英，男，撒拉族，中共党员，出生于1973年，甘肃省积石山县大河家镇四堡子村人。1994年2月参加工作，2003年参加公安工作。生前系积石山县公安局交警大队一中队中队长。工作期间，他先后参与处置各类交通事故150多起，成功调解处理因交通事故引发的各类矛盾纠纷30多起。2013年10月26日，韩英因抢救落水妇女壮烈牺牲，被公安部授予"全国公安系统二级英雄模范"，被甘肃省人民政府评定为烈士，被临夏州委、州政府授予韩英同志"见义勇为英雄"荣誉称号。

2013年，10月的积石大地秋意正浓，丰收的喜悦荡漾在积石山下各族群众的脸上。

积石山县大河家镇位于黄河上游，地处黄土高原与青藏高原的过渡带，黄河岸边的大河家镇虽是弹丸之地，但她从古丝绸之路南道要冲，成为唐蕃古道的重镇，历来商贾云集、贸易活跃。悠久的历史和灿烂的文化，使保安、东乡、撒拉、回、汉、藏、土等十多个民族在这片肥沃的土地上繁衍生息，和睦相处、守望相助、不离不弃。百姓们过着怡静而美好的幸福生活。

然而，这一切祥和平静的生活被打乱，连日来一种浓浓的悲伤笼罩着这个小镇的每一个大街小巷和边远村落，也都传诵着一个感天动地的英雄故事。这就是 10 月 26 日发生在青海省民和县官亭镇河沿村马家一社附近黄河岸边，公安民警用生命书写的可歌可泣的英雄壮举，勇救落水妇女的动人故事。韩英，这名年仅 40 岁的交通警察、一名两个未成年孩子的父亲、一位七十多岁老人的儿子、妻子眼中的好丈夫，面对生死抉择，他毫不犹豫地把生的希望留给了别人，把死的威胁留给了自己，让人为之动容、肃然起敬。他用生命诠释了一名人民警察的高尚情操和勇于牺牲的奉献精神，用实际行动践行见义勇为、助人为乐的崇高品德，彰显着为民情怀和浩然正气，用一腔热血为自己短暂的人生画上了一个完美而绚烂的句号。

2013 年 10 月 26 日下午，积石山县公安局交警大队一中队中队长韩英按照大队的工作安排，带领队员马永明、何兴平、马海平、齐学虎等五人，驾驶警车前往大河家镇康吊村等地开展交通安全宣传工作。

17 时许，他们圆满完成工作任务，带着满脸的尘埃和疲惫返程。当途经青海省民和县官亭镇河沿村马家一社时，突遇从黄河岸边跑上马路的群众肖玉忠拦车报警，称有人被困河心岛，请求施救。面对这突如其来的情况，韩英同志顾不得多想，用一个人民警察的责任感和使命感，不假思索，迅速带领其他 4 名民警下车向事发地冲去。他们到达河岸时，只见一女子在距离岸边约 20 米处河心岛上挥舞着双手大声呼救。

从小在黄河边长大的韩英十分清楚，这里地处积石峡水电站下游约 1 公里处。近期因电站调整水位，每天上午蓄水，下午开闸放水，此时正逢开闸放水时段，只见水势迅猛、水流湍急，水位迅速上升。裸露的河心岛逐渐被黄河水淹没，情势危急，被困女子生命危在旦夕。

眼看着一个活生生的生命即将被黄河水吞噬，该怎么办？他边拨打 110 报警电话请求支援，边安排战友到附近农户家中借绳索、轮胎等工具进行施救。

拿来绳索后，韩英抢先说："你们都不会游泳，我游过去后你们把绳索扔过来。"说完，他便迅速脱下警服，义无反顾，奋不顾身，勇敢地跳入湍急的河流中，向河心岛游去。

此时处于万分惊恐和绝望中的女子看到游上河心岛的韩英，似乎看到了救星和希望，她紧紧抓住了韩英的双臂，但危险步步逼近。此刻不容韩英多想："快，把绳子扔过来。"但近 20 米的距离，扔一根绳子过去谈何容易？战友们几次试仍都未果。富有经验的韩英急忙喊道："找根木棍绑在绳头上试试。"一次、两次、三次……韩英终于抓住了战友扔过来的绳头，他一边安抚女子，一边迅速将绳子固定在一块露出水面的巨石上，另一端由岸边的同事和接到报警赶来的大河家派出所民警及参与救援的群众拉紧，韩英把轮胎套在自己的身上，让女子双手抱紧他的腰部，然后拉着绳子缓慢向对岸移动。

然而河水像一群受惊的野马，咆哮而来，二人瞬间被汹涌的河水吞没，这一幕犹如晴天霹雳，现场顿时迎来一片慌乱："抓紧！抓紧！"在场的所有战友和群众的心紧紧揪在一起，大家一边呐喊，一边奋力拽紧绳索，在惊呼声中韩英顽强地托举起女子托出水面。但没游多远又一巨浪打来，将两人掀翻。韩英用力将没入水中的女子再次托出水面。但此时韩英已被河中尖利的石头撞得遍体鳞伤。由于呛了大量河水脸色变得发紫，加之长时间浸泡在冰冷刺骨的河水中，与巨浪拼搏，体力严重透支。他最后一次拼尽全力将女子托出水面后，向岸边的同事喊了一声："我不行了，赶快救她。"就松开了双手，瞬间被湍急的黄河水无情地吞没。

战友们沿岸追寻，"韩英、韩英"的呼喊声响彻黄河两岸……

夜幕降临，无数支光束闪动在几十公里蜿蜒的河岸，仿佛为英雄照亮回家的路。

战友们多么希望韩英只是被冲到了岸边，放松身心的疲惫，正躺在哪片岸边的草丛里休息，等着战友们来拉他一把。

英雄并不是生来就有的，而是他们对美好生活的无限向往和憧憬，才造就了他们的英雄行为。

"10月26日那天，我心烦意乱，坐立不安，总觉得有什么事要发生，想准备从西宁回趟家看看，这几天也总是梦见韩英站在眼前冲我微笑，醒来是梦。没想到从小失去母爱的他，这是和我在梦中诀别啊！"韩英70岁的老父亲说起来泣不成声。

韩英生前同事和好友马志英含泪说："韩英水性在我们同龄人中还是不错的。记得1994年，我和韩英一起念高中时，有一次去黄河边游泳，他家邻居家的一个16岁的青少年沉入水中找不到了，他当时还很瘦，就抱着一块石头潜入水底，找到了已身亡的孩子。2011年，三个小孩戏水时落入黄河的沙坑中，韩英见到后二话不说，与其他群众合力将三个小孩的尸体捞出。还有一次，我们一起去外地旅游，在海边玩时，一名同事不小心被海浪卷入水中，韩英奋不顾身将这位同事救出。"

历时近一个月的全力搜寻，11 月 15 日，韩英遗体终于被找到了。

这一消息一霎时传遍了十里八乡，英雄的遗体被找到了！人们奔走相告。

11 月 15 日中午 12 时许，当载着英雄遗体的救护车，缓缓驶入村庄时，十里村落的男女老幼，自发地早早站在公路两旁，满含热泪为英雄送最后一程。

汉族大爷拄着拐杖赶来了，含着泪水在喊："英雄，一路走好！"

土族阿婆赶来了，泣不成声地说："好人啊，你为了救我们土族人家的媳妇，命都豁上了，硬棒的撒拉娃，我们怎能把你忘记！"

回族、保安族、东乡族、撒拉族的群众赶来了，整个村庄，都沉浸在哀伤的海洋里，抽泣声如洪流。

积石山县公安局与韩英朝夕相处的两百多名民警和协警来了，他们整齐地排列在通往墓地的道路两旁，以警察特有的方式，脱帽致哀，含泪送战友最后一程！

大爱无言英雄志，挥泪无语战友情。韩英同志的遗体被送往墓地的所经之处，长幼恸哭，妇孺泣泪。

这天，州县共 2 万余名干部群众、公安民警、武警、消防救援人员参加了韩英的送葬仪式。

天若有情，长歌当哭！

积石垂泪，黄河呜咽！韩英同志在危难时刻，不顾个人安危，奋不顾身，他用自己宝贵的生命奏响了人民警察无悔的乐章、用自己的实际行动诠释了人民警察的宗旨、用一腔热血谱写了人民警察为人民的英雄赞歌。

供稿：马祖伟　画像：杨礼俊

热血忠诚

甘肃公安先进典型风采录

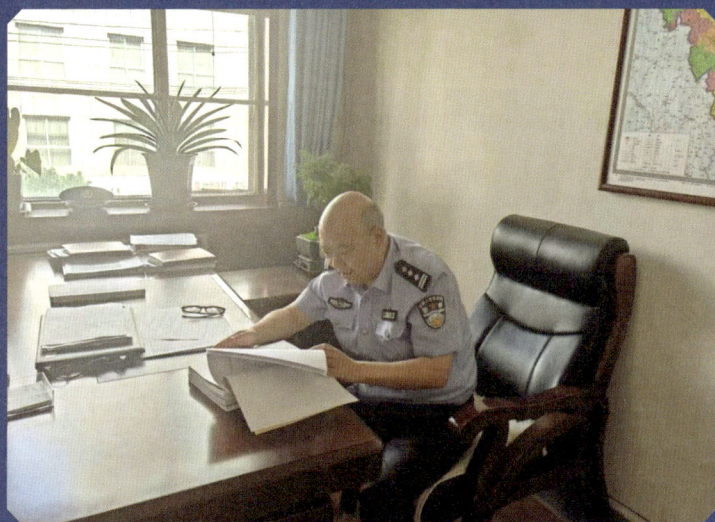

高斌武

高斌武：如果我是你的"眼"

高斌武，男，汉族，中共党员，出生于 1969 年，甘肃静宁人，原为甘肃省静宁县公安局法制大队大队长、四级高级警长。1990 年 7 月参加工作，2024 年 4 月 5 日 16 时许，高斌武同志在值班备勤期间，突感心脏不适，经全力抢救无效，不幸去世，享年 54 岁。从警 34 年，他一直扎根在基层，奋战在一线，因工作成绩突出，先后荣立个人二等功 1 次、三等功 2 次、嘉奖 1 次。2012 年 5 月被公安部评为"执法质量考评先进个人"，2011 年 7 月被省厅评为全省"执法标兵"，2015 年 11 月被中共平凉市委政法委评为"优秀人民警察"。

从警 34 年，从派出所到法制大队，从出警民警到案件审核把关，从田间地头到案件卷宗，高斌武一直摸爬滚打在公安工作的最前沿阵地，虽没有惩凶缉恶的轰轰烈烈，也没有运筹帷幄的壮志豪情，但他用坚守表达着对公安工作的热爱和执着，用严谨践行着始终如一的初心使命。这一晚，您还伏案翻阅卷宗时，那不堪重压的心脏漏跳了几拍，您倒下了，倒在了您挚爱的工作岗位上，生命定格在 54 岁，从此，您长眠，我们常念。

带着满心的悲痛和惋惜，我们走进了静宁县公安局，庄严肃穆的办公大楼，楼顶的警徽、大厅的警旗，走廊内的"对党忠诚、服务人民、执法公正、纪律严明"16 个金色大字，无一不让我心生敬畏。乘坐电梯来到了他的办公室，推开门的一刻，映入眼帘的便是办公桌上那厚厚一沓文件材料，他批阅文件、审核卷宗的样子瞬间浮上眼前，办公室里的茶几上还散落着他闲暇时阅读的一些图书杂志，我猜他在休息的时候定是经常躺在沙发上翻阅它们的。大量的法律法规、案例选编等书占据整个房间的四分之一，从他的同事口中得知，1993 年，在律师资格证稀缺的年代，他就通过自学取得了全国律师资格证书，成为局里唯一有律师资格证的民警。他的姐姐泪眼婆娑但满脸骄傲地告诉我们，小时候，他拿着粉笔在老家院子里识记单词、解答习题，满院子常常就变成了知识的海洋。

你看，他重拳出击治乱象

走进了八里派出所，八里镇小山村党总支书记王建刚洋洋洒洒地给我们讲述着 312 国道修建时整治周边复杂环境的情景。"这儿的情况这么复杂，就凭他高斌武，能管得住吗？"刚调任八里派出所所长，摆在高斌武面前的难题，是位于静宁县八里镇伸展在 312 国道两侧的一条乱象丛生的街道，老村支书对当年杂乱的治安环境印象深刻，他回忆说，当时南来北往的旅客经过此处时都会停留休息，因此十里八村的民众聚集在 312 国道沿线，既做合法的买卖，也做不合法的交易，一些人"靠路吃路"，周边治安环境差，没人看好高斌武，他们不相信这个看似忠厚老实的"光头"所长能胜任。但高斌武做起事来"一根筋"，认准的事只管往下做。在他看来，312国道沿街店铺明面上的生意的确为当地带来了一些经济效益，可实际上对社会造成了不良影响，弊端远大于利益。不懂法就先普法，他发挥自己的优势，印好法律资料，带上派出所民警，向沿街店主宣讲法律知识，分析违法经营的弊端，告诉大家哪些行为可行，哪些行为不可取。大部分老板听从了劝诫，转变作风，开始从事合法行业。对于一直不收敛的"刺头"，高斌武加大了打击力度，坚持露头就打，达到了很好的震慑效果。不到两年时间，辖区治安明显好转，争抢生意的情况少了，相互礼让的多了，八里镇的乱象得到了彻底整治，文明的种子开始生根发芽。

你看，他抽丝剥茧破大案

带着敬仰崇拜的心情，我走进了静宁县公安局法制室，展现在眼前的是金光闪闪的各式奖牌，有公安部的、甘肃省委政法委的、甘肃省公安厅的、公安局的等等，这些奖牌是高斌武和他的法制团队劳动成果的见证，是对他们辛勤劳动的最好褒奖。他的勤奋好学、敬业踏实影响和鼓动了一大批年轻同志，许多同志都把他作为学习的榜样，在全局，学法用法的氛围十分浓厚，他也成为全局乃至全县公认的"公安内部110"和"免费法律顾问"，办案人员一遇到法律难题就第一时间打电话向他咨询，他的手机经常处于通话状态。静宁县公安局党委委员、副局长程爱毅从入警开始，便和高斌武一直在一起奋战，他说："由于长期劳累工作，他患上了严重的心脏病，2014年不得不做心脏搭桥手术，当时犯病的时候还是我送他去医院，害怕家里人担心，血压都掉到四十几了都没告诉家人，后来也是我陪他去兰州做的心脏搭桥手术。"但这并没有阻止他认真学习的脚步，手术后经过短暂的休息他就投入到了工作中，他经常利用晚上闲暇时间、周末时间认真学习各项公安业务知识和法律法规。执法工作是公安工作的生命线，作为全局执法工作的"领头羊"，他率先垂范，从提高自身素质入手，在工作之余，他从不放松自己的业务学习，通过向书本"要基础"、向网络"学本领"、向同行"借经验"等渠道，不断更新、提高自己的法律水平和业务技能。

作为法制部门的负责人，无论是刑事案件还是行政案件，他始终坚持以事实为依据、以法律为准绳，认真阅卷，仔细分析案情，提出自己的意见，小到法律文书中的标点符号，大到案件的定罪、定性，他都一一指出，记载在册。现任静宁县公安局法治大队内勤的李伟伟告诉我们，他法律知识精湛，工作作风严谨，多年来，经他审查过的案卷未出现过冤假错案，也未因事实不清、定性不准、适用法律不当或其他问题而出现执法问题，也未出现因民警执法过错问题而造成的上访案件，所办理的案件没有一起被变更或撤销，全部办成了铁案。高队经常对大家说，我们作为案件的最后一道关卡，绝对不能冤枉一个好人，也不能放走一个坏人。自2001年执法质量考评实施以来，静宁县公安局的执法工作连续13年被评定为优秀等级，2013年静宁县公安局被评为"全省执法示范单位"。

2021年，一起"亿元大户"案浮出水面。犯罪嫌疑人李某某通过借新还旧、拆东补西，先后骗取甘肃银行静宁县支行等多家银行贷款高达1.18亿元，形成不良资产6951万元。该案件涉案金额大、时间跨度长、嫌疑人员之间关系复杂，案卷材料多达 43 本共 9816 页。面对这起复杂案件，为了准确定性，核实有效的证据链，高斌武把全部案卷材料铺在桌子上，反复研读，夙兴夜寐。终于，他在浩瀚的材料中厘清了各种关系，找到方向后，他向办案人员建议：从抵押物入手。有了突破口，办案人员立刻展开侦查，最终以涉嫌骗取贷款将李某某等 8 人移送起诉，挽回经济损失 1503 万元。静宁县公安局经济侦查大队教导员苏安康感慨地说："高斌武是专家型的法制民警，他对法律条文钻研精深、理解透彻、蕴藏胸中，让人信服。这起案件的破获，离不开高队长精湛的业务能力和严谨的工作态度。"

2016 年至 2018 年期间，犯罪嫌疑人王某某到处散布通过关系人可安排未就业大学生到甘肃省农村信用社系统工作的虚假信息，引诱他人上当受骗，先后介绍 110 余人报名，每人收取 8 万至 15 万元不等的办事费。苏安康介绍，该案涉案价值大，涉案人员多，案情复杂，光是案卷材料堆起来就有半人高，而繁多的材料全部需要高斌武一一审阅。高斌武在阅卷时发现，这不是一起简单的诈骗案件，可能还潜藏更大的犯罪团伙，便建议办案单位扩大取证范围，深挖犯罪线索。办案单位根据建议追查到以马某某为首的 8 人诈骗犯罪团伙，挖掘出受害群众 700 多人，涉案资金 9000 多万元。最终，向检察院移送起诉 4 人，挽回群众损失 400 多万元。

你看，他初心如磐践使命

穿越了城市的繁华，我们的车停在了一个城乡接合部的路口，因为巷子狭窄，我们步行穿越了熙熙攘攘、挤满小商贩的街道，到达高斌武一家居住的自建平房小院。他的老战友程爱毅告诉我们，这是十多年前高斌武从亲戚朋友那儿筹借了 5 万元自建的一处小院，他颇有感触地说，现在大家谁不爱买新房、住新房呢，因为高斌武的妻子没有工作，两个孩子正在上学，他的手头并不富裕。干净整洁的院落里，一只柴犬在瞪大眼睛盯着进进出出的人们，它好像也在疑惑为什么平时冷冷清清的家里，最近来了这么多陌生的面孔。

高斌武的妹妹回忆道，他们兄弟姐妹几个生在静宁县仁大乡高沟村后坪组，出身贫寒，哥哥高斌武自小相信"知识可以改变命运"，学习特别认真刻苦，功夫不负有心人，最终考入甘肃政法学院，成了家里第一个大学生。谦和好学的特质也让工作中的高斌武收获了好口碑，他常能引经据典，切中要点，以幽默风趣的方式化解人和人之间的矛盾，拉近关系，受到大家的信任和尊重。单位的好几个同事告诉我们，他说的好多话变成了局里流传的名言名语，想拿个小本子记录下来呢。

在女儿高雪眼里，父亲既严厉又温柔。她回忆说，在她上高中的时候，经常见不到面的父亲难得在家里给她批改作业，却发现她做错了很多道题目，耐心讲解之后仍然继续出错，平日很温柔的父亲大发雷霆。父女俩推心置腹地谈话后，高雪也明白父亲的苦心，他是希望自己通过努力学习知识，拥有美好的未来。

高斌武的一生，是短暂的，却是厚重的。他英年早逝，对于家庭而言无异于天塌了，早早下岗在家照顾子女的妻子，从此需要一人扛起重担，还有 40 多天将要参加高考的儿子高航，再也听不到父亲为他加油鼓劲。高航红肿着双眼说："头一天妈妈想吃芒果，他还买了5个，下班回来我们一起吃完的，怎么连装芒果的袋子还放在桌子上，人就回不来了。"

所有人都知道，他有多么的牵挂和不甘心。然而，天妒英才，生命永远定格在了他伏案工作的那个瞬间。事发后第一时间，省、市、县三级的领导同事赶赴现场，帮助家人处理后事，也送去了慰问关怀。妻子李爱平拉着我的手说："我真的特别感谢领导和同事们对我们的关怀和帮助，事情发生了，已经无法改变，大家一直操办着大大小小的事情，忙里忙外，如果没有他们，我真的不知道怎么办。"

"你无法延长生命的长度，却可以把握它的宽度，无法预知生命的外延，却可以丰富它的内涵，无法把握生命的量，却可以提升它的质。"三十余载风雨兼程、逐梦前行，他以热血担使命、以丹心铸警魂，以实际行动捍卫了法律尊严、维护了公平正义、树立了公安法制工作者的良好形象。他勤勤恳恳、忘我工作的奉献精神，艰苦朴素、勤俭节约的优良作风，是留给战友们最宝贵的精神财富。

花开无声，芬芳传原野；雪落无痕，我们留心间。

供稿：焦　梅

热血忠诚

甘肃公安先进典型风采录

罗精忠

罗精忠：生死一瞬，用生命为群众赢得生机

罗精忠，男，汉族，中共党员，出生于 1975 年，甘肃通渭人，一级警督。1998 年 7 月从警以来，先后在通渭县公安局、巉口高速公路大队、会师高速公路大队、安定高速公路大队工作，2020 年 12 月任渭源高速公路大队教导员。2021 年 2 月 27 日上午，G75 兰海高速公路 179Km+900m 发生一起交通事故，罗精忠带领 2 名辅警在处理事故过程中，被一辆失控的重型半挂牵引货车撞伤牺牲，年仅 46 岁。在护航"春运"的路上，无怨无悔的他倒在事故处理现场，永远离开了他所挚爱的公安交管事业。2021 年 7 月 18 日，罗精忠被中华人民共和国公安部追授为全国公安系统"二级英模"。

"这里危险，快离开！到前面安全地带！"这是甘肃省定西市公安局交警支队渭源高速公路大队教导员罗精忠留在人间最后的声音。当时，罗精忠正在疏散群众，车祸瞬发。为了给群众赢得生机，罗精忠倒在了岗位上，年仅 46 岁。

"这里危险，快离开！"

2021年2月26日是元宵节，早上，收拾完行李，罗精忠驾车和妻儿匆匆赶往兰州，送在西藏警官高等专科学校上大二的儿子罗淯桐去机场。

在机场，离别时刻，罗精忠伸开双臂："儿子，不抱一下吗？"

"不了。"刚和母亲闹了点小别扭的儿子情绪不高，冲父母挥了挥手，转身走了。谁曾想，这一转身就是生离死别。

在机场，夫妻二人吃了碗面，便驱车返回。目送丈夫的身影消失在去往单位的路上，杜霞收起心中的不舍，回了娘家，去照顾身患疾病的母亲。

2月27日，罗精忠所在的渭源高速公路大队辖区内普降雨雪，道路严重结冰。当日19时15分，兰海高速晨光隧道入口处发生车辆追尾事故。接到报警后，罗精忠带着辅警刘燕、高德前往处置。

在此之前，18时30分，兰海高速烟坡沟1号大桥中段发生车辆失控侧滑的单方道路交通事故，有车辆受损。19时5分，另一辆轿车失控后与该车发生剐蹭，造成两车受损。但两车人员均未报警，站在公路上协商处理。

一路上，罗精忠告诉刘燕、高德，雨雪天气，路面结冰，非常危险，到达现场后要第一时间疏散群众……

路过烟坡沟大桥时，罗精忠看到桥面上有车辆停放，还有群众逗留，且未摆放三角警示牌。10余年的高速公路执勤工作经验告诉他，群众逗留在急转弯接长下坡后的结冰桥面极度危险。

罗精忠立即将警车停靠在事故现场前方30米处的应急车道，一边安排高德在事故现场后方 200 米之外摆放反光锥桶，一边和刘燕朝着群众赶过去，并高声大喊："这里危险，快离开！到前面安全地带！"

此时，19 时 18 分。

听到罗精忠的喊声，正在桥面上的 4 人立即撤离现场，但其中 1 名驾驶员又返回了事故现场要拿车上的东西。赶到事故现场后，罗精忠继续劝导该驾驶员赶紧撤离现场。而此时，一辆重型半挂牵引车高速驶来。看到前方有交通事故，半挂车实施了紧急制动。

随着制动操作，半挂车瞬间失控，车辆侧滑后，车头偏向应急车道横向冲了过来，将罗精忠和刘燕以及逗留现场的驾驶员撞翻在地。

19 时 20 分，时间定格在这一刻，罗精忠永远地离开了我们。

因为工作夫妻俩近 20 年两地分居

杜霞和罗精忠在机场分别后，知道丈夫此去又是十天半个月不能回家，她便安心在娘家照顾母亲。

第二天，杜霞带着父母出去散了散心。回家后，她接到一个朋友的电话："罗哥好着了吧？"听到这句话，一种不祥的预感充斥在她的脑海里。

杜霞急忙打电话询问丈夫的同事，才知道丈夫已经牺牲。那一刻，她全身发抖，瘫坐在地上。因为事故现场极其惨烈，杜霞没能见上丈夫最后一面。"我不敢相信……我太后悔了……"

时光拉回到 20 多年前。

在通渭县公安局，新入警的杜霞和罗精忠一见钟情。不久后，二人喜结连理，生活幸福美满。

"结婚也就 3 年左右吧，因为工作调动，我们就分开了……"自此，杜霞与丈夫开启了长达近 20 年的两地分居生活。

近 20 年来，家里家外都是杜霞一人操持，其中艰辛难以言表。

2020 年 12 月底，组织又有了新的安排。罗精忠二话不说，背起行囊再一次离开了家，奔向渭源高速公路大队。

此一去，行囊可归家，再无主人用。

"我过司法考试，你考人民警察"

在飞往拉萨的飞机上，想起学校的风景、战友，刚离家的罗淯桐的心情好了很多。

出生在双警家庭，虽然父母从未刻意引导他进入警队，但罗淯桐受家人的熏陶，对警察这个职业充满了向往和热爱。高中毕业时，他毅然决然地选择了报考警校。

"我病了，回家吧。"

刚到学校，来不及与同学相聚分享假期的趣事，母亲的一个电话把罗淯桐又拉回了故乡。

"接到妈妈的电话，我以为她病得特别严重。我想打电话问爸爸、亲戚，但又怕知道真相。"

下了飞机，噩耗传来，罗淯桐见到的不是生病的母亲，而是父亲的遗像。

"到现在，我都不敢相信，我爸爸没了，感觉不真实，总觉得他还在，在外地、在执勤……"

"我爸爸很少在家，即便回家了也是看书学习，有什么话，更多的是通过留小纸条相互交流。"罗淯桐说，"爸爸爱写日记，还专门给我写了一本。那时候，我从没有认真看过。"

送走父亲后，罗淯桐除了照顾母亲，便是翻开父亲留给他的日记本，体会留在字里行间的父爱。

"特别后悔，元宵节那天没有给爸爸一个拥抱……"

罗淯桐说："不久前，爸爸和我有个约定，他说：'我过司法考试，你考人民警察。'我会好好学习，接过爸爸手里的接力棒，继承他的遗志。"

供稿：程　健

热血忠诚

甘肃公安先进典型风采录

漆天生

漆天生：责任让生命充满意义

漆天生，男，汉族，中共党员，出生于 1970 年，甘肃天水秦州人，现任甘肃省天水市公安局秦州分局信访办公室主任。他从警 33 年以来，先后荣立个人二等功 2 次、三等功 3 次、嘉奖 14 次，被评为甘肃省第五届"我最喜爱的十大人民警察"，先后被授予"甘肃省先进工作者""全国公安系统二级英雄模范"荣誉称号，应邀参加了庆祝中国共产党成立 100 周年大会。

我叫漆天生，1991 年 7 月毕业于甘肃政法学院，当过刑警和经侦民警，在办公室工作 7 年，当社区民警 20 多年，现在天水市公安局秦州分局信访室工作。

我至今清晰记得自己刚穿上警服时的青涩稚嫩。转眼，我已经过了"知天命"的年龄。时光荏苒，韶华易逝。在从警 33 年的岁月长河里，我渐渐褪去了年轻时天马行空的遐想，留下的是对警察职业日益深入的理解与感悟，和工作上自信从容的心态与学思践悟的执着。

生活中，我是一个慢性子；工作中，我却是一个急性子。只要群众有事，我随叫随到，上午能办的不拖到下午，今天能办的绝不拖到明天。凡是我经手的一事一案，我绝不拖延。同一件事，早一天干完，早一天圆满结束，就会早一天得到群众的信任和理解。既方便群众，也让我自己不再去操心这件事。

面对群众的难事急事烦心事，我从来没有抱怨和责怪，只有提高，再提高，学习，再学习。在学习中工作、在工作中思考、在思考中总结、在总结中创新、在创新中把复杂的工作简单化是我的工作习惯。遇事必干、干事必须干彻底、干出个样子是我的工作性格。

小小的一起纠纷，简单的一起信访，落在群众头上就是一座山。俗话说："一样米养育百样人。""百姓百姓，各有各性。"每一起纠纷、每一件信访，看上去是重复的，但在细节上并不重复，与事有关的人更不一样。只有绞尽脑汁，做个有心人，坚持把自己经手的每件工作都打造成精品，做到矛盾纠纷不化解，真诚沟通不停止；信访群众不罢访，上门走访就不能少，电话微信更要常联系，直到我自己认为满意了，群众也满意了，我才会觉得一件事情结束了，

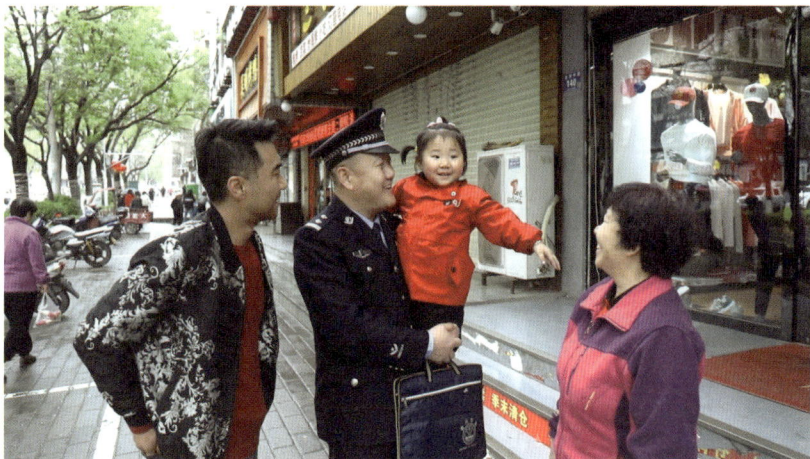

才会觉得心里踏实。

天天和群众打交道，如果群众对我的工作不理解不满意的话，我吃饭睡觉都会觉得不安稳，在居民院落、街头巷尾相遇时，只觉自己渺小如尘，连头都不敢抬起来。没有把群众的事情办好，群众就会对自己不信任，自己的各项工作必然陷于被动。不论是社区警务，还是公安信访工作，其核心都是群众工作。唯有起舞每一个日子，积极工作，低下脑袋、扑下身子给群众干实事，思考到豁然开朗，工作到柳暗花明，虽不能尽善尽美，但一定要问心无愧。否则，就是对这一身藏蓝警服和自己生命的辜负。

我结合自己的性格特点，逐渐形成针对不同群体、怎样减少对立、如何消除误解，以及接待群众注意事项、体察弱势群体心理、掌握对方个性、尊重个体人格的"群众工作法"，使我干起工作来比较得心应手。每当看到信访群众怒气冲冲而来，笑着道一声感谢而去；每当看到纠纷双方当事人从剑拔弩张到握手言和，我心里就有一种说不出的成就感、幸福感和获得感。

有一对邻居，三代人的积怨。有一年腊月二十八晚上，两家人又因琐事吵了起来。张家母子找到黄家去评理，而黄家父子直接"上手"，把人打伤在地，法医鉴定构成轻伤害。

打伤人的事实明摆着，可黄家父子就是不认账。整个春节期间，我和所里的民警一直在村上做调查，终于查清了案件事实。如果图简单，把案件直接移送检察院起诉，从办案程序上来说，找不出任何问题。但两家人三代的结怨，还摆在那里。

此后的半年，我和所里的民警不厌其烦地去黄家讲法理、道人情、打比喻、举例子。碰巧，辖区正好有其他打架的警情，我借机拉上黄家的小儿子给我们去"帮忙"，让他受到"现场说法"的教育。还有一次，我去黄家时，黄家的父亲干脆躲在大门外的厕所里，一直不出来。我就在他家大门口一直等着他。就这样反复做工作，黄家终于明白了，我这样做都是为他们好，是为了不让怨仇再传给下一辈。黄家的人不再躲避我，不再给我给脸色，一家人心服口服，愿意赔偿道歉，要和张家化解仇怨。

与此同时，我多次往返张家，关注他家被打伤儿子的伤情治疗情况，还给他们介绍大夫，开车送医院做复查。因为他家生活比较困难，我就给他家力所能及的帮助，还鼓励他们一家人要有信心把家里的房子盖起来，有啥让我帮忙的，要及时给我打电话。一来二去，张家很感动，说："他漆爸，你把腿都跑断了，都是为了我们好，如果我们再和黄家闹下去，就对不住你的一片好心了。"去年春节前，张家的父亲突发疾病去世，我知道后，前去送了老人最后一程。

2020年1月，到秦州公安信访室工作以来，我带着真心、感情和责任，与每一个信访人做朋友、结亲戚、当好心理疏导师，主动联系，将心比心，释理解法，细微化解群众信访事项，真正把群众来信当家书，把解决群众诉求当家事，件件有回音，事事有结果。在信访事项没有得到有效化解前，对每一个信访人都要不间断打电话进行联系，或发短信，或加微信，或在晚饭后与信访人见面聊天掌握诉求，始终与信访人保持主动联系，大大减少了重复信访、越级上访案件的发生，先后有效化解历年疑难信访积案62起，化解各类各级初信初访信访事项1000多起。4年多来，再没有产生新的信访积案。

家住秦州区的郭某年已70多岁，曾在外资公司工作，因日常琐事，与小区物业部工作人员杨某时常发生口角，积怨渐深。老人说，他有一次在家中听见杨某在楼道内给人说他是间谍。自此，郭某心里一直不舒服，几年来，多次向中纪委、天水市纪委等部门写信反映，要求有关部门调查证实他不是"间谍"，要还其清白，让他好做人。

接到秦州区信访联席会议办公室转办的这一信访积案后，我和老人多次联系，还做了讯问笔录，耐心倾听，让他把心中的积怨全部讲了出来，又多次打电话沟通联系，了解诉求。老人说，对杨某指责他是"间谍"的话语，一直不能释然，因为他虽在外资公司工作过，但他是一名老党员，知道"间谍"二字意味着对党和国家的背叛，他实在想不通。特别是看到电视上那些出卖国家机密被绳之以法的间谍的丑恶行径，他就越发气愤，一口怨气窝在心里好几年无法平息，才多次写信给中纪委、天水市纪委，希望有关部门能够调查清楚。

我连续好几天给老人讲政策、讲法律，当面答复、细心解释，晚上也和老人电话沟通，老人说，他多年来的一块心病化解了，心里一下子亮堂了，不想再跟杨某发生摩擦，也不再纠结此事了。以后，他要好好安度晚年，并表明态度，停访息诉。在老人的感谢声中，这一信访积案得以有效化解。

村民李某与同村人刘某久有宿怨。一次，双方因日常琐事，发生争执，相互厮打，致李某鼻出血伴双侧鼻骨骨折，经法医鉴定其损伤程度属轻伤二级。

案发后，派出所即送李某前往医院诊治，但李某拒绝让大夫清洗面部血迹，并自行离开医院，对面部自行拍照，拿着血迹满面的照片，当天就前往秦州区委、区政府上访。

案件调查取证中，因案发现场再无他人，且李某与刘某互不承认有殴打对方的行为。派出所穷尽办法，所获证据也无法证实李某的伤情成因。

为了有效化解这一信访事项，我和派出所紧密配合，在镇政府和司法所、村委会的大力协助下，多次上门走访，微信电话与信访人李某主动联系不断线。在接待李某来访的过程中，把握他的诉求事由，细致入微，设身处地，与他平和耐心沟通，还给他买饭安排住宿，又联系律师与他见面。有一次，给李某做工作，从上午一直和他说到下午，为了在关键时候做通他的思想工作，中午饭也没敢去吃。

经过半年多坚持不懈的化解工作，双方终于达成和解协议，李某长达多半年的信访事项得以圆满办结。事后，李某拿着自家种的苹果，专门到分局信访接待大厅表达谢意，对他曾经的过激行为做了道歉。

学习新时代"枫桥经验"，化解矛盾纠纷时，民警和群众的关系，就是亲戚或朋友，不管当事人双方多么"难缠"，都要有个好脾气，平和耐心对待，设身处地为对方着想，紧扣事实和法律，尽职尽责化解怨气。

矛盾纠纷双方当事人的背后，是直接的两个家庭，又牵连着父母兄弟姐妹和众多的亲朋好友。调解过矛盾纠纷后，民警可能就忘记了双方当事人的姓名，但当事人会把民警牢牢记住，记着好，也记着不好，甚至引来一片哭声、骂声和埋怨。

群众工作不易，锲而不舍更难。多年来，我像做学问一样，耕耘着社区警务和信访群众工作，"仰之弥高，钻之弥坚"，从中感受着工作的价值，也收获着属于自己的快乐。

春节时，一男子陪着他的母亲，带着他的孩子专门到天水来找我，看我。当他站在我面前喊我"漆爸"，让他的孩子叫我爷爷时，我心里是那么开心！他们是 33 年前我刚毕业分配到平南派出所时，经常照顾的一家人。这位男子当时只有七八岁，现在他大学毕业，在宁夏上班，几年前当爸爸了。而我因工作调动离开平南，他们一家人已经 20 多年和我没有联系了。

这些年，当我帮教过的违法青少年在新的岗位上取得好成绩，高兴地给我打来电话，微信发来他的获奖照片时；当我对曾经爱打架的学生苦口婆心说教，还送给他一支笔，鼓励他在人生的正道上努力进取，他考上大学时；当吸毒人员改邪归正，结婚后当了爸爸，我给他的孩子送去新衣服时；当我领着间歇性精神病少年，给他做

司法鉴定，大热天，他悄悄地、不声不响地给我买来一瓶纯净水时；当多年的重复信访积案得到化解，信访人高兴地谈起他对未来生活的打算时……

这些点点滴滴，历历在目，都融化在辖区群众给我送来的"警官楷模"的锦匾中。

有人说，教育的本质是一棵树摇动另一棵树，一朵云推动另一朵云，一个灵魂感召另一个灵魂。在我看来，公安群众工作的本质应该也是这样的。

从警33年，我时常在想：警察让群众感动的是什么？警察让群众喜欢的是什么？警察能够让社会尊重的又是什么？

摸摸自己身上的这身藏蓝警服，回想它陪伴我的每一个春夏秋冬，平常岁月，奔波忙碌，守一方水土，保一方平安，把人民放在心中的最高位置，以人民为中心的内核永不变，服务人民的追求永不变。

征途漫漫，惟有奋斗。最后，我用自己平时最喜爱的三句话来结束我的讲述：

奋斗令我们的生活充满生机，责任让我们的生命充满意义！

努力到无能为力，拼搏到感动自己！

问苍穹何者不朽？唯忠诚永不落幕！

供稿：漆天生

热血忠诚

甘肃公安先进典型风采录

李生寿

李生寿：魔鬼城里的"藏蓝丰碑"

李生寿，男，汉族，中共党员，出生于1962年，敦煌市公安局雅丹世界地质公园治安派出所所长，兼雅丹公安检查站站长。从警24年来，他与长风同舞，和大漠并肩，把人生中最美好的时光、最精彩的年华、最火红的青春奉献给了大漠戈壁，奉献给了镇守敦煌的边关事业。先后被评为甘肃第五届"我最喜爱十大人民警察"，"甘肃最美人物""中国好人""感动甘肃陇人骄子""全国最美基层民警"，被授予"全国模范退役军人""全国公安系统二级英雄模范""双百政法英模"。

在敦煌有一个地方叫雅丹。

提到雅丹，不知道的人会摇头，因为它很遥远；知道的人也会摇头，因为它位于"死亡之海"的罗布泊边缘地带，处在亚欧大陆的风口，是我国西部极端干旱区。

"雅丹"是维吾尔语，原意是指具有陡壁的小山。这里黄沙漫漫、寸草不生，方圆数百公里不见人烟。这里一年一场风，从春刮到冬，冬夏两季有75摄氏度的恐怖温差。

　　雅丹距离敦煌市区 180 公里，位于玉门关西北方向。雅丹地貌专指经长期风蚀，由一系列平行的垄脊和沟槽构成的奇特景观，它的形成经历了大约 70 万年到 30 万年的岁月。当大风刮过时，会发出各种怪叫声，因而也被人们称之为"敦煌雅丹魔鬼城"。

　　2000 多年前，张骞远行西域，曾路过这里。

　　历经千年的古通道，沙石横飞的"魔鬼城"，有一座带有藏蓝色标志的窑洞式建筑，那就是敦煌市公安局雅丹世界地质公园治安派出所兼雅丹公安检查站。

　　站在派出所门口，看到的是一望无边的戈壁沙漠中一个个形象各异的土墩，有的像舰船迎风出海，有的像主人笑着迎接八方来客，有的像狮子蹲坐在沙漠中寻觅着猎物……目光回收，距离检查站不远处有一座土丘，丘顶飘着一面鲜红的党旗，格外醒目，老远就可以看到。这里就是李生寿和战友们曾经守护的地方，是他用青春和忠诚在大漠戈壁中架起的一座不灭的灯塔。

1998 年初，因工作需要，李生寿从敦煌市武装部调任敦煌市公安局红十井派出所担任所长。从此，他脱下军装，穿上了警服，成为了一名光荣的人民警察。从警二十余年间，李生寿先后在红十井派出所、方山口派出所、雅丹派出所工作，这些工作地点距市区最远的有 245 公里，最近也有 170 公里，而且一直都是处在人烟稀少的荒漠之中。

2001 年，李生寿调至新成立的雅丹派出所工作。雅丹派出所建所之初，没有办公、生活用房，很多时候李生寿和战友都是住在帐篷里工作，春天和秋天还可以凑合，但是冬天寒风刺骨，夏天酷暑难耐，帐篷里根本没办法开展工作。面对这样的困难，李生寿心想：总不能一辈子让战友们在这样的环境中工作生活吧，都说窑洞里冬暖夏凉，我们有如此好的天然条件，怎么就不能建造一个窑洞派出所呢？经过深思熟虑，与所里的人员沟通交流之后，李生寿决定带领所内民辅警自己动手开挖窑洞；没有水，他们就从地底下挖，直到挖出水，装在水桶里，沉淀掉水中的杂物，虽然水变清了，但是因为沙漠中，盐碱浓度极大，这样的水咸中带有苦涩的碱味，就这样越渴越想喝水，越喝水越渴……时间长了还会肚子胀痛。

没有水，可以挖水喝，可没有电，他们只能撑着油灯，夜以继日地挖凿窑洞，一天、两天……就这样，他们日复一日，年复一年，硬是在坚如磐石的雅丹体中，慢慢开凿出了全国独一无二、最具特色的窑洞派出所。

因条件所限，窑洞挖起来特别费劲，初步建成的派出所只有 40 多平米，但在当时，战友们已经非常高兴了。因为，终于有了一个落脚的地方，有了一个家。现在的窑洞派出所，已经扩建到 260 多平米，不仅通上了水电，警务设施、生活设施也一应俱全。现在的派出所，成了雅丹景区一道亮丽的风景线，许多游客慕名前往"打卡，"民警们都为此而感到自豪和骄傲。

面对曾经的艰辛，李生寿抬头望向远方："人生能有几个二十年呀，这一切都是为了身后的十四万敦煌人民能够每天过上平安祥和的日子，大漠之中能够守护好敦煌的西大门，这一辈子也值了。"

在雅丹，坚守一天容易，坚守一周也容易，但是一个月、一年、十年、二十年……每天看着同样的茫茫戈壁，每天经受着风沙的侵蚀，每天都要面临思念亲人的困苦，每天、每月、每年……

雅丹恶劣的自然条件是常人难以想象的，但它独特的大漠风光和神奇的地理结构又吸引了许多游客前往探险旅游。

这些年随着探险旅游不断地升温，神秘的罗布泊成了大批科考队、驴友、探险者的乐园。同时探险人员失踪、遇险、求救工作也成了派出所的"家常便饭"。多年来，李生寿带领所内民警饮风餐沙、爬冰卧雪，完成罗布泊探险遇难救助任务 168 次，从死亡线上救回了 21 名鲜活的生命。

2016 年的春天，一位从陕西来的 60 多岁的老大爷，到雅丹观光，在欣赏风景途中，老大爷总觉得坐景区摆渡车游玩不尽兴，就私自脱离游览队伍，悄悄走进了雅丹地貌 400 多平方公里的待开发区。强大的磁场让他的指南针很快就失去了作用，他分不清东南西北了。老大爷慌了神，他从来没有遇到过这种情况，不知道该如何处置，也不知道从哪个方向前进才能摆脱困境，更糟糕的是一场 10 级左右沙尘暴突然而至，满天黄沙，伸手不见五指，在雅丹地貌群中发出鬼哭狼嚎般的巨大声响。老大爷惊恐不已，同时也后悔当初没有听从导游的安排，服从旅行社的统一安排。老大爷带的水和食物本身不多，遇到了沙尘暴，焦急万分中掏出手机拨打了求救电话。

接到救助报警，李生寿立即组织派出所民警前往救援。在能见度不足10米的恶劣天气下，救援人员利用手电的光线保持联系。30多人的救援队伍展开了拉网式的搜救行动，因为他深知，在沙漠中救援每一分每一秒都很珍贵，很有可能在那么一个瞬间，造成难以挽回的遗憾。救援从17时一直持续到第二天凌晨5时，整整12个小时。

救援人员经历了飞沙走石的侵袭，经历了黄沙包围的恐惧，经历了随时可能被吹走的风险，最终在一座大的土堆体后找到了奄奄一息求救的老大爷，老大爷看到了救援队伍，犹如看到了希望之星，眼中也恢复了神采。

"我对不住你们啊，让你们为了我这么个糟老头子花了这么大的代价，真是惭愧啊！谢谢你们，警察同志，谢谢你们救了我一命！"得救后的老大爷激动地对李生寿说。

"只要人好着，我们做出的一切都是值得的。"李生寿说。

谁都知道，大漠戈壁中的那份艰苦和不易，但战友们是怎样想的呢？民警就是导游，队伍就是风景，管理就是服务，执法就是守护，敦煌公安就是一张响亮的名片，不管身处在敦煌境内何处，都能感受得到敦煌公安的温情守护。

2001年2月的一天，距离雅丹约60公里的罗布泊咸水泉矿区的12名采矿人员，因无法忍受矿区艰苦的生活条件，但又怕老板不同意他们走，于是就相互约定，在一个夜黑风高的夜晚集体不辞而别，为此他们也踏上了一条关乎生死的冒险之路。

天亮后，矿区老板发现12名民工只带了少许馒头和几瓶矿泉水趁着夜色离开了矿区，老板派矿区留下的员工从天亮找到天黑也没有他们的踪迹，无奈之下只能到派出所报警求助。

警情就是命令，救助就是职责。李生寿立即组织警力开始寻找。因罗布泊地区周边环境十分恶劣，网络信号时有时无，电子设备无法使用，就连指南针也受磁场的影响而失去作用，所以人们都把罗布泊称为"死亡之海"。

2月的雅丹，犹如狂暴的恶魔，随时都会有急遽的变化，隆冬季节，天气冷、风沙大，民工跑时又没带多少水和吃的，危险可想而知。时间就是生命，只有在最短的时间内找到出走的工人，他们才会有一线生机。李生寿和战友们立即从所里出发，根据矿区老板描述的情形，顺着出走的方向开始了大海捞针般的救援行动。1小时过去了，没有消息，2小时过去了，没有消息，24小时过去了，还是没有消息……"那可是12条活生生的生命啊，我们绝对不能让鲜活的生命倒在我们的守护区内！"李生寿坚定地对参与救援的民辅警说。

搜索救援在犀利的风沙中进行，风吹起的飞沙走石打在人们的脸上，犹如刀子在脸庞划过，让人感受到的是生疼，但是此时，在生命面前，李生寿和他的战友们选择了义无反顾、选择了克服困难、选择了使命担当，饮用水不够就一人一口，谁都不敢多喝一口；食物不足就一次一点，谁都不肯多吃一嘴，就这样在茫茫的戈壁中点亮了那盏燃烧光亮的灯塔。

功夫不负有心人，经过36个小时的不懈努力，终于找到了奄奄一息的12名民工们，把他们从死亡线上拉了回来。

民辅警们也是普普通通的血肉之躯，也有面对危险时产生的畏惧之心，但虽有畏惧，仍一往无前，只因刻在骨子里的忠诚。

"说句那实在话，我也有情，人间的那个烟火把我养大，话虽这样说，有国才有家，你不站岗我不站岗，谁来保卫咱祖国，谁来保卫家？"作为退役军人的李生寿当时就想起了这句歌词，这也是他消遣寂寞的一种方式。

人民警察，简简单单的四个字，它代表的不仅仅是一种职业，更是一份庄严承诺——"对党忠诚、服务人民、执法公正、纪律严明"。

自雅丹公安检查站组建以来，检查站紧紧围绕"管好边、守好圈、防牢线、保安全"的原则，坚持"逢车必查、逢人必查、逢物必查"的工作方针，克服雅丹夏天天气炎热（最高气温可达50度）、春秋风沙大（风力最高可达10级左右）、冬季漫长寒冷的特殊地理条件，严防死守、盯紧看牢，没有让一个"带病"车辆、人员、物品从他们眼前溜走。

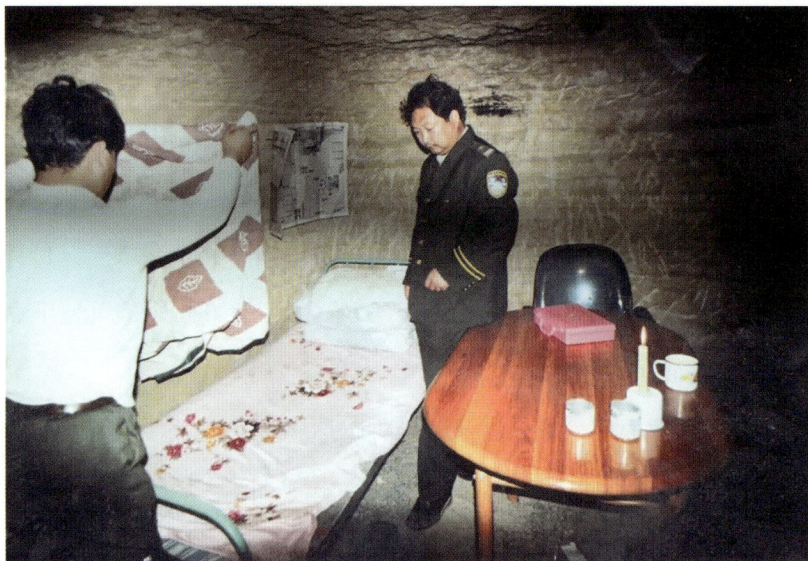

金色盾牌，热血铸就，危难之时显身手，这是人民警察的光荣使命和神圣职责，李生寿用自己职责捍卫安全、用担当铸就忠诚、用热血点亮灯塔，照亮了黑暗中的方向。

大漠孤烟直，长河落日圆。每天看着太阳东升西落，每天看着夜空斗转星移，每天看着检查站人来人往，每天看着一望无垠的戈壁，李生寿也用他自己的方式记录着在雅丹坚守的每一个日夜，他用诗歌记录雅丹的生活，撰写成诗集《剑胆琴心》。

2022 年 6 月，李生寿在雅丹派出所光荣退休。在最后一次参加夜间值班时，他一遍遍抚摸着警帽上的警徽，抬眼凝望派出所屋顶闪烁的明灯，心中激荡起的是依依不舍的留恋之情。

楷模是标杆引领，楷模是前行动力。

李生寿退休了，但他留下的沙海灯塔的传奇和丰碑始终镌刻在一代代雅丹派出所民警的心中，始终如明灯照亮着平安的方向。

供稿：赵俊文

热血忠诚

甘肃公安先进典型风采录

康 丽

康　丽：康丽和她的万家灯火

康丽，女，汉族，中共党员，出生于 1972 年，酒泉市公安局肃州分局东城关派出所副所长，同时担任肃州区汉唐街南社区民警。从警 28 年来，她躬身基层，心系百姓，坚持小处着想、小事入手，真情调和"平安方剂"浇灌社区"平安果"，用一件件看似微不足道的小事情，筑牢了社会稳定、平安和谐的坚实根基，赢得了辖区群众的一致好评。先后被授予"全国先进工作者""全国三八红旗手""全国公安系统二级英雄模范""全省先进工作者"，光荣当选党的二十大代表。

康丽个头不高，说话坦诚、直率。她是酒泉市公安局肃州分局东城关派出所副所长，也是一名坚守一线的民警。

康丽很简单。近三十年的工作经历，用"社区民警"四个字几乎就能概括。

康丽一点也不简单。因为热爱，义无反顾选择从警；因为热爱，近三十年始终坚守在基层。她一步一步丈量着自己守护的社区，把辖区的大事小情装在心里，随便提起哪户居民，她都能说出他的家

康　丽：康丽和她的万家灯火

庭情况、个人喜好……

康丽的经历很丰富。全省优秀人民警察、甘肃省先进工作者、全国先进工作者、全国三八红旗手、中国共产党第二十次全国代表大会代表……一个又一个荣誉的背后，都有着张力十足的感人故事。

"我愿意做一名点灯人"

1996 年，从甘肃省工商行政管理学校毕业的康丽面临着一个重要的抉择。是按照学业规划进入工商系统，还是听从心底的呼声走进警营？她做出了自己的回答："我选择当一名人民警察！"

"我对人民警察充满了崇拜和热爱，这一选择让我遇到了人生中最亮丽的风景。"即使三十年过去了，康丽依然对当年的选择充满自豪。

刚从警的那几年，康丽就像一块海绵，不断汲取做一名合格的人民警察所必备的养分。

"比起从公安专业院校毕业的同事，我需要从头学起。"康丽在酒泉市肃州公安分局从文书管理员的岗位开始学起，这一学就是三年。恰恰是这三年，为她后来的工作奠定了扎实的基础。"全局所有的文书我都要经手，每一份文书，我都会认真阅读分析，从中学习相关的业务知识。"

吸满"水分"的海绵终究要潜入水底。2005 年 9 月，康丽从机关走入基层。

刚到基层，康丽遇到了她这一辈子也不会忘记的师父——晁亚玲。

"第一次遇到师父的时候，我就知道她是一个有心人、热心人。"刚到肃州公安分局东关派出所，晁亚玲就帮康丽准备好了派出所大门的钥匙、办公桌、值班的床铺……

"她对大家都很好，群众来办事就更不用说了。"康丽说，"晁亚玲是一名户籍民警，那时候，来办户口的群众很多，经常是还没上班就排起了队。"让康丽敬佩的是，晁亚玲早早就来开门办理，一直到最后一个办完，从来不会拒绝任何来办事的人，不会抱怨任何一次加班。

在公安系统，一直有着"师带徒、传帮带"的优良传统。"我认定晁亚玲就是我的师父。"晁亚玲对群众的热心，深深地触动了康丽。

"要当好一名合格的人民警察，就要有一颗为民的赤子之心。"当康丽向晁亚玲提出要拜师时，晁亚玲一字一顿地说。

怎样才算有一颗"为民的赤子之心"？康丽留心向师父学习。

作为一名人民警察，除了有心、热心，还必须要有耐心。作为一名社区民警，更是考验耐心。

一次去群众家里做调解工作，群众对康丽并不信任。"我刚开口劝解，对方就指着我说：'你一个小丫头家家，经过啥事，在这里指手画脚。'"委屈的康丽回来跟晁亚玲诉说。

"没关系，一次不行就两次，两次不行就三次，对群众一定要有耐心。"晁亚玲微笑着安慰康丽，并给她讲了自己经历的一件小事。

2012年5月，晁亚玲收到来自河北省邯郸市常英民的一封求助信，希望能帮助他寻找失去联系三十多年的战友赵占斌。

只有一个名字，一个三十年前的地址，如何寻找？

　　晁亚玲利用休息时间将三十年来辖区的户籍资料一份一份调阅对比，并从赵占斌当年居住地入手，逐户走访、寻找线索、核对信息，经过近两个星期的努力，终于找到已改名为赵永彬的赵占斌。

　　失去联系三十年的战友重新团聚，常英民在感谢信中说："赵占斌是我们当年的连长，战友们都想再见他一面，三十多年了，本来没抱什么希望，没想到你们这么认真负责，我代表全团的老兵，向你们敬礼了！"

　　讲完故事，晁亚玲依然微笑着，师徒间展开了深谈——

　　"要当好一名人民警察，要常怀一颗赤子之心，把群众当家人。"

　　"把群众当'家人'，我能做到。但这些琐琐碎碎的事情能干出啥成绩？"

　　"群众的事无小事，他们找到我们就是对我们最大的信任，不辜

负这份信任，就要始终点一盏明灯，照亮自己，温暖他人。"

"我愿做一名点灯人！"

把群众当家人，点一盏灯。康丽记在了心里，而且每当遇到难事都会以此鼓励自己。

2009年7月1日，康丽光荣加入中国共产党。

晁亚玲为康丽佩戴党员徽章。这是责任担当的交接，更是为民初心的传承。

2012年11月8日，中国共产党第十八次全国代表大会在北京召开，晁亚玲作为来自基层的党代表赴北京参会。

2022年10月16日，中国共产党第二十次全国代表大会在北京召开，康丽作为来自基层的党代表赴北京参会。

十年间，一个基层派出所，走出两位党的全国代表大会代表，这段佳话的背后是共产党人坚定如磐的初心、优良传统的传承。

2018年，晁亚玲退休了。临走前还不忘叮嘱康丽："对群众一定要有耐心，坚持下去，再难的问题都能化解。"

后来，"师徒结对"传帮带成为肃州公安分局培养民警的重要方式。2022年5月，肃州公安分局举行"师徒结对"传帮带拜师仪式。就是在这次"师徒结对"传帮带拜师仪式上，东关派出所民警王丹向康丽"拜师"，"为民初心"的接力棒仍在传递……

"把一件事琢磨透"

社区民警经常面对的都是琐碎小事，似乎不难，干好却不易。

康丽刚到派出所，面临的第一个难题就是要尽快熟悉辖区社情民意。"我采取最笨的办法，逐街逐巷、一家一户走访，几个月下来，辖区所有信息都被我装进了脑子里。"

自强巷、二道巷、观景巷……随着城市的发展，尽管这些背街小巷已经消失，但这些街巷的走向布局、人文典故康丽记忆犹新。

那条巷子里有一家食品店，存在安全隐患，当年再三规劝店主进行了改造；这条巷子里有一家小旅馆，客人入住信息登记制度还需要完善，康丽手把手培训服务员强化信息登记……

这是刘某某，身高 1.78 米，出租车司机；赵某某，刚从外地迁入，从事个体经营……任意拿出辖区居民的一张照片，康丽都能熟悉地道出他们的姓名、职业、居住地等。

刘某某长期和妻子闹矛盾，经过调解，双方达成了谅解，踏踏实实过起了小日子；赵某某的孩子转学手续还没办妥，需要帮助解决；吴某的女儿开始"叛逆"，要多开导开导……

"要把这些婆婆妈妈的小事一件一件理顺，需要好好琢磨。"康丽是一个爱琢磨事的人，她常常对自己说："一定要把一件事琢磨透。"

"肃州区汉唐街南社区现有楼房 103 栋，平房院落 6 处，有居民 6536 户、19963 人……"康丽为了弄清楚自己负责的肃州区汉唐街南社区的情况，没少吃"冷眼饭""闭门羹"。

怎么办？康丽开始琢磨起来，是不是自己哪里没做到位，是不是考虑不周全，是不是方法不正确？

为了摸清辖区基本情况，康丽把练就"一口清"作为工作目标。

要做到人熟、地熟、情况熟，达到"一口清"，没有任何捷径，只有一个办法，那就是"串百家门，知百家情"。康丽把"腿脚快、嘴巴勤、脑子灵和'本本记'"作为工作方法，多跑多问，勤学勤记。

"几年来，我将自己辖区内的所有单位、场所、出租房屋、暂住人口的情况收集整理，逐一详细登记，建立档案，并用工作手册分类记录，随身携带。"这份随身携带的"民情地图"也成了打开群众"心门"的"金钥匙"，拉近与群众关系的"敲门砖"。

"熟悉率"是社区民警的一项基本功，各级公安部门会随时"突袭"考核。"在你毫无准备的情况下，考核员拿出群众的图像资料或者其他某一个单项信息，我们要完整地识辨和补充。"康丽没少接受这样的考核，每次她都完美通过。

康丽如数家珍般的回答，让同事们亲切地唤她社区"活地图"、群众"资料库"。

熟悉率只是第一步。做社区警务工作，设身处地为群众着想，真心实意为群众做事是根本；辖区状况底数清，人员信息情况明是关键；坚持坚守，用心用力最重要。

"'小案不小看，小案不小办'，把每一起涉及群众切身利益的小案件当作大事情来办，真正把社区警务工作做到群众的心坎上。"康丽琢磨着如何进一步改善社区工作方法。

2014年，辖区70多岁的赵大爷，从一名推销员手里买了5000元的保健品，结果只吃了一顿，就卧床不起。

子女都不在身边，焦急的老人想起之前康丽给他留下的电话号码，急忙打电话向康丽求助。

获悉老人的情况，康丽第一时间将赵大爷送到医院治疗，并经过多方联系找到了推销员，将案件移交工商行政管理部门处理，为老人挽回了经济损失。

如何让有需求的群众能第一时间找到自己？康丽又琢磨起来。最终，她设计了"警民联心卡"，将自己的姓名、单位、职务、电话号码等印制在这张小小的"警民联心卡"上，送到辖区每个家庭、企业、单位、店铺。"分内的事立即解决、分外的事帮忙联系"，每天发放 100 张"警民联心卡"是康丽为自己定的一个"小目标"。

"警民联心卡"管不管用？面对这张小小的卡片，不少群众心存疑虑。

2015 年，74 岁的邱建国老人犹豫再三，还是拨通了"警民联心卡"上康丽的电话。

老人独自照顾着身患精神疾病的儿子已经多年，随着年事渐高，老人越来越担心儿子将来谁来照顾。

接到老人求助电话，康丽一刻也没敢耽搁，她翻阅相关资料，查询有关政策，联系附近的医疗机构，最终把老人的儿子送进酒泉市中医院长期住院治疗。

在随后的几年，康丽不但常常去探望老人，还隔三岔五陪同老人到医院探望儿子。

有一次，康丽在入户途中遇见邱建国。"我当时发现老人走路有些摇摇晃晃，想起几天前入户时他说自己有头疼头晕的症状，我赶紧打车把老人送到医院检查。"

经检查，老人患有严重脑梗。"好悬！要不是及时救治，老人估计会瘫痪甚至危及生命。"医生的一句话让康丽都吓出一身汗。

此后，康丽的工作中又多了一项：入户走访中，对老人健康状况更加关注。

"'警民联心卡'管用、康丽靠谱。"辖区群众纷纷称赞。此后，"警民联心卡"成了不少群众出门必带的"法宝"。

"做好群众的守夜人"

江山就是人民，人民就是江山。中国共产党领导人民打江山、守江山，守的是人民的心。

2022年10月16日晚，在北京驻地，党的二十大代表康丽认真地整理着自己聆听党的二十大报告的笔记。

整理完笔记，夜深人静。康丽忽然想念千里之外的"家"，想起辖区的"家人"。她也想起担起社区民警这份重责之初，师父晁亚玲告诉她：任何时候，都不能忘记初心使命。"从那时起，我就下决心，要点一盏灯，为群众当好守夜人。"

为了当好"守夜人"，康丽通过多年不断的实践和积累，探索总结出"六线工作法"，即：真心服务，搭建警民"连心线"；公心待人，树立调解"公平线"；悉心工作，夯实管理"基础线"；尽心履职，构筑防范"安全线"；诚心帮教，把牢稳控"关键线"；恒心创安，打造和谐"平安线"。

"不服不行……"康丽"师徒结对"的徒弟王丹说起康丽调解矛盾的"功力"，连连说了三个"不服不行"。有些矛盾，别人费劲调解也不奏效，但康丽都能巧妙地解开当事人心中的"疙瘩"。

随着在基层工作时间越来越长，康丽同志总结出"电话入户、错时入户、帮助入户"加强实有人口管理的方法，实现了常住人口底数清、情况明；实践出"以房管人、以物管人、以业管人"流动人口管理模式，夯实了社区管理的"基础线"。

"干好社区工作，必须先将社区治安搞上去。抓治安仅靠一个人的能力是有限的，必须充分发挥群防群治的力量。"实践中，康丽与社区协商，抽调综治员、网格员，建立了汉唐南社区"综治小分队"，结合网格化管理，带队开展治安巡逻、隐患排查等工作，有效填补了警力不足的问题。同时，"小分队"还扮演着纠纷调解员、安全宣传员、楼栋管理员、平安守护员等角色，构筑起了一道坚固的社区防范"安全线"。

换位思考、以心交心。针对社区生活困难等重点人群，尽力帮助他们解决实际困难，以真情感化他们，筑牢社区稳控的"关键线"。

为了筑牢社区和谐"平安线"，康丽在上级部门的支持下，积极构筑立体化治安防控体系，除了加强人防、物防力量外，进一步加大技术创新，强化技防，以一颗创安的恒心，打造出了一条维护辖区和谐稳定的"平安线"。

"从警近三十年来，我孜孜以求的就是能多为群众做事，得到群众的认可。"康丽说，群众的认可与支持最真实、最宝贵，含金量高、得之不易，只有始终把群众放在心中最高位置，才能真正赢得口碑、赢得信任。

供稿：崔亚明

热血忠诚

甘肃公安先进典型风采录

黄玉虎

黄玉虎：牧区群众的"贴心人"黄阿欧

黄玉虎，男，藏族，中共党员，出生于1965年，1988年7月参加工作，甘肃省肃南裕固族自治县公安局皇城派出所副教导员。2021年7月，被公安部授予"全国公安系统二级英雄模范"。先后获得"甘肃省优秀人民警察""甘肃省最美基层民警"等荣誉称号，荣立个人三等功1次。以他名字命名的黄玉虎警务室，是张掖市公安局首个以民警名字命名的社区警务室。

为了守护辖区牧民群众生命安全，黄玉虎向所里申请到一线执勤卡口去。

从警33年，这样冲锋在前的时刻，黄玉虎每次都是第一个上……

心事浩茫连百姓

黄玉虎在肃南县皇城镇草原上长大，从小就熟悉当地的山山水水、一草一木。

也因此，他对牧民群众有着血肉相连的感情。

长大后，他进入公安系统工作，成为一名光荣的人民警察，在基层派出所一干就是30多年。

调解矛盾、走访群众、寻找线索……30多年里，黄玉虎走遍了皇城镇的山山水水，熟悉了每村每户的基本情况。

"我们辛辛苦苦养了一年牛，牛贩子收了我们的牛给了一半钱跑了，黄阿欧你一定要替我们要回来啊，不然我们的日子咋过呢。"8位牧民将黄玉虎围在中间，七嘴八舌地要他给主持公道，这就是黄玉虎的日常工作场面。

在藏语里，"阿欧"是哥哥的意思，被称呼"阿欧"的人，都是藏族同胞的亲人。正因为如此，多年来，牧民们都亲切地称黄玉虎为"黄阿欧"，牧民打心眼里已把黄玉虎视为了自己的亲人。

每年的六七月份，是草原纠纷频发的季节，调处矛盾纠纷就成

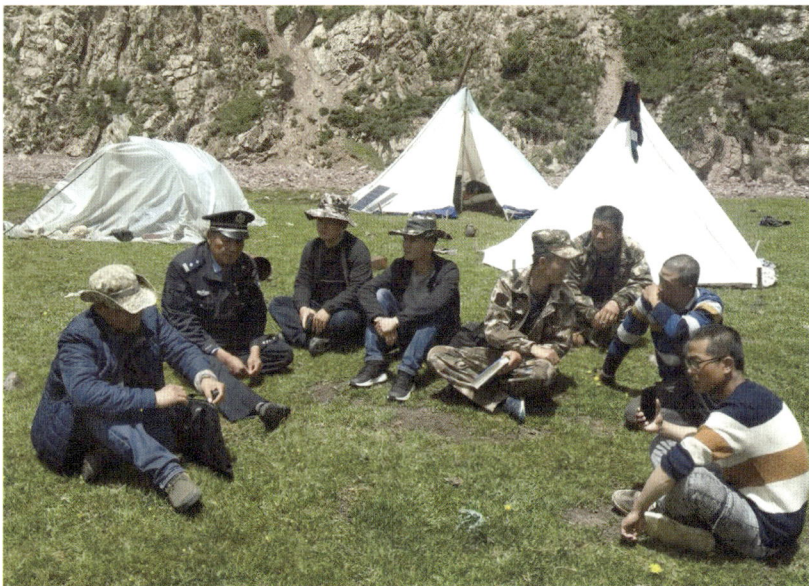

了他的工作重任。牧业点交通不便，距离最近的走一趟就需要2—3天，路程远一些的来回就要一个星期，碰上下雨天就更长了。常年奔波，黄阿欧患上了腰椎间盘突出症，腰椎已经严重变形，一到天阴下雨就会隐隐作痛，走路也不能直立。可是这些从来没有让他停下调处矛盾纠纷的脚步。2005年7月2日，皇城镇营盘村居民因草场划分问题发生了矛盾，我作为镇上的干部和黄阿欧辗转近百里来到现场，黄阿欧连口水都顾不上喝，便了解双方的诉求，对双方晓之以理，动之以情，经过一天的工作，双方终于做出了让步，这场持续了2年多的矛盾纠纷得到了化解。事后我问他："这么多年处理纠纷，你有什么收获？"他当时很平淡地说："化解草场纠纷很辛苦，但每调处一起矛盾纠纷，我都很有成就感，群众握手言和便是对我们工作的肯定和支持，也是我们工作的动力，再辛苦我都觉得值了。"

2006年12月，皇城镇水关村村民因草原纠纷发生冲突，村民莫某某因纠纷杀人后，持私造的半自动步枪逃进了原始森林。接到报警后，肃南县公安局组成专案组50余人进山搜查。黄阿欧又一次主动请缨，给专案组的向导，25年的辖区工作，哪儿有山洞、哪儿树林茂密容易藏匿，哪儿有饮用水嫌疑人易于出现，他都一清二楚。就这样，在他的带领下，经过1天1夜的搜寻，最终在一山窝将犯罪嫌疑人莫某某成功抓获，及时消除了安全隐患。"黄阿欧就是一张活地图，辖区的人、事、物，他都能如数家珍。"皇城派出所所长屈霏说。

同样的事情还有很多。年初，黄玉虎在一次下村走访时不小滑倒，但一起牲畜买卖纠纷十分急迫，拖延不得。黄玉虎揉了揉摔疼的膝盖，马上前去现场勘查、调解。牧民群众看到后，十分感动，赶忙劝说黄玉虎："黄阿欧，您都快退休了，您怎么还在工作？""群众遇到难题第一时间想到我，证明他们认可我这个人、认可我的工作。"黄玉虎自信满满地说。

一枝一叶总关情

这一干，就是 30 多年。

在这 30 多年里，黄玉虎数不清找回了多少丢失的牲畜，有过多少次以天为被以地为床的不眠之夜，在为牧民群众热情服务的每一天里，他成为了牧民群众心中的"阿欧"。

"一只、两只……正好 300 只羊，一只都没有少，谢谢你们！真的太感谢你们了！要不是你们帮忙，我们的命根子可能就都没有了！"牧民任润昌拉着黄玉虎双手，流下了感动的泪水。

2003 年秋季，辖区水关村发生了一起罕见的丢羊事件，村民任润昌家 300 只羊一夜之间全部消失，一时间，小镇人心惶惶。接到报警后，他和同事们迅速前往现场了解案情、勘查现场、走访群众，经过综合分析他判断此事不是人为的盗窃，羊群很有可能是因为野兽来袭，跑到对面的原始森林里了。黄阿欧当机立断，带领 2 名民警和 3 名群众进入森林寻找失散的羊。秋天的原始森林，气候多变，白天他们踩着泥泞攀爬，渴了就用山泉水解渴，饿了就用干粮充饥；夜晚他们忍受着刺骨的寒冷，森林不能生火取暖，他们几个人只能相互靠在一起取暖，虽然非常疲倦，但害怕野兽来袭，大家还得轮流值班。经过两天的跟踪和寻找，同行的老乡们都快失去了信心，黄玉虎就给他们打气："就算是羊只被熊或狼袭击，至少也得留下血迹或是骨头。"远山隐隐约约传来的羊叫声，让他们忘记了身体的疲惫，几乎是奔跑着翻过了一个山崖，皇天不负有心人，终于发现了丢失的羊群。看着失而复得的羊，任润昌一家喜不自禁。

看着失而复得的300只羊，任润昌一家喜出望外，紧紧握住黄玉虎的手激动地说道："如果不是你们，我们的损失就大了。"黄玉虎说："知道羊是牧民们的全部，这是我们警察应该做的，羊如数找回是我们最高兴的事，付出再多也值了。"

群众利益无小事，一枝一叶总关情。由于黄玉虎真心实意为牧民办事，所以他无论走到哪里，都能在当地的牧民家里喝上一口盛情难却的酥油奶茶。在黄玉虎的手机微信里，总是与牧民有着说不完的话，牧民总把最新的情况信息通过手机告诉他。黄玉虎告诉记者："在牧区办案子出警没有规律，有时候是中午，有时候是半夜，

随时都会有牧民来电，这么多年来，我的手机从来不敢离开身边，也不敢没电，随时待命，我总怕牧民有困难找不到我。"

黄玉虎深入辖区时，经常用自己擅长的藏语对辖区百姓、信教群众、寺院僧人等宣传党的民族宗教政策和法律法规，取得了信教群众的广泛认同和支持。通过黄玉虎和同事们的努力，多年来皇城镇未发生一起由于民族问题而引发的案件。

在逝去的 32 载春秋里，黄玉虎在张掖市肃南县皇城镇这片土地的每一片草场、每一座山峰、每一个戈壁，都留下了他的足迹，正是因为有了他无比的执着和热情，他才甘愿默默坚守在这片草原上，守护着一方幸福，守护着一方安康，维护着藏区的社会和谐与稳定，续写着草原上"金色盾牌热血铸就"的感人篇章……

供稿：李志鹏

热血忠诚

甘肃公安先进典型风采录

王 一

王　一：抽丝剥茧的"指纹神探"

王一，男，汉族，中共党员，出生于1975年，甘肃省平凉市静宁县公安局刑事侦查大队技术中队指导员，痕迹检验工程师。近年来，通过刑事技术比对平台，共计发送十几万条查询比对信息，比对中认定破获案件1100多起，涉案价值2000余万元。先后荣立个人一等功1次、二等功1次、三等功2次。曾获"全省优秀共产党员""全省道德模范""全国公安机关优秀专业技术人才一等奖""全省优秀人民警察""全国公安楷模""全国公安系统二级英雄模范""全国人民满意的公务员"等称号。

他叫王一，父亲给他起这个名字，是因为他生于农历大年初一，父母希望他的一生就像他出生的日子一样，堂堂正正，整整齐齐，简单而耿直。

他生长在甘肃省静宁县，一个历史文化底蕴极为深厚的中华民族秦陇文化发祥地之一。除了出外求学，他半生没有离开过这里，他是这片黄土地的儿子。

他是公安部首届五名"公安楷模"之一，在此之前被媒体称作中国警界的"火眼金睛""指纹神探"，但是他说："'神探'之名，确不敢当，我并没有那么'神奇'，我只是花费了比别人更多的时间和精力投入到我所热爱的痕迹鉴定这项刑事技术工作中去，就像我们甘肃省委所提倡的'甘肃精神'那样，'人一之，我十之；人十之，我百之'，我深知由于历史的、地域、现实的各种原因，我们相比较沿海经济发达地区而言，我们某一些方面相对来说发展滞后，我们只有以这种'甘肃精神'为激励，踏实苦干，才能在一些领域内追赶先进发达的省份，因为我是这片黄土地儿子，我要守卫生我养我的这片土地，让这里的乡亲们和这座县城的名字一样，过上'宁静安谧'的生活。"

这位华发早生、貌不惊人、不善言谈的中年男子坚守刑侦技术岗位 20 年，用无限的忠诚和无比的执着，谱写了一曲曲破案打击的奉献之歌、青春之歌、战斗之歌！先后荣获"全国公安系统二级英雄模范""全国人民满意的公务员""全国公安楷模""改革开放40 周年政法系统新闻影响力人物""陇原工匠""全省优秀人民警察""甘肃省优秀共产党员""甘肃省道德模范""感动甘肃·陇人骄子"2016 年度人物等荣誉称号。连续多年被甘肃省公安厅、平凉市公安局记功嘉奖……

海到天边天作岸，山登绝顶尔为峰。就让我们走近这位不凡的魅力警官，去体会他历经艰辛、破茧化蝶的成长历程；去感受他执着坚守、默默奉献的精神世界……

雄关漫道真如铁，而今迈步从头越

"人民警察为人民，人民警察爱人民。"这是王一进入警队第一天他的师父杜正平教导他的话。此后，这句话就成了他警营人生的座右铭。"我是看着王一一步步成长为人民警察中的佼佼者的，质朴、精干、热情，这是他刚工作时给我们的第一印象，在城关派出所干了一年内勤两年片警，胆大心细，热心真诚。"已面临退休的杜警官满脸欣喜地告诉记者。

少小立志老大成，火热警校初长成。说起王一的从警梦，还缘于他少年时的意外经历。20 世纪 70 年代末，王一同志出生在静宁县八里镇小山村一个普通的农民家庭。他家处于城乡接合部，20 世纪 90 年代读高中那会，家里日子过得捉襟见肘。1996 年 4 月，高考前的一个晚上，邻居大哥家贷款买来的农用三轮车被盗，愁得嫂子一

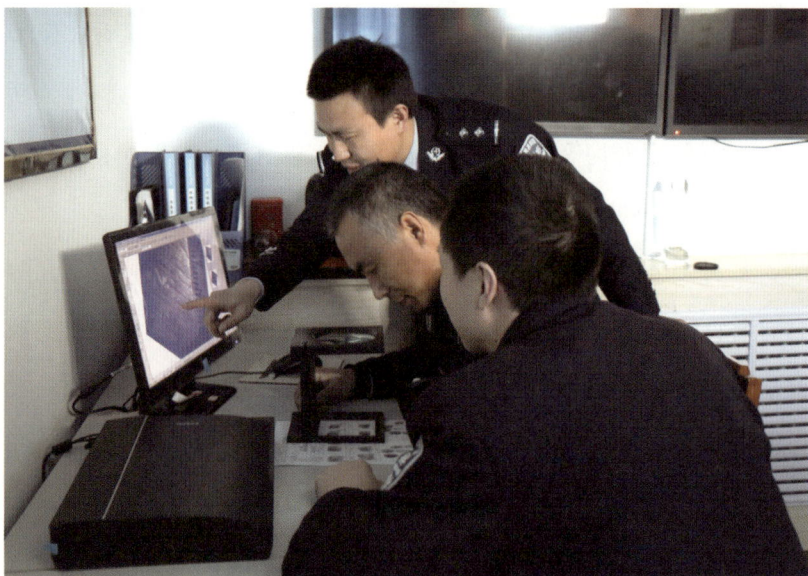

夜白了头。那时，王一就暗下决心：我一定要报警校，当警察，抓住可恶的盗车贼。

意气风发少年郎，回报桑梓正当时！ 1998 年毕业那年，他恰好赶上第一次全省范围的招警考试，面对同届多数同学趋之若鹜报考省城和地市公安机关岗位的潮流，他始终不为所动，毅然决然地选择了报考家乡公安机关的岗位，并一路过关斩将，以优异的成绩被静宁县公安局录用。

这种心怀家乡、淡泊名利的情怀伴随了王一此后的整个工作岁月，即使是后来随着一个又一个大案、要案的成功侦破和一次又一次全省指纹破案纪录的刷新，一张张随之而来的特别邀请函不间断地奔向了他，南方一线城市、警官院校、所在省市公安系统……接踵而至的聘请、上调，他都用"乡里人，到大城市不适应"为由推脱。

雄关漫道真如铁，而今迈步从头越。初出茅庐的王一，很快被分配到城关派出所这一公安执法的前沿阵地，面对身份转变和职业压力，王一同志坦言，他那时有过迷茫、有过徘徊，但他最终以执着的坚守迎来了风雨之后的彩虹！在派出所的三年多时间里，虽然干内勤，但由于城关派出所辖区大，流动人员多，警力严重不足，年轻人就他一个，所以只能忙完内勤和大家一起跑片蹲点，一起抓案子解纠纷，什么鸡毛蒜皮的事都要干。王一一边虚心向老同志请教学习，一边在实际工作中摔打历练，既积极参与和侦办各类刑事、治安案件，又包片辖区治安基础工作，无论案件查处还是基础工作，都干得富有生气、井井有条，同事们对他的工作业绩都有目共睹，至今，曾和他一起工作过的同事只要提起王一同志都会异口同声地说："王一这小子，天生就是块干警察的料！"

功夫不负有心人。在他的辛勤努力下，2000 年他所在的辖区"阿阳路警务区"的各项治安基础业务工作都做到了底数清、情况明、为社会治安管理和侦查破案起到了强有力的支撑作用，同年，城关派出所被公安部评为"全国一级派出所"，这当中，离不开王一同志的辛勤付出。

不畏浮云遮望眼，自缘身在最高层

21 世纪初，虽然城关派出所是静宁县公安局最大的派出所，但当时在编在职民警仅有 11 人。面对警力紧缺、任务繁重的客观现状，王一同志作为一名新警，每逢县局统一组织的"打防控""缉枪治爆""扫六害"等专项行动时，都主动请缨，连续作战。2001 年 8 月至 11 月，全局组织开展了"打防控"专项行动，他和刑警大队一批年轻民警组成"摩托车反盗"专案组，开展了为期三个月的专项蹲点守候。蹲点守候听起来轻松刺激，实则充满凶险、异常艰辛，经常是披星戴月、风餐露宿，实实在在是对一个人精力和毅力的考验！在当年的一次蹲守中，王一和同事们一直蹲点至凌晨 2 时许，另外一组人员发现两名盗窃嫌疑人员紧急追捕时，一名辅警被穷凶极恶的嫌疑人猛捅一刀，倒在了血泊当中。接到支援呼救后，王一和同组人员迅速赶到现场将辅警送往医院。因失血过多，受伤辅警需要马上输血，但医院血库无配型血液。看着失血过多的战友，血检配型相同的王一同志毫不犹豫地捋起衣袖："医生，抽我的血！"400cc 新鲜的血液汩汩流淌进了战友的身体，战友转危为安，而长期蹲点守候、疲惫不堪的王一同志却感觉到阵阵眩晕袭来……

但他来不及休息调整，又义无反顾地和战友们一道奔赴守候一线继续蹲守！

天道酬勤。经过连续蹲守，专案组历经艰辛最终将现行盗窃作案人员一举擒获，彻底摧毁了这个长期盘踞静宁县城盗窃摩托车的团伙，带破了一大批系列案件。

时光飞逝如白驹过隙。时间转眼进入 2002 年，此时的王一同志经过三年多时间的基层一线锻炼，已完全成长为一名优秀的气质民警，举手投足间无不显露出一名年轻警察的干练与英武！同年 4 月，静宁县公安局面向全局组织了首次"双向选择、竞聘上岗"，公开竞聘选拔中层领导岗位。由于工作十分出色，王一同志经层层选拔，被确定为某派出所副所长人选，只待办理组织任命手续就可走马上任！然而，喜欢挑战的个性使他做出了一个出乎所有人意料的决定：放弃中层领导岗位，去刑事侦查部门做一名打击犯罪、惩恶扬善的刑警！从此，他离开了熟悉的派出所治安管理岗，自此与刑侦技术工作结缘，踏上了一次全新的征途，开始了他从警生涯的又一次艰苦磨砺和全面升华！

不畏浮云遮望眼，自缘身在最高层。这就是同事们眼中火眼金睛、手段利落、身手矫健的王一，每次抓捕嫌疑人的任务，大家都喜欢和他同往。

千锤百炼始坚韧，砥砺前行唱大风

2004 年，静宁县公安局党委决定选派王一同志赴素有"中国刑警摇篮"之称的中国刑警学院进行为期一年的学习深造。一直喜欢钻研学习的王一同志如痴如醉地沉浸在知识的海洋，一年来他从未缺过一堂课，从未落下一次作业，实验课上勇于实践，讨论课上积极探讨，课余时间几乎完全泡在图书馆，晚上选修赵成文、钱均教授的影像技术专业。

每每说起刑警学院的学习经历，他都会脱口而出："指纹耿庆杰、足迹马越、枪弹杨军、工痕刘代富、爆炸张彦春、预审许昆、特殊痕迹戴林。"学校里那些专家和教授细致严谨的教学态度、深厚博大的专业知识、精彩风趣的课堂气氛、经典深刻的案例讲座，都给王一留下了难以磨灭的烙印。"什么是专家？就是读的书多，手下经过的案子多。每一个专家，他的经验和知识都是泡现场泡出来的，所谓的经验，就是你能看到其他人看不到的！"王一同志如是说。

工作中的王一如同一位打禅高僧，摒弃杂念，专心致志，长时间对着电脑屏幕，在单调的各色标注之间周旋，探索指纹的每一个相似特征。有时候，盯着一个指纹能瞅上一天，其间不仅是盯着看，且每一个指纹都要经过重新编辑调整，有时不光做一次而是多次编辑和发送查询，每一个特征都要认真仔细地筛选甄别、检验鉴定。

在 2015 年云南昆明、玉溪"8·20"事件中，公安部第一时间发布指纹协查通知后，王一团队夜以继日，连续战斗，48 小时认定 2人，赢得了公安部的表扬。说起当时图侦过程时，王一团队民警米永红说："当时，我刚从案件现场回来，看到师父王一双眼充满血丝地走出办公室，看起来很淡然、很坦然，就知道他肯定比对出来了。"这还不算什么，最令米永红吃惊的是，当他走到办公室看师父的比对记录时，才发现不仅仅比对出了这一个协查案，而且一并比中外省协查指纹 22 起，其中 B 级协查 6 起，C 级协查 16 起！米永红跟记者说这话时，眼中闪着泪光："不容易，真不容易，看着只是坐在椅子上工作，实际上特别费眼、费神、费力。他拼搏争一流的执着精神是我们王一团队的信念和榜样。"

千锤百炼始坚韧，砥砺前行唱大风。

丹心难写是精神，忠诚无悔终不言

刑技工作单调孤独、待遇偏低，指纹世界无声无息、枯燥乏味。就在许多同行因前途黯淡另谋高就或退出岗位的时候，王一同志却毅然选择了默默坚守，且一干就是十年。在一路砥砺前行中，他见证了静宁县公安局刑事科学技术从弱到强发展壮大的全部历程。

当时的静宁县公安局刑事科学技术室可谓是一穷二白、缺兵少将、设备简陋，仅有的两三名刑事技术民警为看现场经常疲于奔命，

更谈不上深入研究了。但王一同志偏偏不信邪，工作之余就一头扎进痕迹物证室，对着马蹄镜分析研究，盯着电脑比对轨迹，十年来不寻常的辛苦付出，他经历了常人难以想象的迷茫、苦闷和挫折，以及在技术探索中遇到的瓶颈。辛勤耕耘换来了专业水平的突飞猛进，他终于领略到了科技破案的神奇，尝到了科技破案的甜头，也让他从当初寂寂无名的"菜鸟"成长为大名鼎鼎的陇上"神探"王一。

技术认定查嫌犯近五年来，他圆满完成了627起刑事案件现场勘验检查工作，提取现场指纹106案380枚，DNA生物检材18案60余份，指纹比中直破本地案件180余起。2013年10月，全省"NEC指纹自动识别系统"建成以来，他放弃节假日和休息时间，共计发送指纹询查信息10万余条，比中案件现场指纹429起，其中公安部发布的全国涉爆涉恐具有重大影响的B级紧急协查案2起，故意杀人案件现场指纹协查6起，外省协查案件247起，本省外县市协查案件152起，本地案件26起。这一组组数字的背后，是静宁县刑事侦查大队科学技术室，从警力短缺、设备简陋的"一穷二白"走到如今的"全国一级刑事科学技术室"；从只有一张办公桌、一台电脑走到今天的"王一工作室"；从单枪匹马、独自奋斗到而今的团队作业、比肩战斗。

厚积薄发结硕果，刑侦技术破案，从来就是一个循序渐进、厚积薄发的过程，没有捷径可走，只有汗水浇灌。2013年以来，王一同志在技术岗位上的执着坚守、艰辛付出越来越多地得到了回报，一个又一个大案、要案的成功侦破和一次又一次全省指纹破案纪录的刷新，就是对他的最高褒奖！据统计，2013年以来，经王一之手通过指纹比对认定破获故意杀人、盗窃、抢劫、抢夺及诈骗等各类刑事案件达 541 起。或许，在许多人看来数字是枯燥乏味的，但在这些数字的背后，无不折射出王一同志呕心沥血的付出和曲折的成功历程！

王一，一个指纹世界的智勇者，经年不馁，执着坚守，抽丝剥茧溯正源；艰难困苦，玉汝于成，去伪存真探真相。在岗位上化腐朽为神奇、变无声为有形，其伸张正义、惩治邪恶的赤胆忠心，让犯罪分子闻风丧胆，无所遁形。他用他的睿智、他的勤奋、他的忠诚，用他对这片黄土地博大而深沉的爱，书写了传奇人生——他是当之无愧的警界"火眼金睛""指纹神探"！

供稿：吴国栋

热血忠诚

甘肃公安先进典型风采录

刘兰香

刘兰香：兰雅馨香

刘兰香，女，汉族，中共党员，出生于 1973 年，1995 年 9 月参加公安工作，一级警督警衔，现任兰州市公安局七里河分局治安管理二大队教导员。从警 29 年来，始终坚持以人民为中心做实民生警务，扎根基层派出所，快速成长为社区警务的排头兵。以她名字命名的刘兰香警务室，被老百姓喜称为"家门口的派出所"。荣立个人三等功 1 次、二等功 1 次。先后被评为甘肃省第五届"我最喜爱的十大人民警察""2019 年度兰州市最美母亲"，被授予"全国公安系统二级英雄模范""全省三八红旗手"，当选甘肃省第 14 次党代会党代表、中国少年先锋队甘肃省第 8 次代表大会特邀嘉宾、甘肃省第 15 次妇女代表大会代表。

2021 年 4 月 15 日，甘肃大剧院。

兰州市政法系统英模事迹报告会正在进行，兰州市公安局七里河分局小西湖派出所副所长刘兰香作为公安系统唯一女二级英模做报告："兰生幽谷，不为莫服而不芳；舟在江海，不为莫乘而不浮！我只是普普通通的社区民警中的一员，在平凡的岗位做了自己应该做的工作，但党和人民却给了我崇高的荣誉！今后，我将不忘初心，牢记使命，加倍努力工作，服务好辖区群众，坚决完成好新时代人民警察使命任务，以优异成绩回报组织的期望和人民的爱戴！"

话音落下，掌声和鲜花涌向了这位来自基层一线的派出所女警。

面对台下来自公检法司数千名战友，刘兰香的眼角湿润了，鲜花和掌声背后，是她 27 年扎根基层兢兢业业的坚守奉献。近一万个日日夜夜，她用真心真情写就的一曲曲为民之歌，仿佛回荡在眼前。

外地旅客感谢信里的"刘警官"

2019 年 3 月 8 日，从湖北来的王先生在乌鲁木齐办完公事准备乘火车回武汉，换乘高铁经停兰州站时决定，利用难得的半天时间游览一下美丽的兰州。就在他乘出租车在七里河区一酒店下车后，发现一时疏忽将钱包忘在了出租车上。

在酒店经理帮助下，王先生通过兰州广播电台发布了相关信息。之后，抱着试试看的态度，他找到了小西湖派出所。向值班民警简单讲明情况后，希望能通过视频找到出租车牌号。值班民警调出监控视频，从摄像头反复看去，因光线原因无法看清楚车牌号。王先生有些心灰意冷，"包里钱倒没有多少，关键是几张重要证件还有返程车票在里面"。

就在王先生希望破灭准备离开时，迎面进来一位中年女警，她耐心听王先生讲完事情经过后，询问王先生是否还了解司机其他信息，王先生想起曾和司机聊天，得知司机是四川简阳人。

"不知道为什么，她来以后我好像看到了希望。"王先生告诉了女警司机是四川简阳人的信息，女警立即在电脑上搜索，很快查出一位司机，王先生确认是载他的司机。女警拨打司机电话可惜接电话的不是司机本人。她没有放弃，继续拨打电话。大约过了10分钟，女警开心地说："找到了。"

此时王先生手机电量不足，在和司机取得联系之后，女警请王先生到她的社区警务室去充电。

到了警务室，王先生从警务室名字知道了女警叫刘兰香。在交流中得知，以刘兰香名字命名的警务室竟然是辖区单位、群众自发联合筹建的。王先生不禁感叹道："这是老百姓何等的信任！我从内心对她产生了敬佩，一位在派出所工作了20多年的基层民警，需要多少付出才能取得群众如此信任？"

钱包失而复得后，王先生满怀对刘兰香的感激之情，写下一封千字感谢信。3月12日，这封感谢信发布在了甘肃省公安厅网站主

页上。王先生以真挚的情感在感谢信最后写下："在拿到钱包后，夕阳映在她鲜艳的党徽和从容的脸庞上，我顿时感到，这就是一个初到兰州的异乡人看到的最美的风景！"

"不穿制服，我也是老百姓，每次帮忙解决了难题，就觉得我的工作很有意义。"刘兰香朴素的话语里，流露着她对平凡工作的热爱。

天地之间有杆秤，那秤砣就是老百姓。工作干得怎么样，老百姓心里都有数。社区老人叫她"小刘同志"，年轻人喜欢叫她"兰香姐"，辖区学生叫刘兰香"警察阿姨"，街道社区干部认为她是"社区居民特别信任的人"。

这份信任沉甸甸，可信任从哪儿来？那就是"以心换心，主持公道，遇事不推"。

刘兰香说："我把辖区当作家，把群众当成自己家里人，为他们排忧解难，时间久了，群众也会把我当作贴心人。一家人共同付出真心，都想着把问题解决好，把事情做好，平安社区就一定能建设好、守护好。"

2018 年，为了推广优秀社区民警的工作方法，兰州市公安局进行以社区民警命名警务室，"刘兰香警务室"就是其中之一。

调解矛盾、收集民意、服务群众、信息采集、重点管控、群防群治……警务室建成第一年，刘兰香共调解矛盾纠纷 30 余起，提供救助 50 余起，大型活动备案登记 38 起，代办证件 56 起，出具散装汽油核查约 36 份，无违法犯罪证明约 59 份，下发安全隐患整改通知书约 18 份……针对辖区内 1 名孤儿、6 个失独家庭、7 个独居老人、17 个精神病患者家庭等特殊群体，刘兰香主动协调，联合街道、民政局、妇联等单位给予特殊帮扶和关爱，让他们感受到来自政府的温暖。

社区专干眼里的"兰香姐"

"兰香姐，看我给你送'礼物'来了。"2020年10月25日一大早，社区警务室的门被敲开，一个小伙子吃力地将一个大纸箱子挪了进来。

刘兰香放下手里的信息表，帮着把纸箱搁好，笑着说："我正核实这一片居民的住房情况呢，这'礼物'可太及时了。"

原来，这箱"礼物"是瓜州路社区专干高小兵送来的居民房屋租售相关信息。

刘兰香管辖的瓜州路社区，既有居民区、医院、学校，又有大型企事业单位、集贸市场，商户多、出租屋多、娱乐场所集中。因此流动人口多，社情复杂多变。借助社区街道开展工作，是刘兰香在社区警务中，一直坚持的工作思路。

"一个人的警力是有限的，但民力是无穷的。相信群众、依靠群众，走好群众路线，任何时候都是我们工作的法宝。"工作中，刘兰香把保安、保洁、门卫、收费员等都纳入信息员队伍。"他们掌握的信息最鲜活，每人给我提供一条，我一天就少跑好多路。"她还主动对接政府相关职能部门，建立联席机制，打通老百姓和政府职能壁垒。

在此基础上，刘兰香探索出"三个五"工作方法，即"五勤、五找、五实"工作法。一是五勤：勤走、勤看、勤问、勤记、勤听；

二是五找：找单位、找物业、找网格、找楼院长、找单元长；三是五实：实入户、实交谈、实接触、实检查、实查处。逐步在辖区构建起了路面有巡逻、区域有协防、单位有保安、楼群有守望、邻里有照看的社区防范网络体系，形成了处理违法、打击犯罪、治安防范的有效机制，辖区发案率持续大幅下降。

2017 年以来，兰州市公安局在全市推广"1+1+N"社区警务模式，刘兰香在"N"上下足功夫，对信息员的选拔、培训、管理、考核等方面倾注大量心血，而这些付出得到了回馈。

辖区一名商户刘某涉嫌非法集资，几百名受骗群众相约前去索赔，扬言"要给刘某颜色看看"。就在前一晚，刘兰香收到了社区信息员蒲俊英提供的信息："兰香姐，那些非法集资的受骗群众明天一早要去商铺门口要钱，有几百号人呢！"得到消息后，刘兰香立即报告上级部门，提前介入协调，对相关涉事人员进行情绪疏导和法制教育，成功化解了可能引发的矛盾纠纷，消除了辖区不稳定因素。

进入"互联网+"时代，手机实实在在地影响和改变着人们的生活方式、思维方式和价值观念。认识到这一点，刘兰香主动连接"互联网＋警务"，她率先推行微信群工作法，把所有"警务助理"拉进群里，平时便于发布通知、交流信息，掌握辖区大事小情，遇到事情则一呼百应，多方协力处置。她主动加入了辖区所有小区的业主群，通过发布预警信息、安全常识、安全提醒，提升社区居民的防范意识。

在实行"一标三实"行动期间，刘兰香经常利用休息时间逐一入户，足迹行遍辖区 3716 户。她把自己的电话、微信号印在"警民联系卡"上，发到百姓手中。上街巡逻时，她总随身带一个警务包，居民的大事小事烦心事，社区的邻里纠纷、安全隐患都会一一记下，然后分类分时段挂账销号逐个解决。

在学校为孩子们上安全教育课时，刘兰香提醒孩子们要学会拒绝那些不怀好意的"朋友"："一旦觉得不妥，友谊的小船该翻就得翻。"

在日常工作中，刘兰香以极强责任心细致查隐患、堵漏洞，多年内她所负责的单位未发生任何刑事、治安案件和治安灾害事故。

"兰香姐责任心强，有魄力，遇事不怕不推，工作有方法，和她一起干工作，带劲！"说起刘兰香，曾与她共事五年的社区禁毒专干马欣话语里满是敬佩。

孩子心中的"兰香小姨"

2022年4月5日凌晨2时22分，熟睡中的刘兰香接到市局指挥中心110电话，请她通过三方通话对一个已割腕要自杀的女生进行紧急安抚和心理疏导。

此时的刘兰香，虽然刚从睡梦中被叫醒，还有点懵，但她一听接线员的话就知道是她曾经帮助过的小花（化名）又出事了。她一边穿衣一边在电话里劝解开来，吱吱的电流中传来女孩崩溃大哭的声音："兰香小姨，我在卫生间割腕了，流了好多好多的血！我打不开门！"

"爸爸不在家吗？"

"在呢！"

"你不要着急，听小姨的话，平静一下心情，听小姨指挥把卫生间锁芯向右拧到底，小姨就来了……"

刘兰香一边安抚小花，一边打车往小花家赶。同时用另一部手机打通小花爸爸电话，告知小花在卫生间割腕之事。当她赶到小花家楼下，小花爸爸已带小花到了楼下，他们一起把孩子送去医院救治，小花又一次被警察小姨和她的家人从死亡边缘线上拉回来。

就在一年前，小花患上抑郁症。由于从小父母离异，小花由奶奶带大。社区体检，奶奶查出胰腺癌，两个月后溘然去世，小花顿觉天塌下来了。爸爸带她到新组建的家庭，小花不想面对继母。

奶奶去世一月，小花割腕一次，被爸爸发现及时制止。后来跳河一次，民警从河里把小花捞上来，带到了派出所，联系到她的姑姑。姑姑来了，小花却始终不说话。无奈之下，姑姑打电话给社区民警刘兰香。

姑姑家并不在刘兰香管辖的社区，曾因办理户口与刘兰香相识，一来二去，就以姐妹相称，"兰香姐，我家侄女想不开，你来看看吧"。

刘兰香赶到所里，看了一眼孩子，蹲下身来："来，小姨抱抱。"警察阿姨给了小花一个大大的拥抱。几秒钟后，小花"哇"的一声哭出来。姑姑如释重负，多少天来总算出声了，小花压抑许久的情绪在这一刻得到释放。

刘兰香把小花抱在怀里，孩子情绪渐渐平复下来。经过警察小姨温柔地安抚、开导，孩子跟着姑姑回了家。

根据多年工作经验，刘兰香联系到甘肃省妇联妇女儿童心理辅导工作人员，对小花进行了心理疏导，又建议小花爸爸带孩子去专业医院系统治疗。

在工作间隙，刘兰香一有空就去看小花，看见她做到的地方，给予肯定、鼓励，一起聊天，警察小姨给了小花不曾得到过的爱和温暖。加上专业治疗，小花的状态一天天好起来。

小花把刘兰香当作了最亲的人，家里人的话都听不进去，但最听警察小姨的话。这不，2024年2月23日最近这一次，小花与喝酒的父亲闹得不愉快，晚上没回家，姑姑和爸爸找不到，电话又打给了刘兰香。爸爸、姑姑的电话都可能不接，但警察小姨的电话小花一定会接。

此时的刘兰香，在新岗位上任两年了，她的身份也不再是之前的社区民警。但只要百姓需要，她随时都在。

警察小姨刘兰香再一次给了小花爱和信任："小花已经长大了，小姨相信你会为自己负责的。回去和爸爸好好谈一谈，或许爸爸酒醒了正在等你回家。走吧，小姨陪你回去。"

"其实，小花已经做得越来越好了。"刘兰香说，"今年小花参加高考，上一次我们一起参加辖区志愿服务后，她对我说，想报考人民警察，专修心理辅导。我很高兴，没想到小花有这样的理想，希望她心想事成。"

遇到光，追随光，成为光！在小花眼里，警察小姨刘兰香就是一道闪耀的光。这道光照亮了她，温暖了她，鼓舞了她，指引着她一步步走出人生深渊，走向平坦，走向康庄，走向光明未来！

"处理好这件事用的精力并不亚于办一个几年周期的案子。把孩子从漩涡中拉出来，就是挽救了一条生命、一个家庭。做好这类事，需要我们掌握更多更全面的专业知识。"早在2008年，为了处置好各类突发事件，刘兰香参加了省民政厅义工培训班的第一期培训。

经过学习，刘兰香了解了在社区服务过程中遇到各种问题怎么处理，补充了不同层面的知识，掌握了应对的基础技能。"我们社区民警在某一方面可能不是最专业的，但知识面和综合应对能力应当是最全面的。出现突发状况，我们能够在第一时间做出最有效的应对措施，给予需要的人最及时的帮助、救助，让事情往好的方向发展，展现出我们的职业素养，才是我们应该有的样子。"

履职新岗位的刘所、刘教导以及其他若干个身份

小西湖派出所始建于 1950 年，是甘肃最具悠久历史和光荣传统的公安派出所之一，所辖面积 2.95 平方公里，居住着汉、回、蒙、藏、东乡等 33 个民族，实有人口 10 万余人，其中流动人口 2.3 万余人。

2019 年 11 月，小西湖派出所被命名全国首批"枫桥式公安派出所"。2020 年 1 月 20 日，刘兰香被提拔为小西湖派出所副所长。当了副所长，身份发生变化，身上责任更重了。她除了分管派出所内保、消防、巡逻防控、勤务指挥等工作，仍兼管瓜州路社区第一责任区。

工作中，要求其他的民警做到的，刘兰香自己首先做到。"刘所既是指挥员，又是战斗员，虽是女同志，但在值班备勤、事件处置、案件办理中始终冲在第一线。"年轻女警曹鑫接手社区民警工作不久，跟着刘兰香学习了很多工作经验。

"做好社区警务，业务素质要过硬，还要有强烈的责任心。要做

到随时回应群众需求，凌晨三四点打电话找你，你一定得去。这是老百姓的一份信任。"刘兰香说，每项工作都要做好传承发扬，社区警务也是这样。在副所长位置上，她考虑的不再是自己那一份责任田，而是站在全所角度，尽可能多地将多年探索积累的工作经验传授给每一位民辅警，让所里的社区民警个个都强起来，每个社区的工作都好起来、上台阶。

2022年9月，刘兰香由副所长提拔为七里河分局治安二大队教导员。

清醒自知，方能行稳致远。按照支部安排，刘兰香在履行教导员队伍管理主责主业、配合书记抓党建和常态值班备勤外，还负责全要素包抓八里窑、阿干镇、魏岭、彭家坪等4个派出所，负责全局公安派出所等级评定、枫桥式公安派出所创建、户籍派出所综合指挥室信息化应用能力提升等多项工作。

履职一年多，刘兰香对工作岗位有了新认知："以前面对的都是老百姓，为老百姓做好服务是主要任务。现在主要面对的是基层战友，用平台和资源为战友们做好服务，发挥好指导、协调、督促作用，促进分局派出所工作提档升级是我们部门每一个人的责任定位。"

除了做好公安本职工作，刘兰香还身兼过"数职"：甘肃省第十四次党代会党代表、甘肃省第十五次妇女代表大会代表、中国少年先锋队甘肃省第八次代表大会特邀嘉宾、兰州市婚姻家庭纠纷人民调解员、甘肃省妇联巾帼典型宣传员。

深入社区调解家庭纠纷、闲暇时间参加志愿服务、联系省妇联心理疏导咨询师为患有心理疾病人员提供帮助、在全省妇女代表大会上提出保护妇女儿童合法权益的建议……刘兰香在不遗余力地履行社会责任，"最近我在主动学习心理咨询知识，想考一个证，掌握心理咨询技能和心理疏导技巧，以后遇到一些突发情况可以与当事人对话，处置得更稳妥。虽然，现在工作地点不在社区了……"

供稿：兰公政

热血忠诚

甘肃公安先进典型风采录

刘锋军

刘锋军：网络世界的"键盘神探"

刘锋军，男，汉族，中共党员，出生于1964年，现任嘉峪关市公安局网络安全保卫支队四级高级警长。18年军旅生涯、24载从警岁月，他早已把自己的人生融入公安网侦事业，组织和协助侦破各类刑事案件600余起，打掉犯罪团伙60多个，先后荣立个人二等功2次、三等功2次，多次参加甘肃省重大疑难案件的会诊侦破工作，2017年被授予"全国特级优秀人民警察"，2019年被授予"全省人民满意的公务员"，2019年10月1日受邀参加国庆阅兵观礼。2022年8月被党中央、国务院评为全国"人民满意的公务员"。

夜幕渐低，走进嘉峪关市公安局四楼办公区，一间办公室灯火通明。一个头发花白，略有些佝偻的身影正紧紧盯着电脑屏幕，在近200G的数据中搜寻着那把破案的"关键钥匙"。

"数万条海量信息，都是揭开真相的无声之语，而我要做的就是让这些数据'开口说话'。"说完这话的人又俯身案前，继续埋头在数据海洋中，以鼠标和键盘为武器，在浩瀚无际的虚拟世界中寻找着蛛丝马迹。

"守护网络安靖是我们一直在做的事"

"现在越来越多的犯罪通过网络实施，使得网络安全形势十分严峻，净化网络空间任务更加艰巨，但无论犯罪手段多么复杂，我们都会义无反顾地奋战到底，这是我们的责任和使命！"案子办得越多，刘锋军的体会越深。

2015年10月，作为"10·21"电信诈骗专案组资深侦查员，刘锋军探索创新"多警联动、合成作战、源头打击、顺线追查"的打击"伪基站"新战法，先后转战兰州、长沙、桂林等地，成功打掉利用"伪基站"发送虚假信息进行诈骗的跨区域犯罪团伙，抓获犯罪嫌疑人14名，涉及全国各地案件近千起，受害群众900余人，涉案金额300余万元。案件作为典型案例在全省进行经验交流，并在中央媒体专题播出。

2019 年 11 月 19 日，随着 7 名电信诈骗犯罪嫌疑人的成功归案，这是继 "9·09" "10·16" 民族资产解冻特大电信诈骗案后，刘锋军协助破获的又一起特大电信诈骗案，为打击甘肃省民族资产解冻诈骗案开了先河。

"师父办案细致认真，不忽视任何一个细节，不放过任何一个疑点。所以，许多案子都办得非常漂亮，我们都要向他学习。"说起刘锋军，网安支队民警王佳全是佩服。

在同事眼中，刘锋军有着对网络安全 "独上高楼，望尽天涯路" 的执着，有着为海量数据 "消得人憔悴" 的坚守，为了破译案件信息，他经常通宵达旦地盯着电脑，在繁杂的数据海洋里与不法分子比拼智慧、奋战到底，守护着网络虚拟世界的安宁。

"要想破案就要沉得住气、耐得下心"

刘锋军始终将护网净网、依法治网作为工作重心，防范和跟踪网络上各种不良行为和违法犯罪活动，貌似无形的网络犯罪，在他的火眼金睛下无所遁形，看似波澜不惊的案头，涌动着惊心动魄的较量。

"这都是虚拟交易，后台有虚拟资金注入，有'操盘手'控制价格涨跌……"刘锋军盯着屏幕，向侦查员不断传达指令。2014 年 5 月，刘锋军带领侦查组参与公安部发起的 "3·20" 专案集群战役，通过数据碰撞比对、分析建模、精准研判，从近 200G 的数据中破译发现了看似正常实则暗藏猫腻的交易。

"熟悉刘锋军的人都知道，他身上有种执着专注、精益求精的

'工匠精神'，面对复杂多变的网络交易形势，他总是能够精准发现线索，揪出幕后黑手。"同事运江说道。

经过无数个日夜的工作，刘锋军带领侦查组抽丝剥茧找到了"操盘手"，巧妙摸到设在外省的 4 个诈骗窝点，绘制了诈骗公司机构和人员分布图，成功抓获犯罪嫌疑人。180 多名不明真相的受害人在案件侦破后，才知自己被骗，挽回损失 330 余万元。

聪者听于无声，明者见于未形。刘锋军在网络虚拟世界默默值守，持续提升线索发现、全程追溯、证据固定、依法打击的能力，在那些扑朔迷离的线索中寻找规律，全链条打击网络犯罪，营造清朗网络空间，成为一名守护网络安全的"幕后英雄"。

"做好网安工作首先要做一个'学习型'民警"

从警二十余载，刘锋军从意气风发到两鬓斑白，从身姿挺拔到步履蹒跚，始终默默无闻、任劳任怨地奉献着自己的青春和热血。

"以前我的朋友劝我和他一起去经商，但我拒绝了。对我而言，当警察是苦了点、累了点，可心里踏实，觉得人生有意义。我热爱这份工作，更热爱党和人民赋予的这份神圣职责，为了人民安居乐业，当警察是我一生无悔的选择。"谈及从警的初心，刘锋军语气坚定地说出这番话。

"作为网安支队的一员，我们一直在不断学习提升自身能力，而刘支队一直是那个最认真、最刻苦的。他总是说，干我们这个工作，一定要不断学习，掌握最新技术，只有这样才能更好地保卫网络安全。他的这种精神一直感染着我们，只要支队长在，我们就感觉有了主心骨，干起工作来也更踏实。"网安支队民警范佳阳说。

宝剑锋从磨砺出，梅花香自苦寒来。一次次临危受命，破译难以解开的谜团；一次次分析研判数据，用专业侦查思维支撑破获一起起大案要案。在没有硝烟的网络战场上，刘锋军践行着为民服务的初心，甘当"幕后卫士"，守护着广大群众的网络安全，用无悔忠诚与满腔热血践行对公安事业的铮铮誓言。

供稿：赵　旦

热血忠诚

甘肃公安先进典型风采录

黄小勇

黄小勇：甘做基层"一块砖"

黄小勇，男，汉族，中共党员，现任徽县公安局党委委员、副局长。从警 21 年来，他在多个部门积累了丰富的基层工作经验，也创造了突出工作业绩，先后荣立个人三等功 3 次、获嘉奖 7 次。2015 年被评为"全省公安机关优秀人民警察"；2017 年被评选为"全国优秀人民警察"；2020 年被评为"全省先进工作者"；2022 年被评为"全国特级优秀人民警察"。

从警 21 年，他不曾办过惊天动地的大案要案，他更像一块砖，哪里需要哪里搬……他就是全国特级优秀人民警察、徽县公安局党委委员、副局长黄小勇。

警察梦如愿实现

黄小勇从小就对警察这个职业充满了向往，然而他警察梦的实现还是经历了一番曲折。

2002 年，从师范学院毕业的黄小勇成为一名人民教师，来到距离老家黄沟不远处的苏沟小学任职。次年5月，正在放麦假的黄小勇到镇上送文件，看到了一份县公安局面向全县教师队伍招聘10名警察的通知，这重燃了他的警察梦，他当即就填表报了名。

黄小勇全力以赴备考，笔试成绩相当喜人，成功进入面试环节。然而，当时黄小勇家里没有电话，自己也没有手机，联系方式填的是镇上亲戚的电话号码。接到亲戚托人捎来的信时，黄小勇正在教室里上课。面试时间在当天下午两点，上完课的黄小勇向校长请了假，撑一把旧伞，冒着大雨翻山越岭，朝着几十里外的县城奔去……

"赶到县城时已经一点多了，我全身湿透，便赶忙到河边把身上的泥洗了一下，就去了公安局。"忆起当时的情景，黄小勇仿佛历历在目。"当时政工室主任问我：为什么从警？我回答说，今天早上我才得到面试的消息，冒着大雨、蹚着泥泞，翻了几座山，走了几十里路赶来的，因为我从小就想当警察。"

最后，黄小勇以综合成绩第三名的成绩，成功加入警队，成为光荣的人民警察。

干一行专一行

初当警察，黄小勇被分配到柳林（矿区）派出所工作。由于学的是工艺设计专业，黄小勇对计算机较为熟悉，因此局里把去外地学习"图标工程"的任务交给了他。从外地取经回来，黄小勇结合自己的特长，制作网页、绘制电子版图表，在外地原有经验的基础上加以发挥，使得"图标工程"上的信息更明晰完备。短短几个月时间，黄小勇从远赴外地取经的学生转变为全市派出所找他学习的老师，他也被评为当年的全市优秀基层民警。

彼时，公安信息化建设正如火如荼展开，接警、出警、处警、案件办理等都需要"网上留痕"，但当时绝大多数民警对电脑操作不太熟悉。黄小勇被派往陇南市公安局学习警综平台的应用，学成归来的黄小勇又当起了老师，一个单位接着一个单位去搞培训，很快提高了基层民警的信息化应用能力。

后来，黄小勇被调到县公安局政工室，负责人事与宣传工作。黄小勇又开始钻研新闻宣传报道工作，不论地震、洪灾救援还是大案要案现场，他总是冲在前面，采写了一篇又一篇生动的新闻报道。

在余震中坚守报警台

2008 年 5 月 12 日，汶川地震发生，当时徽县余震不断。值守在县公安局办公楼顶层接警台的，是 4 名女警和 2 名老民警。由于办公楼是旧式楼板房，地震后地面裂开缝隙，尘土飞扬，非常危险。黄小勇当即提议："我身体好，大家下来躲到安全地方，我去值守！"就这样，黄小勇一个人在接警台从当天中午坚守到第二天早晨。

黄小勇值守的这天下午，他接到了徽县境内的宝成铁路 109 隧道塌方、货运火车起火的警情。由于当时县城里手机信号全部中断，只有接警台有信号，所以，接到警情后，指挥中心立即指派警力赶往事发现场救援。

2010 年至 2012 年，徽县麻沿河镇连年发生洪涝灾害，每一次黄小勇都作为抢险救援突击队队员，挺进灾区抢险救灾。黄小勇清晰地记得 2010 年抢险救援的情景，队伍刚走到半路，滚滚洪水卷着粗壮的树木向他们涌来。从灾区逃出来的村民告诉他们，前面有滑坡，非常危险。但突击队员一边安置好群众，一边继续向危险的地方挺进。突击队员在麻沿河镇坚守了 3 天，帮群众找回了大量财物。

就这样，从警以来，黄小勇就像一块砖头，哪里需要哪里搬。不论"搬"到哪个岗位，他都能很快成为这个岗位上的佼佼者。2020年 4 月，黄小勇调任江洛派出所所长，当年辖区治安、刑事案件发案同比下降 32%、21%。"我校门口有国道且人流量大，黄所长除了积极上好每次家长会前的校园安全课，上学放学时我们也总能在校门口见到他的身影。"徽县二中副校长宋旦旦说。

2021 年 10 月，江洛镇大岭村闭库停产多年的矿厂车间内数十台电动机被盗。接到报警后，黄小勇迅速赶赴现场，组织警力进行

摸排。走访到附近村民李某家时，黄小勇敏锐地发现，院内一块木板与案发现场缺失的木板相似。见疑不放，黄小勇立即进行测量、对比，确定李某有重大嫌疑。就这样，距离案发不到 10 个小时，这起团伙盗窃案就成功告破。

"他总有做不完的事、办不完的案子，偶尔周末回家，也是电话不断。但无论多忙多累，他从来都不抱怨，总是把每一件事都做到最好。"黄小勇的妻子郭美蓉说。

无悔从警路，黄小勇用忠诚与奉献诠释着人民警察的初心使命。

供稿：闫振宙　程　健

热血忠诚

甘肃公安先进典型风采录

钟 波

钟　波：祁连山下的柔情坚守

钟波，男，汉族，出生于 1974 年，甘肃临泽人，1996 年 7 月 1 日参加公安工作，三级高级警长，现任甘肃省民乐县副县长，公安局党委书记、局长、督察长。参加工作近 28 年来，钟波扎根基层，心系群众，把群众的每一件事情都当成自己的事办，用实际行动践行着人民警察的神圣职责，用赤诚和忠诚谱写了一曲曲金盾赞歌。先后被授予"全国政法系统优秀党员干警"、全国优秀人民警察、全国公安机关"爱民模范"。

在广袤的西北大地上，有一位普通而又不平凡的警察，他以自己的执着和坚守，诠释着人民公安的崇高职责。他，就是钟波，深深扎根基层、用心服务群众。他的故事在张掖这片热土上熠熠生辉，激励着更多的人去追求正义与公平。

心系百姓的守护者

钟波 1974 年出生在张掖一个普通的家庭，自小便对那身威严的警服怀有无限的憧憬，警察的英勇形象在他心中种下了理想的种子。1994 年 9 月，这颗种子终于破土而出，钟波如愿考入甘肃省人民警察学校，开启了他的从警之路。

1996 年 8 月，钟波毕业，随后被分配到张掖市甘州区公安局，他的警察生涯也正式拉开了序幕。从碱滩到甘浚，从小满到靖安，他的足迹遍布了甘州区的每一个角落。

岁月如梭，转眼间，钟波已在公安机关耕耘了 28 个春秋。这些年来，他一直扎根基层，以满腔热情和不懈的进取精神，守护着一方水土的安宁。

"警察不是冰冷的代名词，警察也有柔情似水的地方。"群众有难事，第一个想到的就是派出所。

2008 年 10 月的一天，平原堡派出所的电话铃声尖锐地响起，带来了一个令人心悸的消息：有名妇女掉入水渠，可能已经溺亡。所长钟波瞬间绷紧了神经，迅速赶赴现场。

事情很快查清了。女子是在救一只落水的羊时，不慎跌入汹涌的水渠，最终不幸溺亡。当一切调查尘埃落定，钟波本以为任务已经完成，然而当他踏入死者家中时，眼前的景象让他的心再次被狠狠触动。

那是一座仅 20 平米的简陋平房，篱笆围成的羊圈透露着这个家庭的艰辛。家中唯一的"奢侈品"，就是那台显得陈旧的黑白电视机。死者的丈夫尹中校，常年被疾病折磨，眼中泛着无尽的哀愁。他们的女儿尹惠，还在上学，这个家庭唯一的经济支柱就是已故的妻子平时放羊赚点零花钱维持。面对这突如其来的变故，尹中校的绝望和无助溢于言表，两行热泪无法控制地滑落："我……我没有能力安葬我的妻子。"

钟波沉默了，眼前的场景让他感到前所未有的震撼。他决定，要为这个家庭做些什么。在他的带领下，派出所的民辅警们迅速行动起来，帮助尹中校搭建灵堂，安葬了他的妻子。同时，他们还与社区协调，为尹家办理了低保。钟波更是带头捐款，希望能帮助尹惠继续她的学业。

"在关键时刻，还是得靠派出所的同志们。"钟波的行动感染了周围的人，大家纷纷伸出援手，尹家终于渡过了难关。20天后，尹惠搀扶着虚弱的父亲来到派出所，他们含泪向钟波致谢。那一刻，钟波深深地感受到了作为警察的使命与责任。

温暖人心的执法者

警察并非只是严格规范的执法者，他们的心中同样流淌着温暖的柔情。

2016年3月的一个上午，钟波的办公室迎来了一位特殊的访客——一位年近八旬的老人。他满脸皱纹，眼中闪烁着期盼与无奈。他叫刘永祥，从遥远的安徽亳州漂泊至此。他的故事，充满了艰辛与坎坷。

刘永祥老人1983年结婚，然而，命运并未赐予他们子女，老伴也在1996年因病离世。从此，老人孤身一人，辗转新疆等地打工谋生。在两次全国人口普查的大潮中，他都因身在他乡而成为"黑人黑户"。几经迁徙，老人最终在甘州区乌江镇落脚，靠着捡拾废品艰难度日。然而，因为没有户口，他无法享受到新农合、低保等惠民政策，他曾多次向镇村干部求助，但问题始终未能解决。这次，他带着最后的希望，来到了公安局治安大队寻求帮助。

钟波听了老人的遭遇后，心中涌起一股强烈的使命感。他迅速组织人员开展调查核实工作，与镇政府、辖区派出所紧密沟通，最终确认了老人的真实情况。为了帮老人解决户口问题，钟波不辞辛劳地多次自费发快递与老人出生地安徽利辛县公安局联系，然而，邮件如石沉大海般杳无音信。

钟波并未放弃，他通过互联网、公安网、114电话查询等方式不断尝试与利辛县公安机关取得联系，终于得知老人所提供的原出生地乡镇、派出所机构已撤销合并，导致之前的邮件无人查收。但钟波并未气馁，他再次联系为老人核实户籍信息。最终，在钟波的不懈努力下，刘永祥老人的入户资料得以补齐。

当老人得知自己终于拥有了户口时，激动得热泪盈眶。他紧紧握住钟波的手说："我终于有户口了，也可以享受党和国家的好政策了。"这一刻对于刘永祥老人来说，是新的开始、新的希望；而对于钟波来说，是他履职尽责，用真情和实际行动诠释人民公安为人民的誓言。

法律的坚定捍卫者

2011年12月，随着清网行动的深入推进，一场没有硝烟的战争在北街派出所悄然打响。责任区民警们焦头烂额，因为辖区内的命案逃犯张某某依旧逍遥法外，无迹可寻。科技手段已然穷尽，却仍未能捕捉到张某某的一丝踪影。

"既然科技无法破解这个谜团，那我们就回归传统。"钟波在所务会议上斩钉截铁地说道，"我们不厌其烦地登门拜访张某某的家属，用我们的诚意去感化他们，敦促张某某自首。这或许是当前唯一的突破口。"

自此以后，钟波便多次带领民警们踏进张某某的家门。他们耐心地向张某某的父亲阐释法律法规，用真诚去解开他心中的症结。在钟波的循循善诱下，张某某的家属终于被感化，同意规劝张某某投案自首。然而，张某某在电话中却提出了一个特殊要求："我只信任钟波，只有他亲自驾车来青海格尔木带我回去，我才肯自首。"

时值寒冬腊月，钟波带着战友们踏上了千里追逃之路。整整三天三夜，他们克服了严寒、冰雪、路远等重重困难，往返2000多公里，终于将张某某安全带回张掖。

当看守所民警看到钟波带着张某某归来时，不禁感慨道："你为了抓逃犯，连家里的老人都顾不上了。其实派其他领导去也是一样的效果。"钟波却笑着说："执法的意义并不仅仅在于打击犯罪，更重要的是要劝导恶人从善。他相信我，这就是对我最大的肯定。虽然赶了三天路，但我的心里感到暖暖的。"

在这次追逃行动中，办案民警由衷地赞："钟大队长，他的执法，既刚猛又温柔，让人感受到公正的同时，也感受到了温暖。"

攻坚克难的拓荒牛

甘州区常住人口有 50 余万，城乡接合处的烟花爆竹市场混乱，治安管理难度大。然而，自从 2012 年钟波担任治安大队长后，他改变了传统的严打严治方式，选择了主动走访、深入了解的思路开展工作。

他与门店商铺的老板们交流，了解他们的困难和需求，逐渐成为了他们的朋友。群众基础打好了，一些问题便迎刃而解。他采取了疏堵并举、标本兼治的方法，用两年的时间，通过大力的宣传和整治，彻底改变了烟花爆竹市场的混乱局面。还完善了危爆物品的联合监管机制。在他的带领下，甘州区实现了连续四年的安全监管"零"事故。

2023 年 9 月，钟波调任民乐县政府副县长，公安局党委书记、局长。刚刚上任，一份上级领导批示件放到案头：民乐籍居民汤某涉嫌虚假诉讼，请民乐县公安局迅速组织警力查办。

在初步了解案情后，他敏锐地察觉到其中隐藏的玄机。他迅速成立了一个以涉恶案件为重心的专案组，悄然展开调查。数月过去，他们深入取证调查，终于揭开了一个以汤某为首、涉案 7 人的涉恶团伙的真面目。这个团伙的罪行累累，包括寻衅滋事、强迫交易、非法拘禁、诈骗、非法侵占、虚假诉讼等多种犯罪事实。他们的覆灭，成为了 2024 年全市首例被打掉的黑恶势力，为民乐县除去了一个巨大的社会毒瘤。

习惯了在冲锋的路上，就不会停下脚步。钟波通过调研发现，全局的重点业务指标负重难行，整体工作在全局六县区排名落后，为了改变现状，他掀起了一场争先进位的攻坚战。

在这场决战中，刑侦、治安等部门如同利剑出鞘，迅速侦破了一系列大案要案，其中侦办的一起妨害国家边境案引起省公安厅高度重视，公安部派员专门到民乐听取汇报、现场指导工作。

在钟波的带领下，民乐县公安局终于从落后的阴影中挣脱出来。2023 年，刑侦、治安等多项指标在全市六县区中名列前茅，交管工作更是受到了省政府的表彰奖励。

"有任务的冲名次，无指标的创亮点。"很快，矛盾纠纷排、调、回、访"四字工作法"、一村一警"六本台账"工作机制应运而生，标准化禁闭室、数字化督察中心建成使用，城关、南古、园区 3 个派出所新建业务用房投入启用前装修阶段。在巩固"一级无毒县"成果的同时，县公安局还成功争创了市级文明单位。

钟波的身影急匆匆地穿梭于人群之中，是无数坚守在基层的民警的真实写照。前方的道路虽然遥远，但只要有决心，终将会到达心中的彼岸。举目望去，那祁连山脉连绵起伏，宛如一条巨龙蜿蜒盘旋；洪水河清澈见底，激流勇进，似乎在低语着那些不曾停歇的追寻与坚持。这不正是他们，那些基层民警们，那永不停歇、勇往直前的坚定脚步的象征吗？他们的精神，就如同这祁连山与洪水河，磅礴而深沉，充满了无尽的力量与希望。

供稿：魏春晖

热血忠诚

甘肃公安先进典型风采录

谢武东

谢武东：屡破大案的"爱民模范"

谢武东，男，汉族，中共党员，出生于 1987 年，甘肃会宁人，现任甘肃省白银市景泰县公安局党委委员、副局长。从警 13 年来，谢武东一直战斗侦查破案一线，先后在治安、刑侦、网安、乡镇派出所等多部门历练，累计侦办案件 1800 余起，其中 4 起案件被公安部督办并发来贺信，2 起案件入选公安部十大典型案例。他荣立个人三等功 3 次，先后被授予"全国公安机关爱民模范""甘肃青年五四奖章"，获评"甘肃好人"和甘肃省向上向善好青年"爱岗敬业好青年"。

面对穷凶极恶的犯罪分子，他无所畏惧且越战越勇；面对一宗又一宗案件，他夜以继日累并快乐着；面对并肩作战的战友，他亲密无间关怀备至；面对家境贫困的莘莘学子，他牵线搭桥无私捐赠……

1%才是突破案件的关键

"侦破案件时，99%的时间和精力都只是基础，只有那 1%才是突破案件的关键。"从警13年，他一直相信，只有百折不挠，迎难而上，才能成为破案战线上真正的"猎鹰"。

2021年6月，谢武东在工作中获悉草窝滩辖区内有人猎捕野生动物。他从这一线索入手，深入展开调查取证，缜密分析研判，在掌握了几名可疑人员的确切行踪后，索循线追踪，成功抓获正在非法猎捕国家二级保护野生动物大石鸡的犯罪嫌疑人2名，现场扣押国家二级保护动物大石鸡4只、猎捕网4套、电子诱捕器1台。由于该团伙成员早已形成攻守同盟，落网后对犯罪事实避重就轻，企图混淆和掩盖事实真相。审查过程中，谢武东转换思路，开展政策攻心，宣传法律知识，讲明利害关系，适时抛出在手证据，逐一攻破心理防线。通过进一步审查发现"某某尕拉鸡好声音""某某鸡王"两个微信群，群内分别有成员180人、213人，均存在大石鸡交易、斗鸡、饲养等违法犯罪行为，群内成员地域涉及甘肃、青海、广东、河北、湖北、贵州等十三省份。凭着职业敏感性，谢武东马上意识到这不是一个简单的线索，这两个神秘的微信群可能就是案件的突破口。自此，一场打击猎捕野生动物资源的链条战悄然拉开序幕。由于该案涉案地域广、涉案人员众多，严重破坏野生动物资源，谢武东立即汇报景泰县公安局并抽调精干警力成立"1·06"系列危害珍贵、濒危野生动物案专案组，展开侦办攻坚。

为彻底查清这两个微信群人员涉嫌违法犯罪问题，有效打击危害野生动物行为、保护国家珍贵野生动物安全，连续数月，谢武东与专案组成员奔波在青海、兰州等地调查取证。2022年1月20日，在甘肃省公安厅森林公安局统一指挥下，全省开展"1·06"专案集中收网行动。成功抓获犯罪嫌疑人9名，查获国家二级保护野生动物大石鸡 26 只，"三有"动物雉鸡、石鸡 18 只，带动省内其他市州共立危害珍贵濒危野生动物和非法狩猎刑事案件 40 起，抓获犯罪嫌疑人 31 人，查获国家二级保护野生动物大石鸡 77 只。该案被公安部列为督办案件，并荣列公安部打击野生动物犯罪专项行动十大典型案例。

2023 年初，谢武东在深入开展"百万警进千万家"活动中，通过与群众聊家常，得知辖区村民网购了一款任何病都能治的"神药"。他心中存疑，查看后发现该"神药"系"三无产品"，经聘请专业机构检测，认定"该物品符合'以非药品冒充药品'情形"，是假药无疑。

通过对案件重要环节的有效研判分析，逐步确定了该案是一起涉嫌销售层级的生产、销售假药案，涉案人数众多、销售范围广泛。随即，景泰县公安局成立了以谢武东为主侦的"2·16"系列生产、销售假药案专案组，开展侦查工作。为迅速打开案件突破口，谢武东从销售"末端"着手，不断拓展线索来源，发现该案涉案团伙已形成从采购原材料、粗加工，再到生产销售的完整犯罪产业链条。专案组按照"自上而下"断网的侦查思路，步步为营，逐步摸清了该犯罪团伙的组织架构，厘清确定了 7 级涉案人员关系，并层层锁定重点犯罪嫌疑人。

2023 年 4 月 10，在锁定犯罪嫌疑人位置后，谢武东与专案组成员马不停蹄前往山东展开抓捕行动。到达山东后，他把犯罪嫌疑人可能藏匿区域的水机房和废弃的鸡场、猪场走了个遍，甚至伪装成"收废品"的商贩，沿街吆喝收废品借机找寻嫌疑人。几天过去了，看着嫌疑人迟迟未出现，谢武东看在眼里急在心里。天网恢恢，疏而不漏，终于在 2023 年 4 月 15 日傍晚，专案组发现了嫌疑人踪迹，为防止打草惊蛇，谢武东悄悄尾随嫌疑人，待摸清嫌疑人藏匿地点后，迅速联合专案组成员实施抓捕，最终一举抓获假药生产销售商 3 名、分销代理人 37 名，捣毁制造假药窝点 1 处、销售团伙 2 个，现场查扣"骨康""除痹换骨丸"等假药 5000 余包，外包装 2000 余份，电子秤、晾晒单等作案工具及大量制假原辅材料。至此，这起涉案金额达 8000 余万元的特大跨省生产、销售假药案成功告破。公安部就该案的成功侦办专门发来贺电，后该案被公安部及国家药监局联合挂牌督办，并被公安部列为全国打击危害食品药品安全犯罪典型案例之一。

"战狼"出击，让黑恶势力闻风丧胆

2018 年 1 月全国扫黑除恶专项斗争开展以来，谢武东更是废寝忘食，连续奋战。他把自己融入群众中，从群众的只言片语中"摸线索、寻案源"，梳理核查上级转办的各类群众举报涉黑线索，先后主办或参与办理多起社会关注度高、影响力大的案件，成功打掉了"街霸"芮某祥，抓获涉案成员 1 名，破获刑事案件 1 起、行政案件 16 起；打掉了以李某艺为首的"恶势力团伙"，抓获涉案人员 11 名，破获刑事案件 11 起。

"我由衷钦佩他刚正不阿、英勇果敢的品格和在面对穷凶极恶的嫌疑人时所表现出敢打敢拼的勇气精神。"专案组成员李昊泽这样评价自己的师父谢武东，"在工作中，他认真对待每一起案件，穷尽一切办法攻坚克难，誓要将每个案件查个水落石出。"

2018年4月，参加扫黑除恶专案侦办工作的谢武东一度感到身体不适，要强的他不想让领导和同事担心，仍带病坚持工作，直到他对一起加班的同事说："我今晚身体不舒服，实在坚持不住了，得休息一下。"同事们急忙将他送回家。因为怕妻子担心，天一亮他便一个人悄悄跑到医院检查，餐前血糖14.7，确诊为糖尿病。医生简直不敢相信这是一个年富力强的年轻人的身体状态，于是建议他立即住院治疗，但他却问医生能不能开点药，不住院。

也正是因为这样，自此以后谢武东每逢出差都会随身携带一个胰岛素冷藏箱，出差的过程中常常背着同事自己注射胰岛素。也正是这一次经历后，谢武东对生活、生命有了新的感悟和理解，逐渐萌生了做一名无偿捐献遗体志愿者的想法，也因此成为第805239位志愿登记者。

他是带领群众耕耘幸福的"老黄牛"

草窝滩是景泰县相对较大的乡镇，群众构成主要以移民为主，辖区企业多、矿山多，矛盾纠纷复杂多发。为了彻底解决这一现状，他主动联系镇司法所，协调律师事务所、基层法律服务所，以及人民法庭、镇综治中心，启动"四所一庭一中心"联动调解机制，主动梳理辖区长期积累的矛盾，带着任务进村入户，苦口婆心耐心劝导，依法依规进行调解，经过不懈努力成功化解重大矛盾30余起，有力实现了"小事不出村、大事不出镇、矛盾不上交"的工作目标。

草窝滩镇临近国道338线，辖区乡村道路众多，近年来多发的道路交通事故成了影响辖区群众生命财产安全最大的威胁。谢武东看在眼里、急在心上，他主动协调交警大队、公路、交运等部门，对国道338线草窝段进行全面综合治理，合并临路出村口、加装路侧防护栏、设置大型标志标牌，同步对辖区县乡道进行彻底治理，安装减速带和提示牌，一举扭转了草窝滩交通事故高发局面。工作中，他严格落实"交巡合一"勤务运行机制，在春耕、秋收农忙等时段加强用工人员的运输管理，加大重点路段的巡逻管控，群众生命安全得到有力保障。

谢武东深知主动防范是减少发案的直接措施，他创新推动农村地区防电诈工作法，通过"喇叭喊""上门宣""督促装"等措施，利用乡村广播大喇叭不间断播放防范电信网络诈骗常识，主动到企业、学校和群众集中的村社广场进行针对性宣传，在入户走访的同时督促辖区群众安装国家反诈App。近年来，谢武东带领全所民辅警通过做实社区警务，实现了辖区5年内未发生七类重大刑事案件和较大交通安全事故，4年内电信诈骗案件连续下降（2023年实现零发案），近3年辖区盗窃案件连续下降，3年内未发生任何信访案事件，为进一步做好"三无社区"的创建工作打下坚实基础，以实际行动守护了辖区群众的平安。

462名学生在他的牵头资助下展翅高飞

"20年前，爱心人士资助我完成学业走出大山，是他们给我梦想、给我希望！如今，坚持了10年的公益助学之路，让我愈发感受到，公益助学之路只有起点，没有终点，未来的路很长，我将用善行化作一股力量，延续、传承感恩与回报！用爱心温暖他人，用行

动影响他人，继续把这份爱心传递下去，让更多的人感受到社会的关怀。"

谢武东出生在甘肃省会宁县刘家寨子镇张湾村一个普通的四口之家，父母身体不好，需常年吃药治疗，一家人生活比较艰难。他每天多是以土豆、玉米充饥，煮土豆、烤土豆，煮玉米、烤玉米成了他成长中最常见的食物。放学后，洗衣做饭、喂鸡放羊、割草捡柴，这些都是谢武东主动承担起的一份责任，能吃苦，不怕苦，懂事的他有着同龄人少见的沉默与冷静，走出大山的梦想在他幼小的心灵里生根发芽！然而捉襟见肘的日子，使得他每年都会拖欠学费。他深知求学是改变自己、改变命运的唯一出路，所以在学习中异常刻苦。

"谢武东，这是爱心人士资助你的助学金，以后要更加努力学习，争取考上大学，回报社会。"1997 年，谢武东第一次从老师手中接过爱心人士送来的助学金。对他来说，这不仅仅是经济上的帮助，更是沉甸甸的责任。

"今欠甘肃省人民警察学校学费 3000 元，住宿费 300 元，合计 3300 元。"谢武东至今保留着入学时的第一张欠条。

第一次走出家门，从会宁县城到省城兰州，离开大山无疑是谢武东最开心的事，一路映入眼帘的高楼大厦与新鲜事物不断冲击着他的视觉与认知，激动之余面对昂贵的学费，他怀着惴惴不安的心情向老师提出缓交学费的申请，在老师、校长的大力支持帮助下，他的第一张欠条签满了各处室老师的签名。

2011 年 8 月，谢武东领到人生中的第一份工资，他给父母买了衣服，留了一些生活费后，便积极联系对接爱心公益组织，将剩余的工资全部拿出来资助贫困学生。工作之余，他挨家挨户去寻访贫困家庭的孩子，对其进行资助。随着结对的孩子越来越多，有些贫困家庭会主动联系寻求帮助，他都会到贫困学生家中挨家挨户走访摸底。因为村民白天都在外干活，每个周末，他早上五点就起床，趁着大家伙在家吃早饭的空当去入户调查，下午匆匆吃过晚饭后继续出门，利用晚上的间隙去走访。为不让爱心蒙尘，在确定助学对象时，谢武东绝不马虎，每个助学对象都详细注明就读学校、学习成绩、家庭状况、详细住址及助学金发放情况，保证助学金用准、用好，用到真正需要帮助的学生身上，实现"精准关爱"。

一人难挑千斤担，众人拾柴火焰高。虽然一直都在为家庭困难的学子努力，但个人的力量毕竟是有限的，只有更多爱心公益人士加入，才能汇聚起更大的力量来帮助困难学生。从 2013 年起，谢武东加入爱心公益组织，从单兵助学变成了助学队伍的联系人。10 年时间里，在谢武东的牵线下，来自全国各地 278 名爱心人士累计向甘肃会宁、景泰共计 462 名学生进行了资助，发放助学金超过 150 万，其中 105 名受资助贫困学生圆了大学梦。

梳理谢武东的履历，面对光环和荣誉，他没有骄傲，一如既往地保持那份初心和信念，义无反顾、砥砺前行。他把理想和信念融入对党和人民的无限忠诚，把智慧和汗水献给了挚爱的公安事业，把爱心和初心献给热爱的公益事业，在奋进新征程的道路上，继续书写不平凡的人生华章。

供稿：王同李

热血忠诚

甘肃公安先进典型风采录

李 梅

李 梅：守望乡里的"邻家警察"

李梅，女，汉族，中共党员，出生于1980年，甘肃合作人，现为合作市公安局城南派出所知合玛警务区民警。2018年12月被市公安局记个人嘉奖1次，2018年至2020年被合作市评为优秀工作者，2019年6月被甘肃省公安厅记个人嘉奖1次，2021年1月被评为"全省优秀人民警察"。2022年被评为"全国公安机关爱民模范"，2023年被评为"全省优秀社区民警"。

"校长阿妈"

"叮咚"，李梅的手机响了一声，她打开微信，看到同事扎西道吉发来一条消息。消息很短："人没找到，学校周边没有。"她把手机丢到一旁，躺在沙发上闭目养神。

长期在高寒地区工作，让李梅落下了一身小病。不在学校？那他会去哪儿？这条线索也断了，预示着下一步行动无疑是大海捞针。想到这儿，低血糖的老毛病让她一阵晕眩，不得不从衣服的口袋里

取出一块糖吃下去。

事情还要从早上说起，这天是星期一，早上不到 8 点，李梅像往常一样在警务室腮边夹着电话，手里边写边画。"刚刚有居民报警，我们辖区裕佳苑小区南门有一起电动车失窃案，我们要去现场看看。"李梅放下电话，拿起外套就往门外走。

李梅和民警小马对辖区道路很熟悉，赶至案发现场后，询问附近群众、查看周边监控、还原案发现场……李梅心里逐渐有了谱。果然不出所料，在小区周边监控录下的三个多小时视频里，只见一个小伙走过一排电动车，手里不停地按着"车钥匙"。"嘀嘀嘀"，一辆蓝色电动车"响应"了，他立即骑上车疾驰而去……在同事向市局汇报情况的同时，细心的李梅发现监控中还有个熟悉的身影——才让。

才让是辖区内一名初二的学生，自幼单亲的他跟随母亲一同生活。随着青春期的到来，"单亲"这个标签压得他有点喘不过气来。懂事的才让又不想为辛苦的母亲增加烦恼，便只能将少年心事藏在心中。前不久，李梅才和同事在离市区 20 公里的地方将离家出走的他找回。所以，当看到本该在课堂上的他游荡在马路上时，李梅便心中一惊。

正想着，老师和才让的妈妈同时打了电话过来：小才让找不见了。李梅第一时间安排所里的同事通过微信群和朋友圈发动群众前往学校周边寻找，自己继续在监控室查看沿路监控。

思绪被拉回现实，回味着嘴里糖果传来的丝丝甜味，李梅突然想到，上次找到才让的时候，他正在当周草原景区捡易拉罐，在送他回家的路上，两人有过这样的对话：

"捡了这些，打算卖掉？"

"嗯……我看妈妈太辛苦了，我上学给她的负担太重了，我想自己赚钱帮帮她。"

"有钱之后，有没有想给自己买的东西？"

"有！我想买书，还想……还想买几块巧克力尝尝是啥味道。"

"阿姨也喜欢吃甜的！"

想到这，李梅立刻调出景区附近监控，果然发现了才让的行迹。她立马奔出办公室，开着警车就往当周景区赶。走进景区，眼尖的李梅一眼就看到当周神山的半山腰有个瘦小的身影在一步一步挪着比他还高还大的编织袋……等同事们赶到的时候，只看到一大一小两个人坐在草地上吃着早已融化了的巧克力。

后来，李梅成了小才让的"李阿妈"，不仅如此，李梅还同时兼任了辖区内四所学校的法治副校长，成了辖区所有孩子的"校长阿妈"，孩子们有什么事情都愿意给她讲。"对孩子们进行法治教育，是在为将来的社会治安打基础。把孩子们培养好了，他们明天就是法治社会的贡献者和建设者。"这是她在"法治学校工作"笔记本第一页上的一句话。

于是，在日常工作之余，定期前往学校开展讲座便成了李梅的习惯。讲座上，她不仅为同学们介绍了当前青少年违法犯罪的种类，教育引导学生们增强辨别是非和自我保护的能力。同时，还向学生们普及了预防诈骗等知识，呵护着孩子们的童年。

今年，才让也面临中考，他的妈妈特意来告诉合作市公安局城南派出所的民辅警们，小才让现在把民辅警们当成榜样，一心想着要考警校嘞。

"尕李丫头"

这是走访巡查的一天。

这一天，李梅走访巡查了20家沿街商铺、14家娱乐场所和2个大型蔬菜市场，发放反诈、治安宣传页100多张，下发消防责令整改书5份，登记商户信息30多条，从群众中搜集案件线索3条。

打开微信运动，4万多步。

晚饭和同事一起泡好方便面，李梅边吃边打开日志，记下今天的工作情况：

上午，走访沿街商户，并与相关单位对接工作；下午，继续走访，并检查安防、消防措施（比较到位，需持续跟进监督）；晚上，要去困难户央金家走访。

"走！接下来去央金阿婆家走访。"李梅合上日志，喝了口水，就带着辅警小陈、小李出了门。

央金今年71岁，由于子女经常不在身边，老人时常情绪低落、心理压力较大。久而久之，患上了"双向情感障碍"，此后更不愿意出门和邻里们交往。

"李姐，要我说你就是人好。之前的事情我现在每每想起，都还后怕呢。"一旁的辅警小陈说道。时间回到一年前，李梅听说辖区新搬来一位困难群众后，决定去家中了解情况。在居委会工作人员带领下，她来到央金阿婆家。因为下雨，门口有积水，只能踩着院子里几块叠着的砖头进门。刚推开门，一个烟灰缸就砸到了她的胳膊上。"滚！滚出去！"原来，央金的病情又发作了。一旁的社工和群众都劝道："回吧。这都搬来大半年了，也'疯'了大半年。孩子说是出去打工了，其实大家都知道，这是没办法管了。"

可李梅觉得身上的警服不允许她对这种情况不闻不问。从那天开始，一有时间她便到央金家中，拉拉家常事、说说心里话、收拾家务、洗脸梳头更是不在话下。时间一长，央金的病情竟然稳定了下来，周围邻里都惊叹道："真神了，医院看不好的病，让咱的李警官给看好了，以后要叫李大夫喽！"渐渐地，央金也放下了心里的包袱走出了家门。

"尕李丫头来啦！快快快，快屋里坐。"央金热情的招呼将李梅从一年前的思绪中拉回了现在，"是咧！阿婆，上次说的低保政策有着落了！""那些都是小事，你能来看我，我高兴得很嘞！"

从央金家出来，天已经黑了。临走时，李梅还留下了自费购买的牛奶和蛋糕给老人。

"妈妈你什么时候回家呀？"女儿的消息让李梅的心里一软。可今天的走访却让李梅觉得心里不踏实：辖区里独居老人的生活情况是该再进行一次摸排了。于是，她又一次回复了"今晚妈妈要加班，你们先睡吧"这句女儿最不喜欢的话。

当晚，李梅连夜起草制定了详细的工作方案：定期走访慰问独居老人；定期召开独居老人座谈会……经过她的不懈努力，如今的知合玛社区，一支由民警、社工、群众组成的公益力量正在服务着社区的所有独居老人。李梅所负责的辖区内所有独居老人都有生活困难保障金，正常生活有了保障，时不时还有志愿者去家中看望他们。央金阿婆更是逢人便夸："李丫头比我的孩子都对我好嘞！"

"火眼金睛"

2019年，全省第一批以民警姓名命名的警务室中，"李梅警务室"位列其中。从那以后，"李梅警务室"就成为了整个辖区的"法治阵地"。

"今天认了门，以后欢迎大家常来！家长里短，都能唠。也希望大家回去以后，多向大伙儿宣传防诈知识，帮助我们搞好群防群治。"这不，上午9点多，"李梅警务室"负责的辖区——达色尔村和卡斯合村的10名联户长来到警务室参观。李梅热情招呼大家，详细介绍辖区情况、警务室职能，并为大家做了一场关于防范电信诈骗的普法讲座。

讲座讲到一半，只见民警道吉仁青冲了进来："李姐，有个群众疑似被电信诈骗，这会正要给骗子转钱呢。我们嘴皮子都快磨破了，可他说除了'李大姐'的话，谁的话他都不信。你快去看看吧！"

原来，小祁在辖区内开了一家小商品铺子，前不久他接了一个"大单"——有个自称是"周营长"的人，希望小祁能为"军分区"的食堂长期提供调味品。这可让小祁忙活了好一阵。谁承想，等他按照所谓的"周营长"提供的清单备齐货物后，对方突然表示还有些酒水饮料需要采购，但自己最近不在合作市，希望小祁可以能够帮他联系指定的供应商采购好，同调味品一同送至"军分区"。

当局者迷，旁观者清。就是这样一个破绽百出的骗局，却让淳朴善良的小祁一门心思惦记上了自己的"大单"生意。就当小祁向妻子提及要动用家里的 5 万余元备用资金帮助"周营长"采购酒水的时候，细心的妻子心里犯了嘀咕——"军分区"指定的供应商为什么连个线下商铺都没有，难不成只在线上做生意？妻子想起辖区"李大姐"做过的预防电诈讲座，第一时间报了警。

李梅赶到现场后，只见小祁情绪激动："这两年生意不好做，我好不容易接了个'大单'！"看到李梅到了，他又抱怨道："李大姐！李警官！你好好管管你们的民警。我开了这么多年铺子，是不是骗子我还不知道吗？"

"小祁，你先别激动，生意咱们什么时候都能做。可你为什么就这么笃定对方是'军分区'的人呢？"

"李大姐，这也就是你，我给你讲讲。不然，客户那边催得紧，我才懒得解释！"说着，小祁向李梅展示了他同"周营长"的聊天记录，"人家这发票、公章、文件，手续都全着嘞。你看，这还有他的军官证呢。"

经验丰富的李梅一眼就看出其中的端倪："小祁，你看，这儿的文件格式不对，发票的抬头也是错误的，军官证更是之前的样式。这样，你把对方的手机拨通我来问问他。"电话拨通的瞬间，李梅便告知自己的身份："我是合作市公安局城南派出所的民警，请问……"不等她说完，"嘟嘟嘟"的电话忙音已经让小祁一拍大腿反应了过来："哎呀，这多亏了你们啊，不然我这一年就要白干了。"

李梅抓住这个机会，趁机向小祁和周边的围观群众宣传防诈知识，并指导他们下载了"国家反诈中心"App。"李大姐，这可真是为我们好好上了一课呀。"跟着李梅来到现场的联户长们不禁感慨道。

近年来，电信网络诈骗高发，为了应对不断"更新迭代"的骗术骗局，李梅没少下功夫。她利用中午和晚上住户在家的机会，挨家挨户上门进行宣传，一有机会便在辖区开展反诈小课堂。在她和城南派出所全体民辅警的不懈努力下，共为辖区群众止损40余万元。

"社区里老"

李梅所在的合作市公安局城南派出所是甘南藏族自治州最大的城市派出所。她所负责的知合玛社区，管辖区域大、流动人口多，社情较为复杂。工作中，李梅发现辖区内，尤其是平房区内，女性外来人口居多，于是，她利用女性信息传递快、情感渗透强的特点，于2023年底在城南派出所成立了一支"巾帼社区警务队"。

"做社区警务工作，群众基础非常重要。我们警务室辖区日均人流量1万人次，事多警少，要想把工作做好，必须要让社区群众积极参与进来。"这是"巾帼社区警务队"成立的初衷。

"巾帼社区警务队"成立以来，已摸排各类有效线索50余条：

谁家种植了"罂粟花",谁家住进了"生面孔",谁家开设了"麻将馆"等等。

"李警官是好人,平时俺们遇上了困难都找她。人心换人心,俺们全力支持她的工作。"一时间,辖区内形成了一种"民警法治、社区德治、居民自治"的良好氛围。

"李所长,您快来看看。我家隔壁打起来了!"一大早,李梅在办公室还没坐稳,群众的电话就来了。

还没到现场,路上的积水就将李梅的鞋子湿了个透。"哪里来的这么多水?"她意识到,可能是因为生活用水有了矛盾纠纷。李梅负责辖区内有一片区域,是全市最大的平房区,由于基础建设不完善,这里的群众因为生活用水产生矛盾是常有的事。

等到了现场,看见辖区居民小赵正站在大门口被街坊邻里围着搓手搓脚，李梅心里便已有了数。原来，两年前，小赵因为酒后故意伤人锒铛入狱，出狱后，作为前科人员，他被安置在李梅所负责的辖区内。

自从出狱以来，邻里街坊一直戴着有色眼镜看待小赵。"这也怪不得人家，犯了错就是要受到惩罚。"提起这件事，他满是自责，"可我是真心知道错了，那会子年纪轻，啥子都不懂，稀里糊涂就犯了错。现在我只想好好生活，能帮到社会一点，给我之前的错误赎罪啊，李警官。"说着说着，一米八几的他竟然急得哭了起来。

原来，自从住到知合玛社区以来，他积极想融入社区，为之前的错误赎罪。前几天，他见自来水水管破裂，几乎淹了整个院子，便自己掏钱出工补好了之前破裂的自来水管。可修好之后，邻居竟然都不用自来水了，宁肯去买矿泉水，甚至还商量从另一条管道再接一条水管。不巧的是，群众新接管道的时候和他修好的管道产生了交叉，再加上一场暴雨，让整个平房大院积蓄了七八公分深的积水，这下惹得本就对他不满的邻里纷纷闹意见，要赶走他。就这样，起了冲突。

李梅也知道。小赵之前确实是一时糊涂犯了错，要想群众再次接纳他，可不是一件容易的事。

"这两年小赵的表现，我相信大家都有目共睹。街坊谁家有个什么事，哪次他不是第一个赶到现场帮忙的？这次还不是一样，他也是想修好水管方便大家。我看这水漏得也不多，大家一起搭把手。来！"说罢，便带头拿起一个盆子盛起院子里的积水往外倒。看见李梅蹚进水里，群众也都热火朝天地干了起来。就这样，李梅既顺势做好了群众的思想工作，也让一起矛盾纠纷化解在了萌芽状态。

"你的情况我们也了解到一些，我会找机会向他们说明的。"临走时，李梅鼓励小赵，"只要你坚持做好事，我相信，邻居们一定会接纳你的。"

"基层是矛盾发生的第一线，矛盾纠纷早发现、早介入、早化解，有利于邻里和睦、社会和谐。"在李梅看来，推行"一村（格）一警"，成立基层警务室，把警力下沉到底，能更好联系群众，尽早化解矛盾。

谈起矛盾纠纷，李梅似乎有讲不完的故事，家庭矛盾、情感矛盾、经济纠纷、噪声纠纷……

"大部分矛盾，都是身边琐事，只要有耐心，用拉家常的办法就能调解。"李梅说，从警 10 年来，她积极联合各方力量，共调解大小矛盾 300 多起，为人民群众办实事 140 余件。

在知合玛社区，"有矛盾，找李所"这早已成为了居民群众的共识，对李梅而言，她的从警故事仍在夜以继日的社区警务工作中不断上演着……

供稿：王汶平

热血忠诚

甘肃公安先进典型风采录

安玉山

安玉山：百姓利益重如山

  安玉山，在嘉峪关市公安局缉毒大队工作时，他先后主侦破获各类毒品刑事案件160余起，重特大毒品案件60余起，缴获各类毒品12000余克，抓获涉毒犯罪嫌疑人180余人，打击处理吸毒违法人员300余人。在兰州新区公安局工作期间，参与侦破了一系列扫黑案件，破获各类刑事案件15起，主侦破获各类经济案件190余起，抓获犯罪嫌疑人170人，挽回经济损失约19.5亿元。荣立个人三等功3次，2022年5月被公安部授予"全国公安机关爱民模范"。

  初冬的兰州新区，天高云淡，空气清新。放眼望去，道路四通八达，楼宇层次矗立，城市显得整洁大气。路过秦王川国家湿地公园，茂密芦苇随风荡漾，湖面清澈，不时掠过一群群觅食的水鸟，呈现眼前的是一幅湖光山色的冬日美景。

  我即将到达的目的地，是兰州新区公安局经侦大队，即将见到的小安，是这片土地的平安守护者。

  之所以称呼小安，一是因为他年龄、警龄都比我小。二是因为在2022年5月"全国公安系统英雄模范立功集体表彰大会"兰州分会场受表彰的 6 名个人中，他最为年轻。这 6 名个人中，有 2 位是刑警队长，在刑侦一线摸爬滚打二十余载，可谓功勋卓著；3 位是派出所所长，在基层派出所为民服务维护一方稳定中做出了不俗成绩。只有 1 位经侦大队副大队长小安，警龄最短；10 年，年龄最小，只有 33 岁。

年轻的小安，从警 10 年即获得绝大多数普通民警耕耘一生都难以企及的荣誉"全国公安机关爱民模范"。可谓"出道即巅峰"。不禁有人要问：他为何优秀？又为何是他？

小安从办公室走出来和我打着招呼，只见他中等个头，身形挺拔，五官端正，目光炯炯有神，年轻的脸庞绽放青春光芒，整个人精气神十足。

跟着小安走进办公室，阳光透过明净窗户匀洒进来，房间里一片亮灿灿。一杯清茶沏好，我说明来意，话题开始。

先从获得"全国公安机关爱民模范"说起吧。

小安说："没想到，真的没想到，名单公布以后，感觉像做梦一样。真的，要感谢的人太多。现在感到更多的是压力和责任，今后我要干得更好，才对得起组织和大家对我的厚爱。"

小安一席话，发自肺腑，感激之情溢于言表。作家冰心早在《繁星·春水》里写下："成功的花，人们只惊慕她现时的明艳！然而当初她的芽儿，浸透了奋斗的泪泉，洒遍了牺牲的血雨！"小安的成就不是一蹴而就，那是他从警 10 载历经一路风霜雨雪积淀而来。

2011 年，小安从甘肃政法学院（今甘肃政法大学）毕业，考到了嘉峪关市公安局缉毒大队，干了缉毒警。这一干就是 7 年。这 7 年，是在警营土壤里向下扎根的 7 年，也是汲取养分向上生长的 7

年。这 7 年里，他收获了事业，收获了爱情。

带女友蹲点守候

小安说他喜欢当警察，从小和伙伴们一起玩警察抓小偷游戏时，他扮演的角色一定是警察。长大一些，耳濡目染，受电视屏幕上人民警察形象的影响，印象最为深刻的是，电视剧《刑警本色》里刑警萧文和常闯，他被他们智慧勇敢、正直善良、疾恶如仇、追求正义的精神所深深打动。"从那时起，我就有了长大当警察的情怀。"

少年的梦想像一道通往未来征途的光，引导着小安一路勤学苦读，向着目标前进。18 岁那年，他考上了甘肃政法学院公安分院。毕业后考到了嘉峪关市公安局。同是甘肃政法学院毕业的女友从省城兰州考到了嘉峪关。周末，小安常常带着女友一起蹲点守候。为了陪伴小安，女友心甘情愿以缉毒警工作的方式度过周末。

"那时候在缉毒队，每个周末没有什么事情，闲不住，一心想着破案子，打了几克的想打几十克的，打了几十克的想再打几百克，打了几百克的就想打几公斤的，年轻嘛，浑身充满了干劲，迫切地想以破大案证明自己。"

有一次，小安在侦查一起毒品案时，得知毒贩要在市内一家酒吧交易，考虑到资金安全及取证问题，小安主动向领导请缨，带女友到酒吧挨着毒贩卡座坐下，两人装作喝酒聊天，实则在听隔壁桌动静，他们一会侧耳一会摇头，装模作样把毒贩的谈话内容掌握了个一清二楚，并将贩毒过程全程录音录像。后来，大队根据小安发出的信号，将毒贩在交易时一举抓获。

几个案子下来，小安表现出一个缉毒警应有的机敏、睿智，英勇，身手敏捷利落，队上领导和老民警们对他刮目相看，小安在缉毒大队脱颖而出。

后来，只要工作需要，女友仍旧协助小安出警破案，小安因此屡立战功。2014 年，女友身份变成了妻子，这位年轻警嫂协助缉毒大队破了好多案子。大队领导和战友们个个对小安的妻子竖起大拇指。2015 年，小安的妻子被嘉峪关市公安局评为"好警嫂"。

"这是无心插柳柳成荫的事，不过评了'好警嫂'，妻子的确挺开心的。"小安不无自豪。

破获 8.6 公斤毒品大案

少年负壮气，奋烈自有时。

2013 年，小安参与侦办一起特大贩卖毒品案件。犯罪嫌疑人把毒品从云南运输到玉门，小安和战友们在查缉搜捕时，因当时经验不足，未能从犯罪嫌疑人携带的专制行李箱里搜出毒品，缉毒犬当时也没有闻出来，只能放行。

"没想到，犯罪嫌疑人回家后将隐藏的 1 公斤毒品从专制行李箱取出来冲进了马桶。这是我们后来抓到他审讯时他说的，这件事对我的打击非常大。"小安对此事至今耿耿于怀，"那次失误警醒着我，一定要从各个方面提升本领。"

为了不打草惊蛇，缉毒大队继续经营该条线索，前后长达一年之久。2014 年 3 月，小安得到线索，这个贩毒团伙因为上次损失较大，近期要做一票"更大的买卖"。顺线追踪，小安和大队民警成功打掉其中一个在嘉峪关的贩毒团伙。审讯时得到其上线信息，第二天，小安换了发型和打扮，摇身一变，化身为将去交易的"马仔"。

在交易现场，小安沉着冷静，操着一口临夏口音说话，用手指蘸了毒品，放入口中一"尝"，再"呸"的一声吐掉，整个过程像电视剧情节一般，成功获取对方信任。交易完成后，他及时向外围指挥支援人员发出信号，战友们冲进来，一举将毒贩拿下。案件成功侦破，该案全案共抓获犯罪嫌疑人 13 名，缴获毒品海洛因 8.6 公斤，彻底斩断了一条云南和嘉峪关之间的运毒通道。

与毒贩殊死搏斗

2015 年 7 月，缉毒大队正在侦办一起省督特大贩卖毒品案件。小安和战友们得到消息，以杨某为首的贩毒团伙即将进行一场交易。

下午 5 点，小安和战友们做好了布控，就等鱼儿来上钩。

杨某非常狡猾，到达目的地附近后，开着车来回试探，一小时后才将车停下。小安和战友们埋伏一旁。就在杨某确定安全后，安排手下马仔携带毒品与前来接货的贩毒人员交易时，小安带队冲出实施抓捕。此时杨某迅速逃窜，开车横冲直撞，撞开了缉毒大队两辆布控车辆。此时两组人员开车追击杨某，小安追逐逃跑的另一个毒贩。

毒贩发疯似的跑向了荒茫的戈壁滩。在后援力量未能赶来时，小安追上了毒贩，奋不顾身扑了上去，就地与毒贩展开近身搏斗。毒贩个头比小安高，身体强壮，力量比小安大，双方厮打过程中，小安的脖子被毒贩撕破，已经在流血。

小安全然顾不上，几个回合下来，他一手压住对方的头，一手用枪抵在了对方后脑勺。对方仍旧拼命挣扎，几乎要将他掀翻。双方对抗状态胶着，危险一触即发。

"其实当时对方行为已经危及我的生命安全，我完全可以开一枪打在他腿上或胳膊上，使其失去抵抗力。但那一刻，我这一枪就是开不出去。为什么呢？我想的是，即使他犯罪了，也应该由法律来审判他制裁他。在我面前，他毕竟是一条活生生的生命。当时我的底线就是如果他抢我的枪，我一定毫不犹豫开枪。"多年以后，回忆起这段惊心动魄的殊死搏斗，小安记忆犹新。

我敬佩于小安的英勇无畏，同时真切感受到他骨子里作为人民警察的仁义和良善。

在这场搏斗生死攸关的时刻，另一名战友及时赶来，合力制服了毒贩。这个案子缴获毒品海洛因460余克。"与毒品克数多少无关，只要是犯罪，我必然要将犯罪嫌疑人绳之以法，这是我的使命。"

7年缉毒警生涯，赋予了小安坚定的信念、沉稳的性格、坚毅的品质和全面的素质。

2018年，命运的齿轮再次转动。小安妻子参加省直机关遴选考试，从嘉峪关考到了兰州。2019年1月，为了结束两地分居，同样借着遴选机会，小安从嘉峪关市公安局缉毒大队考到了兰州新区公安局刑警大队。

当时，三年扫黑除恶专项斗争正在如火如荼进行。小安当仁不让，接手扫黑除恶。"从缉毒到扫黑，听上去工作职责发生了变化，但归根结底干的还是侦查。"

搞案子不能留遗憾

在侦办一起涉黑团伙犯罪案件时，案件发生在 20 多年前，部分证人已离世，由于当时的卫生所管理不善，留存档案不健全，受害人无法提供被犯罪嫌疑人伤害后的就医信息，迫于犯罪嫌疑人的势力，村上人也不敢说实话，导致案件取证难度极大。而主要犯罪嫌疑人祁某拒不认罪，案子陷入困境，迟迟没有进展。

"不能放弃！不能留遗憾！"带着这样的信念，小安重新调整思路，梳理线索，他三番五次奔走于证人家中、存档库房等地。经过大量细致查找，终于找到一份被害人在兰州市安宁区某医院的就医档案和一位案发时的在场证人石某。但是石某不愿意出头露面，每次去找，他都躲在家里，让小安和战友吃闭门羹。

这点困难，相较于与犯罪嫌疑人斗智斗勇殊死搏斗，实在算不了什么。小安决定以真诚打动他。一次不行就去两次，两次不行就去三次，三次还不行就四次五次六次。

第六次，小安动之以情："当年他干了哪些事情，你是很清楚的，欺负了那么多人，20 多年了还在逍遥法外，将心比心，你的良心能安吗？"小安反复讲公安机关破案决心："公安机关是动真格的，不是一阵风就过去了，不是走个形式做个样子，我们肯定是要彻底打掉这个团伙的，你要相信我们的决心。"

真诚不是智慧，但真诚往往散发出比智慧更加耀眼的光芒。石某被小安的真诚打动了，决定作证。以此，案件突破口被打开，公安机关对祁某依法采取强制措施，经过后续工作，全部案件一一查实。

这件事在当地引起震动，老百姓得知祁某被抓，无不拍手称快！

带队伍要挑头干、带头干

2020年以来，小安先后担任兰州新区公安局经侦大队副大队长、大队长职务。

经侦大队成立时间不长，但获得的荣誉却不少：2021年9月荣获"甘肃省公安机关打击和预防经济犯罪成绩突出集体"称号；2023年6月被甘肃团省委、省公安厅、省人社厅等联合授予第21届甘肃省"青年文明号"荣誉称号；2023年7月被兰州市公安局授予"集体三等功"。

荣誉的背后，是小安严管与厚爱、工作与学习相结合的带队模式。

"技多不压身，知识多学一门是一门。人民警察在工作过程中要处理各种疑难复杂问题，如果法律知识匮乏那就难以胜任本职工作，

所以有必要给自己加码。"如今在小安的带动下，经侦大队的民辅警都报考了司法考试，去年有 2 人取得 C 证。作为大队长，他要求队上所有的人员必须学习法律，力争人人通过司法考试。2023 年，经侦大队民辅警全部取得了大数据建模师资格证。

"荣誉来之不易，体现了队伍的向心力、凝聚力和战斗力。队伍好，每个民警都有发挥才能的平台，反过来，良好的团队氛围助推每个人更加奋发有为。荣誉是责任，是担子，是助推剂。"带领这支战斗力爆表的年轻队伍，小安要求自己做到以身作则，"作为一支队伍的行政主官，我必须发挥好头雁作用。挑头干、带头干、干在先。"

经过一天的相处交谈，我了解了小安从缉毒干到刑侦再干到经侦的工作履历，看到了一位警营青年的成才之路。年轻、有活力、有梦想，是小安的精神底色；开拓、奋进，能担当，是小安的从警本色；创造、卓越、做贡献，是小安的人生追求，他的成长故事为更多青年民辅警带去鼓舞和力量。

上一个"十年"精彩纷呈，下一个"十年"又该如何续写，小安对此已有愿景："我会重整行装，初心不改，继续践行'对党忠诚、服务人民、执法公正、纪律严明'总要求，在破解难题中成长自己，在斗争实践中增长才干，在打击和预防经济犯罪、守护百姓安宁、护航经济发展中贡献更大的力量！"

噢，小安的全名是：安玉山。

安是国家安定、人民安宁的"安"，玉是艰难困苦、玉汝于成的"玉"，山是百姓利益重如山的"山"。

供稿：兰公政

热血忠诚

甘肃公安先进典型风采录

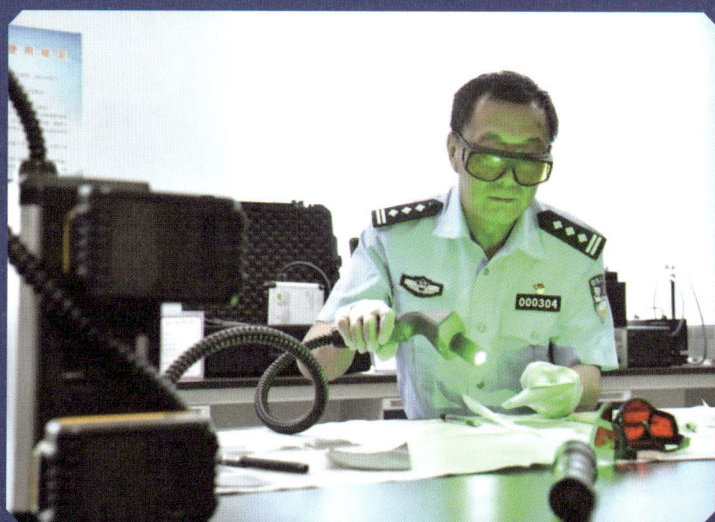

李敏刚

李敏刚：勇攀刑事技术高峰的"陇警工匠"

李敏刚，男，汉族，中共党员，出生于1968年，甘肃玉门人，现任甘肃省公安厅刑事侦查局痕迹检验支队警务技术二级主任。从警30多年来，一直在刑事技术岗位上工作，完成数千起各类案件的检验鉴定及30余起全省重、特大案事件的现场勘查工作，为案件的侦破、起诉、审判提供了强有力的技术支撑；主持完成了1项"十一五"国家科技支撑项目西北五省区研究任务，2项公安部立项课题，研究成果分别达到国际先进水平和国内领先水平。荣立个人一等功1次、二等功2次、三等功2次，带领的科研团队被公安部授予"全国公安刑事科学技术工作先进集体"称号，2021年被中共中央授予"全国优秀共产党员"称号。

李敏刚出生于玉门油田一个石油工人家庭，从小就被"铁人精神"所感染，立志一定要成为一名共产党员，无论身处何地，都要像王进喜一般为国分忧、为民族争光。1991年，李敏刚作为兰州大学优秀毕业生被选派至甘肃省公安厅刑侦处，从事刑事科学技术工作。从警30多年来，他时常以警队为家，"白＋黑""5+2"都是常态，尤其在重特大案件发生时，他总是第一时间奔赴现场，有时为了解决一个技术难题，经常不眠不休，用一片赤诚守护一方平安，书写属于他的忠诚无悔。

潜心科研　孜孜不倦

"国家安危，公安系于一半"。自从李敏刚同志选择了从警之路，他立志仰不愧于天、俯不愧于地，力求做到无愧于神圣警徽赋予的职责与使命。

2001 年 5 月，李敏刚同志为了印证海洛因是否可以利用汽油进行运输，带领团队反复实验，不仅得出海洛因可以利用汽油进行运输的重要结论，而且针对汽油海洛因混合液摸索出了先分离后检验的色谱、质谱检验方法。根据这一研究成果，同年 8 月，甘肃公安机关一举破获了"1·18"利用汽油进行毒品海洛因走私、运输的特大跨国案件，共查获溶有海洛因的汽油混合物 173.4 公斤，抓获马某等 12 名犯罪嫌疑人。虽然没有亲赴一线抓捕犯罪嫌疑人，但他夜以继日、勤勤恳恳的潜心研究，为案件的定性及顺利侦破提供了至关重要的技术支撑。

作为项目负责人和技术负责人，李敏刚带领团队完成了两个公安部立项课题《利用液体溶解、运输或利用吸附物运输、还原、检验毒品海洛因及相关现场筛选试剂的研究》和《固相微萃取技术结合色谱和色谱/质谱仪检验尿中吗啡类毒品代谢物》，成果分别达到国际先进和国内领先水平，快速检测筛选试剂也被公安部列入"公安科技成果推广引导计划"，课题荣获公安部科学技术三等奖，这也是甘肃省公安厅刑事技术有史以来获得的第一个省部级科研奖，有力地提升了省厅刑事技术科研水平。之后技术团队先后被公安部物证鉴定中心和北京市公安局选定为合作研究单位，承担完成了两项"十一五"科技支撑计划项目：《涉案毒物信息监测系统研究》和《毒品消费市场监测》西北五省的研究任务，两课题在北京通过了科技部的验收鉴定，均达到国际先进水平，填补了相关领域的国内空白，目前已经在全国公安、卫生、防疫系统推广应用，为涉毒案件特别是恐怖活动及突发性、群体性案（事）件的应急处置提供技术支撑，取得了突出的应用成果。

用行动践行公平正义初心

工作以来，李敏刚秉承公平正义的初心使命，先后完成了数千起各类案件的检验鉴定及 30 余起杀人、爆炸、火灾、毒品加工、投毒等重特大案事件的现场勘查工作。

2011 年 4 月 7 日，平凉市崆峒区发生一起特大投毒案件，造成服用牛奶的 39 人中毒，其中 3 名婴幼儿死亡。案件发生后，省委、省政府高度重视，厅党委立即启动重特大案（事）件侦破机制，受组织指派，李敏刚立即赶赴案发现场，对 54 份检材迅速进行了分类检测，按不同理化性质确定提取净化方法，统筹分工，合理安排，利用不同的化学显色快速检验法，排除了污染和误投的可能，明确了案件属于投毒的性质，而且还锁定了投毒时间段，确定了侦查范围，印证了犯罪情节，固定了犯罪证据，为案件的迅速侦破发挥了重要的支撑作用。

2012 年 4 月 15 日凌晨 1 时左右，白银市平川区某煤矿职工宿舍发生爆炸，死亡 2 人。李敏刚带领技术人员，于当日中午 12 时赶到现场，与市、区公安机关技术人员沟通交流后，制定了现场勘查方案，立即对中心现场进行勘验。中心现场损毁程度非常大，各种建筑材料及碎片混合着人体组织四处散落，当时风很大，现场尘土飞扬，垃圾碎片翻滚，他们克服重重困难，经过 5 个多小时的详细勘验，确认爆炸现场死亡的男性死者杨某某系自身引爆爆炸物自杀，通过爆炸现场残留物分析，确定了炸点位置和爆炸方式，对爆炸现场进行了还原，经实验室分析，检出硝铵炸药成分，固定了犯罪证据，确定了案件性质，为案件的侦破发挥了关键作用。

2012 年 8 月 7 日，在公安部的统一指挥下，甘肃、四川、陕西等省统一行动，打掉了一个特大冰毒制贩集团。我省在临夏三甲集镇查获了该团伙的冰毒原料加工厂。根据厅、局领导指示，李敏刚迅速赶往现场，提取了 20 余份主要加工产品，连夜赶回兰州，进行了定性分析检测，确定了该工厂的主要产品是麻黄碱。次日，又带领省厅技术人员，再次赶赴现场。由于正值炎炎盛夏，环境温度非常高，厂棚内各种有毒溶剂挥发弥散，刺鼻呛人，在没有防护面具、防护装备的条件下，李敏刚带领技术人员，奋不顾身，在半天时间内对加工厂内 20 多桶、数十吨各环节原料、试剂、加工产品、副产物等，逐一进行了登记、称量、提取，对生产工艺、设备作出了流程分析，共提取检材百余份，随后对所有检材进行了分类鉴定，并迅速出具了定性报告，为案件的定性及时准确地提供了完整的物证链。

用奉献诠释责任担当

现场勘查是公安机关侦查破案、打击犯罪、司法诉讼、事件处置基础性、源头性工作，是刑事侦查的门户，是侦查破案的第一道工序，也是刑事诉讼的首要环节。为提高全省现场勘查水平，强化打击犯罪质效，贯彻落实"一长四必"现场勘查新机制，他带领痕检支队的同志们，从 2015 年开始，连续举办了 8 期"全省现场勘查技术人员培训班"，培训历时 9 个多月，培训现场勘查技术员 1000 余人。培训中，为了使学员更好更快地学习掌握现场勘查的基本要求，课程内容除了理论知识，还安排了大量的动手实验操作，早中晚三段时间充分利用，李敏刚作为班主任，9 个多月的时间几乎没回过家，一心扑在培训基地。在省厅、刑侦局统一安排部署下，痕迹检验支队通过举办大规模现场勘查实战培训，开展全省模拟入室盗窃杀人案件现场勘查比武考核，为全省公安机关现场勘查工作的发展进步打下了坚实的基础，8 类案件破案率稳步上升，从 2018 年的 86.6% 提高到目前的 100%；命案现案连续五年 100% 全破，有力打击了犯罪，保护了人民生命财产安全。

2021 年 7 月，作为全国优秀共产党员代表，李敏刚同志怀着无比激动和自豪的心情，到北京参加了全国"两优一先"表彰大会、"七一勋章"颁授仪式、庆祝中国共产党成立 100 周年大会，并现场观看了"伟大征程"文艺演出，参观了"不忘初心、牢记使命"主题展览。作为一名有着 24 年党龄的公安战线刑事技术民警，在党的百年华诞盛典之际，亲身感悟了党领导全国人民从建党之初一路走来所开辟的伟大道路，建立的伟大功业、铸就的伟大精神、积累的宝贵经验，从而创造出中华民族发展史、人类社会进步史上令人刮目相看的奇迹，这些都让他心潮澎湃、热血沸腾。

每一份荣誉的背后，都隐藏着辛勤的汗水和默默的付出，他用坚韧和顽强挑起匡扶正义的重担，用赤胆和忠诚撑起人民群众平安的天空，用青春和热血谱写人民警察的壮丽篇章，在推动全省公安刑事科学技术创新发展的道路上，兢兢业业、任劳任怨、永不停歇。

供稿：梁越蓉

热血忠诚

甘肃公安先进典型风采录

狄世俊

狄世俊："小板凳"上的平安佳话

　　狄世俊，男，汉族，中共党员，出生于1985年，2009年参加公安工作，现任天祝县公安局党委委员、副局长。他用"一条板凳工作法"在基层治理中发挥出了群众信赖、信服的"大作用"，用自己的真诚和热情，赢得了乡亲们的信任和尊重，被亲切地称为"板凳所长"。荣立个人三等功2次，2021年被评为全国"最美基层民警"，所在的打柴沟派出所也被评为"全省优秀公安基层单位""全省公安机关枫桥式派出所"。

　　巍巍祁连山绵延的绿浪里，青藏高原、黄土高原、内蒙古高原携手相挽，孕育了巍峨的马牙雪山，肥沃的抓喜秀龙草原，玉带绵绵的金强河水，广袤无垠的祁连林海。在这片充满神秘与传奇的土地上，一代代勤劳的华锐儿女在这里耕耘着希望、编织着梦想、铸造着辉煌。

　　这里，有一位被乡亲们亲切地称为"板凳所长"的基层民警——狄世俊。他如同一棵坚韧不拔的松树，扎根在这片土地上，守护着乡亲们的安宁与幸福。他的小板凳，不仅是他办案的得力助手，更是他深入群众、服务人民的象征。在这片充满神秘与传奇的土地上，继续前行，为人民的幸福安康而努力奋斗。

守安宁，家庭矛盾巧化解

守护基层群众的安宁，最多的处警任务就是调解各类矛盾纠纷，能让"一团乱麻"的矛盾化解开来，也是考验基层民警的一项重要基本功。打柴沟的清晨，薄雾轻绕，鸡鸣犬吠交织成一幅宁静的乡村画卷。然而，这平静的氛围却因一起家庭纠纷而被打破。村里的赵大哥和王大姐，这对曾经恩爱的夫妻，如今却因为一些家庭琐事闹得不可开交，孩子的啼哭和女人的怒骂声，以及围观群众乱言碎语的议论，让本来宁静的山村多了一些不和谐的声音。

狄世俊听闻此事后，放下手中的活，本来熟悉的赵大哥是一位

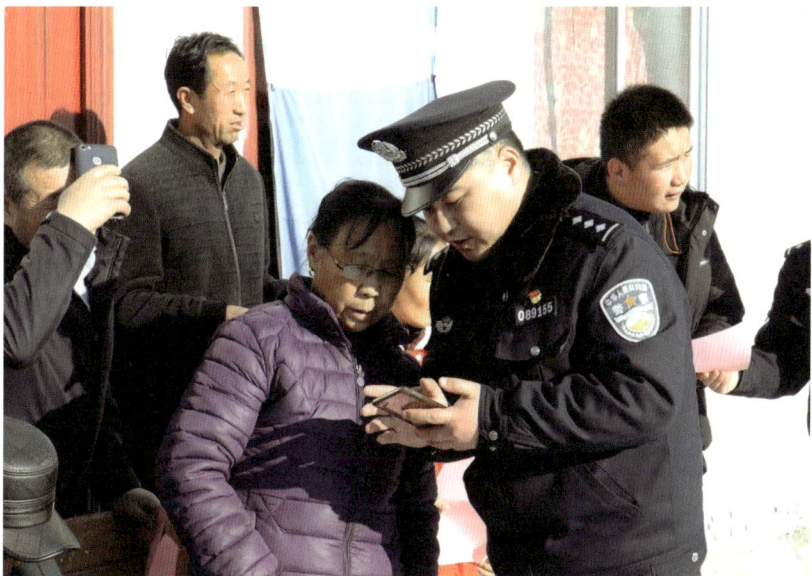

小有名气的种植户，平日里的脾气有点火爆，害怕年轻同志处警把握不好火候，就自己驱车前往村里调处矛盾。他刚到赵大哥家门口，就劝说围观的七大姨八大姑离开，看见盘腿坐在院子里哭闹的王大姐和一边坐在羊圈墙头抽烟的赵大哥，两个孩子畏缩在堂屋门背后偷偷探出个小脑袋，眼巴巴地看着他。

"你们这是咋啦呀！好好的日子不过，啥事把火气弄得这么大！你看大的娃娃也不送去上学，小的裤子湿成啥样了，你们当父母的就这样子吗？"狄世俊一边数落着赵大哥，一边忙着把王大姐从地上拉了起来，顺手把王大姐手中的擀面杖悄无声息地"顺"到了自己手中，语气中充满了关切。

"赵哥昨晚上又端了两盅呗！平日里你也不说一句重话，今天怎么胆子这么大了？王姐，你也别生气，老赵哥就是个稳重人，喝上两杯说了过头话，你也别往心里去！"他一边劝慰两个气鼓鼓的大人，一边安排同事把孩子送往学校。待王大姐情绪稍稍平复后，狄世俊转向一旁沉默不语的赵大哥，掏出一支烟给赵大哥点上，问了问家里为啥吵起来了，劝了劝地里的高原夏菜还得浇水，说了说家里的老人身体不太好的情况。在狄世俊的耐心劝解下，双方的情绪逐渐平复下来。王大姐开始理解丈夫的难处，而赵大哥也意识到了自己在沟通方面的不足。这起家庭纠纷在狄世俊的调解下得到了圆满解决，虽然事情很小、过程很烦琐，就是这只言片语的"暖心"话，让和美乡村守住了那份幸福的宁静，他用自己的行动诠释了基层工作者的责任与担当。

平纠纷，邻里谅解暖人心

阳光透过树叶的缝隙，播撒在乡间的小道上，炊烟慢慢升腾，巷道里激烈争执的声音打破了这份恬静。两位年过半百、头发花白的叔伯因为一块土地的归属问题，产生了激烈的争执，声音尖锐而刺耳。年轻的儿媳眼看着自家的两位老人越吵越凶，悄悄地拨打了110。狄世俊和同事赶到现场时，两位老人已经撕扯到了一起。

"这块地明明是阿卡分给我们家的，怎么就成了你的了？"其中一位满脸通红，手指几乎要戳到对方的鼻子上。"你这才是无理取闹！这块地明明是划耕地的时候划到我们家的！"另一位也不甘示弱，梗着脖子声音随之提高了几分。狄世俊明白，此刻最重要的是让双方把心里的不满和委屈都说出来，还不能手拿把掐给他们"断官司"！

"亲戚道理的，大中午你们有话好好说，上了岁数的人了，你看看娃娃们和亲戚们都看着呢！不太好啊！"狄世俊上前拉开了两人，一人给了一个小板凳，自己则坐在了他们中间，一边拉着一个人的手。"今年的笋子和豆子价格好，你们家里都是种着七八亩的呢，还为着一亩半的地吵来吵去？让大家听见了，你们叔伯两家子也不怕别人笑话！"互相不对眼的叔伯两人，眼瞅着家里亲戚、孩子围了一大圈，心里也臊眉耷眼地不好意思起来。

待到两人的情绪稍微平复了一些，狄世俊才开始劝说，他的声音不高不低，却有一种让人心安的力量。"我知道，这块地对你们两家来说都非常重要，但吵来吵去只会让矛盾越来越深。我们能不能坐下来，好好谈谈，看看怎么解决这个问题？"

经过一番了解，狄世俊的心中已经有了主意。他提出了一个公平合理的解决方案："这块地既然双方都有争议，那就由村里组织一次公正的土地丈量，根据丈量结果来划分归属。这样，既公平又公正，大家都能接受。"同时，狄世俊又补充道："但无论如何，大家都是自家人，抬头不见低头见。为了这点小事伤了和气，实在不值得。我希望你们能够保持冷静，不要再发生争执。"

叔伯两人听了狄世俊的话，都沉默了下来。他们互相看了看，脸上的怒气渐渐消散。最后，他们点了点头，表示同意狄世俊的解决方案。和顺的乡风是产业发展的基石，不能让纠纷的"小火苗"着起来，群众每一次诉求，追求的目标就是公平和公正，"小板凳"上的心平气和，"一碗水"端平的公道正派，才能让和美乡村"靓"起来，产业发展稳起来。

护财产，菜农失窃速追凶

打柴沟镇的高原夏菜种植是主导产业，收益越来越好，几乎家家户户都种着"万元田"。有一段时间里，打柴沟派出所连续接到辖区蔬菜种植户报警，多个村的蔬菜大棚卷帘机电动机被盗，失窃电动机80余台，给群众反季节冬菜种植带来了极大影响。

天祝县和永登县的卷帘机电动机销售点一度脱销缺货，价格也从开始的每台三四百元一路飙升到每台六百元，仍然一机难求。

犯罪嫌疑人连续作案，气焰极度嚣张，有愈演愈烈的势头，不少种植户无奈只能白天将电机安装好，晚上拆卸下来带回家中，一时间闹得人心惶惶，群众纷纷把目光投向公安机关，破案刻不容缓。

警情就是命令，接警后狄世俊组织民警，第一时间配合刑侦、刑事技术室等部门开展工作，发动群众在庙儿沟村、铁腰村蔬菜大棚区架网布控，顶风冒雪彻夜蹲守，经过不懈的努力，一辆白色SUV进入了民警的视野……

犯罪嫌疑人驾驶白色越野车白天到各蔬菜种植大棚集中地踩点观察，前半夜驾车前往作案地点利用撬杠作案，后半夜驾车前往永登县一废品收购站销赃，线索逐渐清晰起来。

到了开始收网的时候了，狄世俊立即组织办案民警一举将居住在某小区内的犯罪嫌疑人昝某某、杨某某抓获。在大量充分的证据面前，2名犯罪嫌疑人如实供述了从2021年12月17日至21日期间，先后5次实施盗窃电动机的犯罪事实，并在后续的审讯过程中，又陆续交代了在2021年春、夏、秋数次在打柴沟蔬菜种植棚区、高铁工地等处实施盗窃犯罪的事实。至此，2021年以来发生在打柴沟派出所辖区的10起系列盗窃案成功告破。

当失窃群众看到失而复得的蔬菜大棚卷帘机电动机，激动得热泪盈眶，一位老奶奶她紧紧地握住狄世俊的手，连声道谢："所长啊，没有你们我们可怎么办啊！我都不知道怎么感谢你们！"

狄世俊微笑着摇了摇头："我们是警察啊，这就是我们应该做的，你们平安，我们就心安。"

保利益，高原夏菜双收益

打柴沟镇是天祝县高原夏菜的主产乡镇，随着产业蓬勃发展，产销矛盾也逐渐因为"买"和"卖"的利益纠缠而逐步显现。仲夏的打柴沟，群众一年的辛勤耕耘盼来了丰收，在自然环境的影响下，菜品的质量上乘，吸引了来自全国各地的商贩前来采购。南腔北调的收购商议中，难免出现不和谐的声音。

青笋种植大户张大爷与一位外地商贩因约定收购价格问题发生了争执。张大爷满脸怒气，指着面前几亩长势茁壮的青笋说："你看看我这几亩菜，个头大、秆子壮，你给的去年的最低价！还要我给你挖菜上车，不行！"

商贩则是一脸无奈，辩解道："张爷，今年市场价格就是这样，我也不能随意抬高，您的菜确实好，但我也得考虑成本啊！"

双方你来我往，互不相让，原先收购点上喜气洋洋的气氛愈发变得紧张起来。接到群众电话后，狄世俊急忙忙地赶来，看到两人扭头不认账互相指责的样子，就明白了事情的缘由。调解的关键是让大家信服，他早早准备了今天的"功课"，拿出了镇党委下发的收购指导清单，先给外地商贩一份，然后给了张大爷一份，微笑着说："两位，都消消气，坐下来慢慢谈！"双方看到了今天的青笋收购建议价格，相互指责的气氛慢慢缓解下来。

狄世俊见双方都有所松动，便继续劝解道："其实，我们可以换个思路。与其为了一时的价格争执不休，不如考虑建立长期合作的关系。这样呢，张大爷您可以有一个稳定的销售渠道，而老板您也可以确保货源的稳定和质量。"

听了狄世俊的话，大家都觉得今年的蔬菜贩卖还要持续，各类蔬菜的价格也不能按照约定俗成来确定。经过一番深入的商议，最终写下了一份双方满意的"小合同"。收购方承诺在未来的几个月里，按照市场价格收购张大爷他们的蔬菜。而张大爷和群众也承诺，将提供品质上乘的蔬菜，并积极配合商贩的采购安排。双方签订协议后，气氛明显轻松了许多。

"有了这份小合同，我们双方的利益都能够得到保障！得亏警察同志的帮助，不然闹出个矛盾来对谁都不好！"狄世俊见双方满意，也露出了欣慰的笑容。他知道，自己的调解不仅化解了双方的矛盾，也为他们未来的长期合作打下了坚实的基础。调解要用心，而用心就要办好事、办实事，在服务群众"最后一公里"的实践中，他是这样想，也是这样一直坚持着。

救危难，雪山夜救赤子心

冬日的天祝，埋藏在皑皑白雪下的马牙雪山，俏丽地转动着自己洁白的衣裙，呼啸的寒风吹起了雾雪一般的长发。但是这样唯美的场景，对于迷路的外地游客无疑是极大的考验。

深夜，寂静的派出所电话骤然响起，传来了一名迷路游客断断续续的求救声。狄世俊迅速召集全所民警，顶着狂风暴雪前往大山深处搜救……

暴雪中的马牙雪山，能见度不超过5米，狄世俊和同事们身穿厚重的棉服，在齐膝的积雪中沿着崎岖的山路艰难前行。沉重的呼吸声和小喇叭的呼叫声打破了冷寂夜色的黑暗，时间在一分一秒地过去，而距离迷路游客报警已经过去了1个多小时。时间在这一刻就等同于生命，早一秒找到就是胜利！

能见度低、山路被雪覆盖，深一脚浅一脚，经过漫长的搜寻，他们终于在一处山崖下发现了迷路的游客。游客蜷缩在角落里，瑟瑟发抖，显然已经被冻得快要失去意识。大家七手八脚地把他扶坐起来，几名同志背靠背围坐在游客的身边为他挡住风雪，并给他披上了棉大衣，戴上了手套和棉帽。狄世俊安抚着游客的情绪，几个人准备轮流背游客下山。虽然山路陡峭，他们咬紧牙关，用尽全身力气，一步步地往山下挪动。因为暴雪原因，经过数个小时的艰难跋涉，他们终于平安地回到了山下。游客感激地说道："没有警察同志，我今天就交代到这山里了！感谢你们……"

岁月年轮在狄世俊脸颊上刻画了稚嫩到成熟的曲线，他用自己的秉持和坚守撑起藏蓝的伟岸，默默无闻扎根在雪域高原之上，散发着自己的光和热，守护着这片土地的安宁与和谐。他憨厚的笑容里，映照着群众生活安宁的幸福。有人曾问他，为何选择放弃城市的繁华与舒适，远离妻儿的嬉戏与温馨，留在打柴沟派出所？他笑了笑，眼神中透露出坚定与执着："我是农村的孩子，这里有我的根，这里有我的向往，大家需要我，我也需要大家！我愿意用我的青春和热血，守护这片土地的安宁和幸福！"

供稿：贺有年

热血忠诚

甘肃公安先进典型风采录

刘汉朝

刘汉朝：村里有个"大忙人"

　　刘汉朝，男，汉族，中共党员，出生于1980年，甘肃武都人，本科学历，一级警司警衔。2002年3月参加工作，2003年6月入党，现任武都区公安局警务保障中心副主任。自参加公安工作以来连续多次被武都区公安局评为优秀民警和先进工作者。2022年9月被评为全国"最美基层民警"，同年荣立"个人三等功"1次。

　　陇南市武都区的裕河乡，地处陕、甘、川三省交界处，距市区超过120公里，270平方公里的辖区里散落着近40个自然村。这里山大沟深、地形复杂，辖区乡村产业匮乏，群众收入不高，青壮年群体常年外出务工，家中绝大多数家庭都是独居老人、留守妇女儿童，干过基层公安工作的人都知道，在这种地方当驻村民警就两个字——难干。

　　说起农村派出所，很多人就会下意识觉得"山高皇帝远，人少不难缠"，其实同行们都知道，在这祖祖辈辈生活的大山里，没点真本事还真待不下去。涉及家事、土地、邻里琐碎的各类矛盾纠纷，客观条件造成的种种生活不便，这里的公安工作不光要给大家"讲法理"，更要做到"通人情"。可能又有人说："听上去也没有那么难，多派点人手不就行了？"很遗憾，警力不足正是农村派出所长期以来存在的最突出的问题，原因说起来也简单，几千名辖区居民分布在偌大的山村里（面积基本是城区派出所的数倍乃至数十倍），再多的警力撒进来也是无济于事，最好的解决办法就是像钉钉子一样，按照人手分包划片责任区，简单说来，就是"驻村民警"。

初心——不负乡土情

2015年的那个盛夏，一个35岁的年轻人扶了一下眼镜，望着眼前这片绵延不绝的大山，紧了紧自己的行李，头也不回地走进了陇南市武都区公安局裕河派出所的小院。

他叫刘汉朝，和很多男生一样，从小都有着一个参军梦，人生的际遇充满着未知，参加工作后他成为了一名教师，但是对于军人和警察的崇敬却从未消减。2015年全省公安机关招考启动后，他牢牢把握住了机会，从一名人民教师转变成了一名人民警察，让自己圆梦的同时，也和这片大山结下了不解之缘。

刚到所里时，也许是十多年教师生涯的缘故，面对简陋的办公环境，陌生的工作内容，泥泞的乡间小道等让其他新人犯难的状况，刘汉朝却出人意料地"适应"，耐心和恒心成为他能够扎根在这里的第一项"天赋"。但这也仅仅是万里长征第一步——驻村工作的开端而已。

"农村路更滑，事情特别杂"，这是所里的老前辈对刘汉朝说过的一句话。全乡近5000名常住人口，只有不到20%住在镇上，绝大多数居民散落在森林密布的莽莽青山之中，特别这些年来随着青壮年陆续外出务工后，各村几乎都是"老弱妇幼"为主。受教育水平低、法律法规意识薄弱，无论是矛盾纠纷排查化解工作还是各类业务办理都非常不便。"不好办就不办了吗？那我来这里干什么？"这个黑瘦的"乡村小警"犯起了倔。

细心——"小事"不轻视

"老人小孩出行不便，妇女顾家也有困难"，刘汉朝根据辖区实际问题，反复摸索，一步一步探索出了"警务＋服务"的"背包入户"移动警务模式，简单说来就是"一张警民联系卡、一支笔、一个笔记本、一沓宣传资料……"这是起初刘汉朝"警务包"中的部分物品。这样一来把服务群众"最后一步"再前移，把"最多跑一次"升级为"一次都不跑"。走村入户到哪里，背包就背到哪里，警务服务就跟

到哪里。"拍身份证件照、申办社保卡、申请低保……"刘汉朝的笔记本上不断更新着帮办和工作信息。"扳手、螺丝刀、电线头……"刘汉朝警务包里的东西也越来越丰富，他对村里的事，越来越熟悉。

几年下来，刘汉朝每次利用进村入户开展工作之余，总是不遗余力地为村民排忧解难，顺路扛捆柴、维修电器、送证上门……成了他工作的日常，为了给出行不方便的老人办理业务，他每次都是背上电脑、相机上门服务。近年来，他背包上门为群众办证送证1300余次，入户帮老助困170余人次，不仅提高了警务工作效能，"警务包"也变成了服务群众的"百宝箱"，那个进村入户的黑瘦身影被乡亲们看在了眼里，记在了心里。

为了更好掌握驻村情况，刘汉朝嘴上不说，心里却早就和自己约法三章，要求自己做到"三勤"：一是腿勤，每天都深入村社，转遍每个村子，踏遍辖区每一座山头、行遍每户人家，记住每一间房屋的准确位置、生活情况等信息，他的笔记本上不断更新着最新的乡村警事；二是嘴勤，农村琐事所引发的矛盾纠纷多，为了更加有效地化解群众矛盾纠纷，刘汉朝就向村民、村干部等多方打听求证，了解矛盾双方的社会关系和矛盾发生的缘由始末后，做到知己知彼、多元化解，多年来，经他调解的矛盾纠纷全部得到化解；三是笔勤，凡是在走访过程中听到的、看到的都记在笔记本上，回到派出所再进行整理总结，并将一些有效的工作方法与同事交流分享，进一步提高了全所的工作效率。

烈日下、寒风中，迎星辰、披星月，刘汉朝在点滴中增进警民感情、在生活中提高安全防范、在细节里化解矛盾纠纷，心里装的全都是乡亲们的事。几年下来，他与辖区群众产生了深厚的感情，赢得了群众的信任，被辖区群众亲切地称为"大忙人"，"有事找小刘"已经是当地群众的共识。

用心——用爱温暖民心

那是2019年11月18日的凌晨，刚睡下的刘汉朝被一阵急促的电话铃声叫醒，辖区村民赵某打来电话，称因夫妻矛盾导致其妻子玉某半夜出走，并说要喝农药自杀。接警后的刘汉朝立即报告所领导并和同事们赶赴报案人所在的村社。

时值初冬，天公不作美，雨夹雪的天气为出警工作带来了极大的不便，山路崎岖、寒夜的气温不到零度，到达现场后，刘汉朝第一时间指挥分配搜寻区域，立即展开搜救工作。然而面对森林覆盖面积高达90%的大山深处，搜寻工作无疑是大海捞针。刘汉朝拿着手电冲锋在前，在走遍了村里两处最为险要的山头后，自己也迷失在了雨夜的森林中。急于救人的他没有原地等待其他人跟上，而是在雨水雾气弥漫的山林间，深一脚浅一脚地继续赶路，脸上和眼镜上分不清是雨水还是汗水，他的心里只有一个念头——找下去！

突然旁边一处山洞中传来一阵响动，刘汉朝用手电一照，瞬间吓出了一身冷汗，一只小牛犊大的野猪和三四只半大野猪受惊后乱叫着冲了出来，刘汉朝危急之下在旁边土坎上一跃而下，连滚带爬地跑下了荆棘丛生的山坡，直到在离村社不远的坡上才松了一口气，整个人此时早已没有力气，全身衣服裤子也破得不成样子，浑身的泥巴和着雨水渗进身上伤口，痛得他冷汗直流。

当时已是凌晨3时20分，就在这时，突然听见坡下传来一阵抽泣之声，他挣扎着摸过去一看，一位妇女披头散发、面色惨白，经询问后正是赵某妻子玉某。在询问后，该妇女称没有喝农药，但心细的刘汉朝凑近一闻，发现该妇女身上散发出刺鼻的农药味，刘汉朝不顾浑身疼痛，拉着玉某就往村上走。就在快到村口时该妇女中毒反应强烈，浑身发软、无法行走。"救人要紧！"刘汉朝背着玉某边走边喊，过程中玉某嘴里的白沫和胃溶物吐在了刘汉朝背上，他一丝也没有迟疑，咬牙继续向前，终于在前来支援的民警的帮助下将玉某送到卫生院。

十余天后，赵某陪着康复的妻子前来派出所，感激涕零，声泪俱下地念叨着民警是"救命恩人"，不顾阻拦就要给刘汉朝磕头致谢，在得知刘汉朝在搜救过程中也遇险受伤，硬是要给刘汉朝按乡间习俗披红挂彩，大家多次拒绝后才作罢。直至今日，赵某夫妻提起那个雨夜时，眼眶里也泛起感激的泪水，朴实的乡亲们都说："刘汉朝是共产党的好警察！"

类似的事情对于刘汉朝和他的战友们来说，其实并不鲜见。

2021年10月12日18时许，辖区群众前来所里报案称：其母亲于11日中午出门到邻村走亲戚，直到12日下午也没有回家，给亲戚家打电话后得知其母没有到亲戚家。经过打听，有邻居看见其母亲从村后山林里抄近道上山了，由于前一天下了大雨，怀疑在林子里走失了，家人才来派出所寻求帮助。

63岁的老人，没有手机，加之时常记性不好，在山间大雾的情况下，迷失在山野里，这样的情况非常危险。片刻耽搁不得，警情就是命令，再难也得上山寻找。刘汉朝带上手电等装备，与其他民警兵分两路，一路绕道从邻村出发上山搜寻，刘汉朝和一位民警沿着老人出发时行走的山路开始搜寻。丛林中路径难寻，各类树木荆棘密布，搜寻到凌晨1时多，刘汉朝等人又累又饿，山里又开始下起大雨，几乎无法看清山间的小路，大家不得已只能找一处山崖下暂时避雨，直到凌晨3时雨势稍小，刘汉朝顾不上山路泥泞，赶紧给同事说"咱们赶快抢时间，继续找"。就在这时，头顶哗啦一声响，大块的山石泥土和附着在上面的树枝滑落下来。此时，要想躲闪已经不可能。在这危急关头，刘汉朝发现眼前有几棵大树，他大吼一声"躲树下！"二人刚抱住大树，滑下来的石头击打着树干从身边落下，二人都吓出一身冷汗。

此时现场还有泥土石块不断滑落，刘汉朝和同事二人互相搀扶咬牙摸索着走出滑坡点。天蒙蒙亮，同行民警因体力不支无法继续前行，这时刘汉朝隐约听见不远处好像有动静，他让同事原地休息，提着一根捡来的木棍朝目标走去，小心翼翼地走到近处一看，只见一名妇女蹲坐在一个树根下，他迅速招呼同事赶来查看。该老人浑身湿透、嘴唇乌青，冻得直哆嗦，见到刘汉朝一行，用微弱的声音说："我不行了。"这位老人正是大家苦寻一夜的走失老人。

时间就是生命。刘汉朝一刻也不敢耽搁，果断将自己身上的衣服脱下为老人裹上。这时候的他也不知道哪里来的力量，全然忘记了寒冷疲惫，背起老人就立即往回走。就这样，深一脚浅一脚不知道走了多久，直到前来支援的民警终于找到了他们，刘汉朝才感觉骨头都散了架，一下瘫坐在地上。

自身遇险一笑而过，群众安危长挂心间。第二天一大早，刘汉朝获知老人已被送到医院，并且身体并无大碍时，他和同样鼻青脸肿的同事互相拍了拍肩膀，笑着说了句："咱们这是吉人自有天相啊。"

供稿：樊　静

热血忠诚

甘肃公安先进典型风采录

刘春林

刘春林：探寻平安辖区治理的"密码"

刘春林，男，汉族，中共党员，出生于1984年，现任陇西县公安局党委委员、副局长、文峰派出所所长。先后被评为全省优秀人民警察、甘肃省第六届"我最喜爱的十大人民警察""铸忠诚警魂"政法楷模。从警16年来，他先后荣立个人二等功1次、个人三等功2次，获个人嘉奖5次，荣获"定西市优秀法治副校长""优秀党务工作者"等荣誉称号。派出所绩效考核成绩连续2年位居全局第一，所内多名民警受省市县表彰奖励。

心灵深处的警察梦

1994年仲夏，通渭县鸡川镇盐堡村"场里"（农村堆放麦垛的场所），手拿自制木质"驳壳枪"的10岁少年刘春林正在与小伙伴们玩着"枪战"的游戏，小小的他已经远近闻名，皮肤黝黑、身材矫健，眼神中透露着同龄少年没有的坚定与执着，只要听到"春林，赶紧来帮忙，村头的小石头和虎子又打起来了"或"谁的铁环又不见了……"如此之类的"暗号"，他就会"嗖"地一下从高高的麦垛上跳下来帮助小伙伴们调解纠纷或者寻找物品，并且每次都能让大家心服口服，因此他成为庄子里的"破案小能手"。小时候他就喜欢有关警察的小人书和电视剧，当时有电视机的人家特别少，他便翻过几个山头，走数公里的山路也要到乡政府去看他喜欢的电视剧，就因为他怀揣着"警察梦"。也因为这个梦想，他在高考报志愿的时候毅然决然地填报了甘肃警察职业学院（今甘肃警察学院）。当时，他的父亲坚决不同意，老人家一生忠诚于土地，忠诚于他热爱的教师职业，希望儿子也如他一般朝九晚五教书育人。可是，少年觉得自己已经长大了，他有了自己的追求，耐不住他的软磨硬泡，最终，父亲同意了他的报考，并于2004年9月考入甘肃警察职业学院治安管理专业学习。

在校期间，他抱着对平安辖区建设的理想和信念，孜孜不倦地学习公安业务知识，并谨记老师的谆谆教诲：治安警察就要牢记"平安"二字，直面繁杂的治安警情，悉心解决群众急难愁盼问题，切实守护一方平安。专业知识的滋养、警察意识的培育，使其为民服务理念深深扎下根来；意气风发、团结友爱的同学给予他集体的力量和真挚的情谊，他迅速成长为一名合格的公安院校毕业生。

探寻辖区治理"密码"

窥一斑而知全豹，从2022年至2024年连续两年派出所绩效考核第一名的成绩，便可探寻刘春林关于辖区基层社会治理的"密码"，那就是念好"民"字诀。

"中和民意以安四乡。"《庄子·说剑》中的这句话是他在基层公安工作中服务大局、保障民安的思想内核。从警16年来，刘春林始终牢记"全心全意为人民服务"的宗旨，时刻把群众利益放在首位，忠诚履行着自己的诺言。

"真是太感谢刘所长了！'黑户'了十多年，我终于在刘所长的帮助下有户口了。之前因为一直没有户口，无法办理医疗保险等基本保障，更无法享受国家的各项惠民政策，就连外出都没法坐车，现在我外出都方便多了。"任女士自从刘所手中接过崭新的户口本，逢人便激动地这样说。在此之前，40多岁的任女士还没有户口，刘春林了解到情况后深入调查走访，并辗转多地了解相关情况并逐级汇报，最终在2023年4月，终于为任女士补录上了户口。

"派出所作为最基层的社会治安防控组织，接触繁杂的治安琐事，虽然平平淡淡，但每时每刻都潜藏着风险和挑战。热情服务没有止境，我们要用耐心、细心、暖心的举措，当好群众的勤务员。"
这是刘春林常说的一句话。

2022年6月，刘春林担任陇西县公安局城关派出所教导员。面对与柯寨派出所完全不同的工作环境和复杂的治安形势，刘春林转变工作思路，找盲点、抓重点、破难点。2023年初，城关派出所多次接到辖区群众手机、金银首饰、现金等被盗的警情，勘查现场时，他凭借着警察的职业敏锐感，从案发现场的细节中初步判断几桩案件可以并案处理，之后他对民辅警进行分组，一组分析研判、深挖案件线索，另一组夜以继日蹲守。经过数十天的努力，最终成功破获系列盗窃案，为群众挽回经济损失20余万元。案件侦破后，"刘所的判断真是太准确了，当时我们几个人都认为这几起案件就是普通的传统盗抢骗类案件，没有往系列盗窃案件上考虑。"参与办案的民警说。

无论是偏远的柯寨派出所还是在城区的城关派出所，他都牢记"平安"二字，抓党建、带队伍，办小事、破小案，悉心解决群众急难愁盼问题，以真情换真心、以警心赢民心，在当地群众中赢得良好的口碑。

选择了做警察就要风雨兼程

"人民警察，铁血柔情，用正义之剑，披荆斩棘，护航人民生活，既然选择了警察这个职业，就要风雨兼程、无怨无悔。"这是刘春林同志对警察这个职业的理解。

大儿子出生时，他手头正在办理一个重要的案子，连续好多天没有回家，更没有时间照顾妻子，尽管妻子怕他担心，宽慰他说：

"你安心工作，我自己一个人可以的。"可是哪位丈夫在妻子生产时不想时刻陪伴在身旁？无数的担心让他手机24小时放在身边，直到接到母子平安的消息，他才长长舒了一口气。

随叫随到是警察职业的常态，半夜接到电话要出任务是经常的事，刑警更是频繁，在刑警大队工作期间，有一次晚上21点多同事打电话要紧急出任务。当时下着大雨，他和战友们在追捕嫌疑人的途中车辆发生侧翻，几个人都不同程度受了伤，但是他们没有放弃，一边打电话请求救援，一边强忍着阵伤痛继续徒步追赶，最终因体力不支倒在路边。醒来时，只听见妻子颤抖着哭音说："春林醒了！"年迈的父母亲急切地来到病床边，通红的双眼里充满了疲惫和关切。

后来，刘春林到了基层派出所工作，"忙"更加成为了常态，常常带领全所民辅警值班备勤、办理案件、调解纠纷、走访入户……2022年冬天，刘春林一手拿着吊瓶一瘸一拐地往办公室走来，原来，前一天刘春林腿上的疱疹化脓发炎住院了，医生让他放下手上的工作住院治疗，可当他知道所里遇到了一个疑难案件时，又趁着医生查房的空当，一手拿着吊瓶"偷溜"回了单位，和同事们一起讨论案情。

刘春林对群众总有火一样的热情，浇灌出一朵朵警民和谐之花，对战友更是关心呵护备至，只要身边的民辅警有任何困难，他总是想方设法、力所能及地帮助解决。

警徽闪耀，战友们并肩作战，护佑辖区平安。文字有句号，故事始终在继续……刘春林，继续用故事感动身边的每一个人，继续用青春续写无怨无悔的从警人生。

供稿：江　山

热血忠诚

甘肃公安先进典型风采录

楞本加

楞本加：锲而不舍的硬核刑警

楞本加，任夏河县公安局刑警大队大队长。参加公安工作以来，荣立个人二等功1次、嘉奖3次，2009年被聘任为甘南州公安机关人才库藏语专业人才，2018被评为首届最美夏河人"最美警察"、夏河县优秀青年卫士，2022年1月被评为甘肃省第六届"我最喜爱的十大人民警察"，2023年被评为"铸忠诚警魂"政法楷模。

人们都说，选择了"警察"这一职业，就是选择了"奉献"，而选择了刑警就是选择了"在危险中奉献"。奉献，是刑警的永恒底色，没有鲜花，没有掌声，没有电视剧中迷离绚烂的色彩，只因肩上扛着闪闪的警徽，只因肩负着除暴安良的重任。

作为土生土长的夏河县人，从警15年来，楞本加始终牢记宗旨，服从命令，履职尽责，不怕苦累、不惧险恶，用自己的青春和热血铸就了辖区群众的平安，以实际行动展示着一个基层民警的靓丽风采，赢得了辖区群众的一致好评。

近年来，他组织侦破各类刑事案件1000余起，打掉犯罪团伙600多个，抓获犯罪嫌疑人1200余人，追捕上网逃犯400余人，缴获赃款赃物折合人民币 2000 余万元。

"十户联防"，网格化管理模式显成效

"为警一任保一方平安"。2016 年，桑科辖区及周边县市盗窃牲畜案件频发，楞本加带着派出所民警披星戴月开展侦查，通过三个月的努力，将这起社会影响较大的盗窃牲畜案件成功告破，打掉 3 个犯罪团伙，抓获 8 名犯罪嫌疑人，侦破本辖区及周边县市、青海等地案件 13 起，追回被盗牲畜 108 头，为群众挽回经济损失 60 余万元。

打击可以有效摧毁浮在面上的犯罪，而预防则可铲除滋生犯罪的温床，为提高预防犯罪水平，楞本加认真落实各项防范措施，要求派出所民警改变以往在办公室开展工作的做法，常态化带头进村入户掌握社情民意、落实基层社会管理、开展消防检查。以构建平安乡村为重点，建立"十户联防"网格化管理，将桑科镇 6 个行政村划为 6 个片区，村党支部书记担任片区长，村委会主任担任副片区长，32 个自然村划分 32 个网格长，网格长由各村村长担任，全镇 1680 户每 10 户推选一名联户长。将网格区域图制作上墙，并将"十户联防"按片区建立微信群，及时掌握案件线索，以此坚实的群众基础为后盾，先后侦破了多起盗窃、赌博等违法案件，辖区人民群众安全感明显提升，"十户联防"网格化管理模式得到了上级充分肯定。

铭记职责使命，舍小家为大家

和大多数公安民警一样，楞本加也是个"工作狂"，没黑没白地盯在工作岗位上，对家人亏欠得太多。也许他不是一个孝顺的儿子、一个合格的丈夫，可他是一名称职的警察。

2012年7月20日，辖区发生一起故意杀人案，楞本加和专案组经过连续奋战，终于将犯罪嫌疑人成功抓获，随后马不停蹄开展外围调查取证工作，恰好此时接到妻子电话，告知他母亲突然甲状腺病情恶化需要马上转院治疗，让他赶紧回家。同事们得知情况后立即让他回去带母亲看病，楞本加犹豫片刻后说："没事，我母亲的病情我清楚，可是案情不容拖延，案子拖一天，夏河百姓就多一份提心吊胆。"最后，束手无策的妻子领着两个年幼的孩子和重病的母亲，乘坐班车进行转院治疗。在家人最需要他的时候，他经常不得不"隐身"，只因他心里永远装着人民群众，时刻铭记着自己的职责和使命。

2016年6月20日凌晨，夏河县达麦乡拉却布寺院大经堂发生一起珍贵文物被盗案件。案发后，夏河县公安局党委高度重视，当日成立专案组，楞本加义无反顾加入专案组，而当时他妻子已经到了预产期，随时有可能分娩。楞本加通过大量细致入微的调查，最终锁定了犯罪嫌疑人，就在要赶赴青海省抓捕嫌疑人时，接到妻子马上分娩的消息，他匆匆打电话让朋友把妻子送往医院，自己则毅然踏上追踪之路，在顺利抓捕嫌疑人后又立即开展审讯。等第二天案件成功告破后，他才气喘吁吁跑到医院，看到虚弱、疲惫的妻子和刚出生的孩子，楞本加感觉心像被针扎了一样，满心都是对妻子的愧疚。

研究技战法，千里奔赴破大案

2020 年以来，夏河县电信网络诈骗案件呈上升趋势，被骗资金屡创新高，打击电信网络诈骗犯罪迫在眉睫。为打破电诈案件破案率低、抓获人员少的局面，楞本加积极钻研新的破案技战法，从案件资金流着手调查，并与涉案银行卡卡主生活信息进行碰撞研判。确立工作思路后楞本加先后带队前往海南、福建等地抓捕犯罪嫌疑人 7 名，破获电信网络诈骗案件 45 起，为侦办电信网络诈骗案件积累了经验，探索了方法，打响了甘南州破获电信网络案件第一枪。

2020 年以来，辖区内接连发生多起牲畜被盗案，群众反映强烈，造成了很大影响。面对辖区内牲畜盗窃案继续频发的严峻形势，案发后，夏河县公安局局党委高度重视，楞本加作为刑警大队负责人，急群众所急、想群众所想，迅速开展工作。因夏河县多半为牧区，牲畜是牧民群众生活的保障，他深知破案任务的紧迫性，立即召集专案组参战队员对所有辖区盗窃牲畜类案件进行逐案分析研判，并积极与周边县市兄弟单位进行沟通交流，互通案情。综合梳理后发现，多数牲畜被盗案作案手段相似，盗窃发生时间相对固定，实施盗窃目标具有一定相似性，均为交通便利、无道路监控地段，且每次被盗牦牛数量均为 1—3 头。他充分发挥牧民群众和联户长作用，广泛搜集线索，先后辗转四川、青海及周边县市，成功侦破 4 个流窜在桑科及周边乡镇的犯罪团伙，抓获犯罪嫌疑人 14 名，破获盗窃牲畜案 25 起，追回被盗牲畜 133 头，挽回经济损失 65 余万元，有力地打击了犯罪分子的嚣张气焰，挽回了群众损失，增强了人民群众的安全感和满意度。

锲而不舍，侦破寺院被盗案

2022 年 1 月 12 日，夏河县拉卜楞寺院时轮学院佛殿内发生一起盗走法器的案，因案发位置处于拉卜楞寺核心区域，每日有大量僧众及信徒在此区域活动，另外被盗物品体积小，极易隐藏在随身衣物及手提袋中，给破案工作带来极大的困难。为尽早破案，消除社会影响，楞本加带领队员在无法确定物品丢失具体时间的情况下，从案发现场周边监控入手排查可疑人员，通过走访僧人与知情信众，最终确定了一名作案嫌疑人。通过观察，楞本加发现该案件嫌疑人体貌特征与 2017 年 11 月 23 日拉卜楞寺院续部学院佛殿内的一起盗窃案嫌疑人体貌特征高度相似，随即决定并案侦查。

为确定该可疑男子身份信息，侦查员及时改变侦查方向，将视频资源扩大到全县，通过不懈努力，侦查人员终于确定了该男子身份信息。为防止犯罪嫌疑人逃跑，夏河县公安局及时将其上网追逃，又有新的问题摆在侦查员面前，因该男子潜逃后，彻底放弃使用身份证件，始终无法确定该男子藏身何处，给追逃工作带来困难。为了成功追回赃物，必须在其销赃前将人抓获，随着时间的流逝，形势迫在眉睫，案件陷入僵局。

为快速侦破案件，消除社会影响，楞本加带领队员全力追捕，最终确定该男子藏身于甘孜藏族自治州白玉县。获得该线索后，楞本加带领队员马不停蹄，奔袭上千公里，在白玉县公安局的支持下，成功抓获犯罪嫌疑人，并从其住处搜查出被盗物品，在证据面前，犯罪嫌疑人如实供述了两次盗窃的违法犯罪事实。

楞本加担任刑警大队长以来，夏河县公安局刑侦工作连续多年在全州名列前茅，先后荣立集体二等功2次，集体三等功3次，2019年被评为全省优秀公安基层单位，2022年荣获全国公安机关先进集体。在楞本加的带领下，夏河县公安局刑警大队逐渐成长为一支年轻有为、英勇善战的战斗集体。

楞本加深知，成绩没有最好，只有更好；攀登没有最高，只有更高！前路漫漫，策马扬鞭，他把青春献给挚爱的公安事业，以实际行动报答党和人民的教育培养，用热血与生命托起一片平安的蓝天，让正义与青春在生命的琴弦上弹奏出一曲更加恢宏的交响！

供稿：吕欣峰

热血忠诚

甘肃公安先进典型风采录

陈富银

陈富银：平安龙城的"守望者"

陈富银，男，汉族，中共党员，出生于 1970 年，四川资阳人，现任天水市公安局麦积分局党委委员、反恐大队大队长。1987 年 10 月应征入伍，2005 年转业至地方参加公安工作。从警 19 年来，从派出所到反恐大队，他把火热的岁月熔铸在基层一线的公安工作中，投入到为群众服务点点滴滴里，先后荣立个人一等功 1 次、二等功 2 次、三等功 3 次。先后被评为甘肃省第六届"我最喜爱的十大人民警察"、甘肃"最美基层民警""陇原最美退役军人""甘肃好人""甘肃省敬业奉献道德模范"。

人民警察应该是什么样子？是不畏生死、冲锋在前的铁骨硬汉，是忠诚履职、兢兢业业的工作模范，还是和蔼可亲、一心为民的人民公仆？在天水市公安局麦积分局反恐大队大队长陈富银的履历上，这些都深深地融合在一起。

以警之名，勇毅前行。从警 19 年来，不论是在派出所、巡警大队，还是反恐大队，陈富银都以生命诠释忠诚、凭热血浇筑警魂，守护着龙城天水的和谐稳定，撑起了百姓的平安幸福。

不忘初心的"追梦人"

17 岁，他满腔热血，怀揣着保家卫国的从军梦走进军营；19 岁，他坚定信仰，努力提升自我，光荣加入了中国共产党；35 岁，他英姿飒爽，脱下戎装换警服奔赴新征程……变的是岗位，不变的是忠于党、忠于国家、忠于人民的初心。

从橄榄绿到藏青蓝，陈富银的血液里始终流淌着职责与使命，骨子里始终烙印着忠诚与担当。

"经历军营和警营，无数的挑战让我感受到生命的意义。"陈富银说，军营铸就了他坚韧的品格、不屈的斗志和钢铁般的意志，激励着他在每一个岗位都接续奋斗、发光发热。

2005 年，初入警营的陈富银在天水市公安局麦积分局道南派出所跟着"老警们"开始了从警生涯的初体验。从朦胧夜色到朝阳破晓，在一个接着一个的警情处置、笔录制作与纠纷调解中完成了入警实践的"第一课"。

"第一天报到就参与处置了 13 起警情，每个案件都不尽相同，

让我在倍感压力的同时更添动力。"陈富银说，为了在短时间内提升工作技能，他每天都扎在案件卷宗里，潜心研究如何受理案件、办案结案等，不到一周的时间，就能够独立开展工作。

道南派出所辖区警情复杂，在这里工作的 6 年时间里，有着丰富经验和出众能力的陈富银承担起了更多的责任，用自己的实际行动践行着从警的誓言。

琐碎忙碌的派出所、巡逻检查的巡警大队、维稳处突的反恐大队……这些年来，陈富银执着于办好每一件案子，处理好每一起警情，强烈的责任感驱使他不断前行，即使年过半百，也从未想过放慢脚步。这一走，就从青丝走到了华发。

应急处突的"急先锋"

如果说，公安机关是打击违法犯罪的尖刀，那么反恐大队就是尖刀上的刀刃，而在与暴力犯罪分子较量的现场，陈富银就是这样一把钢刀利刃。

2018 年 8 月，陈富银在带队巡逻时，接到指挥中心指令，麦积区某村有人手持菜刀行凶，情况危急。接到指令后，他立即带领巡逻队员前往现场处置。

"到达现场后，我们看到一名身形壮硕的男子手持菜刀，神情亢奋，周边群众随时都有发生危险的可能。"陈富银表示，男子是一名精神障碍患者，民警一边对他进行安抚，一边疏散群众。

此时，危险的一幕发生了。现场突然跑出一个小男孩，哭喊着要找妈妈，男子看到男孩的身影，立刻情绪激动，叫嚷着拿着刀追赶起来。

在这万分紧急的关头，陈富银毫不犹豫，当机立断带人冲了上去，用盾牌将刀挡开。面对疯癫的男子，他们成功救回小男孩，并用抓捕器将该男子控制。

看着盾牌上密密麻麻深浅不一的砍痕，躲避在安全区域的群众纷纷走到现场，为队员们的勇敢鼓掌。

"山河虽安，但心中不能没有狼烟。"无论是紧急的治安事件，还是危险的抓捕行动，陈富银总能快速反应，果断出击，坚守在维稳处突最前沿。他敢于冲锋陷阵，在关键时刻用智慧和英勇履行着自己的忠诚使命。

近年来，陈富银带领大队圆满完成各类急难险重和安保任务1700余次。作为人民群众的"守护者"，平安社会的"稳定器"，他和大队民辅警用坚定的信念和无畏的勇气，筑起一道坚不可摧的屏障，书写着人民警察的无悔与担当。

"东大门"的"守望者"

对于陈富银来说，有惊心动魄的抓捕瞬间、分秒必争的冲锋时刻，但更多的是默默无闻的日常坚守。

"请出示您的证件""请打开后备箱接受检查"……寒来暑往，在东岔省际公安检查站，陈富银每天都会带领大队民警们，有条不紊地对过往车辆和人员进行例行检查。

2022年，检查站执勤民警在开展例行检查时，发现一辆出租车内2名乘车人员情绪激动，并拒不提供身份证件及身份信息，企图

逃避检查。

"我们迅速将车辆及驾乘人员控制，通过询问得知，坐在副驾驶的是司机的儿子，后排乘客均为未成年人。在与他们的家属联系后得知，两人都是辍学在家，近期失去联系。"陈富银说，民警对出租车进行了全面检查，确认无误后将其放行，将两名未成年人带回询问室。询问中，两人交代了多次实施盗窃的事实。

陈富银表示，东岔是甘肃的东大门，是东进甘肃的一张安全过滤网，必须严格落实检查措施，绝不能让任何一个嫌疑人、任何一个违禁品进出甘肃的大门。

"负责东岔省际公安检查站的这6年，是我人生中最难忘的经历之一，从成立检查站到去年撤离，有困难与挑战，更有荣誉和辉煌，作为守护甘肃安全稳定的'东大门'，那里的条件不比城里，我们驻守在那里两千多个日日夜夜，无怨无悔。"陈富银说。

在陈富银的带领下，东岔省际公安检查站累计核查过往车辆73万余辆、人员169万余人次，查获各类管制刀具及违禁物品3900余件，拦截嫌疑车辆35台次，抓获犯罪嫌疑人45人……东岔省际公安检查站荣立集体一等功1次、三等功1次。

每一个荣誉、每一句赞扬，都是由一个个案件与警情堆叠而来，都是一次次义无反顾地冲锋与阻击。2022年5月，在全国公安英雄模范立功集体表彰大会上，陈富银所负责的反恐大队被评为"全国优秀公安基层单位"。

服务群众的"暖心人"

如果说陈富银肩负的是维稳重担，那么心系的便是百姓民生。面对人民群众时，这位钢铁硬汉也有着"柔情"的一面。

2023年5月，陈富银带队在麦积山石窟景区执勤时，遇到一名中年男子求助，声称和他们一起前来旅游的孩子负气出走，希望帮助寻找。

陈富银听后，立即组织警力开展搜寻，并耐心安抚男子情绪。几个小时后，这名孩子在景区后山被找到。陈富银像教育自己的孩子一样，轻声与他谈话。将孩子交给家长后，他不厌其烦地一遍遍叮嘱："孩子正处于叛逆期，要多了解、多鼓励他，要正确引导。"

在群众需要帮助时，无论是事故现场还是群众突发疾病、迷路走失……陈富银总会第一时间伸出援手，为他们提供及时的帮助和安抚。他的到来，总能让群众感受到温暖和力量，也让群众更加信任和依赖人民警察。

"我们不仅是执法者，更是群众的守护者。我尽全力为老百姓解决困难，守护好群众的幸福。"陈富银说，这样的信念，让他与辖区群众建立了深厚的"警民鱼水情"，治安变得更加平安稳定。

谈起对陈富银的评价，他的队员们满是自豪。"他的身上有股'倔'劲，无论在巡防、抓捕还是救助中，总是身先士卒。同时，他又乐于思考，勤于研究，是我们的'主心骨''领头羊'。"民警杨凯辉说。

这些年，总有人问陈富银累不累，队员们见到他也总会开玩笑地叫他"拼命三郎"。但他认为，人的心中一定要有理想、有信念，有了坚定的理想和信念干工作就会充满干劲。

"只要组织一声号令，我便会毫无保留地把毕生精力献给挚爱的人民公安事业，只要人民群众需要，我就在！"陈富银坚定地说。

供稿：魏继宏

热血忠诚

甘肃公安先进典型风采录

杨明河

杨明河：扫黑队长的火热青春

杨明河，男，汉族，中共党员，出生于1982年，现任兰州市公安局刑警支队有组织犯罪侦查队队长。从警16年来，他始终奋战在打击各类违法犯罪行为的前沿阵地，案件不破誓不罢休，善于抽丝剥茧，不放过任何蛛丝马迹，先后参与侦破刑事案件数百起，抓获犯罪嫌疑人230余人，先后荣立个人二等功1次、个人三等功3次、获个人嘉奖1次。2024年1月被评为甘肃省第七届"我最喜爱的十大人民警察"。

2024年1月28日晚，"人民至上，忠诚礼赞"甘肃省第七届"我最喜爱的人民警察"评选揭晓，兰州市公安局刑警支队有组织犯罪侦查队队长杨明河名列其中。

揭晓仪式结束后，面对记者的提问，杨明河这样诠释刑警本色："作为一名刑警，我对自己的要求就是要有正气、有骨气。守护正义，打击犯罪是我们的工作，但是这个过程中也需要有骨气，经得住各种诱惑和考验，在面对穷凶极恶的歹徒时要有强大的气场震慑住对方，这叫正气。"

特警淬炼：藏蓝青春在激情岁月中燃烧

17年前，2007年，杨明河25岁。

临近毕业，行走于浅夏的校园，阳光揉碎了云层，倾泻一地温暖。这个夏天，甘肃政法学院公安分院侦查系的毕业生个个踌躇满志，意气风发。

杨明河站在学院门口，望着街道上人来人往车流有序穿行，一片岁月静好！眼前的盛世安宁更加坚定了他的梦想——走进警营，做一名优秀的人民警察。

作为土生土长的兰州人，杨明河深爱着脚下的大地，深爱着奔腾不息的黄河。杨明河期待着将大学所学用于守护一方平安。一颗青春的心憧憬着未来，他愿意将青春奉献在警营，把梦想实现在警营。

功夫不负有心人，2008年9月，杨明河通过公务员考试，成为了兰州市公安局特警支队的一名特警队员。

"是剑，就成为一把披荆斩棘斩断罪恶的利剑；是盾，就做一面坚不可摧护民平安的金盾。"入警之初，杨明河为自己定下了目标。

特警支队有着封闭式的管理和近乎严酷的纪律，训练时常常晴天一身汗，雨天一身泥。杨明河全身心投入学习训练和执法执勤，从未放松过对自身的要求。他学习掌握特警维稳处突克敌制胜的各项技能，在执勤过程中服务、救助人民群众百余次，协助抓捕各类犯罪嫌疑人100余人，参与完成各类大型活动安保执勤500余次，以为民初心履行特警职责，青春在激情岁月中燃烧。

在特警这座烈焰熔炉，两年淬火，杨明河淬炼出了忠诚的信念，坚强的意志、过硬的作风和一身钢筋铁骨。

长剑砺锋：干刑警就得破案子

13年前，2011年，杨明河29岁。

告别了特警，转岗市局刑警支队八大队。

兰州市公安局刑警支队八大队成立于1998年8月，建队之初主要负责缉私案件。随着犯罪形态的变化，利用手机短信、电话和网络等通信手段实施诈骗犯罪活动日益突出，老百姓深受其害。从2007年开始，八大队主要承担常规诈骗案件的侦办。

杨明河来之前就听说，八大队是一支与高智商、高科技犯罪较量的专业团队，是一支作风过硬、能拼善赢、保护人民群众财产安全的尖刀队伍。杨明河在大学里学的是侦查学，如今能在如此优秀的团队里正好可以发挥专业所学，这里就是他的刑警梦实现的地方。

第一天来八大队报到，首先接待杨明河的不是大队战友，而是满楼道排队报案的人民群众。他没想到，受骗的群众这么多！看到各个办公室忙着受理案件的民警和进进出出的受害人，杨明河感觉到了新岗位带来的压力和挑战。

面对诈骗犯罪，杨明河完全是一个"小白"。一切从头开始学。凡事最怕"认真"二字。杨明河认真学习办理案件所需的法律法规，不论白天晚上，一有时间就翻开法条"啃"起来。杨明河认真地接待报案群众，疏导情绪，做好笔录。认真跟着师父调查取证，到各个银行调取资金流水，分析研判海量数据，从不明就里渐渐也能理出头绪，讲出自己的侦查思路。

半年后，大队长赵志军说："明河这个小伙子不错，是当刑警的料。"杨明河深知，这是大队长对他的肯定，更是鼓励和鞭策。

剑锋所指，所向披靡。干刑警，就得破案子。

2012 年，大队接到一起集资诈骗案。10 多名受害人来八大队报案，杨明河受理了案件，通过仔细询问，他搞清了案件的来龙去脉。

犯罪嫌疑人王某以"投资联通、电信专网手机生意获利分红"为由，吸引认识的人来投资，投资周期为 3 个月，到期连本带利返还，利润按 20%—30% 的比例分红。受害人刚开始抱着试一试的心态，前几次正常连本带利返还，尝到了甜头。

"当时感觉只要投进去，在家躺着也能赚钱，谁知最后竟然是骗局！"一位上了年龄的受害人哭着诉说。

前几次的返利获取了投资人的信任。后来王某提出有大额项目，投得越多返利越多。

人心不足蛇吞象。投资的人为了获利更多，忍不住越投越大。有的介绍亲戚朋友加入，有的把借来的钱也投进去，有的甚至把房子抵押贷款。而另一边，犯罪嫌疑人王某将投资人的资金大肆挥霍，同时带着投资人到处旅游，吃喝玩乐，造成他作为最大受益人获利丰厚、实力雄厚的假象。直到资金被王某挥霍所剩无几，资金链发生断裂，此时投资人再也看不到返利的迹象。这时候大家都慌了，王某却消失不见了。

受案后，杨明河根据受害群众提供的线索，在相关部门支持下，锁定了王某的住处。到了王某的豪宅里，发现合同是假的，公章是假的，集资公司是假的。受害人这才知道，他们投的钱全部打了水漂，这位投资人眼中的"成功人士"，竟然是一个不折不扣的江湖骗子。

经过查证，王某实施集资诈骗行为前后长达三年，受害人多达70多人，涉及金额将近2亿。

"诈骗案件不同于其他刑事案件，对证据的关联性要求近乎苛刻，对犯罪嫌疑人的犯罪主观认定证据一定要确实充分。"面对犯罪嫌疑人到案后的百般抵赖和狡辩，杨明河跟着师父全面收集案件相关线索和证据，在最短的时间内追踪到了资金去向，成功将涉案部分资金依法冻结，尽最大努力为受害人挽回了损失。

办理这样的大案，杨明河是第一次。他非常珍惜这样的机会，跟着师父从出警、受案、侦查、研判、取证，到抓捕、审讯，直至提交检察院起诉，全程参与，边干边学边请教，前后历时两年时间，光案卷就做了40多本5万余字。

"这个案子对我有特殊的意义，办完这个案子，我有了刑警的自信，不再怯场了。"杨明河说。

人在事上练，刀在石上磨。对年轻刑警而言，成长从无捷径可走，只有办案件才能见世面、长才干。2亿金额的案子办过以后，杨明河可以"单兵"作战独当一面了。在一起起不尽相同的案件办理中，他与形形色色的受害人打交道、与各种各样的犯罪嫌疑人斗智斗勇，善学善为、善作善成、快速成长。不久之后，新人进入八大队，他从徒弟变成了师父。

据不完全统计，在八大队工作的7年时间里，杨明河参与侦破各类刑事案件500余起，其中省督案件8起，打掉犯罪团伙15个，抓获各类犯罪嫌疑人200余人，为受骗群众挽回经济损失约2.5亿元。

拔剑出鞘：侦破 21 年前命案积案

6 年前，2018 年，杨明河 36 岁。

由于业务过硬，成绩突出，杨明河被任命为兰州市公安局刑警支队二大队副大队长。二大队负责侦破抢劫、盗窃、诈骗、赌博、倒卖文物等案件。从民警到担任副大队长，杨明河的角色定位发生了转变，身上的担子重了，工作要从习惯性"跟着干"变成主动"带着干"，但刑警的使命没有变，为民的初心没有变。

队上的案卷里，有一起 1998 年发生的命案积案，保存下来的证据只有半枚指纹。受害者的家属每年都会在案发当天到队里来询问一下案件的进展情况。

"说实话，虽然案发时我还没有参加公安工作，但作为刑警来说，心里不好受，破不了案就没办法给死者家属一个交代。我想这

个案子要在我们手上有个结果。"

带着刑警内心深处的责任感，杨明河一直牵挂这个案子，工作中时时惦记着，处处留意着。"我希望有一天能发现新的线索，有新的突破。"

2019年11月8日，当听到兰州市公安局七里河分局刑事技术大队民警在指纹库里比中那半枚指纹时，忙于另一起案子多日奔波疲惫不堪的杨明河一下子来了精神。刑警的直觉告诉他，这起命案积案该画上句号了。

迅速行动！刑警支队立即成立了命案专班组进行综合分析研判，发现天水市麦积区的李某有重大作案嫌疑。在相关部门协助下，杨明河和战友们通过多日走访调查，确定了刘某的落脚点及其活动规律，并于2019年11月19日在天水一小区内成功抓获嫌疑人刘某，负案在逃的刘某没有想到，二十多年后这一天还是来了。

"当我们告诉他，我们是从兰州来的那一刻，他一句话都没有说，他的反应更加坚定了我们之前的判断。"杨明河回忆起当时抓捕的情形。

现实的问题摆在眼前。仅凭半枚指纹认定犯罪，显然证据薄弱。审讯成了最大的攻坚战。杨明河和战友们把嫌疑人带到了天水市公安局麦积分局办案场所。在全面采集犯罪嫌疑人基础信息后，审讯拉开序幕。犯罪嫌疑人一言不发，对民警的讯问置之不理，似乎听不见也不会讲话。

"虽然不说话，但犯罪嫌疑人表现得非常紧张，低着看地，双腿紧绷，双手一直相互摩擦。"杨明河注意到了这个细节，"通过嫌疑人身体的细微反应，他在思考怎样为自己辩解。"

发现这一情况后，杨明河对犯罪嫌疑人说了一句："20年了，你应该知道我们为什么带你到这里，你好好想一想。"

犯罪嫌疑人的头抬了起来，表情有了微妙变化，之前紧闭的嘴巴微张。接下来杨明河耐心讲解政策，告知刘某，目前科学技术在刑事侦查中发挥的作用、及早悔罪认罪对其本人积极的影响，以及为他的家人、子女考虑，如实交代罪行、争取宽大处理是他最好的选择，等等。

刘某的心理防线开始逐渐动摇，终于开口："能不能让我见一下父母还有孩子？"在听到杨明河合法合情的回答后，刘某交代了1998年6月2日，在兰州市城关区一住户入室抢劫杀人的犯罪事实。随后，杨明河带队在刘某住处一隐蔽角落搜查出21年前在受害人家中抢得的纪念币，为案件提供了铁的证据。

根据案卷记载，当时作案是两人。刘某虽然供述了犯罪事实，但同案犯还没有交代。

打铁要趁热。将犯罪嫌疑人押解回兰后，杨明河和战友们运用丰富的审讯经验，继续展开审讯攻势。通过讲道理、讲政策、讲法律、讲人情世故等，轮番开展攻心策略，经过激烈思想斗争，最终交代了其同伙赵某的基本情况和作案细节。

"我们抓住犯罪嫌疑人心理突破口进行讯问，最后嫌疑人说的犯罪过程和事实都与我们前期所掌握的情况完全相符。"一起长达21年之久的命案由此告破！

"这一切都是值得的！群众看我们刑警，看的就是破案，为了维护公平正义，给人民群众一个交代，我们必须竭尽所能、拼尽全力！"

挥剑惩凶：扫黑除恶扫出朗朗晴空

3 年前，2021 年，杨明河 39 岁。

2021 年 9 月，杨明河被任命为兰州市公安局刑警支队有组织犯罪侦查队队长。有组织犯罪侦查队，同行又称"扫黑队"，顾名思义，是一个专门负责扫黑除恶工作的大队。

锄一害而众苗成，刑一恶而万民悦。早在 2018 年 1 月，中共中央、国务院发出关于开展扫黑除恶专项斗争的通知，2021 年，中共中央办公厅、国务院办公厅又印发了关于常态化开展扫黑除恶斗争巩固专项斗争成果的意见，对常态化开展扫黑除恶斗争作出安排部署。

扫黑除恶进入了常态化，作为兰州公安唯一一支扫黑专业队大队长，杨明河深知使命艰巨、责任重大。"老百姓痛恨什么、厌恶什么，我们就打击什么、铲除什么。"

2021 年以来，杨明河带领有组织犯罪侦查队打掉黑社会性质组织 1 个、恶势力犯罪集团 2 个、恶势力团伙 1 个，指导兰州新区公安局破获杨某恶势力犯罪集团案，抓获犯罪嫌疑人 42 名、破获刑事案件 47 起，全市公安机关常态化扫黑除恶斗争战果全省连年排名第一。

2022 年 6 月 9 日，兰州市七里河区居民席某因在网络平台多次借款被线上暴力催收后报警。经初步审查，案件于 2022 年 6 月 20 日立为"4·27"寻衅滋事案。

杨明河在工作中进一步发现，以李某为首的团伙，在明知无任何网络贷款资质的情况下，在重庆市通过"免抵押""快放款""低利息""延长贷款期限"等手段诱骗受害人贷款。在审核资质时非法

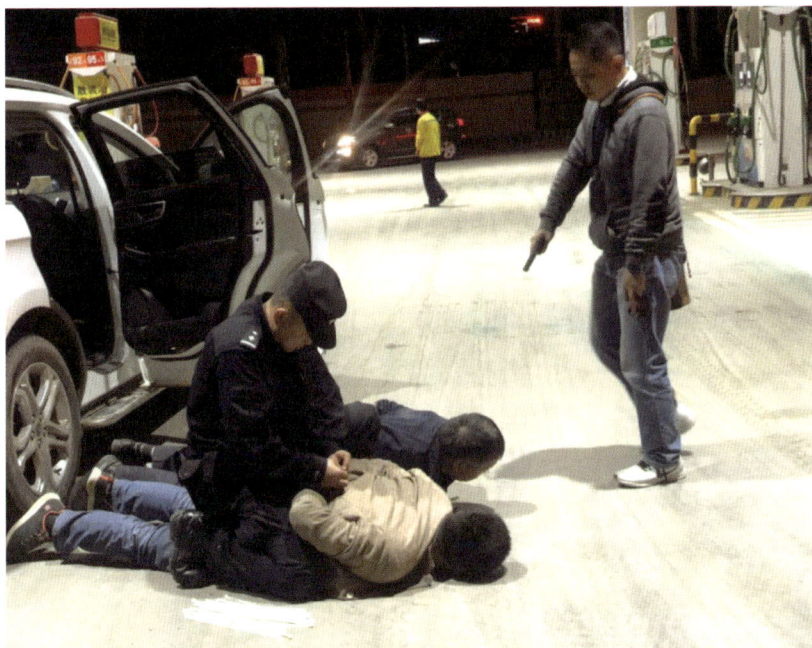

获取借款人身份资料、手机通讯录、短信、网贷信息等，收取"砍头息""逾期费"，七天一期，制定阴阳合同，不断垒高债务，迫使借款人不断以贷养贷、以贷平账，最后以电话、短信、微信语音辱骂、爆通讯录、威胁上门催收等软暴力手段向借款人施压进行催收。

"这是一个典型的网络套路贷犯罪集团，有新业态涉恶犯罪的重大嫌疑。"作为全市唯一一支扫黑专业队，全体队员在打击传统黑恶犯罪方面虽然都是行家里手，但面对互联网黑恶犯罪，一开始也都是无从下手。

为了迅速打开工作局面，杨明河时常前往省厅扫黑办，虚心学习相关案例及经验，晚上回到队上，结合案件实际，分析研究打法方向。

短短一个月时间，大家对涉网黑恶犯罪有了全新的认知。为了检验学习成效，提升队伍实战能力，杨明河带领大家对兰州市公安局安宁分局和西固分局之前打掉的两个网络套路贷团伙中，涉及的贷款风控平台进行大数据分析，研究全链条打击网络套路贷犯罪集团的技法和战法，竭力为案件侦破打下基础。

同时，杨明河和办案民警根据受害人提供的信息，不分白天黑夜地游走在网安、合成作战等部门，从大数据研判到分析各种网络平台运行模式。经过层层抽丝剥茧，终于查明了以李某为首的犯罪团伙实施犯罪的过程。

"当时犯罪团伙已在重庆市永川区通过网络向全国31个省、市2800余名被害人实施高利放贷、催收，市局通过全国协查及自核被害人156人，其中16人自述被软暴力催收。"杨明河语气坚决，"这个团伙的行为，扰乱了全国多地市场金融秩序，严重影响了贷款人正常生活。我们必须重拳出击，为民除害。"在紧锣密鼓的工作后，犯罪事实逐一查实，案件进入集中收网阶段。

2022年8月，杨明河带领"4·27"专案组民警赴重庆开展收网工作。山城气温40多度，大家克服水土不服、蚊虫叮咬，酷热难耐等种种不利因素，争分夺秒摸排研判犯罪窝点，没日没夜蹲点守候犯罪嫌疑人。面对抓捕过程中出现的种种意外造成的挫折，他给身边的战友加油打气："干刑警必须要有耐心和韧性，要想收获成功的喜悦，必定要不怕吃苦，冷静应对各种突发情况，敢于克服一切艰难险阻。"

在杨明河的感召下，专案组成员们勇往直前，经过20天的连续作战，先后抓获犯罪嫌疑人10名、捣毁犯罪窝点3个。现场查扣手机、电脑等作案工具14部，涉案资金9000万余元。

至此，"4·27"专案成功告破。

担负使命：遇到危险带头冲在前

时光的年轮转到了 2024 年，杨明河 42 岁。

担负刑警使命，杨明河一刻不曾停歇。仅 2023 年，杨明河在外侦办案件累计 8 个月，足迹遍及 10 多个省份，行程超过了 6 万公里；带领团队破获网络敲诈案件 103 起，抓捕犯罪嫌疑人 200 余名。

随着时代发展，网络犯罪普遍，刑侦需要对海量数据进行分析，寻找相关线索。前往全国各地出差，抓捕犯罪嫌疑人已经是刑警工作的常态。在杨明河的记忆中，每次出差一两个月都很正常，长的时候达到 3 个月。"每次出差，时间、地点都不确定。走的时候穿着短袖，回来的时候穿着毛衣。"

"每次都没法给家人说清楚。"杨明河说，"我们都习惯了。有一次，我们一天跑了三个城市。从厦门赶到南京，核查完犯罪嫌疑人信息后，又急匆匆赶到杭州，顾不上休息，凌晨时分又开始在犯罪嫌疑人有可能出现的地方蹲守。"

"我们队长办起案来，有那么一股子狠劲。"队员刘万庆说，为了一个案子，他可以整宿整宿不睡觉。有时候，刚躺下，突然想起一个点子，一骨碌爬起来接着干。

在刘万庆的印象中，杨明河办案总有自己独特的角度，从蛛丝马迹中找寻出案件的真相，而且在办案过程中，每次遇到危险的场景，他总是身先士卒，冲锋在前。

"这是刑警队的传统，我以前的队长都是这么做的。遇到危险，队领导要带头往前冲。"杨明河说，在危险面前，作为队长一定要挺身而出，做兄弟们的"安全墙"。

有一次，为了抓捕一名犯罪嫌疑人，杨明河带领队员悄悄潜到犯罪嫌疑人房门前，就在打开房门的刹那间，犯罪嫌疑人一跃而起往外冲，一边从怀里掏东西。担心犯罪嫌疑人随身携带凶器，杨明河顾不得多想，一个箭步上前，把犯罪嫌疑人牢牢地压在身下，其他队友紧跟其后，赶上来把犯罪嫌疑人控制住，从怀里搜出一把匕首。

"比这更危险的场景也多得是。"杨明河说，每次抓捕犯罪嫌疑人，既不能让队友受伤，也不能让犯罪嫌疑人受伤。

"两害相权，往往受伤的就成他自己了。"中队长伏凯军说，"有一次在抓捕犯罪嫌疑人过程中，为了避免嫌疑人头部着地受伤，杨队只能让自己先着地，结果膝盖重重磕在地上，紧接着嫌疑人壮实的身躯又狠狠压在了膝盖上，导致到现在杨队的膝盖仍留隐痛。"

"杨明河是刑侦战线上一把利刃。这源于他始终坚持'人民至上'，锲而不舍追求案件真相。"兰州市公安局刑警支队副支队长吴军说。

供稿：兰公政

热血忠诚

甘肃公安先进典型风采录

贺 兵

贺　兵：经侦战线的"骁勇战将"

　　贺兵，男，汉族，中共党员，出生于1979年，甘肃嘉峪关人，现任嘉峪关市公安局经济犯罪侦查支队政委。从警20多年来，他一直坚守基层侦查一线，侦破各类刑事案件2000余起，打掉犯罪团伙80余个，抓获违法犯罪嫌疑人500余人，破获重、特大疑难案件100余起，挽回经济损失5亿元。因工作成绩突出，先后荣立个人二等功1次、三等功4次、嘉奖6次，被评为甘肃省第七届"我最喜爱的十大人民警察"。

　　总有一种责任冲锋在前，总有一种使命义无反顾。

　　哪里有危险他就冲向哪里，哪里有危难他就出现在哪里。

　　他把人民群众当作父母亲人，满腔热情，无私奉献，用忠诚时刻践行着全心全意为人民服务的誓言。

把黑暗抵挡在群众看不见的地方

　　时间的指针定格在2007年初春的一个夜晚。嘉峪关市北大河南岸戈壁滩上，一名年轻的女出租车司机的生命戛然而止，29 岁的大好年华，转瞬间被凶残的恶魔砸得粉碎。

面对受害人老迈的双亲和贫寒的家庭，人民警察的誓言激励着这位嫉恶如仇的年轻刑警。

在经过大量摸排工作后，被害人被抢的手机在一间洗头房被发现，贺兵夜以继日对出入洗头房的人员进行调查摸排，终于确定了一名做煤炭生意的李姓男子有重大作案嫌疑，随后他对全市经营煤炭的相关行业场所进行认真调查走访，最终确定了该男子的身份。在锁定嫌疑人位置后，面对凶残的犯罪分子，贺兵不顾个人安危，主动请缨化装成电信局工作人员，在其家中将犯罪嫌疑人成功抓获，这凶险万分的抓捕场景只是他日常工作中的普通一幕。

在刑侦岗位上，他敏锐果敢，精准预判，迅速出击。步步惊心的一幕幕无声上映：在犯罪分子吃完亲人做的最后一顿饭，步行进入祁连山以放牧为名准备藏匿的最后时刻将命案嫌疑人抓获，迅速破获 2007 年"1·04"故意杀人案；识破犯罪现场的迷惑伎俩，同恶

魔较量、与时间赛跑,从看似无关紧要的闲谈中,一点一滴追寻真相,一层一层抽丝剥茧,成功突破 2007 年 "2·07" 碎尸杀人案;多次调整侦查方向,重新定性疑点案件,反复开展侦查实验侦破 2008年 "5·15" 故意杀人案、2013 年 "1·15" 抢劫、放火案……大案侦破的背后,他和战友们将黑暗抵挡在群众看不见的地方。

明察秋毫,为民护航经济发展

2014 年,贺兵转战经侦战线。经侦工作不同于刑侦工作的 "大开大合",需要在细微处见文章。初识时,他凭借刑侦工作积累的经验顺藤摸瓜,但在沉下心、钻进去后,才发现经侦案件每一个细枝末节都是考验。经侦民警不仅要具备高超的侦查本领,还需掌握大量的金融、商业、财会知识。如今,在贺兵的办公桌和家里,都摆放着大量金融、法律等方面的书籍。在他看来,经侦工作就像是 "蜘蛛网",要从千头万绪间找 "出口",在一团乱麻中理思路。

2015 年 4 月,公安部经侦局向嘉峪关市公安局交办了涉案金额高达 12 亿元的部督 "4·04" 骗取贷款、票据承兑案。在案件侦办过程中他边熟悉案情边学习相关金融专业知识,在嫌疑人到案后,面对 "巧言善辩" 的高智商金融博士、银行高管,案件一度陷入了僵局。贺兵大胆提出通过邮件重点突破的侦查思路,对嫌疑人 250G 的邮件一一进行检查,获取了策划实施违法犯罪的客观证据,查明了伪造银行授信、审计报告、保兑保函等关键环节。在查证资金流向过程中,贺兵同志同专案组成员行程数万公里,先后辗转上海、北京、广东等十余个省份,共查询涉案企业和个人资金账户 800 余个,捋清 12 亿涉案资金流向，为案件成功侦破指明了方向，该案被评为 2018 年全省经侦十大经典案例。

在扫黑除恶专项斗争中，"10·29"专案被列为全国扫黑办挂牌督办案件，贺兵发挥经侦工作特长，指导侦查人员先后五次赴外地开展调查取证，查封冻结扣押涉案土地、房产、股权、存款、车辆等财物价值 13 亿余元，形成案卷 350 余册，为彻底摧毁该犯罪组织、防止其死灰复燃敲上最后的"钉棺钉"。

担任经侦大队长之后，他屡破要案：在 2020 年有关单位移送的"7·20"酒钢天成彩铝公司被合同诈骗案侦办中，贺兵深研细判，主动出击带领专案组成员赴河南经过三十多个小时的蹲守，成功抓获主犯马某峰并长途跋涉两千公里安全押回。此案为酒钢集团挽回经济损失 2.9 亿元，从根本上帮助企业解除困境。

2023 年 2 月，贺兵通过深挖案件线索，发现陕西企某实业有限公司向全国 10 省市 29 家企业大肆虚开钢材增值税专用发票。他带领侦查民警紧扣资金、依托票据。查明该企业虚开增值税专用发票 2880 份，税额 2647 万元、价税合计 2.5 亿元。该案抓获犯罪嫌疑人 12 名，挽回税款损失 830 万元，同时发起全国数据协同。该案技战法也得到公安部高度好评并采用刊登。

忠孝难全，为民含泪抛家舍业

贺兵的妻子是一名列车员，长年在东来西往的列车上，每年只有一半时间在家，再除去他加班不能回家、外出办案，两人相聚的时间少之又少。寒来暑往，冬去春来，二十年中有多少次妻子打来电话说家里的老人、孩子生病了；有多少次他又是十几天没有回家；有多少次儿子进门便问："爸爸，这个周末，你能不能陪陪我。"

常年的一线工作让他旧疾未愈又添新伤，长期伏案工作造成的腰肌劳损让他腰里打入 8 根钢钉，每每阴天都疼痛难忍。同事常问他："这么拼，值吗？"他总是笑着回答："只要能扫清黑恶，我的身体完全扛得住，再说，我身体中不是还有'铮铮铁骨'嘛。"

在公与私的天平上，他处处以公安事业为重，以人民群众为重，无私忘我，抛家舍业。2016 年母亲遭遇严重车祸住院时，他在北京出差办案。忠孝难两全，带着家人的声声嘱托与叮咛，带着对亲人的无限牵挂与愧疚，他又以高度的责任感忘我地工作，南征北战，忙东忙西，战酷暑、耐严寒，以最高的标准、最严的要求、最硬的措施、最佳的精神状态投入到侦查破案之中，以忠诚谱忠曲，以铁骨写人生，用一封又一封捷报、一个又一个奖章来回报家人的理解和支持。

不是星星却照亮了璀璨的星空，不是勇士却擎起了不屈的脊梁，不是天使却温暖了每位群众，贺兵——一名普普通通的人民警察，胸怀百姓，心系群众，在平凡的岗位上用汗水、真情和青春发着光和热，用良知坚守了应有的职业道德，用信念树起了一面共产党员的旗帜！

供稿：赵臻阳

热血忠诚

甘肃公安先进典型风采录

张 怡

张　怡：以人民利益为重
向人民满意而行

张怡，男，汉族，中共党员，出生于1989年，现任兰州市公安局七里河分局经侦大队大队长。从警12年来，他始终坚守奋斗在打击犯罪、服务人民、保护人民生命财产安全的第一线。特别是在电诈案件研判打击和追赃挽损、数据研判追逃、经济犯罪侦查等方面取得突出成绩，受到领导同事和群众的一致认可，先后荣立三等功4次、嘉奖2次，2022年8月被授予全国"人民满意的公务员"。

显示大屏滚动闪烁，电话铃声此起彼伏，民警不断穿行在各个工作台之间……走进兰州市公安局合成作战指挥中心打击研判专班的工作大厅，紧张、有序、忙碌的工作氛围扑面而来。在获得全国"人民满意的公务员"荣誉之前，张怡就工作在这里。

张怡参加公安工作12年以来，将最美好的青春年华奉献给热爱的公安事业。从打击电信网络诈骗犯罪一线，到合成作战指挥中心分析研判，从数次投身安全稳定防控到担任分局经侦大队大队长，一路走来，张怡牢记职责，不辱使命，以精湛的业务能力、过硬的工作作风，高质量完成了党和人民赋予的工作任务。

勇敢追梦，与反电诈结缘

2012 年 9 月，张怡从中国刑警学院毕业，考入兰州市公安局，被分配在刑警支队八大队工作。当时八大队主要负责电信网络诈骗犯罪的研判打击工作。

入警第一天的情形，张怡至今记忆犹新。时任八大队大队长赵志军对他说："反电诈工作需要经常出差，非常辛苦，你要做好心理准备，干得了就留下，干不好就走人！"

"干得了！"

新警的倔强写在脸上。张怡没有丝毫犹豫就回答了。

接下来的三个月里，张怡以实际行动证明了他干好工作的决心和能力。从案件研判到抓捕审讯再到移送起诉，张怡处处留心、时时用心，学中干、干中学，白天黑夜，没有上下班概念，他利用一切时间学习、充电，总结各类案件打击战法，要求自己在短期内成长为反诈业务的尖兵、能手。

2012 年 12 月，张怡跟着师父第一次到厦门出差办案，虽然行动并不顺利，但历经几多曲折，涉案犯罪嫌疑人悉数落网。首战告捷，鼓舞了张怡打击电诈犯罪的信心。

自此，张怡一直在两种状态间无缝隙转换：要么泡在大量数据中分析研判案件侦破要素，要么奔波在出差路上追捕犯罪嫌疑人。

从 2012 年 9 月至 2020 年 10 月，8 年时间里，张怡共参与破获各类电信诈骗案件 600 余起，抓获电信诈骗犯罪嫌疑人 500 余人，为人民群众追回经济损失 1000 万余元。

丰硕战果的背后，是张怡和战友们驰而不息的奋斗。大队内勤那里有另一份统计，在 2012 至 2020 年 8 年间，张怡每年出差时间达 5 个月以上。

初心炽热，以人民利益为重

随着社会经济高速发展，电信网络诈骗犯罪持续高发，在诈骗犯罪中所占比例不断提高。

"电信诈骗犯罪分子手段隐蔽，被害人警惕心低，一旦被骗，往往把多年甚至一生的积蓄都投进去，倾家荡产，甚至走投无路，放弃生命，种种后果令人痛心疾首。"张怡对受害群众的遭遇深有感触，"身为刑警，接了案，我们就要给受害人一个交代。"

2014 年初，八大队接到受害人徐某报案称：其因患有严重糖尿病，通过网络认识一个自称是国家糖尿病防控中心的工作人员，该工作人员向其介绍一种叫"平糖王"的药物对于糖尿病的神奇疗效，徐某遂购买了数万元的药物，但服用之后无任何效果。2013 年该药被"3·15"晚会曝光为假药，骗子又冒充北京药监局的工作人员，以对徐某购买假药的损失进行赔偿、交纳保证金、税款为由，二次骗取徐某 60 余万元。

"因该案件为网络诈骗，无实体性接触，且涉案电话已全部停用，我们就将侦查重点转移到资金流中。通过对涉案银行账户交易明细的调取，确定了涉案资金流向。"2014 年春节还未过完，张怡主动请缨，对该案展开侦查。

张怡带领侦查员奔赴北京、河北多地，通过调阅分析大量的视频资料，初步确定了犯罪嫌疑人出行路线、规律，继而确定了犯罪嫌疑人的真实身份及其在河北涿州一快捷酒店的藏身地点。

连续坚守3天3夜后，第4天凌晨2点，犯罪嫌疑人李某某终被锁定。

考虑到酒店楼层高，夜间强行破门风险较大，张怡在犯罪嫌疑人住的房间门口守候了一夜。

清晨六点，天微微亮。考虑到此时往往是犯罪嫌疑人防范意识最薄弱的时候，张怡化装成酒店服务员，叩开了犯罪嫌疑人的房门："先生你好，楼下房客给前台投诉，您住的房间马桶漏水了，我来检查一下。"门开的一刹那，张怡飞速冲了进去，这时犯罪嫌疑人李某某反应过来，转身往窗户方向冲去，张怡一个箭步扑上去，将李某某扑倒在地。

在房内及李某某租借的车辆中，查获了作案期间用于诈骗的银行卡、作案手机等作案工具。考虑到该案有多个犯罪嫌疑人，为防止走漏风声，张怡和侦查员振作精神对犯罪嫌疑人李某某进行审讯。李某某深知自己罪行严重，抱有侥幸心理，抵触情绪大，为逃避法律制裁，对犯罪事实闭口不提。

"每当这种时候，就是办案民警和犯罪嫌疑人心理和身体较量的决胜时刻。"张怡和侦查员们运用多种审讯技巧，逐一突破，步步紧逼，在强大攻势下，历经三个小时，犯罪嫌疑人李某某的心理防线全面崩溃，对其犯罪过程和盘托出，并交代出了同伙信息。

当日9点，张怡和侦查员们迅速出动，对另一名犯罪嫌疑人蔡某展开抓捕。蔡某居住在河北省涿州市一小区的出租房屋内。张怡到达小区后，说服小区物业人员，以查电表为由，成功将蔡某与另一名犯罪嫌疑人郭某抓获，并在蔡某居住的出租房内查获到其用于诈骗的 VOIP 网络电话、诈骗剧本、涉案银行卡等关键证据。

案件在后期被顺利诉讼，犯罪嫌疑人均被依法判决。"遗憾的是，这个案子和大多数电信诈骗案件一样，受害人被骗资金已被分流殆尽、挥霍一空，但是只要有一线希望，我们会付出百分之百的努力。"张怡说。

2018 年 7 月，市民潘某报案称，他在网上投资彩票被骗 110 余万元。

"此案损失金额高，诈骗持续时间较长，被害人潘某发现被骗时距离案发已经一月有余，案件侦办难度很大。"张怡的徒弟刘国庆说。

张怡带着刘国庆对案件被骗资金流转环节开展深度研判，逐级追查溯源，每天只睡几个小时，最终在海量数据信息中锁定犯罪嫌疑人，为案件打开突破口。

人员身份落定后，张怡和侦查员连夜奔赴山东章丘开展摸排侦查。

"犯罪嫌疑人为躲避公安机关调查，狡兔三窟，有多个藏身区域。"通过连日不休的实地走访，逐渐缩小了排摸范围，逐步将犯罪嫌疑人日常活动轨迹刻画还原出来，并且理清了犯罪嫌疑人实施诈骗期间的数据信息链条。

经过不懈努力，张怡和侦查员最终将犯罪嫌疑人胡某抓获，并在现场查获犯罪嫌疑人还未来得及挥霍的 78.7 万元赃款。

当受害人潘某领回被骗资金时，当即流下感激的泪水。三天后，他将一面精心选制的锦旗送到了张怡手中："张警官，谢谢你们，是你们救了我的命！"

挥剑逐梦，迎难而上破大案

2018年5月3日，兰州市公安局安宁分局接到被害人李某报案，2017年11月8日至2018年1月19日期间，李某接到一自称股票分析导师的电话后，注册对方推送的一炒股平台，随后按照对方要求让导师远程操控其电脑，为其在该平台充值，李某先后在平台充值7次充值共28万余元。后经过"导师"的推荐和引导，短短一个月内，28万余元资金全部亏损。

经侦查，该案系团伙作案，犯罪嫌疑人位于广州市某写字楼内，以"导师荐股"为手段疯狂实施诈骗，全国各地都有人上当受骗。

因案件涉及面广、人员众多、涉案金额大，市局成立由刑警支队和安宁分局组成的"5·03"专案组。张怡被抽调为专案组成员，赶赴广州开展先期侦查取证工作。

"我们追查案件的资金流、调取查询大量银行卡明细后，发现被害人资金经过层层洗转，进入大型'水池'，与赌博、外贸、货币兑换、虚拟币交易等资金往来掺杂在一起，这样一来，无法精确甄别被害人的资金。"张怡介绍，"资金流侦查受阻，追查研判进入死胡同。"

缜密分析后，凭借之前同类型案件的侦办经验，张怡建议专案组另辟蹊径，转移工作重点——围绕案发期间直接与被害人联系的业务员开展侦查。

果不其然。经对业务员的个人背景信息大量查询梳理和汇总分析后，发现该业务员在广州市天河区一写字楼内工作。以此业务员为起点分步拓展，发现该犯罪团伙在天河区内有3个窝点共计30余名犯罪嫌疑人。

案件取得重大突破。张怡带领侦查员化装侦查，对3个窝点多次踩点。通过实地摸排与研判信息汇总分析，厘清了犯罪团伙人员构架。

在对窝点和人员都确认的情况下，市局决定派出多部门40余名支援警力赶赴广州，对3个窝点实施抓捕。

"但是该团伙的主犯袁某频繁活动于广州、深圳、惠州等城市，其精确位置还未确定，抓捕工作不敢贸然开展。"结合先期的人员背景调查情况，张怡大胆推理并通过摸排验证，准确定位了团伙主犯袁某位于惠州的精确位置。

专案组把握战机，派抓捕组前往惠州，将袁某成功抓获。

收网行动开始，前两个窝点顺利突破。张怡带领侦查员预先到达第三个窝点位置，蹲守在居民楼的安全通道内，顶着广州近40度的高温，在封闭走廊内一待就是4个多小时。

一声令下。根据预先安排好的抓捕方案，张怡带领侦查员破门后，快速将屋内4名犯罪嫌疑人控制，未留给犯罪嫌疑人从电脑中毁灭证据的任何时间和机会，大量犯罪证据得到完整提取和固定，为后期案件圆满诉讼提供了有力支撑。

厚积薄发，研判平台显身手

2020年，张怡参加了兰州市公安局举办的首届研判分析师考试，通过层层筛选，考取了高级研判分析师资格，被遴选到"龙头警务""最强大脑"的合成作战指挥中心工作。

　　"我的工作岗位从一线的冲锋陷阵、直击犯罪转变为退居幕后，通过对海量数据建模分析，从众多线索中抽丝剥茧，提炼有效数据，为更多案件打击提供服务支撑。"张怡对自身新的工作职责有着明确定位。

　　2021年2月3日，兰州市公安局西固分局接到一受害群众寇某报案，称其经人介绍使用了名为"千寻plus"的炒股App进行所谓的股票交易，先后被骗累计达180余万元。

　　经过分析，张怡发现："该案属于变异的荐股类诈骗，即在常规的荐股类案件基础上进行作案手法和作案细节的演变，犯罪嫌疑人采用真实股票市场交易作为诱饵，再用程序漏洞蚕食被害人本金，类似的被害人遍布全国各地。"

　　张怡不分昼夜浸泡在数据海洋里，带领数据攻关小组对该案件进行全维度研判，经过层层筛选碰撞和结构化数据剥离，摸清了犯

罪团伙的组织构架脉络和基本犯罪手段，并逐步确定了各环节嫌疑人藏身窝点。

目标明确后，专案组迅速奔赴四川、湖南、福建等地同步行动，统一收网，共抓获犯罪嫌疑人49名，捣毁跨越三省多市的犯罪集团，串并破获该团伙在全国20多个省市区涉及的200余起案件，实现了对整个犯罪网络全链条生态化打击。

"2·03"电信诈骗案，成为全省公安机关对新、奇、特高度变异电诈犯罪研判打击的首起案件，案件也被评为2021年度全省公安十大精品案件。

"张怡转换身份和视野，将自己多年的一线侦查思路和经验运用到实际研判中，从侦查员角度对案件开展全面研判，取得了出其不意的效果。"兰州市公安局合成作战指挥中心打击研判专班主任吴军说。

2021年以来，张怡带领的打击研判专班研判组，肩负着兰州市城关区、安宁区、西固区、红古区等辖区的电信诈骗案件的研判打击工作。其间，张怡带领团队研判破获了3起全链条打击的电诈案件，抓获犯罪嫌疑人170余名。两年多来，张怡直接参与指导破获一批重特大电诈案件，助力全市创造了电信网络诈骗案件发案同比下降29.21%，发案较全省低22个百分点，较全国低28个百分点，抓获犯罪嫌疑人数同比上升37.79%，紧急止付资金同比上升92.9%，冻结资金同比上升86.3%，返还受害人资金同比上升91.18%的"一降五升"的历史性成绩。

公而忘私，人民满意是追求

多年来，张怡一直工作在反电诈一线，他出差在外的时间远远多于在兰州工作的时间。徒弟刘国庆说："有段时间，张怡带着我频频出差，以至于我们从外地回来后同事们开玩笑说，你们又到兰州来出个差吗？"

"没办法，案子不等人。"对此张怡这样说。

2019年，兰州市居民李某被人骗往宁夏银川贺兰县从事传销活动，其亲属求助至市公安局刑警支队。

李某被传销团伙洗脑，一意孤行前往贺兰县赚大钱。张怡通过李某亲属与李某取得联系，以公安民警身份获得李某信任，在电话里以案说法、剖析传销陷阱中的逻辑漏洞。李某被张怡专业的讲解打动，按照张怡建议先回到兰州。见面后，张怡向李某普及法律、

分析事实，击破李某"一夜暴富"的发财幻想，将他引回了生活正轨。

事后，李某女儿送来一束自己种植的鲜花，上附有一张卡片，写道："感谢警察叔叔挽救我父亲于危险边缘。"花瓣晨露尚未干透，鲜花颜色和种类是精心挑选和搭配过的。卡片上字迹工整，一看就是用心书写。

张怡感动不已："一张卡片，一捧鲜花，满载人民群众的心意。我只是做了一名人民警察分内的工作，却赢来如此深情的回馈，这是人民群众对我们工作最大的肯定。而这份肯定，正是我和战友们牢记使命砥砺前行的不竭动力！"

2022年8月30日，张怡作为公安系统代表参加了在北京人民大会堂举行的全国"人民满意的公务员"和"人民满意的公务员集体"表彰大会，受到习近平总书记亲切会见。

对于一名基层公安民警，这是至高的荣誉，这是无上的光荣，更是莫大的激励！

"生逢伟大时代，肩负光荣使命，更需脚踏实地，驰而不息、勇毅前行。"获评全国"人民满意的公务员"后，张怡感言，"荣誉是对过往的总结，更是对未来的鞭策。不管走得多远，我都始终将人民利益担在肩上，将人民愁盼放在心上，不忘初心、不负韶华，努力以更出色的作为、更优异的业绩回报党和人民的厚爱，奋力书写好今后的从警篇章！"

供稿：兰公政

热血忠诚

甘肃公安先进典型风采录

朱有文

朱有文："森林卫士"逐绿而行

朱有文，男，汉族，出生于 1975 年，甘肃民勤人，现任甘肃省公安厅森林公安局祁连山分局乌鞘岭派出所所长。从警 20 多年来，他一直坚守在条件艰苦的基层森林公安一线，参与和负责办理各类案件 400 余起，先后多次获得省市级"科学技术进步奖""十佳个人""优秀团支部书记""先进个人""先进工作者""优秀公务员"等荣誉称号，2023 年被省公安厅授予"全省优秀人民警察"。

"回首更疑天路近，恍然身在白云中。"主峰海拔 4200 多米的乌鞘岭，披云裹雾，蜿蜒曲折，是扼守河西走廊的门户，千百年的雨雪风霜，塑造出了它苍劲雄浑的巨人轮廓。在这里，全省优秀人民警察、省公安厅森林公安局祁连山分局乌鞘岭派出所所长朱有文数十年如一日地坚守着，无惧无畏。"穿起这身警服，就要对得起党和人民的信任！"这是他常说的一句话。

走好自己想走的路

众所周知，森林公安是一个特殊的警种，担负着维护林区治安秩序稳定，保护野生动植物资源，维护生态安全的艰巨任务。他们常年以山为伴、以树为依，远离城市的喧嚣、家人的陪伴，扎根林区一线，数十年如一日默默地穿梭在林海中，脚印踏遍林区每个角落，时刻同涉林违法犯罪作斗争，工作平凡而又伟大。

在加入森林公安队伍之前，朱有文曾是天祝县乌鞘岭林场的一名林业工程技术人员，因工作需要他经常到基层一线林区驻点开展森林资源调查等技术性工作，其间他发现林区盗伐林木等违法现象极为严重，而且当地群众法治观念非常淡薄。由于历史条件限制，森林管护力量和措施也严重不足。在长期与群众的沟通交流中，朱有文得知，林区内野生动物种类数量与以往相比下降严重，个别物种甚至已经绝迹。每当想起这些事情，他就感到无比痛心，这也让

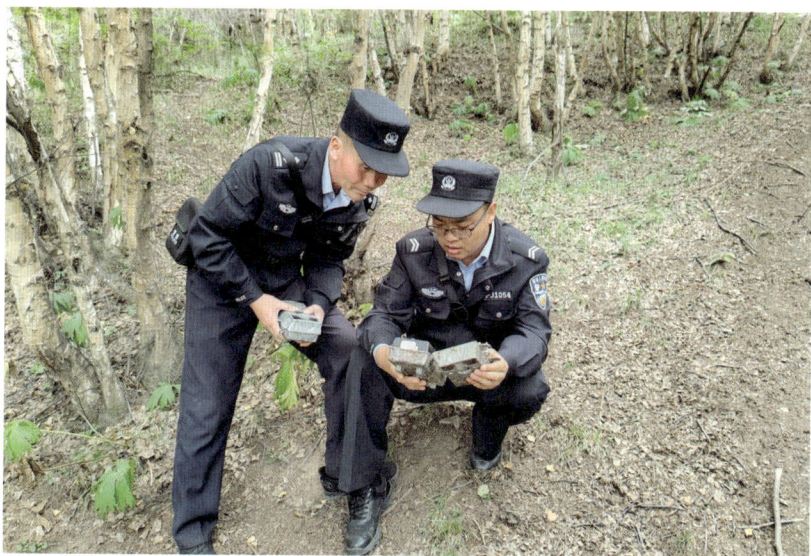

他暗下决心：一定要尽己所能遏制种种违法行为，保护好生态资源。

也是机缘巧合，2002 年，朱有文通过自己的努力如愿加入了森林公安队伍，从此 20 多年如一日穿梭在茫茫林海中，飞禽走兽都成景，枝枝蔓蔓皆是画，青山绿水是他最忠实的观众。其实，这份工作是平淡的，但他却因为看到奇珍异草竞放、野生动物奔走、生态环境好转而觉得自己的执着都是值得的，也为自己的付出而感到自豪。每当身边的同事和朋友问起当初选择转行的原因，他总是意味深长地说："脚下的路，也许只有走你想走的那条，才能走得更好、走得更远。"

刀在石上磨，人在事上练

"刀要在石上磨，人要在事上练，不经风雨、不见世面，是难成大器的。"这是朱有文长期在基层一线工作的体会。

基层一线烦琐复杂工作的磨炼，造就了朱有文无惧挑战、不怕麻烦的个性。虽然条件相对艰苦，但凭着对森林公安事业的一腔热忱，他毅然坚守在被大多数人视为"荒凉苦寒之地"的乌鞘岭。多年来，他的足迹踏遍了辖区的沟沟岔岔、山山水水，辖区的每一处村庄、每一户农舍的群众都对他印象深刻，而他则对林区的地形地貌、森林资源状况和山林社情了然于胸。

有一段时期，朱有文所在辖区内某处的天然林盗伐现象接连发生，社会影响非常恶劣。鉴于当时条件所限，加上作案人员反侦查能力很强，案件一度陷入僵局，让大家倍感压力。为及时遏制乱象和形成有效震慑，在制定案件侦破方案时，朱有文将以往在林区驻点工作时掌握的"三情"信息融入其中，积极助力侦破工作。时值隆冬季节，朱有文和同事们坚持每天夜间在关键地段进行巡查和监控，零下 20 多度的天气，厚厚的棉衣棉鞋仍抵挡不住阵阵袭来的彻骨寒气。在经过近一个月紧锣密鼓的摸底排查和爬冰卧雪的蹲点守候，案件终于迎来转机：在一个漆黑的凌晨，一辆灯光微弱的农用三轮车从远处缓慢驶来，朱有文和同事们立即赶到路口转弯处安静等候，等车辆靠近后迅速将其截停，一名嫌疑人被当场控制，另一名逃跑的嫌疑人在此后选择了自首，该案侦破并移送起诉后，两名当事人受到了应有的惩罚，形成了长久的震慑效果。自此案件之后至今，辖区内较大规模盗伐林木案件再也没有发生过。回顾以往的林区乱象，他终于有了一种如释重负的感觉。

于平凡中见真章

2024 年元旦刚过，朱有文接到一个电话，称辖区某重点林区内发现疑似非法狩猎的野生动物活体。接警后，朱有文迅速组织人员开展调查。由于不法分子的作案手段隐蔽，现场仅发现相关物证，朱有文马上报告上级请求支持，并主动请缨，在天寒地冻的荒野山林中彻夜守护物证。脚冻木了就轻轻跺一跺，耳朵鼻子被冻得失去了知觉，僵硬的双手在架设红外相机时愣是不听使唤……此后，他脚踏坚冰、翻山越岭、顶风冒雪地配合战友们艰难取证，在春节后最终将案件关键证据全部锁定，该案件随之告破，辖区内乱捕滥猎现象得以有效遏制。

派出所如何利用有限的警力资源最大限度地守护好辖区的安全稳定？勤于思考和善于总结的朱有文所长根据辖区地广人稀的特点，

坚持和发扬新时代"枫桥经验",积极探索创新监管模式,不断强化派出所2个警务区的治安防控,参与构建了以派出所为中心,辖区7个资源管护站、2名中心治安林长、5名治安林长、22名信息员、6个兄弟单位为警务协作基础、2个乡镇20个村级群防群治组织为辅助的辖区治安防控体系,不断夯实辖区治安管控工作基础,用实际行动践行"矛盾不上交、平安不出事、服务不缺位"的服务理念。他还经常组织警力开展走访排查,常态化深入辖区重点单位、重要场所,采取多种形式,积极推进"法律八进",着力提升辖区群众生态保护意识和法治观念,为建设平安林区提供坚实的法治保障,全力守护着辖区生态资源安全。

这些年来,朱有文累计参与和主持办理各类案件400余起,收缴各类木材20多立方米,救助、放生和收缴各类野生动物50余只,同时还一直保持着"无毒林区"的良好成绩。

群众的事无小事

群众的事无小事,一枝一叶总关情。看似一件件微不足道的小事,却彰显了一名人民公安的初心和情怀。在入户走访宣传中朱有文了解到辖区内有几户留守的少数民族群众,他们都是老年人,生活比较困难,子女又长年在外务工,因而缺少照顾。朱有文不仅自己为他们捐赠衣物还号召身边同事和朋友竭尽所能帮助他们,定期上门了解他们的生活情况。长此以往,他跟辖区内的群众就打成了一片,成了大家心中的"贴心人""好心人",大家有事都会来找他帮忙。

乌鞘岭海拔高,环境严酷,每遇下雪、下雨等恶劣天气,大山

深处的很多牧民群众出行就会很不方便。每次巡查遇到生病群众的求助时，朱有文都会详细询问病情，做好记录，回到镇上及时联络医生为他们买好药品，想办法尽快把药品带到群众手中。久而久之，群众都以为他当过医生，私下里都叫他"朱大夫"，大家有什么疑难杂症都喜欢找他看一下。谈及这些，朱有文开怀大笑："我和农牧民朋友们的交情深。"

人民公安为人民，这绝不只是一句口号，而是实实在在的行动。他曾对人讲："当你真切感受过老百姓的朴实善良和热切期盼，自然就会产生热心服务他们的无私情怀；当你见识过犯罪分子的恶毒狡诈和嚣张跋扈，必定会萌生出惩恶扬善的正义决心。"在日常工作和生活中，朱有文始终坚持公正执法和热情服务，积极主动解决辖区群众的困难和问题，让他们充分感受到尊重、真诚和温暖，赢得了群众的广泛认可和大力支持。

供稿：刘洪凯

甘肃公安先进典型光荣榜
（个人，2020—2024）

全国公安系统二级英雄模范

张金刚　刘润庆　李　刚　漆天生　妥瑞明　刘兰香　陈　诚

贺小东　强明生　高祝军　张令飞　田继宗　赵如泉　罗精忠

黄玉虎　折建林　汪　岩　张子剑　康　丽　闫祥林　刘　苏

全国特级优秀人民警察

宋治国　钟全龙　杜　澎　黄小勇

全国优秀人民警察

张子剑　刘长国　魏职兵　闫祥林　徐培龙　吴国柱　李勇斌

张建卓　隆占文　赵　涛　吴新元　任寅宽　杨海涛　孙雅丽

纪君年　李建勋　曾毓刚　杨武义　李金仓　马海虎　桑　杰

陈吉勇

全国公安机关爱民模范

李　浩　谢武东　郑博学　杜瑞世　王民斌　李　梅　安玉山

全国、全省先进工作者

刘　庆　康　丽　漆天生　姬晓龙　黄小勇　田继宗　妥瑞明
张　伟　姚　涛　马　超　杨爱军

全国、全省三八红旗手

刘兰香

全国、全省人民满意公务员

张　怡　刘锋军

全国、全省优秀共产党员

李敏刚　金　璞　徐　勇　李生寿　高振华　赵如泉　郭宪林
周国庆　代顺军　黄泰生　黄文军　杨国栋　赵小燕　洪　亮
张永强　胡旦考　毛立鹏

平安中国建设先进个人

陈吉勇

脱贫攻坚

王生伟

甘肃省第五届"我最喜爱的十大人民警察"

许金彪　李生寿　刘兰香　张　伟　杨　强　柴　雅　漆天生
闹　在　叶　陵　谢江涛

甘肃省第六届"我最喜爱的十大人民警察"

胡　勃　梁晓军　潘　红　王建斌　刘春林　秦建宏　崔富鹏
王　鹏　楞本加　陈富银

甘肃省第七届"我最喜爱的十大人民警察"

万　杰　王拴太　张樱凡　李振兴　李艳萍　杨明河　贺　兵
隆占文　谢武东　魏赟骥

特别奖： 石明海　杨　成

全国"最美基层民警"

李生寿　贺小东　狄世俊　刘汉朝

甘肃"最美基层民警"
（2020—2023）

贺小东　刘三峰　黄玉虎　张　鹏　贾　睿　张　亮　田立军
杜　斌　马有才　于　海　王富民　刘书元　刘利平　李　程
狄世俊　张　林　张富军　陈德喜　赵天平　姚　君　刘汉朝
米永红　胡　勃　王　鹏　王元锋　王凤骄　冯小军　陈富银
高春虎　常睿光　马　明　王锡国　王文涛　王　芳　刘耀辉
苏　晓　苏振涛　张克成　张金龙　张燕山